# クローゼットの認識論

## セクシュアリティの20世紀

EPISTEMOLOGY of the CLOSET

イヴ・コゾフスキー・セジウィック

EVE KOSOFSKY SEDGWICK

外岡尚美❖訳

青土社

# クローゼットの認識論　目次

# クローゼットの認識論

セクシュアリティの20世紀

# 序論　公理風に

『クローゼットの認識論』は、二〇世紀西洋文化全体における思考と知の主要な結節点の多くを構造化し、まさに分断しているのが、一九世紀末から始まる、男性の（と暗示される）ホモ／ヘテロセクシュアルの定義の、長期にわたり今ではこの文化固有の危機と言えるものであると論ずる。本書は、近代西洋文化の実質上どのような側面についての理解も、近代のホモ／ヘテロセクシュアルの定義に関する批判的な分析を含まない限りは、単に不完全というだけではなく、その本質的部分に欠陥を持つことになると主張するのであり、また、そのような批判的分析を始める適切な場は、近代のゲイ理論および反同性愛嫌悪《アンチ・ホモフォビア》の理論という、相対的に中心からはずれた視点からであると、仮定する。

　世紀の転換期からの時間の経過、性の定義の問題に費やされた思考、また避け難い政治的闘争も、この近代の性の定義にまつわる、長期にわたる危機を広げ、深めて来ただけであり、それはまた現在の私たちの文化に受け継がれた、この主題についての言説と制度の「常識」の諸形式に内在する非一貫性や矛盾を、しばしば激しく、劇的に表現するものだった。本書執筆の最大の動機は、たしかにゲイ肯定的なものだが、これから私が議論する矛盾というのは、まず第一には、ホモセクシュアルを擁護する人々と反《アンチ》ホモセクシュアルの人々との間の矛盾でもなければ、そのようなイデオロギー同士の矛盾でもない。むしろ、もっとも活発に働いているように見える矛盾は、ホモ／ヘテロセクシュアルの定義（異性愛主義的《ヘテロセクシスト》にせよアンチ・ホモフォビックにせよ）に関する二〇世紀のすべての重要な見解に内在する矛盾なのである。そのような矛盾の概略と歴史のいくらかについては、第1章で述べる。簡単に言えば、そのような矛盾には二種類のものがある。一つには、ホモ／ヘテロセクシュアルを、一方では、主として、相対的に固定された、少数の明確なマイノリティに作用する問題だと定義する見方（私が、マイノリティ化の見解と呼ぶもの）、そして、もう一つに、様々なセクシュアリティの連続体全体の中で、様々な位置を占める人々の生活を長期にわたって決定して行く問題だと定義する見方（私が普遍化《ユニヴァーサライジング》の見解と呼ぶもの）との間の矛盾である。第二には、同性の対象選択を、一つには、ジェンダー間の境界状態や移行性の問題とする見方、もう一つにはジェンダー分離主義の衝動（必ずしも政治的分離主義ではないにしても）を反映する見方との矛盾である。本書の目的は、これらの矛盾の二極を裁定することではない。というのも、もしここでの議論が正しいとしたら、そのような裁定をなし得るような認識論的根拠が、現在のところまったく存在しないからだ。裁定ではなく、名目上は周縁的で、概念的には手に負えないこの一揃いの定義上の問題が、二〇世紀の西洋文化全体に関する重要な知識と見解とにとって本質的に重要だという仮説を導入するため、できるだけ強力な論述を行いたいと思う。

「ホモセクシュアル」という単語は、一九世紀最後の三分の一世紀の間に欧米の言説の中に登場するが、その普及は、たまたま「ヘテロセクシュアル」という単語の普及にさえ先立っていた。[*1] しかし、「ホモセクシュアル」という新術語とその同時代の別形の術語によって示されるような性的行動や、また、人によっては意識的な性的アイデンティティさえも、当時すでに存在し、長く豊かな歴史があったらしいことは明らかである。実際に、他にも広範囲にわたる性的行動や行動群が、すでに存在していた。世紀の転換期以降新しくなったのは、世界のマッピングの仕方である。それによって、あらゆる人間が、男か女のジェンダーに必然的に振り分けられるのと同様に、今度は、ホモかヘテロかのセクシュアリティという、二元化されたアイデンティティのいずれかに必然的に振り分けられると考えられるようになった（これらのアイデンティティは個人の存在において表面上性的ではない側面に対してさえも、混み入ってはいるが強い影響を与えるのである）。この新たな展開の結果、この文化の中には、ホモ／ヘテロセクシュアルの定義にある、強力な非一貫性から免れるような余地はもはや残されなくなったのである。

世紀の転換期前後の数十年間に、医学、法学、文学、心理学において、ホモ／ヘテロセクシュアルの定義に焦点を合わせた分類言説が、例外的速さで増加し、具体化した。それは他にも重大な文化的結節点の非常に多くが、これほど突然でも新たでもないまでも、決定的に再形成されていた時期である。たとえばジェンダー間の権力関係やナショナリズムと帝国主義の関係は、目に見えて危機的な状況にあった。さらに、ジェンダー間の不平等と闘争を特徴とするようなどんな歴史的状況においても、同性間の絆を構造化する過程は、事実上、権力とジェンダーのあらゆる係争点と交差する、集中的な規制の場となる。[*2] このような理由から、性の言説における転換の結果をセクシュアリティのなにか固有な領域（それが何だったとしても）の内部に限定して行くような境界の画定は、まったく不可能だ。さらにフーコーが論証したように、近代の西洋文化が個人のアイデンティティ、真実、知識という、私たちがもっとも尊ぶ構成概念に対して、セクシュアリティと呼ばれるものを、ますます特権的な特有の位置に置いて来たということを公理ととれば、セクシュアリティに関する言語は、私たちの知の土台となるような他の言語や関係と交差するだけではなく、それらをますます変容させて行くことにもなるのである。

それゆえに、本書における読みは、特定の読者や特定の制度的状況との関係で、定義の創出、暴力、そして断絶がなされる場としての、テクストの行為遂行的《パフォーマティヴ》な側面とテクストの「読者関係」と口あたりよく称されるものとに注目することを、一つの特色とする。クローゼットの関係（すなわちホモ／ヘテロセクシュアルの定義をめぐる、知られていることと知られていないこと、明示されていることと明示されていないこととの関係）は、実際、発話行為一般の性質を明らかにしてくれる独特の可能性があると、本書は仮定している。クローゼットの社会的意味があまりに稠密であるため、この仕事をしている間、これらの問題に関するどのような発話行為にも（しかも、これらの問題に「関すること」の輪郭は非常に広い）、プールで足びれをつけるような誇張された推力が加えられてしまうかのように、終始感じられた。つまり、多様な修辞的効果の力を測定することに独特な難しさを感じたのである。

しかしながら、クローゼットの付近では、発話行為として数えられる行為それ自体さえも、まったく日常的なベースで問題化される。「語っていることと語っていないこととの間に、二項対立的区分をすべきではない。それらを語らない様々なやり方を確定しようとすべきなのである。（中略）一通りの沈黙があるのではない。複数の沈黙があるのであり、それらは言説に浸透して下から支える戦略の欠くべからざる一部なのである」[*3] とフーコーが述べる通りである。「クローゼットの中にあること」それ自体が、沈黙という発話行為によって始められたパフォーマンスである——それは一つの独特な沈黙ではなく、それを囲み、差別的にそれを構成して行く言説との関係に応じて、発作的にその独特な色合いを蓄積させて行くようなものだ——。一方、カミング・アウトが構成する発話行為にも、同じくらいの特殊性がある。しかも、それらの発話行為は、新たな情報を伝達することとはまったく無関係であるかもしれない。私の知り合いの一組の男女のことを考えてみよう。彼らは一番の友達同士で、何年もの間互いのエロティックな生活の中の複雑な感情のもつれを、詳細に語り合って来た仲だった。この男性のエロティシズムの焦点は、たまたま男性にのみ向けられていた。しかし、会話の中で、彼をゲイの男性と呼ぶ許しが女性の方に与えられたと二人に感じられたのは、この友情がたっぷり十年も続いた後、二人の会話のある特定の時点でのことだった。後から語り合った結果、そのとき以前に、何年もの間、この男性がゲイであるということに基づいたやりとりがあったにもかかわらず、二人とも、この特定の瞬間が明快なカミング・アウトの行為を構成したとそのとき感じたという。どんな発言がきっかけになったのだろう?「僕、ゲイなんだ」に類した言葉でないことは確かだ。そんな言葉は彼らにとってはあっけない滑稽な急落法《ベーソス》〔滑稽な龍頭蛇尾〕でしかなかっただろうから。この状況で、この男性にとってのカミング・アウトを構成したものは、彼自身について、「カミング・アウト」というフレーズを使うことだった。彼は、さりげなさを装って、誰か別な人に対してカム・アウトしたということに触れたのだった。〔同様に、ニューヨークでアクト・アップ〔パワーを解き放つためのAIDS連合〕が売っている、「われアウトせり、ゆえにわれあり」というテクスト入りのTシャツが、それを着る人のために行うはずのことは、彼女または彼がカム・アウトしているということを報告する事実述定的行為ではなく、そもそも、カミング・アウトを遂行する行為なのである。）また、第1章で論ずるが、クローゼットの周囲の関係では、沈黙に発話と同じくらいの意味とパフォーマティヴな効果が与えられてしまう。それはより一般的に、そこでは無知が知識と同じくらい強力で、複合的なものだという事実をはっきり示しているのである。

結局、知識は権力の磁場ではあるにせよ、それ自体が権力ではない。力、欲望、所有物、意味、人間の流通を起動するのに、無知と不透明さは、知識と共謀し知識に匹敵するのである。もしムッシュー・ミッテランが英語を知っておりミスター・レーガンがフランス語を知らなければ（実際知らなかったように）、学んで獲得した言語で交渉しなければならないのは洗練されたミッテラン氏の方であり、無知なレーガン氏は自分の母語で十分語っても良いことになる。言葉を換えて、対話スピーチモデルによれば、サリー・マッコーネル＝ギネットが述べるように、「標準的な……意味は、確立された解釈の慣例についての、対話者相互の知識にのみ基づいて認識され得るものと考えられる」。解釈の慣例に対して知識の幅のより狭い、あるいは狭いふりをする対話者の方が、やりとりの条件を画定するのである。たとえば、「言語外の資源の点で優位に立ち、特権的な言説上の地位を占めているため、男性たちは、多くの場合、自分たち自身とは違うものの見方を、コミュニケーションのために相互に利用できるとはみなさないことが多い」ため、彼らの意見は「共有される意味のストックに永続的痕跡を残す可能性が、女性たちの意見よりも大きい」のである。[*4]

そのような無知の効果は、おそらく特に、近代の西洋文化における人間活動のうちでももっとも強力な意味の場であるセクシュアリティの周辺で、様々な目立った強制のために、大規模なスケールで活用され、認可され、そして規制され得る。たとえば、レイプに適用される法律の、認識論的非対称性が一例である。レイプした男性が、〈気づかなかった〉と主張できる限り（この無知こそ男性のセクシュアリティが念入りな教育を受けているものだ）、レイプされた女性が何を知覚し何を必要とするかは、まったく問題にならない。それほど男性と無知とは同時に特権化されている。[*5] そして〈知らないこと〉の認識論的特権によって編制されるレイプ機構は言うまでもなく、自分たち自身の流通の条件をもっと支配したいという女性たちのさらに大きな望みを、不均衡なほどに強い規制下に置いている。[*6]

　また別な例として、一九八六年六月、合衆国司法省が下した判断がある。判決文によれば、エイズが職場に健康上の危険をもたらすことはないという医学的事実を、〈知らなかった〉と雇用者が主張できる限り、エイズにかかった人物を自由に解雇できるという判断だが、これもまた巧妙で、根気よく教育された無知の例である。[*7] 政治的文脈から見れば、これがゲイ男性に対する組織化された狩猟シーズンを、私的機関《プライヴェート・セクター》に向けてこれみよがしに宣言するという効果を狙っていることは（この場合、注意深く狙っていると感じないわけにはいかないのだが）明らかだ。[*8]

　無知という単純で頑固な事実、または無知のふり（「ストーンウォール」〔のらりくらりと消極的態度をとって協力を拒むことを意味する動詞〕という単語の特に重要な一つの意味だ）だけでも、時には言説の権力を強制するには十分だが、政治的闘争を通常担うのは、無知と知識とのはるかに複雑なドラマだ。そのようなドラマが演じられたのは、司法省によるプライヴェート・セクターに対する判断のわずか数日後だった。呼応するように、連邦最高裁判所がバゥアーズ対ハードウィック事件で反ソドミーの州法を合法と認め[*9]〔事件の詳細は第1章参照〕、公的機関《パブリック・セクター》におけるゲイ・バッシングのシーズンを開幕したのである。悪意に満ちた判決の言葉は、最初から最後まで、（反対意見でブラックマン判事が「故意の盲目」[*10]と呼んだ）法的不合理を尊大に誇示しているが、ゲイやアンチ・ホモフォビックな立場に立つ読者の多くにとっては、多数意見でホワイト判事が使った一つの、一見重要でない単語に、判決の特異な煽動的力が濃密に集まっているように見えた。[*11]

　ソドミーを行う権利が、「この国家の歴史と伝統に深く根ざし」ており、または「秩序立った自由の概念に必然的に含まれて」いると主張することは、せいぜい冗談のつもり（facetious）にしか見えない。[*12]

結果の重大さという点からは、法的攻撃の文脈全体の方がはるかに有害であるにもかかわらず、判決文中の「冗談のつもり」という一つの単語が、きわめて不快な力を持って響いてくる。それは権力一般と、特にホモセクシュアルな欲望の問題を取り巻く、サイクロンのような認識論的底流への切り替えポイントとして、この単語が経済的に機能しているからに違いない。

ここで、以下のことが考えられる。(一)第一に自明なことは、ゲイ擁護者の意図を実際に一瞬でも冗談だと間違える人は当然いようがない。(二)第二に自明なことは、したがって冗談のつもりを楽しんでいるのは、法廷自体の方である。この法廷の主張が利用しているのは非常に(三)見え透いた愚かさだ。(単に権力のある人々は明敏でも正確でもある必要はない、と人を馬鹿にしたように見せつけているばかりではなく、いかに権力のある人々が、鈍さそれ自体で敵に対して武装するか、ということを見せつけてもいる。これは多数意見全体を通して見られることだが、この単語においてのみ、権力側の積極的快感が浮かび上がって来ている。)ここでの法廷のジョークは(「せいぜい」という言い回しに暗に示された、無知とおどけを装った脅迫に引き続いて)(四)ゲイ擁護者の考えを自由に「読める」、すなわち〔読み手の考えていることをゲイ擁護者に〕投射できる、という道化じみた主張である。これは(五)ゲイの人間の方が「ストレート」の人間の考えを読める、あるいは自分たちの欲望を「ストレート」の人々の心に投射する、という真実／パラノイド〔読み込むこと／投射すること〕のファンタジーの(六)パロディであるばかりではなく、(七)より深層では、そのようなファンタジーをブロックする一種の攻撃的なテクニックである。

議論するまでもなく、敵の権力が知識よりはむしろ彼らの無知にどれだけ関わっているかを力説することには、ある種の満足感がある。無知に着目することの効果はリアルなものだが、一方で、それには様々な危険も伴う。その危険のうち主要なものは、冷笑的か、恐怖心をもってか、あるいは感傷化か、いずれにせよ「無知」を物象化してしまうことだ。それは、よく吟味されていない啓蒙主義の仮定と同調する。ある特定の力を「無知」と名づけたとき、われわれは「無知」を、明示されてはいない倫理的図式の〈悪〉の場に位置づけ、その後はそれについて問い直すこともしなくなってしまう。これは構造的には、無知を原初の受動的無垢と見て、よりはっきり感傷的に特権化することと、危険なまでに近い。政治的闘争を無知に対する闘争であるかのように見る見方は、たしかに活力を与えてくれるし、おそらく啓示的なものだが、とどまるには危険な場所だ。フーコー、デリダ、トマス・クーン、トマス・サースなどの著述のおかげで、現在の読者は倫理的／政治的中立性や、またそれ以上に「知識」というカテゴリーの倫理的／政治的単純明快さの、両方を疑うことにはかなりの訓練を積んでいる。そのため、権力の問題に関しては、単純に認識の光のワット数を上げれば良いというような救いの可能性に、あまりに直接的に訴える書き手は、いまやナイーブにしか見えない。同様の問題は、「無知」のカテゴリーにもまだ付着しているが、ここにさらにいくつかの問題が付加される。すなわち、「無知」のまわりには、恥、否認、投射という心理的な作用があり、そのために個々の読者を特にかりたてるようなカテゴリーになっている。たとえ付加的作用によってこのカテゴリーが修辞的な潜在力を持つようになるとはいっても、「無知」は、断固否定するのは難しく、また奉ずるのも無謀なカテゴリーであろう。

　とするならば、この時点では、「無知」の概念を捨てるよりは、「知識」でもそうされつつあるように、「無知」の複数化・特定化への努力に、私としてはより関心を向けたい。つまり、特定の洞察は、特定の不透明部を生み出し、それに裏打ちされていると同時に、その洞察自体が不透明部によって構築されているという、脱構築的見解を性の政治的思考の中で使用できるようにしたいのである。もし無知が、太古から続いた単一の二元論的暗闇のぱっくり開いた口で、人の英雄的認識が事実、洞察、自由、進歩をそこからときおりもぎ取ってくるような場所ではないとしたら、――明らかにそうではないように――その代わり、おそらく様々な無知が過剰に存在するのであり、そのような無知の、人間による生産と配分の労働、性愛学《エロティックス》、経済学とについて問いかけを発し始めても良い。無知がある一つの知識についての無知である限り――言うまでもなく、その知識自体が別な真実の制度においては、真実と見られたり虚偽と見られたりし得るのだが――これら様々な無知は、原始の暗闇の断片であることなどからはほど遠く、特定の知識に応じ、その特定の知識によって生産され、特定の真実の制度の一部として流通するものなのだ。しかしながら、これらの無知が知識と対になっているからといって、無知と知識とが、まったく同一の法則にまったく同じように従っているとか、同一のペースで、同一の流通上の経路をたどっているなどと決め込んではならない。[*13]

歴史的には、『クローゼットの認識論』の枠組みは一つの謎で始まる。一人の人間の性器行動を、他の人間の性器行動と区別するには、きわめて多くの次元での区別があり得る。(たとえば、ある行為、ある局部または感覚、ある身体的タイプ、ある一定の頻度、ある象徴的意味づけ、ある年齢または権力関係、ある生物種、ある一定の人数などなどに対する嗜好を含む、様々な次元が挙げられる。)しかし、その中にあってただ一つの次元、選択対象のジェンダーのみが、「性的指向」という現在では広く行きわたったカテゴリーによって示される唯一の次元として、世紀の転換期に出現し、今日まで続いているというのは、かなり驚くべき事実だ。わずかな例を挙げるだけでも、世紀末には、男性の苦痛嗜愛《アルゴラグニー》、幼児性愛、自己性愛などのさまざまな指向が、ホモセクシュアリティと同等に、性「倒錯」あるいはより広く「デカダンス」という強迫的に思考された問題構制《プロブレマティック》全体を示す指標であった。その観点からは、〔「性的指向」というカテゴリーが選択対象のジェンダーを示す〕今の状況は予測のつかなかった展開であろう。たとえばフーコーは、近代において、性の定義に認識論的関係と権力関係とを負わせることを促進した、新しい性の分類学、すなわち「個人の特性別定義」の典型として、ヒステリー患者の女性と自慰行為をする子供を、動物愛好症《ゾーフィル》、対動物色情狂《ゾーエラスト》、自己・単独性欲症《オート・モノセクシュアリスト》、女性化症《ジネコマスト》などという「昆虫学化された《エントモロジヤイズド》」性科学のカテゴリーと一緒に、挙げている。[*14] 彼の言及していることは真実ではあるが、これは回答を与えるより、さらなる質問を喚起する。一例だけを挙げれば、たとえば「自慰行為者」というカテゴリーが、ある特種な人間、つまりあるアイデンティティを特定するだけの弁別的な可能性を現在までに完全に失っているのに、その一方で、フーコーの言葉で言えば「今や同性愛者は一つの種族であった」ということが、西洋の言説の重要な系統にとって真実として存続し、しかもますます真実らしさが高まっているのはなぜなのか。[*15] 結果的にヘテロセクシュアルも種族となり、人類は、これら二つの種族の間にますます分割されるようになったのである。本書は、この突然かつ根本的な性のカテゴリーの圧縮が起こったのはなぜか、説明することはできない。圧縮の原因について思索する代わりに、その予想もつかないほど多様で深刻な含意と結果とについて、本書は探求するのである。

一方、この性の特性別定義あるいは種族形成の過程が進行すると同時に、性の選択についてより流動的で、アイデンティティに縛られない見解も、しばしば同じ人々の間で、また同じ思考のシステムの中に織り込まれて存続し、発展していたのだと本書は議論する。繰り返すが、本書は、これら性の定義を〈マイノリティ化する見解〉と〈普遍化する見解〉との拮抗する主張の「真実」について、決定的に調停できるような、いかなる思考の観点も示唆するわけではない（またそのような観点があるとは私には思えない）。それよりも、これらの見解が重複することによって創り出される、自己矛盾した言説の力の場によるパフォーマティヴな効果の方が、私の主題である。また、言うまでもなく、ホモセクシュアリティ／ヘテロセクシュアリティの定義のこれらの拮抗・固着が起こったのが、感情的または分析的に公平な状況においてではなく、むしろこの二つの、名目上は対称的な選択の形式のうち、一方の価値を切り下げようとする、切迫したホモフォビアの圧力がかかった状況においてだった、ということはきわめて重要な事実である。

これまで公式化したことのいくつかが示唆しているように、本書の主要な要素の一つは、かなり特定の意味で、脱構築的である。本書が分析し論証しようとすることは、ある文化において対称的な二項対立とされてきた諸カテゴリー（この場合はヘテロセクシュアル／ホモセクシュアルというカテゴリー）が、実は暗黙のうちにもっと不安定でダイナミックな関係のもとに存続しているということである。それによれば、第一に、B項〔ホモセクシュアル〕はA項〔ヘテロセクシュアル〕と対称関係にあるのではなくA項に従属させられている。しかし、第二に、存在論的に安定した価値を与えられているA項の意味は、実はB項を包摂すると同時に排除することに依存して成り立っている。したがって、第三に、それぞれの二者関係のうち、中心的とみなされるカテゴリーと周縁的とみなされるカテゴリーのうち、どちらがより優位にあるかという問題は、分析・還元できないほど不安定なものであり、その不安定さは、B項がA項の内部にあると同時に外部にあるように構成されているという事実に起因する。ハロルド・ビーヴァーはたとえば、このような脱構築的戦略の概略を、大きな影響を及ぼした一九八一年のエッセイで、次のように述べている。

目標は、(従属項としての)「ホモセクシュアリティ」のものと断定される特性が、実は「ヘテロセクシュアリティ」の条件であることを、また、「ヘテロセクシュアリティ」が特権的な地位を有するどころか、それ自体が従属項として扱われるべきだということを論証することによって、「トランスペアレントな」または「自然な」ものと「派生的な」または「人為的な」ものとの、修辞的対立を転倒させることである。[*16]

しかし、これらの概念の関係が分析・還元できないほど不安定だと理解することは、これらに効力がない、あるいは害がないと理解することではない。ロラン・バルトは、「パラダイムがひとたびぼやければ、ユートピアが始まる。意味と性とは自由な遊戯の対象となり、その中心には、(多義的な)形式と(官能的な)実践とが、二項対立の牢獄から解放され、無限の拡張の状態を達成するのである」[*17]と予言するが、それは少なくとも時期尚早である。反対に、これらの二項対立を脱構築的に理解することによってわかるのは、これらが、まさにこの自己矛盾した定義のからくり、簡潔にはこのダブル・バインドを通して、強力な操作の行われる永続的可能性に、濃密に満たされた独特な場であるということである。また、そのような定義の結び目の脱構築的な分析がどんなに必要であったとしても、結び目を無力にするにはとうてい十分とは言えない。それどころかその反対である。私が主張しようとしているのは、それらの結び目が分析・還元できないほど不安定であるという見解は絶えず利用できたということ、そして今世紀、ゲイの文化的勢力のみならず、反《アンチ》ゲイの勢力も、その見解によって言説上の権威を得て来た、ということだ。ビーヴァーは「自然発生的で内在的であると考えられているものの自律性に不適格を宣することによって、性のシステム全体が根本的に脱中心化され、「その仕組みを」暴かれるのだ」[*18]と、楽天的な予測を行っている。しかしながら、過去百年の抑圧的性のシステムはどちらかと言えば、悪名高い脱中心化と暴露の行為の繰り返しという、茨のやぶ〔「兎の兄《あに》いとタール人形」の寓話〕〔1〕の中で生まれ、育ったと信じる根拠がある（この寓話が人種差別的に使われて来た歴史によって、寓話の核心の価値が変わるわけではないと望みつつ）。

　さらに、これらの脱構築的論争は、規範的な諸定義の文化的ネットワーク全体の文脈の中でのみ起こる。しかもそれらの定義自体同じくらい不安定であり、異なる二項対立のセットに対して、しばしば異なる割合で反応するのである。ある特定の歴史的時期の支配的項目《マスター・ターム》とは、他の重要な定義の連結関係のもつれをほどけないほど、しかしそれぞれ異なる割合で絡ませるよう、位置づけられているものであろう。ホモ／ヘテロセクシュアルの定義が前世紀を主宰するマスター・タームであった、すなわち（ホモセクシュアル・アイデンティティと文化に対してのみではなく）、西洋近代のアイデンティティと社会組織全体にとって、ジェンダー、階級、人種という、伝統的により可視的な主要問題と同じように、第一義的重要性を有するものであると議論することで、私は次のことを主張するつもりだ。ホモ／ヘテロセクシュアルの定義の、今では慢性的な近代の危機は特に、秘密／発覚、知識／無知、私的／公的、男性的／女性的、マジョリティ／マイノリティ、純真無垢／集団への加入《イニシエーション》、自然／人工、新／旧、規律／テロリズム、正典的《キャノン》／非正典的、健全さ／頽廃《デカダンス》、都会風／田舎風、自国／外国、健康／病気、同一／差異、能動的／受動的、内／外、認識／妄想症《パラノイア》、芸術／キッチュ、ユートピア／終末論、誠実性／感傷性、自由意思／中毒[*19]などのカテゴリーに消すことのできないしるしを残すことによって、私たちの文化に影響を及ぼして来たのである。これら定義の二項対立がはらむ固有の矛盾に、必然的に内在する自己侵食的な効力を理想主義者的に信ずるよりは、むしろ次のことを提案したい。すなわち言説上の権力を目指す抗争は、まさにそのような定義の非一貫性が作用する条件を定めるため、あるいはなんらかの形でその作用から利益を得るために必要な、物質的または修辞的手段を手に入れようとする競争だと特定できる、と。

　本書は、一つの文化で意味を構成する種々の二項対立が、この特定のプロブレマティックによって「抹消不能な刻印を押されて」おり、それは不可視なときでさえも消すことはできないという仮説を設けるが、それについてはおそらく何らかの説明を加えるべきだろう。仮説を設けることは証明することよりもやさしいが、しかし、実のところ、私にはこの種の仮説を試せるような試験計画を考えることができない。そのような仮説は、いくつかの例によって証明されたり反証されたりするよりは、むしろ深められ、広げられなければならず、また使用されなければならない。しかしそれは一冊の本でできることではない。「常識」的には、ホモ／ヘテロセクシュアルの定義の諸問題に刻印されていないように見える一つ一つの二項対立の例を集めることが、たとえきわめて刺激的な発見的方法であるにしても、このような仮説を試すのに良いやり方であるとは思えない。なんと言っても、この認識論的に裂け目の入った文化の「常識」の中で、もっとも手応えのある解釈を生み出すのに必要と思われる特殊な技術は、尊重されて来たとはまず言えない。もし読みを累積し歴史的脱構築および再構築をする骨の折れるプロセスによっても、これらの相同関係が共鳴せず何も生産しないとしたら、それこそが、このような仮説の合否を決する唯一の試験なのである。

　本書の構造はこの直感、すなわち、現在のような初期の段階では、本書が必須にしようとしている文化的問いかけは、その手続きがア・プリオリに見えてしまうほどに、貶められたり空洞化されたりするだろうという感覚に、明らかに影響されている。私は、本書を（必須なものであると同時に）興味をそそるようなものにしたかったが、絶対に、アルゴリズム的な段階的問題解決法を提示するようなものにはしたくなかった。ポイントは、本書の洞察やプロジェクトがどの程度まで法則化できるかを知ることではない。これら意味論的《セマンティック》には限定された問題が、どこで「より広い」あるいはより抽象化可能な批評的プロジェクトの統語論《シンタクス》（法則）にゆだねられるのか（または構成するのか）を、あらかじめ述べることでもない。とりわけ本書は、部分的なうわべだけの知ったかぶりにあらゆる方法を尽くして抵抗しようとしている。なぜなら、それを通して近代のホモ／ヘテロセクシュアルの定義の危機が、公的言説の中で致命的にたたき込まれる傾向があるからだ。

　おそらくはそのような知ったかぶりに逆らうため、本書には長い序論がついているというよりは、全体が長い序論を構成しているようになってしまった。本書は年代順の物語の形ではなく、共通するプロジェクトと複数のトピックの繰り返しが、一連の小論を密接に結びつける形で構成されている。このプロジェクトをゲイ／レズビアンおよびアンチ・ホモフォビアの理論の、より大きな文脈の中に位置づけるのが序論であり、このプロジェクトの基本的な条件を概略的に述べるのが第1章である。詳細なテクストの読みを含まないのはこの部分だけである。第2章（『ビリー・バッド』について）および第3章（ワイルドとニーチェについて）は、当初は単一の章として考えられたのだが、合わせてもう一つ別な序論を提示している。すなわち、他の章は二項化された文化的連結関係について、より一般的な主張をしているが、ここでは限定されたテクストと著者を通して他章で挙げられている派手な二項対立リストの大半を論ずる。第4章では、ヘンリー・ジェイムズの『密林の獣』の読みを通して、男性のホモセクシュアル・パニックという、他の部分でも繰り返し現れるトポスについて、詳細に論ずる。そしてプルーストについての第5章は、本書の関心事である、クローゼットをめぐる発話行為関係に、よりはっきりと焦点を合わせている。

　これらの読みは、二重の矛盾する定義が作り出すパフォーマティヴな関係を強調するのだが、それに応じて、実践的な政治学のための理論的処方箋として考えられるのは必然的に、多方向に展開する運動である。すなわち観念論的《アイディアリスト》衝動と唯物論的《マテリアリスト》衝動、マイノリティ化の見解と普遍化の見解に基づく戦略、そしてさらに言えば、ジェンダー分離主義とジェンダー統合的な分析とが、いずれにもイデオロギー的合理化のプレミアムがつけられることなく、同じように並行して進行する運動である。事実上、たとえそのようには認め評価されて来たわけではないにしても、これこそが今世紀のゲイ運動が組織化されて来たあり方だ。ゲイ肯定を目指す闘争の政治的なゲシュタルトは、それぞれの方向性の支持者たちの声に力強く共鳴し、豊かな幅を持つようになっている。イデオロギー上の厳密さにおける代価は、たしかに高くつくが、非常に率直に言って避けられない。この概念の領野においては、あらゆるレヴェル、あらゆる支持者を横断するイデオロギー的厳密さなどは、どんなに望ましくても〔実際問題として〕不可能だ。

学問のレヴェルでも同様のことが言える。この本を書きながら私が何度も感じたのは、たとえ私自身が、自分の帰属意識、直感、状況、限界、天分によって、本質主義よりは構築主義を、マイノリティの見解よりは普遍化の見解を、ジェンダー分離主義よりはジェンダー移行主義を特権化する解釈をとったとしても、このような著作が許される場があり、この著作が貢献できるかもしれない深い知的領野があるのは、そもそも同時進行中の、本質主義的で、マイノリティ化の見解に立ち、分離主義的なゲイの思考と闘争が豊かだからである。文学、社会史、「文化研究」などの間を横断するような、刺激的な研究が行われている現在の思潮の中で、本書が本質的に文学的正典《キャノン》に属するテクストに限定された、相も変わらぬ文学的読みのように見えるということについても、同様のことが指摘できる。現在の思潮の圧力によって、文学テクストとは何か、文学的読みとは何か、また政治的介入を構成するに足る解釈とはどのようなものかが、ますます揺らいでいる。このような中で、この専門分野（「エキスパート」の技術という意味での「専門」ではなく、性倒錯の、無駄なことに対する偏愛という意味での「専門」）を実践する者は、誰にせよ、それに固執することが、延命工作的な防戦というよりは、むしろ〔それ自体についての〕問いかけを可能にして、同時に新しい疑問を投げかけるようなものに見えるよう、望まなければならない。それは、本書が男性、しかもヨーロッパ系アメリカ人の男性の性の定義を主題として特定化していることについても、いっそう強く言えることだ。どのような批評書も、焦点と方法論とについて無数の選択を行うが、これらの選択は定言的命令であると解釈されがちだ。すなわち、ここである仕方で選択がなされているという事実は、どこでも同一の仕方で選択がなされるのがもっとも良い、とア・プリオリに主張しているように見える。しかし本書で行われている主張がどんなに包括的に見えたとしても、そのような主張を行っているとは読まないでほしい。むしろ、その反対である。このような分析の成功を測る真の基準は、異なる必要や天分を持ち、社会的に異なる位置に置かれた分析者によって、社会地図の異なる場から提起される特徴的な諸抵抗に、たとえもともとの分析を改訂し、破断する必要は出て来るにせよ、この分析が応えることができるかどうかにある。本書が定言的とする唯一の命令は、アンチ・ホモフォビックな研究を追求するという、非常に広いものである。もしこの書物が野心を遂げることができるとするならば、ある特定の種類の読みと問いかけとを（おそらくは新しい、発見的方法という点で強力にして生産的で意味のある形式で）、文学的・社会的テクストの他の読み手の利用に供することだろう。それがまた、これとは異なる結果をもたらすのが望ましい。なぜなら本書が措定することの意味や正当性、また多くの点でそのような仮定を誠実に行えるかどうかということさえも、アンチ・ホモフォビックな他の読み手によって、異なる社会的位置から、可能な限り幅広い、異なった、矛盾さえするような利用の仕方がされるかどうかに、根本的にかかっているからである。

　これはおそらく、本書の構造に含意されている歴史的時代区分とその結果とに関して、特に言えることのようだ。一八八〇年代から一九八〇年代までの一世紀を、男性のホモ／ヘテロセクシュアルの定義の歴史における一時代と画することが有用だと仮定することは、必然的に他の主要なポイントの重要性を下位に置く危険を冒すことになる。たとえば、一九六九年六月、ゲイの集まるバーの顧客たちに対する警官たちの嫌がらせに抗議してニューヨーク市で起こり、現代のゲイ解放運動が始まりを宣した暴動、すなわち一括してストーンウォールとして知られている複数の出来事を考えることができる。定義に関する著作にはある種の観念論的バイアスが組み込まれているが、そのため、政治運動自体の予想できない影響力（認識の上での影響力も含めて）が人目を欺く鳥瞰的視点から見たときのように、非常にたやすく平準化されてしまう。しかし、「クローゼット」という慣用句でさえも、それがゲイに関わる認識論的問題の記号表現《シニフィアン》として公的に理解され利用できるようになったのは、明らかにクローゼットからカミング・アウトする方向に向かって運動を展開して来た、ストーンウォール以降のゲイの政治学によってのみ可能になったのである。より一般的に、本書の議論の中核をなすあらゆる価値評価と政治的視点は、紛れもなくストーンウォール以降のものだということが、完全に明白であることを望んでいる。この文脈があるからこそ、定義の問題に関して、ある代替的で包括的な時代区分を仮定することが適正に考慮できるのである。

本書に先立って著した『男たちの間――英文学と男性間のホモソーシャルな欲望』で私は、一九世紀英文学における男性と女性との絆に内在しているのは、男性間にある同性同士の絆であり、その禁制の男性同士の絆が男性と女性の絆を組織化している、ということを論証しようとした。本書と前作との関係は、もっとも単純には、本書が前作より後の時代を扱うことにある。しかし必然的に、フェミニストの目標とアンチ・ホモフォビックな目標とが、この二つの研究においては、異なる配分で処理されている。『男たちの間』は、一九世紀の終わりに、「男性間のホモソーシャルな連続体の中に大きく開いた、超えがたい裂け目《スキズム》」を指し示し、それ以降には、「男性間のホモソーシャルな欲望全般についての議論が、私たちの知っているような、男性のホモセクシュアリティとホモフォビアとについての議論に実際取って代わられる」[*20]（この安易な「私たちの知っているような」に関しては、さらに以下の公理五を参照のこと）ことを示して最終章「コーダ」を結んでいる。『クローゼットの認識論』は、分析の出発点としては『男たちの間』で達した結論に依拠しており、まさにその結論の部分から話を取り上げているという点で、より正確には、主題と視座とにおいてアンチ・ホモフォビアを主眼とする本であると言うことができる。それはつまり、以下の公理二でより詳しく説明するような点から、本書の第一の焦点はジェンダーよりは（時にはジェンダーに対立さえして）、セクシュアリティに合わせられているということだ。『男たちの間』は、男性対男性の欲望を、主として女性を含む三角関係を経由させることによって一般に理解していた文化的システムの、両性に対する抑圧的効力に焦点を合わせていた。このシステムが与える苦痛は、世紀の転換期から消えるどころか、むしろ（時代の変化に）適合して、より微妙になったにすぎない。しかしたしかに、『男たちの間』が緊急に行おうとしたフェミニストとゲイ男性の関心事と問いかけを即刻融合させようという試みは、少なくとも何らかの形の同性間の欲望が、ヘテロセクシュアルな行動《パフォーマンス》に媒介されることなく広く分節化されるようになった二〇世紀文化の分析には有効でないように見えた。

『クローゼットの認識論』は主に、長い間巨視的にも微視的にもフェミニズムに浸って思考して来た人間によって分析がなされているという点で、フェミニストの著作である。しかし、明確にフェミニストの（すなわちジェンダーを中心にした）問いかけと明確にアンチ・ホモフォビックな（すなわちセクシュアリティを中心にした）問いかけとが分岐するように見えた多くの交差点においては、一貫して後者の方向へ進むように努めた。このような選択をしたのは、フェミニストの分析が、理論的、政治的、制度的に見て、現在のところゲイ男性の、あるいはアンチ・ホモフォビックな分析と比べてかなり先へ進んでいると見るからである。フェミニストの分析に携わる人の数はより多く、その分析にはより長い歴史があり、不安定さや危険度はより低く（それでもやはり十分不安定で危険ではあるが）、また分析を押し進めるためのはるかに広範囲に使用可能な分析道具一式が、現在までのところ利用できるようになっている。近年のゲイとレズビアン研究の驚くべき開花にもかかわらず、これは事実である。すでに述べたように、本書はこのような研究の開花なくしてはあり得なかったが、この開きつつある花は、若く、こわれやすく、アカデミックな制度の内部と外部両方からの極度の圧迫の下にあり、また今でも必然的とはいえ、限定された一式のパラダイムや読みに依存しているのである。世紀の転換期からのヨーロッパ・アメリカのモダニズムと近代性《モダニティ》におけるジェンダーの配置、抑圧、抵抗を解釈するという、フェミニストの説得力あるプロジェクトが現在までに確立され、今後も存続可能であることは、本書を可能とする条件だった。しかし、それはまた、本書が非常に異なる経路を追求することの許可あるいは命令でもあると、私は受け取った。実際、フェミニストの分析とゲイ（男性）の分析の用語《ター》=条件《ム》を再統合し、時期尚早のためにかえって両方の進展を妨げるような危険を冒すか、あるいは互いに対して責任をとる時期をまた再び延期することによって、両方の関係をもうしばらくの間、開かれたままにしておくかという、別な選択の交差点が現れたときには、私は後者の道を選んだ。読者によっては、この選択が単なる停滞に見えるかもしれない。しかし、私は読者が、これを拒絶としてではなく、ゲイの男性を指向する分析がそれ自体で啓発的な中心の位置を主張できるようになるための、純粋な延期であると見てくれるのを望んでいる。最終的に、すべての女性、レズビアン、ゲイの男性、そしておそらくすべての男性にとって、セクシュアリティにはジェンダーの用語＝条件や関係には還元できない部分があることを尊重できるような理解に達する能力を育てることに、実に多くのことがかかっていると私は感じている。

用語法について一言述べる。「ホモセクシュアル」と「ゲイ」という用語のいずれを選ぶかについて満足の行く規則はないと思う。ストーンウォール以後の文脈では、「ゲイ」という用語の方が、それが指し示す人々の多くにはっきり選択されているという理由で、望ましいに違いない。しかしその文脈の外では、そうも行かない。最近まで、一九世紀以前に適用する場合には、時代錯誤の危険はあるにせよ、「ホモセクシュアル」という用語の方が、「ゲイ」よりはおそらくより公式に（診断的とは言わないまでも）聞こえる分だけ、まだ時代的制限を受けずにすむようで、好まれていた。しかしこの用語にある、時代を超えているかのようなアウラは急激にあせて来ている。この用語が作られる以前の世紀についての認識や行動のマッピングには明らかに不適切というだけでなく、用語が作られた後の世紀にとっては、このような用語の権威づけの根拠が、ますます偏向的で時代遅れに見えるようになった、というのがその理由である。したがって、時代を超えて適用できるような名称がないこの現象の歴史において、「ホモセクシュアル」と「ゲイ」はますます、重複することのない別々の時代区分に対して適用される用語になって来たようだ。それにしたがって、世紀の始めの方と後の方との歴史的区別が重要だと思われるところでは、いずれの用語も適切に使うように努力した。しかし、より長い歴史的範囲に広げて「この」現象（「一枚岩的な現象があるかのように聞こえて」問題はあるが）を表したいときには、いずれかの用語を、互換性を持たせて使用した。たいていの場合、直接関連のある歴史的用語と対照させて使っている（たとえば、世紀の転換期の文脈で「ゲイ」を使い、一九八〇年代の文脈で「ホモセクシュアル」を使っている場合、それはそれぞれ、少なくとももう一方の時代をも含み込むだけの広さを持った分類法であることを示唆している）。研究者によっては、あるテクストまたは人物が、ゲイ肯定を表しているか、それとも内在化されたホモフォビアを表していると認められるかによって、それぞれ「ゲイ」と「ホモセクシュアル」とを区別しているが、私はこの慣習には従わなかった。この研究は、これらの二つのことがそのように問題なく、たやすく区別できるものとは仮定していないからだ。本書においてこれらの用語を使うとき、さらに重要な制約としてつけ加わるのが、「ゲイネス（gayness）」という名詞、または「ゲイ（gay）」それ自体を名詞として使用することが、望ましくないという選択だ。この選択の根底にあるのは、形容詞「ゲイ」に含まれる伝統的で刺激的な意味と同性間の欲望とを結びつけることは、いまだに強力な主張の行為であり、文法的な適合によって簡単に慣例化されるべきではないという意識がおそらくあるのだと思う。

この分野の用語法にとって、ジェンダーがますます問題になって来ている。これについても一貫した解決法があるわけではない。「ホモセクシュアル」は、比較的中性的な用語であった。語源上の混交に潜在するラテン語のホモ＝男性／人間というだじゃれのせいか、それとも単にホモセクシュアルをめぐる言説の中では（他の多くの言説と同様に）男性の方にはるかに多くの注意が注がれるせいか、この用語は常に少なくともいくらか男性の側に偏ってはいるが、私もこれを中性的な意味で使用している。「ゲイ」の場合はより複雑だ。というのもこの用語は男性、女性両方のジェンダーに言及しているとされていながら、実際に使われるときは、まるでこの用語が女性を含まないかのように、慣例的に「レズビアン」という用語と一組にして使われるからだ。そして現実に、この用語は女性を含まない用語になって来ている。公理三でより詳しく述べるが、このように用語法が複雑化するのは、それが、ゲイ／レズビアンの政治学とアイデンティティにはらまれた実際の曖昧さや闘争にぴったりと反応しているためである。たとえば、女性を愛する女性の中には、自分たちをゲイではなくレズビアンだと考えている人々がいる一方で、自分たちはゲイの女性であってレズビアンではないと考えている人々もいる。この研究の前提に従えば、ホモセクシュアル・アイデンティティが女性や男性にとってどのようなものかは、常に変化するし、また共時的に見ても実際多様である以上、ホモセクシュアル・アイデンティティを「女性も男性も含む」統一体とするか女性と男性では別個のものとするか、前もって定めることはできない。またこの研究の焦点は、実際に、主として男性のアイデンティティ（それだけではないにしても）に合わせられている。したがって、時には「ゲイとレズビアン」という用語を使うが、たいていは簡単に、「ゲイ」の方を使う。男性の欲望だけではないにせよ、男性を暗示するかのように扱われる、同性間の欲望の現象を表すのには奇妙に正確な用語だからである。より完全かつ公平に、二つの性を含む現象について述べたいときは、「ゲイの男性／女性」または「レズビアンとゲイの男性」とし、一方ではっきり片方の性だけに言及するときは、「ゲイの男性」という用語を使うことにする。

最後に、所与の書き手・読者両方にとって切迫した問題と思われることについて、どう議論を組み立てたら一番良いか、人によって感覚がどんなに違うだろうかと切実に感じている。本書の展開、動機、前提について、全体を通してでき得る限り明確にしようとした。しかし、たとえ本書の主題と取り扱うテクストに内在する難しさは別にしたとしても、この文章のスタイルがあらゆる人が理想とする明晰さに適合はしないというのは、必然的と思われる。ホモセクシュアルの可能性の周囲に生じる可視性と分節化の不安定で危険をはらんだ関係の中にこそ、この文化にとってもっとも重大な関心事が含まれているという本書の主張が正しいとするならば、これが誤読される見込みは特に大きくなる。そのため、本書にはまったくかお笑いぐさという程度の影響しか与えられないかもしれないという、予期できるエゴイスティックな不安に加えて、ひょっとしたら本書が破壊的な影響を及ぼしてしまうかもしれないという恐怖感もある。

実例を一つ挙げよう。合衆国において法的に偏見関連犯罪または嫌悪関連犯罪として知られるようになっているもののうちで、ゲイ・バッシングがもっともありふれていてもっとも急速に増加している犯罪だと信じるに足る根拠がある。この暴力的で、人の自尊心を傷つけるだけではなく、しばしば致命的にもなる法廷外の制裁は、疑いもなくゲイの選択、表現、存在に対する、社会的に認められ制度化された制裁よりもはるかに強力に、しかもそれを密接に補強するように作用している。ホモセクシュアルに対する司法外と司法内の制裁との間のこの特有の密接な関連は、たとえば法制定者が、特に偏見関連犯罪を有罪とする法案の適用範囲から、ゲイへの暴力を除外しようと各州で次々と展開して来た議論に明らかである。彼らの議論は、ゲイと見られる人間に対する個人的暴力を有罪とすることは、州がホモセクシュアリティを有罪とすることを無効にしてしまう、ということを根拠にしている。これらの議論は、これまでのところこの問題が持ち上がった州のうち、大半の州では認められて来てしまっている。実際、嫌悪関連犯罪の法案の適用範囲からゲイへの暴力は除外されなかった州によっては（ニューヨーク州のように）、見かけは結束している人種／民族グループ連合がこの問題に関してはあまりにひどく分裂したために、他の点では圧倒的支持を受けている法案が繰り返し無効とされて来たという事情もある。このように、国が、ゲイに対する公でない暴力をどう扱うかは、ゲイの人々に（ゲイの人々だけにではないが）決定的に影響を与える用語＝条件の、ますます争われる定義の境界面となっているのである。

このように論争を目一杯はらんだ文脈では、実際に法廷まで争議が持ち込まれたゲイ・バッシャーの処置でさえも、矛盾する定義のやぶの中に飛び込む可能性が高い。やぶの中でももっともとげが多いのは、「ホモセクシュアル・パニック」に関連している。これは、ゲイ・バッシャーに対する有罪判決を防いだり判決を軽くしたりするために一般的に使われる弁護戦略であり、また、この研究の要となる分析手段を指し示す用語でもある。司法上、ゲイに対する暴力のかどで告発されている人間（一般的に男性）のための「ホモセクシュアル・パニック」という弁護戦略は、彼の暴力は望んでもいないのに性的に接近されたことによっておそらく引き起こされた、病的な心理状態の結果であり、それによって、彼の犯罪に対する責任能力が減少していたことを暗示する。この弁護戦略には、ゲイの男性がすべて、見知らぬ人に対して性的に近づくという非難をされても無理がない、という不当な前提があるばかりではなく、さらに悪いことに、しばしば殺人にまで至る暴力が、望まれると望まれないとにかかわらずどのような性的接近に対しても正当な反応だ、という前提がある。さらにこのような根拠のない前提に加えて、「ホモセクシュアル・パニック」の弁護戦略は、この文化においてはホモセクシュアルを嫌悪することは非常に私的で非典型的な現象なので、責任を減じ得る病気に分類できるという、問題を不当に個人化・病理化する前提に依拠しているのである。しかし、この前提とは逆に、この弁護戦略が広く受け入れられていること自体、ホモセクシュアルに対する憎悪がより公的で典型的なことであり、したがってそのような憎悪に対抗する手段は、不利な立場にある別の集団への憎悪に対抗する手段を見出すよりも難しい、ということを実は示しているようである。たとえば「人種パニック」あるいは「ジェンダー・パニック」という戦略は、有色人種の人々や女性に対する暴力を弁護する戦略としては、受け入れられていない。また「ヘテロセクシュアル・パニック」に関しては、ニューヨーク・シティ・ゲイ・レズビアン・アンチ・ヴァイオレンス・プロジェクト〔ニューヨーク市のゲイとレズビアンによる、反暴力団体〕のデイヴィッド・ワーセイマー代表が述べるように、「もし男から性的に言い寄られたヘテロセクシュアルの女性がすべて、その男性を殺害する権利を有しているのだとしたら、この街の通りはヘテロセクシュアルの男性の死体で埋まることだろう」[*21]と言える。ナショナル・ゲイ・ライツ・アドヴォケイツ〔ゲイの権利擁護を目的とする全国組織〕の弁護士は、他の偏見関連犯罪に対する法的処置との相違を、次のように明確にしている。「この〔ホモセクシュアル・パニック〕弁護戦略の使用を正当化し得るような事実および法的根拠は一切ない。われわれの社会が、人種あるいはジェンダーに基づいた偏見を、暴力行為の口実とすることを許さないのと同様、被告のホモフォビアも暴力犯罪の弁護の根拠とはならない」[*22]。

このように、「ホモセクシュアル・パニック」の弁護戦略に集まる人気の多くは、この戦略が、汚名の烙印を押された多くのマイノリティ・グループのうちでもとりわけ貶められたグループに対して、病理化という手段によって、社会的に是認された偏見の行為を許し「位置づける」ことができることから来ているように見える。しかしまた、この弁護戦略の特殊なもっともらしさは、ゲイに対する犯罪と他のマイノリティに対する偏見関連犯罪との間にある、一つの〔大きな〕差異にかかっているようだ。つまりマイノリティ化されたゲイ・アイデンティティの境界がいかに不明瞭か、また、おそらくは最終的に境界の画定がいかに不可能であるか、という差異である。結局のところ、この弁護戦略が「ホモセクシュアル・パニック」という（以前はどちらかといえばあまり知られておらず、ほとんど診断例もない）精神医学上の分類の名称を借りている理由は、これが、ゲイに対する暴力犯罪を犯した人間自身の性的アイデンティティが不確かだという仮定にうまくあてはまるからだ。これがゲイ・バッシャー弁護の特徴となるシナリオであること（他の偏見関連犯罪の事例では、犯罪者自身の人種、宗教、民族、ジェンダーが不確かだということはないように）からわかるのは、ここでもまた、男性のホモ／ヘテロセクシュアルをマイノリティと定義する見解と普遍的と定義する見解との、部分的に重複する二種の見解が、ゲイの人々の犠牲を倍加させているということである。事実上、ホモセクシュアル・パニックという弁護戦略は、マイノリティ化の分類学を二重に行っている。すなわち、ゲイの人々という明確なマイノリティがいる一方で、「潜在的ホモセクシュアル」という、同様に普通の人々とははっきり区別できる第二のマイノリティがいる、と主張していることになる。しかも、この第二のマイノリティの「自分たち自身の男らしさ《マスキュリニティ》についての不安」は、あまりに普通からかけ離れているために、通常の道徳的責任を減ずることを基礎とした抗弁が成り立ち得るというのである。にもかかわらず、この抗弁の効力は、その中にある普遍化の力にかかっている。すなわちワーセイマーが述べるように、「陪審員たちが〈まったく、たぶん僕だって同じように反応したかもしれない〉と言って、犯罪者と自分たちを同一視できるような雰囲気を作れる」[*23]かどうかにかかっているのである。ホモセクシュアル・パニックの抗弁は、この男性の定義の危機が「この文化に」固有な組織的ものだという事実に依拠しているが、この抗弁が可能になるのは、まさにその事実を否定することによってなのである。

『男たちの間』を書いているとき、「西洋の男らしさの構造的残余物である、ホモフォビアという作用を通した組織暴力の可能性、つまり脅迫可能性」に対する名称を求めていた私は、「ホモセクシュアル・パニック」という用語が司法上使われていることはまったく知らずに（当時は今ほど一般的ではなく、それほど宣伝もされていない弁護戦略だった）、比較的珍しい精神医学のまったく同じ診断から借りた、まったく同じ用語に引きつけられていた。言語盗用の暴力がこの用語の用法に読み取れるはずだと信じて、私は、マイノリティ化の見解に基づく分類学的な医学カテゴリーを盗用し、ジェンダー全体、ひいては文化全体の定義の働きにあてはまる、一つの構造的原理に切り替えようとしていた。「ホモセクシュアル・パニック」は私の用法では、「フーコーや他の人々が〈性的なもの〉という無定形の領域を定義し規制するものとして説明した、複数の制度を通した公的な拘束力を補足する支配の道」の一つであり、そのような支配の「もっとも私的で心理化された形態」である。「二〇世紀の西洋で多くの男性は、ホモフォビックな脅迫という社会的なプレッシャーに傷つきやすい」が、それこそが、この私的で心理化された支配の形態が経験されたものなのである。[*24]

ゲイ・バッシャーのために「ホモセクシュアル・パニック」という弁護戦略が法廷で使われるのは、この用語が医学に媒介されているため、個人の病理と組織的作用の間にある重複を曖昧にすることができるからである。

しかし、一方でこの用語が私の目的にとって魅力的なのは、まったく反対の理由による。つまり、この用語が、その同じ重複の場を、劇的に表現し、可視的にし、スキャンダラスなものにさえできると思われたからである。「男のホモセクシュアル・パニック」の用語法に凝縮された認識の一揃いが、他の批評家、特にゲイ理論を行っている人々にとって、『男たちの間』の一つの生産的な特徴であることは理解されたと思う。また、『クローゼットの認識論』でも、私は同じ用語を同じ意味で追求している。しかし一九八五年以降、公的言説がますますホモフォビックな状況を帯びる中では、この扱いにくい連結関係が〔この文化構造を〕説明する力を強調し明らかにしようとなされた仕事であっても、それとは正反対の目的のために使用されてしまうことを避けることはできないかもしれないと、失望を強めながら感じてもいる。たとえば男のホモセクシュアル・パニックに〔構造的原理として〕中核的重要性と力があるという私の議論は、別に頑迷でホモフォビックな読者でなくても、ゲイ・バッシャーを病理化する「ホモセクシュアル・パニック」弁護の信頼度を実際高めるものだと理解することもできてしまう。私の議論は精神医学における実証主義的分類学の中立性に対する、また法律における分類の一貫性（たとえば「個人の責任」に関して）に対する、精神医学・法体系全体にわたる懐疑に基づいた分析の文脈に必然的に埋め込まれている。しかしそれを理解しなければ、または理解を拒否すれば、正反対の読解も成り立ってしまう。しかしもし、この特定の誤用の可能性を事前に予測し、今望んでいるように、それを防ぐために必要な説明の方策をとることができたとしても、それでもなお、予測できなかった誤用の数々が他にも出て来るかもしれないのである。

言うまでもなく、これらの係争点について沈黙を通せば、分析によって誤用を招くよりもはるかに強い、現状補強の役割を果たしてしまうのはわかりきっている。にもかかわらず、書き手がこのようなプロジェクトを行おうとするとき、その最善の思考を注ぐことを可能にする切迫感や満足感が、読者の切迫感や満足感とは、種類の違うものかもしれないという疑念は否定できない。

＊＊＊

この序論の残りで、本書のプロジェクトに暗黙に含まれている、方法論、定義、公理の基礎について、いくつかここで明らかにし、同時にセクシュアリティとジェンダーを理解するという、より広いプロジェクトの数々の中で、本書がどう位置づけられるか、私なりの見方を説明したいと思う。

同性間の欲望が、周縁的であると同時に中心的な特有の公的／私的位置づけによって、まさに公然の秘密としていまだに構造化されている文化において、ゲイ／レズビアン研究に携わっている者なら誰でも発見するのは、ばかばかしいくらい自明なことだったと結局わかる真実をとらえようと懸命に努力することと、ありふれていると思って捨てたことに、人をかりたて分裂させる力が潜んでいたとわかることの境界線が、奇妙に予測不可能ということである。公然の秘密の構造を扱うには、わかりきったことを問い直す危険をあえて冒すくらい恥知らずであって始めて、変容の可能性のあるところにまで踏み込むことができるのである。この序論では、アンチ・ホモフォビックな分析という長期的プロジェクトから導き出された、分節化されていない様々な仮定や結論のいくつかを、秩序立て、一気にひとまとめに取り上げてみなければならない。これらの釘、これらの配線のスクラップは——退屈だろうか、それともショックを与えるだろうか?

もっともわかりきったことを特権化するという規則に従って始めよう。

## 公理一　人々は互いに異なっている。

この自明の事実を扱うのに、まともな概念道具は驚くほど少ない。現在の批評的・政治的思考の中に苦心して刻み込まれて来た分類の軸は、ごく少数で、それも信じられないくらい粗い。ジェンダー、人種、階級、国籍、性的指向などが、利用できる区分にすぎない。これらの区分自体は、区分が構築され再生産される仕組みについて論証することとともに、不可欠であり、実際、差異と類似性の他の枠組みをすべてかいくつか、無効にするかもしれない。しかし、仕事、遊び、政治行動の間の奇妙な関係は言うまでもなく、兄弟または姉妹、親友、級友、親、子供、愛人、元=〔夫/妻/愛人/etc.〕、つまり私たちの家族、愛憎の対象が同様に証明するのは、これらの粗雑な類別軸に沿った位置づけのほとんどまたはすべてを共有する人々でさえも、私たちとはかなり異なっているだけではなく、あたかも異なった種であるように見えてしまうかもしれないということである。

誰もがこれを学んでいるはずだし、またおそらく〔社会で〕生き延びるために人は誰でも、自分のまわりの人間関係の風景にある可能性、危険、刺激のマッピングのために、非体系的で当座的ではあるが適度に豊かな分類学の手段を持っているだろうと思う。この当座の分類学をもっとも必要としているのは、おそらくは抑圧や従属を経験している人々である。たとえばゴシップという技芸は、ヨーロッパの想像力では昔から召使い、女々しい《エフェミネト》男、ゲイの男性、全女性と結びつけられ蔑まれて来たが、実のところこれは必要な情報の伝達というよりは、むしろ自分の世界にどんな種類の人間がいるか、合理化されない暫定的な仮説を立て、試験し、使用するために必要な貴重な技能を磨くことに関わっていると考えられる。[*25] プルースト的またはジェイムズ的な著作が、その典型であろう。それはまさに、当座の分類学、一つの世界を作り上げるのに必要なあらゆる種類の人々に関して、何百という新旧の分類の想像行為を作り、崩し、再び作り、また解体するというプロジェクトだからである。

すべてのゲイの男性や全女性が、ゴシップに代表されるような当座の分類作業に非常にたけていると仮定はしていない。しかしゴシップは、われわれ固有の要求にも応ずるものと仮定することには、実際、意味があると思われる。エイズの時代、喪失の圧迫が前景化され、人々が愛する人々の不在を予期し、またそれに耐え、なんとか対処しようとしているとき、そのような要求がよりはっきりと浮かび上がっては来ないだろうか。すなわち失われてしまうかもしれない友人の特別さ、その人独特の鋭い芳香を正当に述べるべきだという要求を、理論によって平凡と片づけたり、「感傷」で片づけたりするのは、不合理であり、不毛であろう。さらに劇的と言えるのは、理論的にも政治的にも興味深い戦後の思想のあらゆるプロジェクトがすべて、人々の互いに類似したり異なったりする複合的で不安定なあり方について詳細に問いかけ、思考する余地を開いてくれるかのように見えながら、結局はそのような思考の余地を脱合法化するような効果を持つに至ってしまったということである（人々は自分自身からさえも完全に異なっていると論証されたにしても、この〔類似と差異についての〕プロジェクトが無用になるわけではない）。たとえば脱構築は、まさに差異＝差延（differ(e/a)nce）の学問として創始され、差異の概念をあまりにフェティッシュ化したために、具体的差異が表現される可能性を稀薄にしてしまい、結果的に今では、複数の特別な差異について考えるときには、脱構築の徹底的実践者に救いを求めることはまずできなくなってしまった。ポストモダニズムの理論家たちについても、同じことが言えそうである。精神分析理論は、身体の局部、発達段階、表象機構、意識の局所論など、重複する分類学のほとんど占星術的に豊富な複数性を通して、異なる人々とはどのような人々か、という議論に一定の適切な幅を導入できるかのように見えた。しかし非常に多くの制度の境界を越えて能率化される中で、精神分析理論は結局、父なるもの、母なるもの、前エディプス期というもの、エディプス期というもの、他者なるものまたは大文字の他者、といったエレガントな操作上の観念的存在へと還元され、メタ理論的学問分野の中でももっとも洗練されたものになってしまった。一方で、〔精神分析理論ほどには〕理論化されていない、精神分析という制度内部の言説における、発達の物語や健康と病理との隠喩学の下には、偏狭で厳格に規範的な、差異を根絶してしまうような倫理的プログラムが長いこと潜んでいた。[*26] またたしかにマルクス主義批評、フェミニスト批評、ポストコロニアル批評その他の社会問題にコミットした批評プロジェクトによって、非常に重要な差異の軸いくつかについては理解が深まったものの、暫定的でそれほどグローバルとは思われていない差別的分類の衝動は、おそらくは必然的に看過されて来た。このような研究のそれぞれにおいて、個人というカテゴリーを脱構築する、様々なやり方を学ぶことによって得たものはたしかに非常に大きい。たとえば今プルーストを、人間というものの様々な分類法を解体するための、近代の技術を巧みに操作する達人として読むことがたやすくできるのも、そのおかげである。しかし、プルーストが世俗的分類法を解体するからにはそれに依存もしていたわけであり、そのような分類のエネルギーが出現し、持続したことを説明するような理論はない。アンチ・ヒューマニストの言説は、私たちにとって不可欠ではあるが、今まで述べたように、期待されたような役割を果たしてはいない。そのために力強い可能性をはらんだ、深く複合的な変差の地盤が、ヒューマニストのリベラルな「寛容」に、または良くてもせいぜい平凡化をはらんだ抑圧的な賞揚に、また、最悪の場合には反動的抑圧に譲り渡されてしまったように見える。[*27]

私がこんなことを言うのは、自分自身や他者との関係で、私たちが知っていることと知る必要のあることの中に、見た限りこれまで理論的に扱われることのなかったものごとがたくさんある、と言うためである。「理論」と「文学自体」の変動する接点で見られる「理論」に対する「文学自体」の抵抗は、この合理的に説明されない当座の分類エネルギーがあふれかかっていることの表れ（他の意味もあるにせよ）かもしれない。しかし、はっきりと表象に関わってはいても、このエネルギーは決して特別に文学的というわけではない。

たとえばセクシュアリティという特定の分野に関して、ジェンダー、人種、国籍、階級、そして「性的指向」が同じ人々でさえも、次に挙げるようなことによって区別できることは、周知のことと思う。しかし、次のことのそれぞれがもし純粋な差異として真剣に受けとめられたとしたら、セクシュアリティに関して現在利用できる思考の多くの形式を粉砕するような、未知の可能性がそれぞれに潜んでいることがわかろう。

＊ 同一の性器的行為でさえも、人によって異なる意味を持つ。

＊ ある人にとっては「性的なこと」の光は、独立した性器的行為の境界を越えて伸びることはほとんどない。一方、他の人にとっては、その光は性器的行為をゆるやかに包み込むか、または行為からは事実上離れて自由に漂うものである。

＊ ある人にとってセクシュアリティは、自分自身のアイデンティティ認識にとって大きな部分を占めるが、他の人にとってはそれほど大きくない。

＊ ある人はセックスのことを考えるのに多くの時間を費やし、他の人はほとんど考えない。

＊ ある人はセックスをたくさんしたがり、他の人はほとんどか、まったくしたがらない。

＊ 多くの人は、実際には行わない、あるいは行いたいとさえ思わない性的行為に対して精神的／感情的にもっとも豊かに巻き込まれている。

＊ ある人にとってはセックスが、意味、物語、そして人生の他の側面とのつながりと共鳴する文脈に埋め込まれていることが重要である。他の人にとっては、そのような文脈とは無関係であることが重要であり、さらに他の人にとっては、そのような文脈にセックスが埋め込まれているかもしれないなどとは思いもよらないことである。

＊ ある人にとっては一定の性的対象、行為、役割、局部、シナリオに対する好みは、遠い昔からの恒久的なものであるために、本質的なものとしてしか経験されない。一方、他の人にとっては、そのような好みは後から来たように見えるものだったり、偶然性のあるいは任意のものと感じられる。

＊ ある人にとっては、良くないセックスの可能性はかなり嫌悪をもよおすものであるため、彼らの人生はそれを避けようとすることを強い特徴とする。他の人にとっては、そんなことはない。

＊ある人にとっては、セクシュアリティは高められた発見と認識上の超高感度刺激を受けるために必要な場を提供するものである。他の人にとっては、セクシュアリティはお決まりの習慣と、認識を休止させるために必要な場を提供するものである。

＊ある人は性的場面が自然発生的であることを好み、他の人は筋書きの計算され尽くしたものを好む。さらにまた他の人は、自然発生的に見えながら、なおかつ完全に予測可能なものを好む。

＊ある人の性的指向は、時として、対他愛的対象選択のどの相によってよりも、自体愛的な快楽と経歴によって強く特色づけられる。他の人にとっては、自体愛的な可能性は存在したとしても二次的か、はかないものである。

＊ある人は、ホモセクシュアルであろうとヘテロセクシュアルであろうとバイセクシュアルであろうと、自分たちのセクシュアリティをジェンダーの意味とジェンダーの差異という基盤に深く埋め込まれているものとして、経験する。ホモ／ヘテロ／バイセクシュアルのいずれでも、他の人はそのようにはセクシュアリティを経験しない。

この個人の差異のリストはたやすく拡張できるだろう。これらのうち多くが、ある人物の全体と他の人物の全体とを区別できるだけではなく、同一の人物の人生のある時期と他の時期とを区別できること、または多くが、ある人物から別の人物へと流通するような相違点を示しているからといって、これらの項目の境界画定の権威が減るわけではないと信じる。これらは、一つ以上の場、一つ以上の尺度で、境界を画定するのである。このようなリストの効力は、どちらかと言えば常識と内省の要求に抵抗することで悪名高い「セクシュアリティの」領域で、個人の自己認識、自覚または自己申告を信頼することに根本的に依存している。性的欲望がたとえ一瞬の間でも透明でわかりやすいと仮定されたならば、驚くべき変態《メタモルフォシス》を遂げて来た西洋のロマンスの伝統（精神分析を含む）全体は、どこに存在し得るのだろうか。たしかに、このような差異のリストを受け入れるのには、驚くべき信念の跳躍が必要だ。だがリストを退けるのには、それにもまして驚くべき無遠慮な跳躍が必要だ。人が自分の性的欲望を名づけ説明する権威を、誰かから決定的に取り上げるということは、たとえそのような権威の欠如を定義するどのような理論的根拠があったとしても、おそろしく重大な強奪行為である。セクシュアリティがアイデンティティと知識両方の本質を表現するようになって来た今世紀においては、それは、もっとも本質的な暴力を示すものかもしれない。それはまたありふれた、ホモフォビックな制度による権能を奪う効果や可能性に満ちた行為でもある。言うまでもなくこれは、近代におけるホモフォビックな抑圧の歴史の中核をなす行為である。

より安全な手続きは、性的差異についての自己申告をできるだけ信ずること、つまり、規範的ではないかもしれず、そのため危険も犠牲も大きい自己申告に、必要とあらば信用というウェイトを与えることだ。この手続きをとることによって、激しい抗争の繰り広げられる性の定義の地図上に、単なる不可知論ではない、より能動的な多元性の可能性をはらむ、広い領域を確保し保護することができる。たとえば、自分をゲイだと自認する人の多くは、性の対象選択のジェンダーを含む個人的ゲイ・アイデンティティの原型を、自分の存在を構成する、昔からの不変の要素として経験している。しかしゲイと自認する人の中には、ゲイ・アイデンティティやゲイの対象選択を経験するのが比較的遅かったり、またはそのような選択を自由裁量だと見ている人々もいる。このような認識のどちらかを特権化したり、もう一方に従属させたりする根拠はまったくない。このようにホモフォビックな文化においては、自分をゲイだと自認するという危険な選択は、誰によってなされるにしろ、少なくとも必然的に善意と自己説明の権威を与えられてしかるべきだ。ある所定の時機に、たとえば本質主義か構築主義か（あるいはマイノリティ化か普遍化か）、どちらかの見解によってゲイ・アイデンティティを分節化するという選択をすることには、たしかに修辞的・政治的な根拠があるが、両方の説明の合法性に絶えず同意することにも、同じくらい確かな修辞的・政治的な根拠がある。また、これらを超えて、さらに重大な理由がある。この研究が鋭敏に作用するためには、感じられ、報告される差異の権威をできるだけ失墜させないように問いを組み立てること、また、観念的定義の強制という重荷をできるだけ負わせないことが必要だと感じて来た。一定の類別化が本質的に何を意味するかではなく、それらがどのように作用するか、どのような法の制定を行い＝演じ《パフォーム》ているのか、どのような関係を作り上げているのか、と繰り返し問うこと、それが私の主要な戦略であった。

**公理二　セクシュアリティの研究はジェンダーの研究と同一の広がりを持つわけではない。同様に、アンチ・ホモフォビックな探求は、フェミニストの探求と同一の広がりを持つわけではない。しかしこれらの研究が互いにどのように異なるかについては、あらかじめ知ることはできない。**

性（セックス）、性差（ジェンダー）、性現象（セクシュアリティ）——これら三つの用語の用法の関係と分析の関係は、ほとんど救いようがないくらいつかみどころがない。「セックス」と呼ばれるものと「ジェンダー」と呼ばれるものの見取り図を作ることが、フェミニストの思考のうちもっとも影響力が大きく、成功して来た仕事である。そのような仕事のためには、「セックス」はホモサピエンスという種のうち、XX染色体を持つ構成員とXY染色体を持つ構成員との間の、一群の、ある還元不可能な生物学的区別を意味して来た。これらの区別には、生殖器の構造のほぼ顕著な二形性、体毛の生長（体毛のある集団において）、脂肪の分布、ホルモンの機能、そして生殖能力が含まれる（あるいは通常含まれると考えられる）。この意味では、「セックス」は（私が「染色体的性」として区別するものだが）、その上にジェンダーが社会的に構成されるための、相対的に見て最小限の原材料と考えられる。われわれの文化体系では、「男／女」が、おそらくは二項対立論のモデルとして機能する主要な二項対立であり、「染色体的性」とは関係がそれほどないか、まったくないと思われるような非常に多くの二項対立の構造と意味に、影響を与えている。その中でジェンダーは、「染色体的性」よりもはるかに精巧に作られ、はるかに完全かつ厳格に二分化された、男と女のアイデンティティと行動、つまり男や女という人物、を社会的に生産および再生産したものだということになる。生物学的基礎のもと、個人のうちに内在的かつ不変だという傾向があると見られる（上記の定義に従えば、ということだが）染色体的性に比べると、ジェンダーの意味は高度な関係性のもと（二項対立化されたジェンダーのいずれもが主に、もう一方の項との関係で定義されるという意味で）、文化的に不定型で可変的であり、ジェンダー間の権力差の歴史から解き放つことはできない、と見られる。このフェミニストが読んだシステムの見取り図、すなわちゲイル・ルービンが「セックス／ジェンダー・システム」[*28]と呼び、染色体的性が文化的なジェンダーに変化させられ、ジェンダーとして加工処理されるというシステムの見取り図は、人々の様々な行動やアイデンティティを染色体上の性に帰すことを最小限に抑え、一方でそれらを最大限、社会化されたジェンダーという構築物に帰して来た。この戦略は、ある社会のある時期に支配的な、女性を不利な立場に置く社会的配列法が、それを「自然」とする生物学的基礎に基づく物語によって合法化されるというイデオロギー的根拠に対して疑問を投げかけることを目指し、それによってそのような社会的配列法を、分析・批判する手段を手に入れることを目的としていた。

　しかし、「セックス」は染色体的性をはるかに超えて無限に広がる用語だ。その用語の用法が歴史的に、今だったらより正確には「ジェンダー」と呼ぶようなこととしばしば重複しているということは、問題の一つにすぎない。（たとえば「私は自分自身と同じセックス〔性〕の人間しか愛せない」――このような文では、「セックス」よりはむしろ「ジェンダー」の方が適切ではないだろうか。あるいは「Mは近づいて来た人物が反対のセックス〔異性〕であることに気づいた」はどうだろう。二つのジェンダーがあり、それらは互いに対比されることによって定義されているという限りで、反対のジェンダー、と言えるかもしれない。しかし、どのような意味でXXがXYの反対なのか。）しかし、「セックス」が染色体を超えて、生殖および性器に関わる行動と感覚とに、まさに物理的身体を通して結びついていることで、セックス／ジェンダーの区別という概念が明瞭であるか、またはそのような区別が可能かということさえにも新しい疑問が呈されるのである。ジェンダーの区別とジェンダーに関わる闘争における一つの主要な（あるいは決定的に主要な）争点は、女性の（生物学的に）特有な生殖能力を誰が支配するかの問題だ、という強力な議論がなし得る。実際に、ジェンダー抑圧のもっとも顕著な数形態と、女性の身体および生殖活動の「事実」とが密接に結びついているため、ラディカル・フェミニストの中にはある程度はっきりと、セックス／ジェンダーの区別を主張することが役に立つかどうか問いかける人も出ている。これらの理由によって、フェミニスト理論内部での「セックス／ジェンダー・システム」を含む用法でさえも、「セックス／ジェンダー」は、明快な区別よりはむしろ問題をはらんだ領域の輪郭を描くためだけに使うことができるのである。私自身本書では、セックス／ジェンダー・システムというあの問題化された領域、すなわち女と男の間の身体的文化的区別の全体を、大まかな用法だがより簡単に「ジェンダー」という項で呼ぶ。そうするのは、「男と女との間の差異の領域」（「ジェンダー」の項に分類するもの）という意味での「セックス」と、セクシュアリティという意味での「セックス」との混同が起こる可能性を減らすためである。

　なぜなら、近代の文化が「セクシュアリティ」と、そしてまた「セックス」とも言及する領域は、女性と男性両方の一連の行為、期待、物語、快楽、アイデンティティ構築のあり方、知識を含んでおり、一定の性器の感覚のまわりに特に濃密に集まっているものの、それらによっては適切に定義されないものであり、その領域を、フェミニストによるセックス／ジェンダーの区別の上に位置づけることは、事実上不可能だからだ。「セクシュアリティ」は、（たとえ本質的でないにせよ）生殖または生殖の可能性と結びつくようなある身体的部位、行為、リズムとに中心または出発点があるという限りの意味で、「染色体的性」と同種のもののように見えるかもしれない。つまり、生物学的に種の生存に必要で、個人に内在し、社会的には不変の、所与のものだという傾向があると言える。しかし、フロイトが論じフーコーが仮定したように、人間のセクシュアリティ特有の性《セクシュアル》的な性質が、まさにただの生殖の振りつけを超えた過剰さ、またはそれとは異なる可能性をそなえていることに関わっているという限りにおいては、「セクシュアリティ」は当初（染色体に基づいた）セックスと呼んだもののまさに正反対と言えるかもしれない。つまり、それは内在的不変的な所与のものであるどころか、「ジェンダー」よりもはるかに、関係性によって規定され、社会的／象徴的で

| | |
|---|---|
| 生物学的 | 文化的 |
| 本質的 | 構築的 |
| 個人に内在 | 関係性 |

**構築主義的フェミニストの分析**

染色体的性 ―――――――――――――――― ジェンダー
ジェンダー不平等

**ラディカル・フェミニストの分析**

染色体的性
生殖の関係 ―――――――――――――――― 生殖の関係
性の不平等 性の不平等

**フーコーの影響による分析**

染色体的性 ――――――――生殖―――――――― セクシュアリティ

**図1** セックス、ジェンダー、セクシュアリティのマッピング例

あり、構築され、可変的で、表象的（**図1**参照）であるという、正反対の位置を占め得るのである。これらの異なる所見にしたがって、セックスまたはセクシュアリティと合法的に呼ばれるなにかが経験と概念の地図全体に広がっていると述べることは、分析のパラダイムを選択することが必要だということや語義が決定的にずれていると指摘する以上の、解決しにくい問題を示すことである。セックス／セクシュアリティが、もっとも親密なものからもっとも社会的なものまで、あらかじめ決定されたものから偶然のものまで、身体に根ざすものから象徴に満たされたものまで、先天的なものから後天的なものまで、自律的なものから関係性に定められるものまでという、存在の様々な特性を表す位置のスペクトラム全体を表示する傾向が実際あると認めることが、むしろ現代の相当広い範囲の世界観と直観に忠実なのだと言えよう。

　セックスとセクシュアリティの間の定義の関係についてこれらの点をすべて事実とすれば、セクシュアリティとジェンダーとの関係は、さらにどの程度複雑になるだろうか。しかしたとえ特定のセクシュアリティの特定の

現れや特徴が、言説上、制度上、身体上の、ジェンダー定義、ジェンダー関係、ジェンダー不平等の網の目に女や男を不可避的に投げ込むものだったとしても、この研究は、ジェンダーとセクシュアリティとの間には、少なくとも分析的な距離の可能性が常にあるという仮定に立つだろう。これもまた、ゲイル・ルービンによって主張されている。

> 私はフェミニズムがセクシュアリティ理論の特権的場である、あるいは特権的場であるべきだ、という仮定に異議を申し立てたい。フェミニズムはジェンダー抑圧の理論である。……ジェンダーは性のシステムがどのように作用するかに影響し、性のシステムはそれぞれのジェンダーに固有な現れ方もして来た。しかし、セックスとジェンダーとに関係があるとしても、これらは同じものではない。*29

ジェンダーの問題とセクシュアリティの問題は、それぞれがもう一方との関係で表現されるという点で互いに分離できないとしても、同じ問題ではないということ、二〇世紀の西洋文化においてはジェンダーとセクシュアリティとは、たとえばジェンダーと階級または階級と人種のように、相互に別個のものと考えられ、そう考えることによって生産的に機能する二種の分析軸であるということを、本書は、ルービンとともに仮定する。別個のもの、すなわち最小限の区別にすぎないが、しかし有用な程度の区別だ。

この仮定のもとでも、たとえば人種の意味についてのあらゆる問題が、特定の階級上の位置という限定性を通して表現され、階級についてのあらゆる問題が、たとえば特定のジェンダー上の位置という限定性を通して表現されているのと同様に、ジェンダーについてのあらゆる問題も、必然的に特定のセクシュアリティという限定性を通して表現されるのであり、セクシュアリティについても同じことが言える。にもかかわらず、二種の分析軸を別個のものとすることは有用であろう。

この類比に対して、ジェンダーはセクシュアリティの決定に定義上組み込まれているが、どちらも、たとえば階級や人種の決定に定義上組み込まれてはいない、という反論があるかもしれない。たしかに、ジェンダーの概念なくしてはホモやヘテロセクシュアリティの概念があり得ない、というのは明快な事実だ。しかし、性的選択の他の側面（自体愛か対他愛か、世代内か世代間か、同種間か異種間かなど）の多くには、そのようなはっきりと明白なジェンダーとの定義上の関連はない。実際、セクシュアリティのいくつかの側面はジェンダーよりはむしろ、人種や階級の相違または類似性に結びついているかもしれない。今世紀においてセクシュアリティ全体の定義がホモまたはヘテロセクシュアリティという二元化された解釈法に狭まったのは重大な事実ではあるが、それは完全に歴史に規定される事実である。セクシュアリティそれ自体をジェンダーと分析的に融合させる理由としてこの既成事実を使うことは、この事実自体が説明なしに受け入れられるものではない、ということを曖昧にしてしまうだろう。またそれは、これらの利用できる分析軸すべてが結局のところ相互に互いを構成し合っているという、非常に密接なつながりを再び曖昧にするという危険を冒すことだろうと思う。セクシュアリティとジェンダーの密接さが特殊だと仮定することによって、そのどちらも、たとえば階級や人種による決定から定義上分離可能だと、当然のように仮定してしまう危険をおそらく冒すことになるだろう。

その上、ジェンダーという概念それ自体に、異性社会的《ヘテロソーシャル》な、またはヘテロセクシストな仮定をしてしまう有害なバイアスが避けようもなく含まれていると言えるかもしれない。なぜならジェンダーの定義とジェンダー・アイデンティティは必然的に、ジェンダー間の関係によるものであるからだ。つまりどのジェンダー・システムでも、女性のアイデンティティや定義は男性のアイデンティティや定義との類比、補足関係、または対照によって構成されているのであり、男性のアイデンティティや定義も女性との関係で構成されている。その限りにおいて、どのようなジェンダーを基礎とした分析的視座にも、この〔ヘテロソーシャルでヘテロセクシストな〕バイアスが組み込まれることになるだろう。たしかにジェンダーに基づく分析の多くには、一つのジェンダー内の行動や関係についての時にはかなり豊かな記述が含まれているとはいえ、どのような分析でも、ジェンダーに基づく限り、定義上は最終的に、異なるジェンダーの間の弁別的な境界に必然的に訴えることになってしまう。これはヘテロソーシャルな関係やヘテロセクシュアルの関係を概念的に特権化することであり、それには予測できない結果が伴う。その上紛れもなく、ジェンダー間の弁別的境界を指し示す残余、しるし、痕跡、記号はどこにでもあり、ジェンダー相互と各ジェンダー内の関係の経験に内在し、その経験を決定する。したがって、純粋に各ジェンダー内の文脈にあることさえも、ジェンダーに基づく分析なしにすませることはできない。にもかかわらず、分析対象が異なるジェンダー間の社会的相互作用領域から遠ざかるにしたがって、純粋にジェンダーだけに基づいた分析の切り込みが鋭利でも直接的でもなくなって行くのは予測できることだろう。そもそも同性間の関係を分析するのに、ジェンダーの差異という、きめの粗い傷痕《スティグマータ》に対応したレンズを通しては、精密できめ細かい分析を期待する方が非現実的というものだ。[*30] したがって、代替的分析軸——セクシュアリティと呼ぼう——を発展させることが、おそらくはゲイ／レズビアンとアンチ・ホモフォビックな研究にとって、特に切迫したプロジェクトだと言えよう。

そういうわけで公理二の当然の帰結は、ゲイ／レズビアンとアンチ・ホモフォビックな研究にとって、フェミニストの研究が問いかけ始めた質問を問うことが、いまだに有益だという仮定である。ただし、両方の問いで同じ回答を得ることを要求しないという限りにおいてのみである。現在のフェミニスト理論とゲイ理論とを比べると、ゲイ理論の新しさと、結果的に比較的未発達な部分が二つの点にもっともはっきり現れている。第一に、フェミニストにとってはすでに非常に当り前の問いかけでも、アンチ・ホモフォビックな研究者には当り前になっていない問いかけがある。それは抑圧の様々な形態が、どのように相互に体系的に絡み合っているかということ、そして特にある一つの抑圧の形態によって無力にされている人間が、いかにそのまさに同じ位置づけによって他の抑圧形態を通して権能を与えられるか、という問いかけだ。たとえば、私たちの社会では、教育を受けた女性の控え目な態度は、教育を受けた男性に対する敬意を表すとともに、より低い階級の女性や男性から敬意を受けることに対する期待も表す。また、女性が婚姻後の名前を使うことは、彼女が女性として従属していることを明らかにすると同時に、それによってヘテロセクシュアルと仮定される彼女の特権をもありありと見せてくれる。あるいはまた、全ての人種の女性が女性特有のこととしてレイプの暴力にさらされてはいても、この国では、それが女性を含む白人による人種主義的強制の強力な道具となって、黒人の男性女性を犠牲とした白人の特権化に使われる。〔2〕しかし、いずれにしても男性のゲイの著作や政治活動では[*31]、人は抑圧されているか、抑圧者であるか、いずれかだということ、またはある人間がその両方だったとしても、その二つの立場には相互にたいした関係はありそうにない、と仮定されるのがいまだに普通のようだ。これは注意深いフェミニストの仕事にはもはや見られない仮定である。

　実際、すべての抑圧は同じように一致しているというわけではなく、それぞれ異なった構造化がなされており、それゆえ抑圧は複合的に体系化された表現の中で交差する。これを理解したのが、長く苦しい道のりだったが、社会主義フェミニストや有色人種の女性の思考にとっては、最初の大きな発見的前進だった[*32]。この認識の当然の帰結として理解されたのが、抑圧の異なった軸を比較することが非常に重要な課題だということである。それは、抑圧に順位をつけるためなどではなく、むしろそれぞれの抑圧が、文化組織に特有の諸結節点を独特な仕方で表示するような関係にある可能性があるからだ。二〇世紀においてホモフォビアの抑圧が特別に中心的なのは、それが近代の西洋文化全体における知識の問題と知ることの過程から切り離せないからだ、と私は論じよう。

　フェミニズムによる第二のおそらくはより重要な発見的前進は、ジェンダーのカテゴリー、またしたがってジェンダーに基づく抑圧は、思考の結節点、すなわち文化的差別の軸を、差別の主題となる対象にはっきりとジェンダーが与えられているわけではない場合でも、組織化する効力があると理解したことだ。フェミニストの研究者は、上に概略を述べた脱構築的理解や手続きによって組織化された一連の展開を通して、ある所定のテクストにおける、文化対自然、公的対私的、精神対肉体、能動性対受動性などの二分法が、文化と歴史の特殊な圧力のもとでは、男性の女性に対する関係を暗示するアレゴリーの場になることをこれまでに学んでいる。それだけではなく、そのように名目上はジェンダーを与えられていない概念構成体をジェンダーの側面から分析するのを怠るというのは、それ自体が、読みにおけるジェンダーの政治学においては重大なバイアスを伴った行動であるということも、学んだのである。これによって私たちはたとえ文化的に「有標の」ジェンダー（すなわち女性）が、著者や主題として存在してはいないテクストについてさえも、ジェンダーに関する問いを投げかけるのが可能になったのである。

　前世紀の西洋の言説を通して現れたヘテロセクシュアル／ホモセクシュアルの二分法は、フェミニスト理論におけるこの脱構築的契機によって学んだ一揃いの分析的手段に特に適しているようだ。実のところ、ヘテロセクシュアル／ホモセクシュアルの二分法は男性／女性の二分法よりはるかにうまく脱構築的型に適合するのであり、またその適合のあり方には、それゆえ重要な相違もある。ジェンダーと性的指向との間のもっとも劇的な相違は、実質的にすべての人が生まれたときからいずれかのジェンダーに公的に割り当てられ、それが変えられないということである。それが意味するのは、性的指向の方が配列換え、曖昧さ、表象の上での両義性の可能性がはるかに高いために、どちらかと言えば脱構築のよりふさわしい対象となるということだ。性的《セクシュアル》な対象選択における本質主義の方が、ジェンダーにおけるどんな本質主義よりもはるかに維持しにくく、一貫性がなく、文化のあらゆる点で目に見えて強調されたり意義を申し立てられたりするのは確かだ。ジェンダーの軸に対してセクシュアリティの軸を認識論的または存在論的に特権化するためにこのように論じているわけではない。しかしこれはジェンダーとセクシュアリティが別個の軸である可能性を強力に示す議論ではある。

　しかし、ジェンダーには還元できないセクシュアリティの説明を構築するのは緊急の必要事であるとしても、ゲイ／レズビアンとアンチ・ホモフォビックな理論と、セクシュアリティ全体を総括する理論を構成するというより大きなプロジェクトとの関係には、一定の歪みが必然的に組み込まれているのが、すでに明らかなはずだ。この二種の理論は、結局のところ同一の広がりを持っているわけではない。それは「ゲイ／レズビアンとアンチ・ホモフォビックな理論」が同性間の対象選択とヘテロセクシュアルな対象選択を一緒に扱えないから、などということではない（「フェミニスト理論」が女性だけではなく、男性も扱うのと同じように〔ゲイ／レズビアンとアンチ・ホモフォビックな理論は、ホモとヘテロのセクシュアリティを同時に取り扱うのだから〕）。そうではなくて、すでに述べたように、セクシュアリティが対象選択のジェンダーではよく説明できない、非常に多くの側面に展開しているからだ。そのうちいくつかは習慣的に対象選択の項目のもとに集められるため、対象選択のカテゴリーが動員されるときには、たとえ一貫していないとしても、暗黙のうちに（たとえば）行為や（また別な例では）エロティックな局部限定などの一定の区別が働く。たとえば「ヘテロセクシュアルな性器性欲」と呼ばれる高度な発達段階について、あたかも対象選択が反対のジェンダーに向けてなされれば、自動的に口唇、肛門、乳房、足などに向けられた欲望が消え去るかのように語られるのを良く聞いたものだ。また、ヘテロセクシストのどぎついエイズ恐怖のもとで、男性のホモセクシュアリティにおける肛門愛的な側面がどちらかと言えばいっそう強調されている。さらにいくつかの異なる歴史的影響によって、レズビアンのセクシュアリティは一般的に、またレズビアンの多くにとっても、脱性器化され、身体全体に拡散されたものとして理解されるようになった。しかし、セクシュアリティの他の側面は、対象選択の分類の仕方が異なるか（たとえば人間／動物、成人／子供、単独／複数、自体愛／対他愛）、または対象選択に関わりさえしない（たとえばオーガズムに達する／達さない、非商業的／商業的、肉体のみを使用／製造された物体を使用、私的／公的、自然発生的な／シナリオつき）。[*33] これらセクシュアリティの他の側面のうちいくつかは、異なる歴史的文脈では高度に弁別的な重要性があった（たとえば人間／動物、自体愛／対他愛）。他のもの、たとえば成人／子供の対象選択などは、実際明らかな重要性が今日あるが、しかしヘテロ／ホモセクシュアルの二項対立論のもとに完全に包摂されてはいない。さらに私が言及しなかったものや考えつきもしなかったものまで含めて、弁別的ではない差異、それ自体を超えて影響を及ぼすようには見えない差異として、他の分類法がこの文化には存在している。もっとも、弁別的な差異としては働かないとしても、私たちの文化においてはセクシュアリティが徹底的に組織化されているため、このうちいくつかは、たとえば合法と違法のまさに境界線上に置かれている。いずれにしても強調したいのは、「性の理論」を「ゲイ／レズビアンおよびアンチ・ホモフォビックな理論」に暗黙のうちに還元してしまうことが、「性的指向」という言葉を「対象選択のジェンダー」という意味に当然のように読み込んでしまう今の傾向とおおよそ対応しているということ、そしてそれは特定の歴史的位置づけに規定されたものであり、控え目に言っても、有害なほど歪んでいるということだ。

**公理三　レズビアンとゲイの男性のアイデンティティをどの程度まで一緒に、あるいは別々に考えるのが良いのかは、ア・プリオリに決定することはできない。**

本書の焦点が男性の性の定義にあるのは当初から明らかだったが、その周囲の境界を画定するための理論的道具の方は、つかまえどころがなく、また執筆の間にさえ目に見えて変化した。特に、レズビアンの著者、読者、対話者が、ホモ／ヘテロセクシュアルの争点について男性中心の見解を扱うときに使う解釈上の枠組みは、流動的に変転し、いまだ発展の可能性を期待させるという程度の段階にある。

このプロジェクトの当初、一番手近に利用できたレズビアンの解釈の枠組みは、一九七〇年代に現れた分離主義フェミニストのものだった。その枠組みによれば、ゲイ男性とレズビアンとには経験やアイデンティティの上で共通点を見出す確かな根拠は本質的になく、また、それどころか女性を愛する女性と男性を愛する男性はジェンダーのスペクトラムのまさに対極にあるはずだ、ということになっていた。ここで作用している仮定は本当に根本的なものだった。もっとも重要な仮定は、次の章でさらに論ずるが、同性間の欲望がそれぞれのジェンダーのまさに定義上の中心にあるのであって、ジェンダーの倒錯または境界的な位置を占めているのではないという、女性の視点からの驚くほど効力のある再構想だった。したがって、ジェンダーの境界を横切って欲望する人々よりも、女性を愛する女性はよりいっそう女性らしいと考えられるのであり、男性を愛する男性はおそらくより男性らしい、ということになる。この見方では、セクシュアリティの軸はジェンダーの軸と完全に同一の広がりを持つだけではなく、ジェンダーのもっとも高められた本質を表現する。すなわち、「フェミニズムは理論であり、レズビアニズムは実践である」ということになる。類比によって、男性のホモセクシュアリティは、男性至上主義の理論の実践と見ることができるし、また、しばしば実際そのように考えられた。[*34] このジェンダー分離主義の枠組みには、言うまでもなく近代ジェンダー史の特定の読みが暗に含まれ、またその読みを推進もした。たとえば、この歴史の典型はリリアン・フェダマンの著作だが、そこでは女性同士の結びつきの形態が性的かそれほど性的でないか、抑制されているかそれほど抑制されていないか、ジェンダー・アイデンティティに縛られているかそれほど縛られていないかの、定義の不連続と動揺は重視されていない。これは女性同士の絆の多くの側面が「レズビアン連続体《コンティニュアム》」を構成しているという、アドリエンヌ・リッチの見解とも対応する。[*35] このような見方によれば、レズビアンの対象選択は女性特有の経験と抵抗の典型であり、ゲイ男性の対象選択についても、同様に男性特有の経験の典型とみなされる。またフェミニズムは必然的に、男性と女性の経験と利害は異なり、相反していると仮定する。これらが含意するのは、レズビアンの理論的プロジェクトにとって、男性のホモ／ヘテロセクシュアルの定義を理解することが、有益でも関心事でもないということだった。実際に、ジェンダーを分極化させるフェミニストの倫理的図式が強力なはずみとなって、レズビアンの欲望を女性的なものの精髄とする深いアンチ・ホモフォビックな読みが、一方でゲイ男性の欲望を男性的なものの精髄とする深いホモフォビックな読みをあおる結果にもなった。

　しかし、一九七〇年代の後半から、レズビアンとゲイ男性の欲望とアイデンティティが対立的に位置づけられるということの見解に対して、様々な異議申し立てがなされるようになって来た。それぞれの異議申し立てによって、レズビアンとゲイ男性がそれぞれの歴史、文化、アイデンティティ、政治学、そして運命という、議論も多いが重要な側面を分かち合っているかもしれないという、新たな感覚が導かれて来たのである。これらの異議申し立ては、まず、ポルノグラフィとs／mについてのフェミニズム内部での「セックス戦争」から現れて来た。セックス支持派フェミニストの多くにとってこの「戦争」が暴いたのは、抵抗する女性のアイデンティティについてフェミニストの奉ずる一つの特権化された見解が、実は純粋な女性らしさの領域を定める一九世紀ブルジョワのきわめて抑圧的な解釈と破壊的に連続しているということである。〔3〕そのような異議申し立てはさらに、トランスジェンダーの性役割演技や性自認をして来たレズビアンの、勇気ある歴史が回復され再合法化されたことからも現れて来た。[*36] 男のような《マニッシュ》レズビアンを自認する人々を可視化するこの新しい歴史的試みとともに、前世紀を通して、男性と女性のホモセクシュアル・アイデンティティが、実際は相互関係の中でいかに様々な形で相手を通して構成されて来たかも明らかになって来た。ホモセクシュアル・アイデンティティは、様々にホモフォビックな専門知識の言説によってだけではなく、多くのレズビアンやゲイ男性によっても同じくらい能動的に構成されて来たのである。[*37] ゲイ男性にとってのガルボやディートリッヒと同様に、ジェイムズ・ディーンがレズビアンにとっての神聖なイコンであるような、比較的階級に限定されない、抑圧もし難いポピュラー・カルチャーは、フェミニストの視点のみで理論化はできないように見える。[*38] これらの文脈の中でこそ、ジェンダーとは別個のセクシュアリティという軸が理論化されることが要求されるのである。しかも、リベラル・フェミニストのｓ／ｍ・ポルノグラフィ排斥の動きは、特定のセクシュアリティにレッテルを貼り汚名の烙印を押す方向に向かったが、それはあらゆる性的「逸脱」の形式を制裁するという、前からある保守的趨勢と結びついた。その後ＨＩＶの流行という恐ろしい災難と寒気がするような集団虐殺的エイズ言説が重層的に決定されると、ホモセクシュアル全体をジェンダーの別なく含み込むほど広い〈変質者〉のカテゴリーが、いともたやすく再構成されたのである。一九八〇年代に新しく燃え上がったホモフォビアは、その医学的口実を考えれば、論理的にはレズビアンを除いてもいいはずだが、そのような相対的特権は与えられず、[*39] 女性にも男性にも同じように向けられた。それによって明らかになるのは、ゲイ女性とゲイ男性は仲間の間では別個のグループだが、敵にとってはそうではない、ということだ。しかし同時に、ゲイ運動の内部を見てみれば、論争がないわけでもなく平等からほど遠いにしろ、女性と男性がアンチ・ホモフォビアという共通のプロジェクトのために一緒に働くことがますます増えている。レズビアンは現在のゲイおよびエイズ・アクティヴィズムに重要な貢献をしているが、それはフェミニズムにもかかわらずではなく、フェミニズムに学んだ社会介入の手段があるからこそである。医学と健康管理の問題、市民的抵抗、セクシュアリティはもちろん、階級と人種の政治学などに対するフェミニストの視座が、最近のエイズ・アクティヴィズムの波に力を与える中心的な役割を果たして来ている。この政治活動に参加しているレズビアンは、ジェンダーと性自認の方向性について、より豊かで多元化された幅広い想像行為を学ぶかもしれない。

　したがって、ホモ／ヘテロセクシュアルの定義について、男性に焦点を合わせた分析がレズビアンには関係もなく利益もないだろうと単に仮定するのは、もはや意味を成さない（かつて意味を成したことがあったとしても）。しかしまた、そのような分析がレズビアンにどう関係しているのか、どの程度まで利益をもたらすのかについては、ア・プリオリに仮定するためのアルゴリズムはない。レズビアンの経験とアイデンティティとに対して、男性に焦点を合わせて分節化されるゲイ理論の境界を定めるという仕事は、男性中心のプロジェクト自体の核からではなく、必然的に代替的な女性中心の理論的場という視点からのみ行うことができると思われる。

　それゆえその境界とその重要な結果を理解することにどんなに興味があったとしても、この書物のプロジェクトは、境界の配列を仮定しないのと同様、それらをたどれるものでもない。この限界は主に、すでにスキャンダラスなほど長い間〔レズビアンの経験とアイデンティティが〕隠ぺいされてきた状態を引き延ばし、繰り返すという限りにおいて、有害と言えよう。つまり、女性の性、特にホモセクシュアルな経験や定義は、本書の議論の焦点となる世紀の転換期においては男性の経験や定義に包摂される傾向があったばかりか、このような議論の内部でまた包摂される可能性がある、という限りでだ。もし包摂の範囲を正確に画定することができればそれほど破壊的な影響はないのだが、「包摂」というのは正確な画定が難しい構造である。この問題は、他の著作と同様に本書でも、術語や情動のレヴェルにおいてさえ、明白だ。ここで選択された特定の用語法についてはすでに論じた。これらの選択と対応して、私がフェミニスト理論と比べてきた「ゲイ理論」は、ゲイ男性の理論だけを意味しているのではなく、フェミニスト理論との比較のためにも、限定つきとはいえレズビアン理論を含んでいる。その限定とは、レズビアン理論は（a）フェミニスト理論と単に同じ広がりを持つわけではない（すなわちセクシュアリティを完全にはジェンダーに包摂しない）、また（b）男性のホモセクシュアリティとレズビアニズムとの理論的な連続性をア・プリオリに否定しないという二点である。しかし繰り返すが、どのような理論的連続にせよ、実践的政治に対する影響は言うまでもなく、その範囲、構築、意味、そして特に歴史は、あらゆる審問に対して開かれていなければならない。この定義に当てはまり、しかもあくまでレズビアンの経験に根ざしたゲイ理論が、それでもフェミニストの思考も強力に含み得ることは、ゲイル・ルービン、オードリー・ロード、ケーティ・キングそしてシェリエ・モラーガなどの、かなり異なった人々の著作によって証明されている。

**公理四　自然《ネイチャー》対養育《ナーチャー》についての一見儀式化されてしまったような古くからの論争は、自然と養育両方についての暗黙の仮定や幻想という、非常に不安定な背景のもとで行われている。**

一九八〇年代後半のゲイに関する著作で、序論に必ず書かなければならないお決まりのトピックがあるとしたら、それはホモセクシュアリティに関する構築主義的見解と本質主義的見解との対立についての論考と判決の試みだろう。そのような課題に取り組むことに激しく異議申し立てをするのは、この研究が最初ではない。しかしこれがそのような異議申し立てをする必要のある最後の本になるよう、この議論が十分力強いことを望むしかない。私の異議申し立てには二つの根拠がある。第一にすでに述べ、この後の章でさらに論ずることだが、両見解の対立に判決を下すためのあらゆる理論的道具の構造そのものに、すでにこの二つの対立する見解の概念的拮抗が組み込まれているのであり、その限りにおいて判決を下すのは不可能だということ。第二の根拠は、私の用語上の選択にすでに暗黙のうちに含まれている。つまり、ホモセクシュアリティについての本質主義的見解対構築主義的見解と言う代わりに、私は「マイノリティ化の」見解対「普遍化《ユニヴァーサライジング》の」見解と述べている。後者の用語を選ぶのは、それが「ホモ／ヘテロセクシュアルの定義はいったい誰の人生において主要で困難な問題であり続けるのか」という問いかけを示し、応答するかのように見えるからであって、構築主義／本質主義論争に混ざり込んでしまった次に述べる二つの問いかけの、いずれを尋ねることでもないからだ。そのような問いかけの一つは系統発生論的問いかけと言えるが、「性的な活動とアイデンティティの意味と経験は、ある所定の社会の他の歴史的、文化的に変化する側面との相互の構築化に、どの程度完全に依存しているのか」と聞く。もう一つは個体発生論的問いかけと言えるが、「個人におけるホモ［あるいはヘテロ］セクシュアリティの原因は何か」と尋ねる。私は、マイノリティ化／普遍化という用語を本質主義／構築主義の代案として（同意義ではないが）提出している。この代案は本質主義／構築主義という二項対立論と同じ分析的仕事を、より有効にできると思うからだ。つまり個体発生論と系統発生論の問題が重複し、重要な結果をもたらす領域を、この代案によって抽出できるかもしれないと思うのである。さらに公理一で述べたように、個人の内なる刺激は多様であり、それを受容することに関する個人の権威が認められるべきだということを、より尊重していると思う。しかし、それに加えて私は「本質主義／構築主義」という概念がすたれるのを助長したいと願っている。なぜなら、この二項対立は特に個体発生の問題に関連しているために、本質的にゲイの集団殺害と結びつくような思考の連結関係を通り発展して来たのだが、もっとも細心なゲイ肯定的思想家にさえも、この二項を集団殺害的思考から切り離せないのではないかと疑われるからだ。しかも、それだけではない。これらの歴史の概念的背景を十分知っており、それらを歴史的な裏打ちから引きはがし、新たに［ゲイに］力を与えるような意味を結びつけるという、扱いにくく常に危険な作業ができると思うところでも、ポストモダン的身体・技術の関係は特に不安定なために、そのような試みが悲劇的な不発に特に終わりやすいのではないかと危惧するのである。したがって私は、ゲイ肯定的仕事は個人の性の嗜好やアイデンティティの起源に関しての、どの特定の説明にもできるだけ頼らないことを目指すのが重要だと思う。

特に私が恐れているのは、個人のゲイ・アイデンティティの発達や起源について問うという枠組みは、そのアイデンティティを根絶するという、個人を超越した西洋の暗黙のプロジェクトまたは幻想によってすでに組織化されているということである。不気味に徴候的だと思えるのは、ここ数年間の極度のホモフォビアの圧力のもと、しかもキリスト教の名において起こったことだ。つまり性目標が少なくとも多くの人にとっては生物学的に配線された既定の事実ではなく、むしろ何十年にもわたる文化的言語的形式の中に深く埋め込まれた社会的事実であるという、精緻な構築主義の議論が、人々は「いつでも自由に」（すなわち今すぐ絶対）特定の性的アイデンティティを（無作為に、そしてヘテロセクシュアルを）、もう一方の性的アイデンティティを捨てて「選ぶ」ことができるという、快活な布告に低俗化させられたことである。（ここにはきわめて有害なことに、いつの間にか系統発生論的物語が個体発生論的物語と交差するのが見て取れる。）ゲイの本質主義／構築主義の論争が自然／養育や自然／文化についての他の論争の歴史全体から形式と前提をとり、それをあくまでも参照する限りにおいて――しかもその度合いはきわめて大きい――自然とは対照的に文化には可変性があると見る伝統を共有することになる。すなわち文化は、自然と違って変化させられ得るものであり、しかも「人類」が介入する権利やまた義務さえもがあるものだ、と仮定されるのである。これはまさに、たとえばすでに述べたフェミニストによるセックス／ジェンダー・システムの公式化の基礎になっている。すなわちジェンダー間の不平等が、生物学的自然ではなく人間の文化に根ざしているとより完全に示せるほど、変更や改革が可能なはずだと考えられるのである。フェミニストの研究者が、容赦ない抑圧のこの形態やあの形態が生物学的なものではなく文化的なものに「すぎない」（！）と発見されるたびに、その発見を楽天的な熱狂で迎えたのを覚えている。私はよく、あるグループやプログラムによって文化が鍛え直されることについて、何を根拠にこのように楽天的になれるのかと考えたものだ。いずれにしても、私の知る限り、そのような操作は、たとえ背後に勝ち誇った倫理的命令があったとしても、それを行う力を持った人に属すべき権利ではないはずだ。

ゲイの存在を——より多くのゲイの存在を、などとは言うまい——貴重でなくてはならぬもの、人生に必要な条件だとみなす人々や団体の数は非常に少ない。すでにたまたま存在しているゲイの人々が、威厳をもって扱われるようにと望む人や団体の数以下である。学生、教区民、精神療法患者や軍隊における部下は言うまでもなく、子供がゲイになるのを確かにするためのアドヴァイスは、人が思うほどどこにでもあるわけではない。それと比較すると、ゲイの人々が増えるのを防ぐ事業を計画的に行う団体の領域は驚くほど広い。制度化された主要な言説で、そのような事業に強固な抵抗を行うものはない。いずれにしても合衆国では、大半の国家的な場、すなわち軍隊、教育、法律、刑罰制度、教会、医学、大衆文化、そして精神健康産業が、ほとんど疑問を付すこともなければ人の権利を侵害するような暴力に訴えることとさえためらいもせずに、そのような事業を推進している。したがって、ゲイおよびゲイを愛する人々にとっては、たとえ文化的可変性が有効な政治学のための唯一考えられる戦域だったとしても、この構築主義的な自然／文化の議論にのっとって進む一歩一歩が危険をはらんでいるのである。始めに文化的な可変性の場を確認し、次に文化的な操作のための倫理的あるいは精神療法的命令を創作し、最後に一人のホモセクシュアルも残さずに根絶するという西洋の支配的・衛生学的な幻想に至るという、一見自然な道筋に介入するのはきわめて困難だ。

これが一連の危険であり、これらに対抗するためにこそ、性のアイデンティティを本質主義的に理解することに一定の重要性が生ずるのである。変えることのできないホモセクシュアルな身体を概念化することによって、西洋の人文科学のあらゆる領域に組み込まれているように見える、社会的な管理計画の運動に抵抗できそうなのは非常に心強いことだ。さらにそのような概念化は、構築主義的ゲイ理論にはおおむね見捨てられた死活に関わる切迫した戦いの場深くに、ある意味では保護の手を差し伸べることができるのである。それは、ゲイあるいはゲイになりそうな子供の経験とアイデンティティという場のことだ。この文化においてゲイの子供を支え尊重することができるためには、彼らをゲイと命名することができなければならない。たとえ成人のゲイの多くがゲイの子供だったことがなくても、またゲイの子供のすべてがゲイの大人になるわけではないとしてもだ。本質主義的な歴史的作業の背後にある感情的力は、そもそもホメーロスの英雄やルネサンスの画家、中世のゲイ修道士の場所やエロスを回復することではなく、むしろ五〇年代の（または六〇年代、七〇年代、八〇年代の）女っぽい男の子や男っぽい女の子の創造性やヒロイズムを認知し正当と認めるという、はるかに必要で、はるかに認められにくいプロジェクトに関わりがある。このような人々が所与の言説の織物上の、まさに正確に空隙《ギャップ》を構成しているという感覚は、これまでのところ構築主義的仕事によっては正当に扱われて来なかった。

しかし同時に、文化的概念構成体が格別可変的だと仮定することが問題だと考えられて来たまさにこのとき、生物学や「本質主義的自然」に基礎を置くことがアイデンティティを社会的な干渉から防護するための確固たる方法だと仮定することも、疑わしいことになって来た。どちらかと言えば今、自然／養育論争を支える仮定のゲシュタルトが正反対に逆転する過程にあるようだ。ここのところ、ある特性が「単に文化的だ」という主張の方ではなく、遺伝子的または生物学的に規定されているという推論の方が、文化の技術装置において操作的幻想の引き金を引くことが増えている。社会的管理計画技術の効力についての相対的な抑制と、逆に生物学的管理についてのはなはだしい熱狂。すなわち自然／養育論争の底に常にあったデカルト的二極式の精神病は、共同体の生命に対するその影響を少しも放棄することなく、二極を逆転させたのである。そしてこの不安定な文脈においては、どのゲイ撲滅運動に対する抵抗としても、特定のホモセクシュアルな身体に依存することは身震いするほど危険なことだ。ホモセクシュアル以降の世界についての明確なヴィジョンを、ニュースの消費者たる公衆に日々提供するのにエイズは使われたが、エイズだけではそのような世界を実現するのはとうてい無理だ。これらの幻想をそそるのは、より落ちついているだけにより危険なのだが、しばしばうわべだけあるいは本物のゲイ肯定的文脈で、逸脱した行動がホルモンや遺伝子物質や、あるいは今はやりの胎児段階の内分泌環境などの「過剰」「不足」や「不均衡」という用語を必ず使って生物学的に「説明」されることだ。どのメディアであったとしても、実際研究者やそのような説明の普及者が、ゲイを生産すると思われる環境のことを、適切なホルモン・バランスと言ったりゲイ誕生の助けとなる内分泌環境、と述べるのを一度でも聞いていたら、この技術的な確信の風に吹かれてもこれほど寒気を覚えることはないだろう。目下ところ、エイズによってあおられたゲイ根絶という公衆の夢の裏には、より見えにくくより体裁は良いが、ゲイの身体を防ぐという医学化された夢があると言えよう。いずれにしても、ゲイの人々は存在すべきではないという支配的で比較的異議申し立てを受けない文化的欲望の保護のもとで、自然と文化の間の様々な仮定がこのように不安定な均衡を保っているのだが、そんなところで、ゲイの起源という概念を受け入れられるような安全な概念上の場はあり得ない。だからこそ、私たちはゲイの起源についても、ゲイの文化的・物理的再生産についても、油断なく細部に注意を張り巡らして、「ゲイの人々を」尊重した、多元的で継続的に育てられるような理解を保たなくてはならないのである。

**公理五　いわゆる偉大なパラダイム・シフトを歴史的に探求することが、現在における性のアイデンティティの状況を曖昧にする可能性がある。**

ミシェル・フーコーが近代のホモセクシュアリティ誕生の時として、挑発的に一八七〇年を提示したのは一九七六年だったが、[40] それ以来ゲイ研究においてもっとも洗練された歴史的仕事は、なおいっそう正確な年代決定や、「今日われわれが知っている形」のホモセクシュアリティの発達についてより微妙な物語を提示して来ている。[41] この研究上の動きにある大きな価値は、この「今日われわれが知っている形」から二つの実証主義的仮定を取り除くことだった。その仮定とは（一）近代の知識にも利用できる歴史を超えた「ホモセクシュアリティ」の本質のようなものがあるに違いないという仮定、そして（二）同性間関係についての理解の歴史は、その本質についてのより直接的、より真実の知識や理解に至る歴史だったという仮定である。それとは反対に、近年の歴史化の作業が仮定して来たのは（一）「今日われわれが知っている」ホモセクシュアリティとかつての同性間関係の布置の相違は非常に大きく、しかも他の文化的相違にあまりに完全に根ざしているため、知ることができるような「ホモセクシュアリティ」を規定する継続的本質などは存在しないということ、そして（二）近代の「セクシュアリティ」、ゆえに近代のホモセクシュアリティは現在知識として数えられる歴史的に特有な文脈や構造ときわめて密接に絡み合っているため、そのような「知識」がセクシュアリティという別個の領域に向けて開いた透明の窓にはとうていなり得ず、むしろそれ自体がセクシュアリティを構成する役割を果たす、ということである。

これらの展開には、もっとも重要な歴史の仕事やさらに人類学の仕事と同様に、刺激的で生産的になる見込みがあった。すなわち単に過去や遠い時代だけではなく現在を根本的に脱自然化し、見慣れないものにするという点でだ。しかしそのような分析がいまだに不完全な点は何かと言えば、過去の他者性に対して「われわれ」が実際に「今日知っている」という比較的単一化されたホモセクシュアリティを対置する点だ。その行為によってまさに、生産的分析に供することのできるものを、意図せずに再び自然なもの、見慣れたものにし、有害なほど物象化してしまったのである。「今日われわれが知っている形のホモセクシュアリティ」というトポス、またはフーコー的転回による反‐実証主義的発見の成果をより完全に組み込むならば「今日われわれが考える形でのホモセクシュアリティ」というトポスが、多くの歴史家によってなされて来た、過去を脱自然化する仕事に必要な修辞的支点を提供して来たと言える。しかしこの動きの不幸な副作用は、「今日われわれが考える形でのホモセクシュアリティ」が重複し、矛盾し、拮抗する様々な定義上の力の場であるよりも、それ自体一貫した定義上の領域を構成するかのような概念に対する暗黙の同意を招いたことだ。不幸にしてこれは、単純化しすぎという以上の問題をもたらす。近代のホモ／ヘテロセクシュアルの定義を含む権力関係は、拮抗する定義のダブル・バインドする力の場がまさに明示されないことによって、組織化されて来たのであり、また第4章でより詳しく述べるように、「それがどういう意味かわれわれにはわかっている」という無遠慮で世俗的な含意は、たまたま「近代の」ホモフォビックな男性の、自己についての無知、暴力、そして操作されやすさというメカニズムに生命を与え永続させる、まさに特別の嘘」なのである。したがってこれらの歴史的プロジェクトは非常な配慮、価値、可能性にもかかわらず、純粋に知られざること、つまり現代の経験のきわめて矛盾した構造化について、知ったかぶりという有害な多数意見を強化する危険を冒しているのである。

この矛盾の結果の例として、意図的には並行し、一致しているように見える二つのプロジェクトの、プログラムを述べた部分を並置してみよう。すでに言及したが、他の研究の出発点となったフーコーの一節では、一八七〇年にさかのぼる「ホモセクシュアリティ」という近代のカテゴリーは、

……性的関係の種類よりは性的感受性のある種の質、内なる男性性と女性性のある種の反転の仕方によって定義される。ホモセクシュアリティは、ソドミーの行為から、一種の内的な両性具有、魂の雌雄同体性へと置き換えられたとき、セクシュアリティの一形態として現れた。ソドミーを行う人は一時的逸脱者だった。ホモセクシュアルはいまや一つの種族であった。

フーコーの記述では、一九世紀末に「ホモセクシュアル」が「一つの種族」となり、ホモセクシュアリティがマイノリティ化されたアイデンティティとなる方向で登場したことは、ホモセクシュアリティをジェンダー倒錯とジェンダー移行性の点から理解する見方が登場し、継続したことと対応している。フーコーによればこの理解がまさに、「今日われわれが知る」ホモセクシュアリティについての常識を構成する基礎となっている。一方でデイヴィッド・M・ハルプリンによる、より最近の記述は、明白にフーコーの影響と精神のもとにあるが、同時にジョージ・チョーンシーらの修正的研究に基づいて、かなり違う物語を構成している。しかし、ある意味ではそれをあたかも同じ物語であるかのように構成している。

われわれが現在理解しているようなホモセクシュアリティとヘテロセクシュアリティは近代西洋のブルジョワの所産である。古典古代にはそれに似たようなものは見出せない。……ロンドンで、パリで、一七世紀、一八世紀には……性とジェンダーに対して同じよ

うな社会的に逸脱した態度を有し、互いに交際し性的交渉を持ちたいと望む同性の人々の社交場が現れた。……この現象は、性的逸脱のいくつかの形式がジェンダーの逸脱と解釈されまたは混同された、「性倒錯」あるいは性役割の逆転という、一九世紀の重要な体験を形成するのに貢献した。ホモセクシュアリティが倒錯から脱し、相対的な男らしさと女らしさの程度からは独立した性的指向が形成されたのは一九世紀末ごろのことであり、ようやく二〇世紀になって確立したのである。そのもっとも高度な現れは、「ストレートのふりをするゲイ男性やストレートに見えるゲイ男性」、すなわち「セクシュアリティ」以外の点では他の男性とまったく異ならない男性である。*42

ハルプリンは、なぜ、そしてどのようにして彼が、フーコーとは違い「倒錯」を「ホモセクシュアリティ」の実質的前段階とするに至ったのかある程度論じている。彼が議論していないのは、「われわれが現在理解している」ような「ホモセクシュアリティ」についての彼の読み、すなわち現時点において読者が常識的に、あらゆる弁別的思考の試みの出発点となるホモセクシュアリティという概念をどうとらえているかについての彼の推定が、事実上フーコーの推定と正反対だということである。ハルプリンにとっては、「われわれが理解しているような」近代のホモセクシュアリティはストレートのふりをするゲイ男性やストレートに見えるゲイ男性の形で、ジェンダー非移行性によって規定されると推定されている。一方、フーコーの方では、それは女っぽい男や男っぽい女の形で、ジェンダー移行性によって規定されているのである。

二人の歴史家のこの相違が曖昧になっているのは、この二つの歴史が根底で構造的に一致しているからである。一致しているのは、どちらもあるものが別なものに取って代わるという、単一方向に進む交替の物語であるという点だ。どちらも同性間関係についてのより古いモデルが、概念的に完全に消え去ったものと主張する。どちらの歴史でも、同性間関係の一つのモデルに、新しい別なモデルが取って代わる。また将来さらに他のモデルがそれに取って代わるかもしれないことを暗示する。どちらの場合でも、古い方のモデルは、その後、分析の枠組みから脱落する。ハルプリンにとっては、「相対的な男らしさと女らしさの程度からは独立した性的指向」というポスト倒錯の概念に力や利益がある以上、この概念が倒錯モデルに取って代わったと必然的にみなさなければならないということになるようだ。それによって彼は、現代のホモセクシュアリティ理解の中に今でも見られる倒錯モデルの要素は、ただの歴史的な残存物でありそれが衰退するプロセスは、たとえ長引いていたとしても、分析的注意を払う価値がないと仮定しているようだ。ハルプリンの物語の結末は、フーコーの結末とは違う。しかし、結末に至る手続きは同じだ。ハルプリンが〔従来のモデルに〕介入する重要なモデルを発見した後、その新しいモデルがそのまま続いて発展するモデルだと仮定したように、フーコーもすでに、一九世紀においてそれまで存在した「ソドミー的」性行為という普遍化する言説に、性的アイデンティティというマイノリティ化する言説が介入したことが、前者の消滅を事実上意味するはずだと仮定していたのである。

この仮定が重大な意味を持つのは、これから議論するように、近代のホモ／ヘテロセクシュアルの定義のもっとも強い効果は、長い間共存してきた同性間関係についてのマイノリティ化の見解と普遍化の見解、またはジェンダー移行的な見解とジェンダー非移行的な見解との間のギャップが曖昧であること、または否定されていることから生じている、と考えたときである。つまり私のこの議論の通りとすれば、これらの歴史的物語によって行われたことには必然的に厄介な結果が伴う。たとえば、「ソドミー」と呼ばれるような行為が、それを行う人間のジェンダーにかかわらず（ホモ／ヘテロセクシュアルの「アイデンティティ」までは考えないとして）、犯罪だとされている州に住む私のような人間にとっては、行為に対するこのような禁止につけ加えて、さらにアイデンティティに結びついた合理化されない一連の制裁が並置されるという脅威は深刻である。行為に関する言説は時代錯誤の痕跡にすぎないというゲイ理論の主張は、この脅威をいっそう深刻にするだけだ。本書のプロジェクトは、近代のホモ／ヘテロセクシュアルの定義が、一つのモデルが取って代わりもう一方のモデルが衰退することによって組織化されているのではなく、複数のモデルがある時期に共存し、その合理的な説明のつかない共存によって可能になった関係によってこそ、組織化されているということを示すことにある。フーコーや彼に続く人々によって作られた物語の代替となる歴史的物語を構成するつもりはない。むしろ、この計画が要求するのはそれらの貴重な物語の内部で、注意と強調の場を再配置することである。おそらくはこれらの物語が輪郭を描き、沈黙のうちに（それ自体がパフォーマティヴだ）通り過ぎる、パフォーマティヴな矛盾の場に焦点を合わせることによって、これらを脱物語化する試みが必要なのだろう。したがって、本書の中で私は消え去った、あるいは今では異質と思われる同性間関係に関する見解の他者性について強調しないようにした。むしろ代わりに、思いがけず多元的で多様で、しかも矛盾した歴史的見解に注意を注ぐようにした。歴史的見解の残留物の、まさにその復活した力こそが、今日もっとも切迫して感じられるのだから。私の第一の目的は過去よりは現在を脱自然化することだ。実質的には「今日われわれが知る形でのホモセクシュアリティ」にある破壊的な知ったかぶりの力を減ずることである。

**公理六　文学的正典《キャノン》についての論争に対するゲイ研究の関係は曲折しており、また曲折しているべきだ。**

『クローゼットの認識論』の仕事の当初、ここで行おうとしている議論のための最適の例となるような文学的テクストを決めようとしていたとき、私は一八九一年に書かれたあるテクストの周辺を自分がまわっていることに気づいた。それは、比較的短いにもかかわらず、ゲイ男性の間テクスト性《インター・テクスチュアリティ》の中の強力かつ恒久的な最重要作品となり、また、ゲイ男性の欲望の強力かつ恒久的な身体的イコンを提供した物語である。これは、貴族の出自を思わせるような並外れて美しい容姿の、しかしその出自が謎と階級上不適切な結婚のしるしをつけられているような、若いイギリス人男性の話である。しかしたとえこの華やかな若者の名がこの本のタイトルであり、その身体的イメージがこの本に刻印されていたとしても、この物語はより正確には男性の三角関係の話であると言える。第二の男は、年上だがこの若者に対する、自分でもどう直接表現していいかわからない欲望に苦しめられている。

美しい若者が苦しむ恋人を殺害し、次に彼自身も小説の終わりには儀式的に殺されるが、この話の言説上の権威の分配を統括するのは、慇懃で世知にたけた第三の男である。

しかしおそらく、文化的仮説の基礎とするにはそのようなテクスト一例では十分ではないだろうと私は思った。二例選んだ方がいいのではないか。『ドリアン・グレイの肖像』と『ビリー・バッド』を互いに照らし合わせて読むのはまだ一般的ではないが、それは、単に英米の文学的正典《キャノン》が政治的に重要なテクストの読みを孤立させ歪めて来た力の証拠でしかないということもあり得る。どのようなゲイ男性のキャノンでも、同時期に書かれたこの実験的な二作を、私たちの近代の入り口となった何よりも重要なテクストとして、結びつけなければならない。また、スタイル、文学的位置づけ、属する国、階級エートス、構造、テーマなどの慣習的に明らかとされている違いは、当然として受け入れられるのではなく、むしろこれらの違いが驚くべきエロティックな一致を見せているという文脈の中で、新たに注目されるべきなのである。国際的なキャンバスの上で、前景に描かれる美しいイギリス人男性の身体についての書。美しい少年、欲望に苦しめられる男、言説の規則の手ぎわの良い主人という、三人組の男性の形象を通して、美しい身体が刻印され喚起される書。恋する男が少年によって殺害され、少年自身も犠牲になる物語。男性の身体イメージを最終的に額《フレーム》に入れ、保存し、利用し、そして欲望の昇華能力を奪う、手ぎわの良い厳然とした語り口。『ドリアン・グレイ』と『ビリー・バッド』は、両方ともそのような書だ。

一八九一年という年は、医学と精神医学において、言語と法において、女性の地位の危機において、帝国主義の進行において、近代のホモ／ヘテロセクシュアリティについての言説の始まりを告げる断面を探すのに良い時期だ。『ビリー・バッド』と『ドリアン・グレイ』は近代のホモセクシュアル・アイデンティティの条件を定めたテクストのうちに数えられる。しかも、この過去一世紀のヨーロッパ・アメリカの文化においては、たとえば『失われた時を求めて』や『ベニスに死す』などの、近代のゲイ・カルチャーの基礎となるテクストが、ホモフォビックな（であることが今では見えるようになった）傑作のキャノンに入る作品とはどのようなものかという、強力なイメージやカテゴリーを構成して来た。『ドリアン・グレイ』や『ビリー・バッド』もまさにそのようなテクストだということで、注目に値する。この二作は、知られていない作品ではない。たとえば両方とも数多くのペーパーバック版で手に入る。また両方とも都合よく短く、どちらも別個の国民的な物語の中で別個に正典的《キャノン》であり、どちらも大学教育課程の中で標準的な作品として教えられ、また、どのような作品として教えられている。しかし、これらのテクストがどのようにキャノン化されたのかについては、それぞれのテクストをどう読むことが許されるか、という訓練の問題となる。そのような訓練の結果、この二つのテクストが同時代の作品であるということに（『ドリアン・グレイ』は『ビリー・バッド』が書かれた年に出版された）驚いてしまうほどだ。アメリカの原型的「善と悪のアレゴリー」（『ビリー・バッド』）では、すべての主要登場人物がイギリス人であり、また、イギリスの世紀末の原型的「芸術と人生のアレゴリー」（『ドリアン・グレイ』）の方は、それがロンドンでの出版より九か月も前にフィラデルフィアの出版社の雑誌に掲載されたという点では、十分アメリカの出来事であった。これらの国際的つながりをキャノンの編成が消してしまうとするならば、間テクスト的なものと間セックス的なものの領域はさらにどれほど消し去られることだろうか。このような場で、新しいキャノンの戦略はどのように作動するのだろうか。

文学的キャノンの問題についての現在の論争は、二つの可能性のまわりで、組織化される傾向がある。一つは、支配的な主流文学キャノンの内部で、テクストを再配列し再指定するという変化を起こす可能性（つまりノートン文学選集にメアリー・シェリー〔『フランケンシュタイン』の著者〕をつけ加えるという戦略）である。もう一つは、今のところより理論的には擁護しやすいやり方だが、主流キャノンを破壊してその裂け目に、それぞれがテーマや構造や著者などで特定された無数とも言える多元的ミニ・キャノンを生み出す、また少なくともそのような場所を空ける、というヴィジョンである。たとえば、フランス語を話すカナダ人やイヌイトのキャノン、マジック・リアリズムや民族的《ナショナル》アレゴリーの集合、ブルースの伝統、労働者階級の物語、崇高なものまたは自己言及的なもののキャノン、アフリカ系カリブ人のキャノン、イギリス系アメリカ人の女性のキャノンなどを挙げて行くことができる。

しかし実際のところ、最近の文学研究でのもっとも生産的なキャノン作業の効果は、主流文学キャノン再配列のメカニズムまたは破壊後のキャノンの多元性のメカニズムの内部、いずれかから生じたのではなく、むしろこれら二種のキャノンのモデル間の相互作用を通して起こって来たのである。この相互作用の中で、新しい多元化されたミニ・キャノンは、ある特定の著作や著者を主流文学キャノンに新しく挿入はしたが、出版、教育などの実際的制度における主流文学キャノンの実質的に中心的な位置を動かすことにはだいたい失敗した。しかし、これら二つのモデルがもたらしたより重要な効果は、実質的中心性は動かさないとしても、主流文学キャノンの概念的な匿名性に異議申し立てをしたことにある。〔主流文学キャノンの視点から見て〕もっとも悪名高い例は、フェミニスト文学研究で起こった。フェミニスト文学研究は、一方では女性文学の代替的キャノンをもって主流文学キャノンに立ち向かい、もう一方では主流文学キャノンの内部で反抗的読解を展開し、結果的に主流文学キャノンの目次をある程度再配列しただけではなく、より重要なことに、主流文学キャノンに名称を与えたのだった。たとえ主流文学キャノンがいまだに多くの重要な点でまさに主流であるとしても、いまやこれ*も*ある特定のキャノンであるとはっきり名称を明らかにすることから逃れられない。すなわち支配のキャノン、この場合男性の女性に対する支配、また女性を抑圧する支配のキャノンだという名称だ。おそらく女性は二度と、誰であっても二度と、と私たちは望むが、ほとんど白人男性の〔作品が集められた〕ノートン文学選集に、「私には名称はない。お前は誰だ」という暗黙の傲慢な挨拶を投げかけられたと感じる必要はないだろう。

これは、フェミニストによる〔主流文学〕キャノン命名のプロセスと同時に一種のはさみうちで行われた、女性のキャノン形成についての勇気づけてくれる話であり、すでに様々な形で語られている話だ。しかし、この話が明るく明快に見えるのは、すべてとは言わないまでも大半の社会で、女性と男性が公的に、目に見える形で荒削りな区別をされているからである。それがわかるのは、これと同じモデルを、密接に関連はしているが非常に異なる構造化のなされているあの抑圧の形態、すなわち、近代のホモフォビアに当てはめようとしたときである。ヨーロッパ・アメリカの文化で、ホモセクシュアル・アイデンティティの可能性が、強く禁じられているにせよ、言説の力の組み合わせによって女性や男性のために切り開かれたのは、すでに見たようにごく最近のことである。不完全で不規則にすぎないアイデンティティとはいえ、それは激しく、ひるむことなく切り開かれた。そのようなアイデンティティの輪郭がたどれる限り、今文学批評で実現されているように、レズビアンとゲイ男性の著作をマイノリティのキャノンとして、すなわち抑圧と抵抗、生き残りとヒロイックな発展過程の文学として、代替的なキャノンを編成する可能性が明らかに出てくる。しかし、近代以前の著作に関しては、レズビアンとゲイ男性を別個のマイノリティ集団とするこの近代の見解は、言うまでもなく重大な時代錯誤である。しかも、近代の著作に関してさえも、この見解が暗黙のうちに提示するホモフォビアと同性間の欲望のメカニズムについての分析には、重大なつまずきがはらまれているようだ。このような複雑化の要因があるからこそ、一つのマイノリティ・キャノンとしてのレズビアン／ゲイ文学と、すでに存在する主流文学キャノンにおけるホモソーシャルだったり、ホモセクシュアルだったり、ホモフォビックだったりする、ひずみやねじれを顕在化させるというプロセスとの相互関係が、特に意義深いものとなるのである。

しかし、それが意義深いのは、キャノン内部の関係およびキャノン同士の関係が、生きた思考の関係であると考えている、私たちのような人間にとってのみである。死んだキャノンの守護者たちは、次のような修辞的質問を投げかける。つまり無知を保とうとする傲慢な意図を持って尋ねるのだが、ソール・ベローの言葉を借りれば、ズールー族のトルストイがいるか、という質問だ。東洋のソクラテスがいたか、アフリカ系アメリカ人のプルーストがいたか、女のシェイクスピアがいたか、と単一文化的カリキュラムの擁護者は答えを待つこともなく尋ねる。しかし、これがたとえ攻撃的または馬鹿な質問だったとしても、今日の論争の文脈においては、役に立たないこともなかったと言える。この質問に誠実に答えることが、様々な批評の戦線を横切って探求の入り口を開いて来たからだ。そのような横断的な探求は、まず始めにヨーロッパ・アメリカ以外の文化でのキャノン的なテクストあるいはまさに世界史的テクストといったものに向かい、同時に読み書き能力と文学性との相関関係が普遍的ではないことに向かった。さらに美的領域の偶発的かつ非等質的な世俗化と神聖化について、ジャンルの格づけにおける私的なものに対する公的なものの関係について、著者個人の崇拝についてと、さらに高価な傑作選の場として組織化された一般教養教育についてなどが、次々と探求の対象となったのである。

さらにこの単純で尊大な質問は、様々な探求のプロジェクトに対して異なる共鳴の仕方をするのだが、それが結果的にまた様々な論点を引き出してくれる。口承文化か文字文化か、植民地化された文化か植民地化した文化か、あるいは両方を経験している文化か、一か所にいる民族かディアスポラか、二〇世紀後半の支配的文化の中に部分的に属している伝統か、完全に外部に属する伝統か、それぞれの文脈に応じて、この質問は異なる刺激と、いらだちと、暴露とを導くのである。

それではゲイ研究運動は、比較的新しくまだ完全に組織化されていない学問的存在であるというこの視点から、先ほどの質問を私たちなりに提起することによって、そして答えを待つことによって、どのような別個の探測に至るべきだろうか。どう聞こえるか、質問を挙げてみよう。

ゲイのソクラテスがいたか。
ゲイのシェイクスピアがいたか。
ゲイのプルーストがいたか。

教皇は衣装を身につけるか、という質問と同様に、もしこれらがぎょっとする質問だとするならば、それは同語反復だからだ。きわめて不完全ではあるが手短かな答えは、ゲイのソクラテスやシェイクスピアやプルーストがいたというだけではなく、彼らの名前がソクラテス、シェイクスピア、プルーストだったという答えだろう。しかもさらに、単一文化主義者が「われわれの」文化と考えて満足している文化において、もっとも主要な正典《キャノン》的人物の一隊、まさに数十数百の人々が、異なる形態や意味において、「われわれの」ではない文化に属するのだと答えられる。

これとは対照的に、このような質問に対して現在の大半の研究や教育課程におけるさらに手短かな答えはこれだ。聞くな。知る必要はない。あるいは、これほど簡明でないとしたらこうだ。知る必要はない。したがって、研究・教育に携わる大多数は、リベラルな大学人でさえも、単に聞きもせず知りもしないのである。より詳しい答えでは、このような質問を退けるのに、次のような一連の根拠が挙げられる。

1. 問題となっている時代において（いつだろうが）、同性に引きつけられることを表現するのに情熱的な言葉を使うのは、きわめて一般的だった。したがって、そのような情熱的言葉は完全に無意味であったに違いない。または

2. 問題となっている時代において、同性間の性交渉は完全に一般的であったかもしれない。しかし、それを表す言葉がまったくなかったからには、そのような性関係は完全に無意味だったに違いない。または

3. 当時は、現在と違ってホモセクシュアリティについての態度が不寛容だった。だからたぶん、人々は〔ホモセクシュアリティに関わることは〕何もしなかっただろう。または

4. 当時は、現在と違ってホモセクシュアリティに対する禁止がなかった。だからもし、人々が何かしたとしても、それは完全に無意味だった。または

5. 「ホモセクシュアリティ」という言葉は一八六九年まで作られなかった。だから、それ以前の人は皆ヘテロセクシュアルだった。（もちろんヘテロセクシュアリティはいつでも存在していた。）または

6. 問題になっている著者は、異性の誰かに愛着を持っていたと確かめられあるいは噂されている。だから、彼らの同性の人々に対する気持ちは無意味だったに違いない。あるいは（どのような証拠を認めるかという規則はおそらく多少異なるが）

7. たとえば、別な男性の身体から精液が取り出されるとか、別な女性と一緒のヌード写真というような実際のホモセクシュアリティの証拠がない。だから、著者は熱心かつ全面的にヘテロセクシュアルだったに違

いない。あるいは（最後の手段として）

8. 著者自身または著者にとって重要な愛着の種類は、たしかにホモセクシュアルなものだったかもしれない。しかしそのような取るに足らない事実によって、人生、著作、思考における深刻なプロジェクトに対するわれわれの理解に少しの変更でも加えるのは、偏狭というものであろう。

これらの反応が反映しているのは、すでに見たように、性の定義と歴史性に関する現実的な問題である。しかし、これらはそのような問題を反映するだけで、そのような問題について思考することはない。これらきわめて一般的な反応の間にある同族的類似は、まさにこれらが聞くな、知る必要はないという核心的な文法に近接しているところから来る。そんなことは起こらなかった。そんなことにはたいした影響力はない。何も意味しなかった。解釈上重要な帰結をもたらすわけではない。聞くのをここでやめろ。聞くのを今やめろ。この違いを喚起することによって、どのような違いがもたらされるのか、われわれはあらかじめ知っている。何の違いももたらさない。何も意味しないのだ。このように、もっとも公然と抑圧的な検閲のプロジェクトは（たとえばウィリアム・ベネットがホモセクシュアルの生活に対して寛容な態度を伝えることになるという理由で、学校での真剣なエイズ教育に事実上の殺人としか思えないような反対をしたのが、そのような検閲の例だ）、公然の秘密という強力なメカニズムを始動させることによって、都会人または疑似都会人の知ったかぶり、つまり口先うまく退ける否定の手法と完全に一致するのである。

しかしなお、ホメーロスやプラトン、サッフォーにとって、また彼らの著作の中において、同性間の愛の構造、作用、歴史的環境はどのようなものだったのか。このような問いを投げかけられる著者たちのリストを考えるとき驚くのは、その著者たちのキャノンとしての絶対的な重要性のためである。エウリピデスやウェルギリウスについてはどうだろうか。もしゲイのマーロウを考えるとしたら、スペンサーやミルトンはどうか。シェイクスピアは。バイロンは。しかし、シェリーはどうだ。モンテーニュやレオパルディは……。レオナルド、ミケランジェロ、また……？　ベートーヴェンは。ホイットマン、ソロー、ディキンソン（ディキンソンだって？）、テニソン、ワイルド、ウルフ、ホプキンス、しかしブロンテは？ ヴィトゲンシュタイン、しかし……ニーチェは。プルースト、ムージル、カフカ、キャザー、しかし……マンは？ ジェイムズ、……しかしローレンスは？ エリオットは？ しかし……ジョイスは？ このリストに挙げられた著者たちの主要性と、リストが無限に伸縮可能と見えることこそが、ゲイ中心の研究の境界線の引き方や、ヨーロッパ・アメリカの伝統におけるヘゲモニックなハイ・カルチャーの研究と、それを通したゲイの理論の確立さえ、方向性や到達点はどこになるのか、誰にもあらかじめ知ることはできない、ということを示しているのである。過去一、二年の間にさえも、アイヴィー・リーグを含む大学で、まだ発生段階ながら野心的なゲイ・レズビアン研究のコースやプログラムが現れている。長い間この分野でのもっとも勇敢な仕事がされて来たのは制度上周縁的で危険にさらされた位置においてだったが、ようやくこれらの困難な問いが、これらの問いの属する、権能の与えられた文化制度のまさに中心から、尋ねられるようになったようである。

さらに、毎朝の新聞で明らかなように、私たちの社会にはホモ／ヘテロセクシュアルの定義の問題をめぐって今まさにこの時点でさえ、これまで述べて来たように激しく矛盾し、爆発の危険をはらんだエネルギーが循環している。そのことによって、何が、また誰が、ホモセクシュアルやヘテロセクシュアルなのかの輪郭や意味について、誰にせよ単純明快に話せるかのような都会的な見せかけをすることがどんなに不合理かわかるはずだ。このシステムにおいてゲイであること、あるいはゲイだと類別される可能性があること、つまり性またはジェンダーの刻印を押されること、それは行為や絆に基づく普遍化する言説と、同時にどんな種類の人間かというマイノリティ化する言説との、根本的に重複する言説の傘下に入ることである。この二つのモデルの重複する場に必然的に含まれたダブル・バインドの結果、定義の支配の問題にかかった賭け金はきわめて高い。

　この分析は、伝統的なヨーロッパ・アメリカのキャノンを、完全に破壊されたとも完全に安定しているとも扱わない教授法が、キャノンに対する不可欠のアプローチだと提案する。ホモ／ヘテロセクシュアルの定義の独特の拮抗状態が持続することによって、キャノンが本当に統一されていると見たからといって、そのキャノンを解体したことにはならない。しかしまた、キャノンを「伝統的」真実の宝庫として安穏と受け入れ、それによってなにかを強固にしたり祝ったりすることもできない。強いホモフォビックな文化において、文化的に主要な連結関係には、ホモ／ヘテロセクシュアルの定義のプロブレマティックがまさに内在すると見られる限り、このキャノンも常に論争をはらんだものとして扱われなければならない。したがって、キャノン自体についての考察はきわめて重要ではあるが、そのキャノン内部およびその周囲の教育的関係について問うことの方がさらに重要であることも明らかになる。そのような関係に着目すれば、正典性それ自体が、ある所定の文化が依存している矛盾し互いに深くからみ合った言説の土台を解体する可能性をはらんだテクストを、一つの世代から次の世代へと伝える余地を残すのに必要な、敬虔な忘却の詰まっているものだとわかる。

このような見解は、ウィリアム・ベネットのような相手にとっては、六〇年代後半の暗黒のキャンパスに教育を受けた私たちのような人間に独特の、邪悪な崇高さのにおいがすることだろう。この種の見解の支持者を人口学的に特定化することは、私の場合には的外れではないと告白せざるを得ない。実際のところ、キャノン的テクストが爆発の危険をはらんだ不安定なものだという見解をどこで得たか、もっと正確に説明できる。悪名高い六〇年代後半、悪名高いコーネル大学で、私はテクストにも学生にも鋭利で強烈な情熱を注ぐ教師にめぐまれた。たとえば知的活動に野心的な多くの学部学生と同じように、私はアラン・ブルームの軌道に引きつけられた。友人と私は愛情を込めて、そして表面的という以上に、彼がすべての読解のプロジェクトに吹き込む彼自身のペルソナと彼の「パ、パ、パ、パッション」を——破裂音に彼が彫り込む入れ墨、無意識半分、演出半分の息をのむような入れ墨は、あらゆる解釈の連結関係に彼が与える爆発的可能性を劇的に私たちに見せてくれる——を模倣した。私や他の六〇年代後半の世代は、影響力の大きいテクストのどれでも、テクストの表に出た織り地の目に逆らって読むことの危急の必要性と喜びを、文学理論や脱構築理論の立場をはっきりとる人やもっと左派の理論家から学ぶのと同じくらいに、ブルームから学んだのだった。すなわち、聖霊に反する真の罪は自分自身を危険にさらさずに読むこと、自分自身をたとえ秘儀的な形にせよさらけ出さずに書いたり語ったりすること、半分だけ飼い慣らされているにすぎないどのキャノン的テクストにもある、あらゆる矛盾した力を動き出させるという根深い危険を経験することなしに解釈することだ、というのが彼から学んだことだった。この教訓には、ブルームのいわゆる保守的実際的政治学でさえも（当時でさえも、織り地の目に逆らって読む彼の解釈による重大な政治的介入の試みが、しばしばいくつかの粗い醜悪なステレオタイプや処方箋に詰まるところ要約されてしまうように見えた）、少なくともしばらくの間は、影を落とすことはできなかった。

今『アメリカン・マインドの終焉』を読んで、この偉大な解説家（すなわちこの偉大な教師）のすばらしい教授としての魅力があふれて戻って来た。法外な、しかし主要な読みのプロジェクトを彼が可能にしてくれたことに対する感謝とともに、振り返ってみて特に理解したのは、私にとってはアンチ・ホモフォビックなキャノンの再構築だった読みの作業の事実上の要点だった。つまりブルームや、また伝統的キャノン内部で行われる特定のゲイ研究のプロジェクトにとって、西洋思想の歴史は男性と男性との間の教育的《ペダゴジック》あるいは少年愛的《ペデラスティック》関係の、貴重な歴史によって構成され強く動機づけられている、ということである。たとえば、「われわれの無知」と欺くような題を与えられたクライマックス的章で、ブルームは西洋文化を『パイドロス』から『ベニスに死す』までの物語として要約している。ブルームによれば、アッシェンバッハが表す近代文化の危機は、起爆性を秘めているはずのキャノンの読みが〈死んで〉いることに示されている。

> アッシェンバッハが浜辺の少年に取りつかれれば取りつかれるほど、『パイドロス』からの引用が……彼の頭に浮かんで来る。……『パイドロス』はたぶん、アッシェンバッハが学校でギリシア語を学んだときに読んだはずのものの一つだ。しかしその内容、つまり男性から少年への愛についての談話は、彼に影響を及ぼすものとはされていなかった。ドイツの教育におい

て多くがそうであったように、この対話篇は「文化」や歴史的情報の一つの小片にすぎず、その小片が活力のある一貫した全体の一部とはならなかったのである。これは、アッシェンバッハ自身の文化的活動が死んでいることの徴候である。[*43]

ブルームは、この伝統の中のこれらの情熱が化石化することを恐れている。しかし、ブルームの見解によれば、文化の活力に脅威を与えるもう一方の危険は、これらの欲望が抹殺されるかもしれないことではなく、これらの欲望が表現されることなのである。ブルームは、西洋のヘゲモニックな文化像を率直かつ忠実に提示していると思うが、彼にとって、男性間の欲望のエネルギーを刺激し魅惑的に見せることは（彼自身が見事にそれを行っていることを誰が否定できるだろう）、持続的プロジェクトであって、この自己矛盾した伝統を保護するためには、その欲望のエネルギーの充足を否定し、延期し、沈黙させる、同じように持続的なプロジェクトが共存しなければならない。ブルームは、液圧応用機械のように機械的に、彼自身が非難しているフロイト以上に還元主義的に、六〇年代の性解放運動を問責する。運動のすべてが悪いが、言うまでもなく特にこの哲学的文脈では、いつでも文化的プロジェクトに振り向けられるよう、抑圧によって興奮しやすい状態にとどめておかなければならなかったはずの、備給エネルギーのたくわえを消散させてしまったその責任を、ゲイ運動が負わなければならないということになる。プラトンの「エロティックな表現の多様性」（Bloom, p. 237）が、ブルームによれば今では合法の、ただのセックスに費やされるにつれて、「クローゼットの扉の背後で吠えるライオン」が代わりに「小さな家猫」（P. 99）にすぎないことになってしまった。ブルームの悲しい見解では、「われわれにとって性的情熱はもはや危険ではない」（p. 99）。つまり「様々な解放運動があの驚くべきエネルギーと緊張を浪費し、学生たちの魂を枯渇させ弛緩させてしまった」というのである（pp. 50–51）。

したがって、ブルームはクローゼットの神聖さ、この文化にとって本質的であると同時に周縁的なあの奇異な場、すなわち文化の保守正統派によって周縁化されながらも文化を推進する情熱や矛盾を中心的に担う場を、言い訳することもなく擁護する。ブルームの見解によれば、様々な性的アイデンティティの人々を標準化し、マイノリティ化する近代の平等権運動は、過去における「周縁に属する人々のためのちゃんとした場所、つまりボヘミア〔自由に生きる人々のための居住区域〕があった。しかし人々はそこでは知的・芸術的功績によって自分たちの正統的ではない慣行を正当化しなければならなかった」(p. 235)という、より危うい文化的特権からの重大な転落である。影のようなアイデンティティを認められた少数のグループが、ある文化に対してその文化自体の隠された、おそらくは危険な真実を表象し、同時にその文化の貧弱な寛容に依存することとなった、この脆く貴重な表象の盟約は、この説によればまさにソクラテスの位置であり、拡大すれば理想的哲学者／教師の位置だ。すなわちある文化の組織体内部の危険をはらんだ真実を、そのようなイニシエーションをせいぜい経験の一段階として望んでいるにすぎないような、若く一時的な観察に向かって暴いてみせるような人間誰もが、置かれる位置だ。「彼はしたがって、」とブルームは痛烈に書いている。

> 必然的に、彼と同じ種類以外のあらゆる人間と根本的に拮抗する関係にある。彼は他のすべての人に対してアイロニカルな関係をとる。つまり同情と陽気な距離をもって。彼らに対する彼の関係の性質を変えることは不可能だ。なぜなら、彼と彼らとの間にある不均衡は確固として自然に根ざしたものだからだ。したがって、彼は本質的な向上を期待することはない。権利ではなく寛容、それが彼の望み得る最高のものであり、彼は自分の状況と哲学の状況の基本的脆さを意識するからこそ、常に警戒を怠らない。(p. 283)

ホモフォビックな西洋のハイ・カルチャーの中のホモエロティックな伝統内部で、同性への欲望を持つ個人と同様に、ギリシア人の生活内部でのソクラテスの生き残りは、彼には脱神秘化の力があるから名声があるのだという誤った認識そのものにかかっていた。さらに、哲学者と若者たちとのこの盟約は、愛によってだけではなく、相互の軽蔑で形成された、おそらくは必然的にエリート主義的親交によって維持されていた。ソクラテスは、若者たちが彼をありのままに見ない(と彼は考えた)ことで、彼らを軽蔑することが許された。(「家庭のあるクリトンは、ソクラテスを家庭的な男と考えた。軍人のラケスは、ソクラテスを良い軍人だと考えた」(p. 283))。一方で若者たちは、ある最終的に還元不可能な相違として、両者が喜んで考えること〔ソクラテスの文化的周縁性〕の見せ物に寛容にふるまうことが許されるのである。互いを犠牲にしての欲望に満ちた自己満悦の、これほど固い結び目を解くのは難しくて当然である。

ブルームはここで、正典《キャノン》的クローゼットの文化に含まれる威光、磁力、弱さ、自己疎外、取り込まれやすさ、そしておそらく究極的にはある種の抵抗への可能性についての、(もし実際これが分析と意図されていたとすれば)見事な分析を提示している。しかし、これが物語のすべてではあり得ない。たとえば、ストーンウォール以降のゲイ運動について言えることの一つは、それがゲイの女性や男性を、他のどのマイノリティ集団とも匹敵する権利を持つ別個のマイノリティ集団として措定したということである。それはクローゼットと文化との間の表象上の盟約を再交渉して作り直すか廃止するかを要求できる人々が、少なくとも何人かは存在しているということを通知したということだ。明らかに数多くの重大な目的のために、この動きは必要不可欠のものだった。少なくとも、今はどのようにホモフォビックな禁止でも許される時代であり、「われわれにとって性的情熱はもはや危険ではない」というブルームの心配は、胸が痛むほど時期尚早と言えよう。私たちの文化は性的情熱をいまだに十分危険視しているのであり、自分たちがホモセクシュアルだと、または他人にホモセクシュアルだと見られていると発見したり、そう思われる可能性があると恐れたりする女性や男性が、法律、宗教、精神療法、大衆文化、医学、軍隊、商業、官僚制度などの様々な制度に、そして容赦ない暴力によって、肉体的精神的な脅威にさらされているのである。これらの問題と類似した死活のかかった問題についての政治的運動の進展は、まさにマイノリティ・モデルに立ったゲイ・アクティヴィズムにかかってきた。このような領域での進展を可能にするのは、たとえばゲイ/レズビアンの学生が必要とするものと、黒人やユダヤ人の学生が必要とするものとの間に標準化するような、説得力のある類比を立てること、そしてそれに対応する政治的テクニックを発展させることである。そして、この必要とされている進展のまさにこの側面は、クローゼットの内部からでは起動させられない。それが要求するのは、非常に数多くの人々が、自分が〔死活のかかった問題に〕影響を受けているマイノリティの一員だ、とはっきり自らのアイデンティティを表現《カミング・アウト》するという、危険に満ちた肯定的行為をすることだ。

キャノンのレヴェルでも同様のことが言える。公式の伝統内部における批判や解体の非常に貴重な諸形態、つまりキャノンをありのままに、文化支配とエロティックなダブル・バインドを強制する、ヘゲモニックでホモエロティック／ホモフォビックな男性のキャノンだと命名することは、アンチ・ホモフォビックなプロジェクトの戦略の一部でしかない。アンチ・ホモフォビックなプロジェクトは、すでに説明したように、〔キャノンの批判や解体を進めると同時に〕現在のところ非正典《キャノン》的な材料からマイノリティのゲイ・キャノンを再創造することとの、はさみうちで進められなければならないのである。マイノリティのゲイ・キャノンを再創造することは、疑いなくレズビアンの選択、才能、感性、生活、そして分析の文化的重要性を、ある種のゲイの選択、才能、感性、生活、分析と同様のレヴェルに引き上げ支援するのに必要だろう。あらゆる種類の女性は、この文化の複数の主要なキャノンからは脱線した位置にあるのだが、ましてゲイ女性はなおさら脱線しているからだ。しかも、そのような状態は、この文化の活力と豊かさにとって深刻な犠牲になるだろう。ゲイであることを公表して書く男性も、しばしば伝統的キャノンの同意からは除外されてきたが、彼らも明確なゲイ／レズビアン・キャノンの内部にいる今の方が、より力強く機能できるかもしれない。他のあらゆるマイノリティ・キャノンの中でも、ゲイ／レズビアン研究の仕事は同様になされなければならない。ハーレム・ルネサンスについて、また、ニューイングランド・ルネサンスやイギリス、イタリア・ルネサンスについても、どこに、そしてどのように、ゲイの欲望、人々、言説、禁止、そしてエネルギーの力が現れているのか、どこで探究の境界を定めるべきかと——すでにそれぞれのルネサンス研究で問われ始めているように——いったん問い始めたらどうなるか？　それはあらかじめ知ることはとうていできない。しかし、私たちがすでに確かに知っていることは、これらルネサンスのそれぞれで、ゲイの欲望、人々、言説、禁止、そしてエネルギーが、主要な役割を果たしたということだ。（疑いもなくそれで、私たちがルネサンスを見た途端にそれがルネサンスだとわかるのである。）

**公理七　他者との同一化の経路は、奇妙で扱いにくいものだ。自己同一化の経路も同じである。**

『男たちの間』の序論で、「男性のホモセクシュアリティについて（部分的にせよ）女性でありフェミニストである人間が書くということ」[*44]の政治的／理論的位置づけをどう見るか、短い説明をしなければならないと感じた。私の説明は、本質的には、これが十分理論化されていない組み合わせであり、誰かが理論化の試みを始める時期に来ているというものだった。男のセクシュアリティの争点を論じることは、明らかに本書ではいっそう不可欠であり、また、二冊の間の年月でそのような説明がほとんど不可能なくらい困難だというのはもちろん、絶対的な義務とまでは言わないにしてもどれほど重要かも学んだ。ここで私が語っているのは、人がなんらかの貢献ができると感じている主題について、考えたり書いたりする「権利」の問題ではない。権利というものが測れるとしたら、この権利はその仕事がどのような貢献を、誰に対してするのか、ということで測るべきだろう。しかし、権利に関わる言葉を振りまわすことの困難以上に、私が学んだのは、『男たちの間』の序論で行ったような要約的な定式化は、必然的に暗黙のうちの定言的命令に支えられているようだということである。それがさらに政治的コミットメントと〔コミットメントの対象との〕同一化が実際にどう作用するかを、危険なほど曖昧にしてしまうとわかった。現実的には、この仕事を始めたのは私が一人の女性だからとか、一人のフェミニストだからではあり得ず、むしろ私がこの特定の私だったからだ。このような本があなたにとって説得力を持っていたり、やむにやまれぬものであったりする根拠は、これがあなたの保守的で、対象に均等に配分される、いわゆる公平無私な注意に訴えるからではない。現実的には、一冊の本を書くということには、深く永続的で、しばしばいくらか不明瞭なエネルギーが必要だ。一冊の本を読むのにもまた実際、同様なエネルギーが必要である。またさらに、誰かにとってなんらかの価値があるような政治的コミットメントをするにも、同様のエネルギーが必要なのである。

ここでは、ジェンダーにせよ、階級、人種、セクシュアリティ、民族にせよ、政治的な論争をはらんだ境界を誰かが横切って向こう側のグループに強く同一化することについて、暗黙の疑問が提出されているわけだが、それに対して何が良い回答となり得るだろうか。「しかし、誰もがこの同一化ができなければならない」という類の回答ではあり得ない。おそらく誰でもそうしなければならないだろう、しかし誰もがそうするわけではない、また同一化といっても限定的で狭いものである。（たとえば現在もっともらしく行きわたっている学問的イデオロギーは、階級的特権の位置にいる人間は誰でも、階級の境界を横切った向こう側のグループと同一化しなければならないというものだ。しかし五〇歳以下で非常に生産的に、しかも長期にわたってそのような同一化をして来たきわめて数少ないアメリカの学者のうち大半が、「たまたま」赤いおむつをつけた赤ちゃんだったということに気づかない人がいるだろうか。）倫理的な命令は説明に役立つとしても（役立つとは思えないが）、とうてい完全な説明とは言えない。反対にしばしば思うのは、これらの暗黙の質問が本当に要求しているのは物語、しかも率直な個人的物語ではないかということである。進行中のこのプロジェクトとの関連でそのような物語を語る実験をしていたとき、私にはいくつかの目的があった。[*45] まず、政治的に正しい学問的世界において、研究の動機について、口先だけの偽善的言葉や神秘化を助長しているように見える、あの定言的命令の武装を解除したかった。私はまた、話者を目に見えるようにするための道筋を開くことも試みたかった。そうすることによって、なぜかどれほど強力なゲイ関連のプロジェクトでも関与せずにはすまないような、この文化のひどく一方的なゲイ男性の見せ物化《スペクタクル》に、なんとか対抗できるかもしれないと思えたからである。ある意味で、私は自分を人質として差し出そうとしたのである。それが将来の闘争の舗道の上にどのような音を立てて落ちて来るかは予期できないのだが。また私は、これらの議論を組織化している言説の、重層的に決定された、からみ合った関係を解きほぐし始められるように、私にできる限りのなんらかの道具

(私自身の条件でだが)を差し出したかった。最後に、私がそのような物語を語るに至ったのは、私がそれを欲し必要としたからであり、それを構成することが非常に興味深いことだったからであり、そこから学んだことがしばしば私自身驚くようなことだったからである。

これらの説明の一つにつけた註が、別の理由を示している。そこで私は「この仕事の背後にある動機の一部分は、読者や聞き手が様々に刺激され、怒りや、同一化、喜び、羨望、『許可』、排除などの中でこれに『似たような』(それが何を意味するにせよ)自分自身の説明を書き、分かち合ってほしいという夢であった」[*46]と書いている。実際に、このエッセイを読んだ読者のうち何人かはそうしてくれたという印象がある。この願望に基づいた註が含意するのは、複合的で個人的な物語の説明を呼び起こし、支援し、要求さえするのは、定義の境界線を横切るような同一化だけではないということだ。誰であろうと、彼女または彼「自身の」ジェンダー、階級、人種、民族との同一化についてさえも、まったく同様の説明が呼び起こされ、支援され、要求されるのである。たとえば、それで思い出すのは、何年か前教えたゲイ/レズビアン文学の大学院のクラスである。クラスの半数の学生は男性であり、もう半数は女性であった。学期の間中、私を含む女性全員が、クラスの力学に非常な居心地の悪さを覚えており、レズビアンとゲイ男性の視座を一緒に分節化することの問題について意識過敏になっていた。その居心地の悪さは、教室内の私たちと男性たちとの間に、なにか偏った関係があるせいだと思っていた。しかし、学期の終わり頃には、私たちがなにかもっと個人的な不協和音につかまっているということは明らかだった。全員がフェミニストで、見かけはだいたい同質の女性たちのグループの内部で、なにか個人的で内的な差異の琴線が震わせられ、伝染して痛みを引き起こしているようだった。私たちの性の自己定義は、たいていは不明瞭でしばしばいくぶん具体性に欠けるが、このプロセスはそれぞれの自己定義の間になんらかの差異を認識することによって始まった(しかし、始まっただけにすぎない)。それを通して次第にはっきりしていったのは、クラスの女性一人一人が、女性として、フェミニストとして、ある特定のセクシュアリティに位置づけられた主体としての、自分自身の自己定義の権威に対して、耐え難いほど根本的な疑いを他の女性（一人かそれ以上）の中に呼び起こしてしまう、ということであった。

たいていの人々、特に、セクシュアリティやジェンダーと同様、たとえば人種などの、アイデンティティの問題に関わる政治形態に関係している人だったら、そのような個人的な否認の回路に気づいたり、その一部だったりしたことが、その反対の回路の経験と同様、数多くあるはずだ。これら不協和の力学が政治的または教育的にどの程度有用か破壊的かは（どちらにせよおそらくそのような力学を経験することは避けられているにしても）、既定の事実とは言えない。否認も肯定も含めて、そのような力学は、アイデンティティ・ポリティックスの付帯現象ではなく、むしろアイデンティティ・ポリティックスを構成しているものである。結局、自分を誰かとして自己同一化〔自認〕することには、常に自己と誰かを同一化する複数のプロセスが含まれているはずだ。それはまた、誰かに対抗するものとして自己同一化することも含んでいる。しかし、たとえそれを含まなかったとしても、誰かと同一化するということに暗に含まれる関係は、精神分析が示しているように、それ自体で十分、取り込み、卑下、慢心、脅威、喪失、償い、否認などの様々な緊張した力に満ちている。さらに、フェミニズムのような政治学の倫理的な権威が有効であるためには、フェミニズムが実質上人生の他のあらゆる関係において は、相互にかけ離れている女性たちを、おざなりではなく誠実に包み込むことができるかどうかにかかっていると見られてきた。とすれば、〔女性〕として自己同一化することと、（非常に異なった位置に置かれている他の女性たち）と同一化すること（ブルジョワ・フェミニストにとってこれは、根本的に特権の少ない女性たちとの同一化を意味する）を、区別するような可能性を、どんなものであっても隠ぺいしようという強い政治的動機があることになる。少なくとも、比較的特権的な位置にある私の世代のフェミニストにとっては、自分を女性として考えるということは、自分自身がますます明白に弱い立場や存在になったかのように、何度も繰り返して考え続けることを意味しなければならない、というのが一つの信仰箇条であり、それにはまた深い教育的効果もあった。しかし、誰かと／誰かとして同一化することを、一つのまとまった行為であるかのように絶えず再融合させるという、このプレッシャーのためにフェミニストが支払う代価は、たとえ得たものが大きかったとしても、きわめて高かったと私は思う。(また、それが実際にフェミニズムの基盤を広げるのに政治的に有効だったかどうかは、まだ非常に論争の余地があるように見える。)誰かとの/誰かとしての同一化は、女性たちにとっては特別な響きがある。なぜならそれが女性の伝統的な「無私」という古いイデオロギーと、フェミニストのコミットメントという新しいイデオロギー、すなわち、自己で始まるように見えながらその境界の大半を故意に隠ぺいすることによってのみ合法化されるようなコミットメントとを、抑圧的なほどきれいにからみ合わせるからだ。

良いにしろ悪いにしろ、男性に焦点を合わせた主流のゲイの政治学は、フェミニズムほど強くこの特別な倫理的圧力によって組織化される傾向はなかった。しかし、第3章で詳述するように、誰かとの/誰かとしての同一化というプロブレマティックが男性のホモ/ヘテロセクシュアルの定義の争点と特有の共鳴をするように見えるのには、まったく異なる一連の理由がある。『男たちの間』は、近代における男性のヘテロセクシュアリティのホモフォビックな構築のプロセスが、男性が(男性と)同一化することと男性が(女性を)欲望することとの間に、歴然と、または潜在的な人為的区別を設けることに、概念的に依存しているということを論証しようとした。しかし所定のジェンダー内部の性的欲望の関係についての近代の見解には、「ホモ」つまり同一性の側面を強調する理解が組み込まれており(比較的新しいが)、それには同一化と欲望の区別の人為性を暴き、その二つの区分がどれほど相互にずれ込みやすく融合しやすいかを、活発に示し続ける力があった。したがって〔同一化と欲望の融合についての理解によって〕、社会的な領域でのホモ/ヘテロセクシュアルの定義と関連して奇妙に帯電した領域になるのである。第3章は、今世紀において、〔身代わり的、投射的性質を持つ〕代理性の関係全体が、投射的で、代理的な心的投資の連鎖を特徴とする、感傷性、キッチュ、キャンプ、知ったかぶり、好色、抜け目なさ、病的といった、汚名の烙印を押されてはいるがきわめて強力な一連の関係の多くにとって、ホモセクシュアルな属性を帰することと同一化とのプロセスが特有の中心的位置を占めて来たと論ずる。

とするならば、ゲイの定義の内部には、代理性の関係という意味深長で矛盾をはらんだ特徴が埋め込まれているかもしれないのである。これを指摘するのは、なにも〔フェミニストの女性である〕私が外側から研究しようという、公然と代理するような異なった備給について言い訳するためではない。言い訳の必要はなく、またおそらくは言い訳などできない。しかしこの主題で私が何を見出すかは、私のアプローチの特定のバイアスによって決まるのであり、この代理性ということがその偏向の方向を暗示するかもしれない。一般的には、もっとも私の目につきやすい代理的な心的投資は、女性、肥満した女性、子供を産まない成人、いくつかの異なる言説の領域では性的変質者、またいくつかの領域ではユダヤ人としての、私の経験に関わって来た。例を挙げる。「クローゼット」を破るか引き払えという、ストーンウォール以降の命令によって生じた実質的な相違について、これまでのところ私には新しい思考を生み出すことが相対的に見てできていない（これは明らかに、私自身や私の周囲の人々の生活の中で、「アウトする」という解放のゲイ政治学が、はかり知れない価値を持っていて思考を誘発するにもかかわらずということだが。）それにもかかわらず「クローゼット」についての思考はなぜ生み出し続けられるのか、不思議に思っていた。それは、もしかすると女性としての私自身の、ゲイ男性の言説やゲイ男性に対する関係が、ストーンウォール以前の（たとえば）一九五〇年代のゲイの自己定義とよく響き合う、という事実に影響されてはいないだろうか。すなわち、その名も、それが存在する場も、いまだにあまりにエキゾチックで下等で品格を落とすものであるために、その権利を承認させるどころか存在を認知させることさえできないなにかだという点で。そのなにかが、認知を拒否され、恥辱の浸み込んだその場所に、時にはまた、名づけられぬものの、生そのものの実験の、刺激的な精気を残すのである。

プルーストは書いている。「そのヒエログリフの跡をたどれない書物のみが、真に私たちに属する書物である」と。本書は、そのように私に属していると感じている。読者のうち何人かの人々にとっては、異なるあり方かもしれないが、本書がそのようなものに属してくれればよいと願っている。

〔原註〕

＊1　これに関しては、以下を参照。Jonathan Katz, *Gay/Lesbian Almanac: A New Documentary* (New York: Harper & Row, 1983), pp. 147-50. さらに詳しい議論に関しては、以下を参照。David M. Halperin, *One Hundred Years of Homosexuality* (New York: Routledge, 1989), p.155 n.1 and pp. 158-59 n. 17.〔『同性愛の百年間——ギリシア的愛について』石塚浩司訳、法政大学出版局、一九九五〕

＊2　これが私の『男たちの間』の議論である。*Between Men: English Literature and Male Homosocial Desire* (New York: Columbia University Press, 1985).

＊3　Michel Foucault, *The History of Sexuality. Volume I: An Introduction*, trans. Robert Hurley (New York: Pantheon, 1978), p. 27.〔『性の歴史Ⅰ　知への意志』渡辺守章訳、新潮社、一九八六〕

＊4　Sally McConnell-Ginet, "The Sexual (Re) Production of Meaning: A Discourse-Based Theory," manuscript, pp. 387-88. Cheris Kramarae and Paula A. Treichler, *A Feminist Dictionary* (Boston: Pandora Press, 1985), p. 264 に引用されている。

＊5　Catherine A. Mackinnon, "Feminism, Marxism, Method, and the State: An Agenda for Theory," *Signs* 7, no. 3 (Spring 1982): 515-44. ここで彼女はより詳細にこのポイントを主張している。

＊6　Susan Brownmiller, *Against Our Will: Men, Women, and Rape* (New York: Simon & Schuster, 1975). ブラウンミラーはこの問題に関してもっとも説得力と影響力のある議論を行っている。

＊7　Robert Pear, "Rights Laws Offer Only Limited Help on AIDS, U.S. Rules," *New York Times*, June 23, 1986. この判決が危害と侮辱を与え、喚起し、合法化するように計算されたものだということは、この記事に引用されている言葉にも明らかだ。判決は、次のように述べている。「ある人物が」、たとえば「単に他の人々によって交際を避けられたからといって障害を受けた[したがって連邦政府の保護を受けるに値する]とはみなされ得ない。さもなければ、短気から個人的な不衛生さまでの、多数の私的特性が障害を構成することになるだろう。」

＊8　ゲイの男性だけがこの判決の犠牲者として意図されているのではない。合衆国におけるエイズに関する言説のうちもっとも良心的なものの中でさえ、実際のエイズ感染者の相対的な（そしてますます拡大する）多様性と、あらゆるレヴェルでのエイズの言説がごく最近まで男性のホモセクシュアリティに焦点を合わせて来たという限

定性との両方を同時に、正当に取り扱い得るかという問題がこれまでのところあった。それについてこの論考が何らかの解決策を提示できるわけではない。もちろん世界的な疫学においては、エイズとゲイ男性との特有の結びつきはなく、ここ合衆国でもそれは長くは続かないだろう。この事実の承認と制御が、一九八七年の冬から初春にかけて非常に突然起こったメディア全体の言説上の転換における関心事だった。そのときまでの強迫的にホモフォビックなエイズ恐怖症が、(数ある中でも特に)性行動やライフスタイルをどぎつく懲罰的に人目にさらすことによって、ゲイの男性をスケープゴートとしていたとするならば、一方でそれはこの病の他の犠牲者の大半を見えなくして、彼らの存在を抹消するという正反対の方向にも働いたのである。これまでのところ、ここ合衆国では、これらの犠牲者はすでにもっとも弱い立場のグループに属する人々である。彼らは静脈注射による麻薬常用者、性産業従事者、クローゼットの中にいる男性の妻や恋人であり、彼らは世間から見えなくされたり、ゲイの男性という自分には不似合いな項目の下に包摂されてしまって、保護され得ない。(たとえばエイズに感染した売春婦についてのメディアの報道が、この女性たちの健康にはまったく関心を示さず、彼女たちが男性にエイズを感染させるかもしれないという可能性のみに関心を示して来たことは注目に値する。さらに麻薬常用者に注射針を無料配布するというキャンペーンは一九八七年始めまで、ゲイの男性のためのセーファー・セックス教育に当てられたほどの乏しい国家補助さえも受けられなかった。)一方ではホモフォビアによる損傷があり、もう一方では階級主義/人種主義/性差別主義による損傷がある。また一方では集中的な取り締まりの可能性があり、もう一方では言説からの抹消がある。これらの対の組み合わせは、同じ基準では測れないだけでなく(またどうしてこれらを相互に照らし合わせて測らなければならないのか? むしろこれらが排除する解放の可能性に照らして測るべきではないのか?)、概念的に相互に差し込むように考えるのは非常に難しい。この同じ基準では測れない損傷が一人の人物に凝縮されたとき、たとえば非白人のゲイ男性に凝縮されたときに、おそらくもっともめまいがするような結果がもたらされると言えよう。本書が焦点を合わせているのはホモフォビアによる特定の損傷である。しかし本書がエイズ恐怖症という公的プレッシャー(に対して抵抗したいという欲望)によってかりたてられている以上、少なくとも、そのような望みにとって重要なことでさえもが、どれだけこの本の応答の可能性の範囲から排除されているか、ということを明らかにしなければならない。

*9 『タイムズ』の第一面にはこの出来事の視覚的要約が見られる。この判決についての縦三列にわたるトップ記事の下に載っているのは、表向きは「独立記念日祝賀」のためにニューヨークに入って来る様々な海軍兵士を写した写真だが、そこには二人の心配そうな、しかし非常にハンサムな水兵が、魅惑的な白い服で「警官に道を尋ねている。」(*New York Times*, July 1, 1986)

*10 "The Supreme Court Opinion. Michael J. Bowers, Attorney General of Georgia, Petition v. Michael Hardwick and John and Mary Doe, Respondents," text in *New York Native*, no. 169 (July 14, 1986): 15.

*11 たとえばこの言葉は、この判決について報道する『タイムズ』のトップ記事の六番目のセンテンスで、これだけ別に引用されている（一九八六年七月一日付）。この判決を非難する『タイムズ』の論説は（同、二日付）、この判決の実質的に侮辱的な点を概説する前に、この言葉の露骨さについて論評している。この判決のすぐ後、余波の中で、『ニューヨーク・ネイティヴ』紙やそこで引用されたゲイ・リーダーたちも、この言葉をめぐってさまざまな言葉遊びを繰り広げた（たとえば no. 169 (July 14, 1986) : 8, 11)。

*12 *New York Native*, no. 169 (July 14, 1986): 13.

*13 これらのポイントについてより詳しく論じているものとして、私の "Privilege of Unknowing," *Genders*, no. 1 (Spring 1988): 102-24 を参照してほしい。この前の六段落分はこのディドロの『修道女たち』を読んだ論文から取って来てある。

*14 Foucault, *History of Sexuality*, pp. 105, 43.

*15 Foucault, *History of Sexuality*, p. 43.

*16 Harold Beaver, "Homosexual Signs," *Critical Inquiry* 8 (Autumn 1981): 115.

*17 *Roland Barthes by Roland Barthes*, trans. Richard Howard (New York: Hill and Wang, 1977), p. 133.〔『彼自身によるロラン・バルト』佐藤信夫訳、みすず書房、一九七九〕

*18 Beaver, "Homosexual Signs," pp. 115-16.

*19 これら定義の結節点すべてを二項対立論の形式に当てはめているのは、ここで明らかにしておくべきだが、なにも私が二という数に神秘主義的信仰を持っているからではない。むしろあまりにも多様な社会的ベクトルを扱うのに、何らかの一貫したやり方で図式化する必要を感じたからである。しかしこの還元法によってそれぞれの結節点に必然的に加えられる変造の種類自体が、一貫していることは残念ながらあり得ない。しかし私が提出しようとしているような仮説の大きさが、少なくともそ

の定式化の初期段階では、思いきった還元的手法を必要とするように実際見えるのである。

＊20 Sedgwick, *Between Men*, pp. 201-2.

＊21 Peter Freiberg, "Blaming the Victim: New Life for the 'Gay Panic' Defense," *The Advocate*, May 24, 1988, p. 12. ホモセクシュアル・パニックに基づく弁護に関して、より綿密な議論をしているものとして、以下を参照。"Burdens on Gay Litigants and Bias in the Court System: Homosexual Panic, Child Custody, and Anonymous Parties," *Harvard Civil Rights-Civil Liberties Law Review* 19 (1984): 498-515.

＊22 Joyce Norcini, "NGRA Discredits 'Homosexual Panic' Defense," *New York Native*, no. 322 (June 19, 1989): 12.

＊23 Freiberg, "Blaming the Victim," p. 11.

＊24 Sedgwick, *Between Men*, p. 89.

＊25 これに関しては、Patricia Meyer Spacks, *Gossip* (New York: Alfred A. Knopf, 1985) を参照。

＊26 これに関する良い議論としては、Henry Abelove, "Freud, Male Homosexuality, and the Americans," *Dissent* 33 (Winter 1986): 59-69 を参照。

＊27 ゲイル・ルービンが以下の論文の中で、関連する問題、すなわち「穏やかな性のヴァリエーション」を承認する余地が排除されてしまうことについて議論している。Gayle Rubin, "Thinking Sex: Notes for a Radical Theory of the Politics of Sexuality," in Carole S. Vance, ed. *Pleasure and Danger: Exploring Female Sexuality* (Boston: Routledge & Kegan Paul, 1984), p. 283.

＊28 Gayle Rubin, "The Traffic in Women: Notes on the 'Political Economy' of Sex," in Rayna R. Reiter, ed., *Toward an Anthropology of Women* (New York: Monthly Review Press, 1975), pp. 157-210.

＊29 Rubin, "Thinking Sex," pp. 307-8.

＊30 関連する議論として、以下を参照。Katie King, "The Situation of Lesbianism as Feminism's Magical Sign: Contests for Meaning and the US Women's Movement, 1968-1972," in *Communication* 9 (1986): 65-91. Special issue, "Feminist Critiques of Popular Culture," ed. Paula A. Treichler and Ellen Wartella, 9: 65-91; Teresa de Lauretis, "Sexual Indifference and Lesbian Representation," *Theatre Journal* 40 (May 1988): 155-77.

＊31 ゲイ男性に焦点を合わせた著作の中で、より複合的モデルを使って複数の異なる抑圧が交差するのを研究しているものに、以下が挙げられる。Gay Left Collective, eds., *Homosexuality: Power and Politics* (London: Allison & Busby, 1980); Paul Hoch, *White Hero Black Beast: Racism, Sexism, and the Mask of Masculinity* (London: Pluto, 1979); Guy Hocquenghem, *Homosexual Desire*, trans. Daniella Dangoor (London: Allison & Busby, 1978)〔『ホモセクシュアルな欲望』関修訳、学陽書房、一九九三〕; Mario Mieli, *Homosexuality and Liberation: Elements of a Gay Critique*, trans. David Fernbach (London: Gay Men's Press, 1980); D. A. Miller, *The Novel and the Police* (Berkeley and Los Angeles: University of California Press, 1988)〔『小説と警察』村山敏勝訳、国文社、一九九六〕; Michael Moon, "'The Gentle Boy from the Dangerous Classes': Pederasty, Domesticity, and Capitalism in Horatio Alger," *Representations*, no. 19 (Summer 1987): 87-110; Michael Moon, *Disseminating Whitman* (Cambridge: Harvard University Press, 1990); Jeffrey Weeks, *Sexuality and its Discontents: Meanings, Myths and Modern Sexualities* (London: Longman, 1980).

＊32　社会主義フェミニストによる研究で影響力のあったものには、以下が含まれている。Michèle Barrett, *Women's Oppression Today: Problems in Marxist Feminist Analysis* (London: Verso, 1980); Zillah Eisenstein, ed. *Capitalist Patriarchy and the Case for Socialist Feminism* (New York: Monthly Review Press, 1979); Juliet Mitchell, *Women's Estate* (New York: Vintage, 1973)〔『女性論』佐野健治訳、合同出版、一九七三〕. 人種の抑圧とジェンダーや性の抑圧との交差を研究したものとして、たとえば以下が挙げられる。Elly Bulkin, Barbara Smith, and Minnie Bruce Pratt, *Yours in Struggle: Three Feminist Perspectives on Anti-Semitism and Racism* (New York: Long Haul Press, 1984); Bell Hooks [Gloria Watkins], *Feminist Theory: From Margin to Center* (Boston: South End Press, 1984)〔『ブラック・フェミニストの主張——周縁から中心へ』清水久美訳、勁草書房、一九九七〕; Katie King, "Audre Lorde's Lacquered Layerings: The Lesbian Bar as a Site of Literary Production," *Cultural Studies* 2. no. 3 (1988): 321-42; Audre Lorde, *Sister Outsider: Essays and Speeches* (Trumansburg, N.Y.: The Crossing Press, 1984); Cherríe Moraga, *Loving in the War Years: Lo que nunca pasó por sus labios* (Boston: South End Press, 1983); Cherríe Moraga and Gloria Anzaldua, eds., *This Bridge Called My Back: Writings by Radical*

*Women of Color* (Watertown: Persephone, 1981; rpt. ed., New York: Kitchen Table: Women of Color Press, 1984); Barbara Smith, ed. *Home Girls: A Black Feminist Anthology* (New York: Kitchen Table: Women of Color Press, 1983). 女性、特にレズビアンの女性との関連でこれら交差する抑圧について概観した良い例として、次のようなものがある。Ann Snitow, Christine Stansell, and Sharon Thompson, eds., *The Powers of Desire: The Politics of Sexuality* (New York: Monthly Review/ New Feminist Library, 1983); Vance, *Pleasure and Desire*; de Lauretis, "Sexual Indifference."

*33　このリストは Rubin, "Thinking Sex" の特に pp. 281-82 を参考にしている。

*34　特に以下を参照。Marilyn Frye, *The Politics of Reality: Essays in Feminist Theory* (Trumansburg, N.Y.: The Crossing Press, 1983); Luce Irigaray, *This Sex Which Is Not One*, trans. Catherine Porter with Carolyn Burke (Ithaca: Cornell University Press, 1985), pp. 170-91.〔『ひとつではない女の性』棚沢直子・小野ゆり子・中嶋公子訳、勁草書房、一九八七〕

*35　Adrienne Rich, "Compulsory Heterosexuality and Lesbian Existence," in Catharine R. Stimpson and Ethel Spector Person, eds., *Women, Sex, and Sexuality* (Chicago: University of Chicago Press, 1980), pp. 62-91; Lilian Faderman, *Surpassing the Love of Men* (New York: William Morrow, 1982).

*36　たとえば以下を参照。Esther Newton, "The Mythic Mannish Lesbian: Radclyffe Hall and the New Woman," in Estelle B. Freedman, Barbara C. Gelpi, Susan L. Johnson, and Kathleen M. Weston, eds., *The Lesbian Issue: Essays from SIGNS* (Chicago: University of Chicago Press, 1985), pp. 7-25; Joan Nestle, "Butch-Fem Relationships," pp. 21-24; and Amber Hollibaugh and Cherríe Moraga, "What We're Rollin' Around in Bed With," pp. 58-62, both in *Heresies* 12, no. 3 (1981); Sue-Ellen Case, "Towards a Butch-Femme Aesthetic," *Discourse: Journal for Theoretical Studies in Media and Culture* 11, no. 1 (Fall-Winter 1988-198): 55-73; de Lauretis, "Sexual Indifference"; Sedgwick, "Across Gender, Across Sexuality: Willa Cather and Others," *SAQ* 88, no. 1 (Winter 1989): 53-72.

*37　これに関しては、特に Judy Grahn, *Another Mother Tongue: Gay Words, Gay Worlds* (Boston: Beacon Press, 1984) を参照。

＊38 ジェイムズ・ディーンに関しては、Sue Golding, "James Dean: The Almost-Perfect Lesbian Hermaphrodite," *On Our Backs* (Winter 1988): 18-19, 39-44.

＊39 言うまでもないことだが、レズビアンがウイルスを伝染させられるような（かなり普通に行われている）行為を、すでに感染している人物（レズビアンを含めて多くの人が感染している）と行ったときに、他のどのセクシュアリティの人よりもＨＩＶウイルスに感染しにくいと示唆しているわけではない。性的アイデンティティの言説と性的行為の言説とのこの特殊なパラダイムの衝突では、前者を選択することには独特の有害な結果が伴う。エイズの疫学が、特定の予防法を必要とする特定の行為の問題であるよりは、独立した「リスク・グループ」の問題であるなどという神話を補強するようなことは、誰一人として望むべきではない。その神話は自分をゲイと自認する、または自分を公的にゲイと認めている男性や、麻薬使用者にとっては、彼らをスケープゴートにしてしまうという点で危険である。またそれ以外のすべての人にとっても、彼ら自身や彼らのセックス・パートナーや注射針を共有する人を守ることをおざなりにしてしまうことになる点で、この神話は危険である。しかしながら、様々な理由から、レズビアンの中でのエイズ発病率は、他の多くのグループの中での発病率よりも実際低いのは確かである。

＊40 Foucault, *History of Sexuality*, p. 43.

＊41 たとえば以下を参照のこと。Alan Bray, *Homosexuality in Renaissance England* (London: Gay Men's Press, 1982)〔『同性愛の社会史――イギリス・ルネサンス』田口孝夫・山本雅男訳、彩流社、一九九三〕; Katz, *Gay/Lesbian Almanac*; Halperin, *One Hundred Years of Homosexuality*; Jeffrey Weeks, *Sex, Politics, and Society: The Regulation of Sexuality since 1800* (London: Longman, 1981); George Chauncey, Jr., "From Sexual Inversion to Homosexuality: Medicine and the Changing Conceptualization of Female Deviance," *Salmagundi*, no. 58-59 (Fall 1982-Winter 1983): 114-45.

＊42 Halperin, *One Hundred Years of Homosexuality*, pp. 8-9.

＊43 Allan Bloom, *The Closing of the American Mind* (New York: Simon & Schuster/ Touchstone, 1988), p. 236. 以後このテクストからの引用は、本文中において括弧内にページ数を記す。〔『アメリカン・マインドの終焉――文化と教育の危機』菅野盾樹訳、みすず書房、

一九八九〕

＊44 *Between Men*, p. 19.

＊45 このような物語のうち、もっとも長いものは "A Poem Is Being Written," *Representations*, no. 17 (Winter 1987): 110-43 である。より断片的な、あるいは間接的なものは、"Tide and Trust," *Critical Inquiry* 15, no. 4 (Summer 1989): 745-57, 本書第4章、また "Privilege of Unknowing" にある。

＊46 "A Poem Is Being Written," p. 137.

〔訳註〕

〔1〕アフリカ動物民話のトリック・スターである「兎の兄い」は、アフリカ人とともにアメリカに渡り、知恵と機転で逆境を切り抜ける、黒人たちの分身となった。「兎の兄いとタール人形」は兄いの冒険の中でも良く知られた話である。兎の兄いのいたずらに業を煮やした他の動物たち（または白人）が、兄いの通り道にコールタールでできた人形を置いておく。挨拶しても返事をしない人形に、兄いが触ってみると、身体の自由が奪われてしまい、まんまと捕らえられてしまう。もっとも残酷な処刑をしてやろうと考える相手の心を見透かして、兄いは、どうか茨のやぶにだけは放り込まないでくれ、と哀願する。首尾良く茨のやぶに放り込まれた兄いは、命拾いをする。茨のやぶこそ、兄いの生まれ育った領域だからだ。（吉田廸子『トニ＝モリスン』清水書院、一九九九年、一四三—一四四ページ参照）

〔2〕奴隷制時代、黒人女性を奴隷主がレイプするのは珍しいことではなかったし、それに対する法的処罰もなかった。しかし一方で、白人女性を「守るため」と称して、黒人男性がリンチから法的処罰までを含む組織的暴力にさらされることも、また珍しくなかった。特に奴隷解放（一八六三年）以後、黒人の政治参加が進むにつれて黒人男性のリンチ事件が激増し、一八九二年にはリンチによる黒人の年間死亡者数がピークに達している（本田創造『アメリカ黒人の歴史』岩波新書、四ページ、アメリカ黒人史略年表参照）。社会の変動期、不況時など、それまでの支配層の利権が揺るがせられるときにリンチ事件が多発していることからも、「レイプ」や「白人女性への脅威」が人種主義的強制の口実に使われたのは明らかである。

〔3〕s／mとポルノグラフィに内在する権力関係を糾弾するフェミニストたちは、暴力＝権力関係なきセックスを主張しているわけだが、レズビアンs／mやポルノグラフィを肯定的にとらえるセックス支持派にとってそのような主張は、権力＝力の喜び＝男性という旧来の図式

を繰り返しているだけであり、女性の中の欲望や、力の感覚がもたらす喜びを抑圧する点で、一九世紀ブルジョワの女性観を再生産しているだけということになる。たとえば次のような議論がある。「現在のフェミニストの論争では、女性がセックスの中でも、権力の外側で生きることを余儀なくされてしまう。……自分が最終的に何を欲することになるのか知らない多くの女性にとって、それ〔力の表現／経験によってセックスの喜びを感じることを、男性的で性差別主義の構造を再生産することだという議論〕は、自分の中の未知の情熱を抑圧し、恐れることにつながってしまう。沈黙、隠ぺい、恐怖、恥辱、これらは女性たちが自分の欲するものについて知識を持たぬよう、まして支配もできぬよう、強制されて来たものではなかったか?」(Amber Hollibaugh, "Desire for the Future: Radical Hope in Passion and Pleasure," in Stevi Jackson and Sue Scott, eds., *Feminism and Sexuality* (Edinburgh, UK: Edinburgh University Press, 1996), p. 228)。またセジウィックがこの後で主張するように、s／mとポルノグラフィ排斥の主張には、思わぬ抑圧につながる、性の「規範性」意識が潜んでいる。

# 第1章　クローゼットの認識論

嘘、完全な嘘、私たちの知っている人々について、その人々との関係について、私たちの行為の動機について、まったく違った言葉で形作られた、嘘、私たちが誰であるか、誰を愛するか、私たちを愛してくれる人々に対して私たちが何を感じているかについて……――その嘘は新しいもの、知られていないものに対して窓を開くことができる。私たちが知ることが決してなかったであろう領域についての観想へと、私たちの眠れる感覚を呼び覚ますことができる、世界の中のわずかなものの一つである。

――プルースト『囚われの女』

クローゼットの認識論は時代遅れの主題でもなければ、すでにすたれた知の制度でもない。一九六九年六月〔ストーンウォール暴動を指す〕、そして後に生じた数々の出来事によって、ゲイが自分の秘密を明らかにすることに潜在的力や魅力、そして未来への可能性があるという感覚が、多くの人々の中に激しくかきたてられた。しかしそれにもかかわらず、意味深長な秘密の支配が覆されることはほとんどなかったのである。それどころか、ある意味で秘密の支配はいっそう強まったとさえ言える。〈その名をあえて語ることができない〉ことで有名なあの愛が公然と表現されるという、ますます緊張する雰囲気の中で敏感になった人々にとっては、ゲイが秘密を（とりわけ心ならずも）明らかにするドラマの一つひとつが、陳腐どころかむしろ、驚きと愉しみで、ますます新鮮に見えるのだった。これほど弾力的で生産的な物語の構造が、社会的意味の重要な諸形式に対して持つ影響力を、そうあっさりと放棄することはない。D・A・ミラーが重要なエッセイの中で指摘するように、秘密は、

私的／公的、内部／外部、主体／客体という対立項が確立され、それぞれの第一項の神聖さが不可侵であることを維持する、主観的な実践である。「公然の秘密」という現象は、これらの二項対立とそのイデオロギー的な効果とを崩壊させるように見えるが、実はそうではなく、その幻像作用による回復を立証するのである。[*1]

個人的なレベルにおいてさえも、ゲイであることにもっともオープンである人々でさえ、個人的に、経済的に、あるいは組織的に、自分にとって重要である誰かの

前ではあえてクローゼットの中にとどまろうとする場合が非常に多い。さらに、異性愛主義的《ヘテロセクシスト》前提には破壊的な弾力性があり、結果的にゲイは、『ピーター・パン』の中のウェンディのように、うとうと眠っている間にさえ、新しい壁が次々とまわりに立ち現れるのを意識せざるを得ない。新しい上司、ソーシャルワーカー、融資担当者、家主や医師は言うまでもなく、新しいクラスの学生との出会いのたびに、新しいクローゼットが出現する。そのクローゼットが持つ危険で独特な物理的法則と光学的法則によって、少なくともゲイの人々は、出会いのたびに新たな探査、新たな計算、秘密にするか打ち明けるかの新たな必要条件と設計図とを、必要とするのである。すでにカム・アウトしたゲイでさえ、日々、(彼女がゲイであることを)知っているか知らないかわからない人と会話を交わし、つきあわなければならない。また知っていたとして、所与の対話者一人ひとりにとって、その知識が重要かどうかを推測するのは、同じくらい難しい。またもっとも基本的なレベルで――つまり仕事、親権または訪問権、保険を必要とし、そして暴力から、「セラピー」から、歪んだステレオタイプから、侮辱的な詮索から、単なる侮辱から、身体的所産を無理矢理解釈されることから、保護されることを必要とする人が、人生の一時期または残りの人生ずっと、あえてクローゼットの中にとどまることを選択するのも、あるいは再びクローゼットの中に戻るという選択をするのも、説明のつかないことではない。ゲイのクローゼットは、ゲイの人々の生活にのみある特徴ではない。しかし多くのゲイの人々にとって、クローゼットはやはり社会生活の基本的な特色なのである。普段どんなに勇気があり率直であっても、身近なコミュニティからの支持を得ている点では、どんなに幸運であっても、クローゼットに生活を形作られていないようなゲイは、ほとんどあり得ない。

　クローゼットの認識論が、今世紀を通じてゲイの文化とアイデンティティに支配的な一貫性を与えて来たとこれから論ずるのだが、それはなにも、ゲイの人々にとって、クローゼットの周囲とその外部にある重要な可能性の数々が、非常に重大な変化をこうむって来たことを否定するためではない。歴史的物語の中でクローゼットの連続性と中心性とを強調するのは、そこにその物語の黙示録的な断絶という救済的ヴィジョンが――それが過去にあろうが未来にあろうが——支えとして存在しない限り、危険がある。そういった特定のユートピア的組織に欠ける思考は、クローゼットそのものを理想化してしまうという危険を冒すだろう。クローゼットによる強制、ひずみ、力の剝奪、そしてまったくの苦痛を、必然的かあるいは何か価値あるものかのように見せるという危険を冒すだろう。もしこれらの危険が冒す価値のあるものだとしたら、それはある程度は、非ユートピア的伝統を持ったゲイの著作、思考、文化が、後のゲイ思想家たちにとって——彼らの政治を合理化する読みばかりか、その政治の存在を許容する読みさえほとんどないときに——目のさめるような尽きせぬ意味を生産し続けたからである。しかしそれと同時に、クローゼットの認識論も、はるかに大きなスケールで、しかも［ゲイにとっては］より望ましくない屈折とともに、近代の西洋文化と歴史全般を尽きることなく生産し続けて来たのである。そのことが、クローゼットの認識論を問いかけの主題として取り上げる十分な理由になるかもしれない。しかし一方でそのことは、クローゼットの周囲のヘテロセクシストな文化の中で、自分たちの内的な表象上の必要のために自分自身は除外しておいて、人にはクローゼットにとどまるよう強要するような人々には着目せず、クローゼットの内側に（たとえ不確かにせよ）位置を占める人々にだけ、分析の焦点を当ててしまうことの、十分な理由にはならない。

しかしながらこの段階では、一貫した代替的手続きといったものは、私にもほとんどわからない。しかもそのような一貫性などは、以下に議論する理由によって、不可能であるかもしれない。少なくとも分析の境界を押し広げ、なんらかの新しく飛躍的な評価の試みによって問いかけの角度を変えることが、この議論における方法論的プロジェクトの一部となるだろう。

＊＊＊

一九七三年、メリーランドのモンゴメリー郡で、アカンフォラという名の八年生担当地球科学教師が、ゲイであることがわかったとき、教育委員会によって教育担当の職務からはずされた。彼が、『シックスティ・ミニッツ』やパブリック・ブロードキャスティング・システムなどのニュースメディアに対して、自分の状況を語ったとき、今度は完全に契約の更新を拒否された。アカンフォラは訴訟を起こした。彼の訴訟を最初に審理した連邦地方裁判所は、アカンフォラがメディアに頼ったことで、彼自身と彼のセクシュアリティに対し教育上有害と思われるほど、過度の注意を喚起したとして、教育委員会の処置とその理論的根拠を支持した。第四巡回控訴裁判所は、その判決の理論的根拠を支持せず、彼が公的に秘密を明らかにしたことは、憲法第一修正、言論の自由のもとで保護されると判断した。しかしながら、控訴裁判所は、下級裁判所の理論的根拠は退けたものの、アカンフォラが教職に戻ることを許さないという下級審の判決を支持した。それどころか、控訴裁判所は、アカンフォラが就職する段階で願書に大学時代、学生同性愛擁護団体の役員であったという書き込みを怠ったこと——もし書いてあれば、法廷で学校関係者が認めたように、アカンフォラの雇用は最初からあり得なかったであろう——を理由に、彼のそもそもの当事者適格を認めなかった。かくしてアカンフォラを教室の中に入れないことの理論的根拠は、もはや彼が自分のホモセクシュアリティについて多くを明らかにしすぎたからではなく、むしろ逆に、彼が十分明らかにしなかった点にある、ということになった。[*2] 最高裁判所は上訴を取り上げなかった。

アカンフォラ事件の二つの判決いずれも、教師のホモセクシュアリティ「それ自体」は彼の雇用を拒むに足るだけの根拠にはならない、とした点が際立つ。いずれの裁判所も、アカンフォラがホモセクシュアルであるという事実は、理論的には保護され、括弧にくくり得るとする一方で、彼が自分のセクシュアリティについての情報をどう取り扱ったかを問題化している。すなわちホモセクシュアリティ「それ自体」とそのことについての情報の取り扱いの問題が区別できるというのが、判決の暗黙の根拠であった。しかしながら、後者の情報処置の問題が、かくも矛盾した禁止条項に対して無防備にさらされている結果、教師でありゲイである人間として単に存在するための場は、打ち明けることを義務づけられていると同時に禁止されているという、相反するベクトルによって、双方から、事実上完全に刺し貫かれていることになる。

公的・私的の区別が響きの強い言葉で述べられるときに見られる、これと関連した一貫性のなさのために、ゲイの存在についての現代の法的な場は混乱している。一九八五年に最高裁判所は、ローランド対マッドリヴァー地域学校区訴訟の上訴を審理することを拒絶し、結果として、同僚の何人かに対してカム・アウトしたバイセクシュアルの学生指導カウンセラーの解雇を容認した。すなわち、カム・アウトするという行為が、「公的関心」事に関する言論を構成しないゆえに、憲法第一修正のもとでの高度な保護は必要ない、という判断が下されたのである。周知の通り、同じ最高裁判所が、マイケル・ハードウィックによる、彼の私的生活に他人が干渉する権利はない、という主張（憲法第一四修正に基づいて、同性愛行為の自由を主張した）に対して、そんなことはない、という判決を下したのは、それからわずか十八か月後だった。ホモセクシュアリティは、頻繁に裁かれているにもかかわらず、公的な関心事であるとは判断されない。しかし一方で、最高裁判所の拘束力のある意見によれば、私的な衣の下に存在するというわけでもないのである。*3

　この司法の定式化の歴史においてもっとも明白な事実は、それが言説に対する矛盾した制約を通して、ゲイの存在そのものの基盤を掘り崩すことによって、ゲイの人々、ゲイ・アイデンティティ、ゲイの行為を組織的に抑圧しながら、耐え難いダブル・バインドのシステムをコード化している、ということである。しかしながらこのような直接的政治的認識は、別な方向へ向かう歴史的な仮説によって補足されるかもしれない。私は次のことを主張したい。ヨーロッパとアメリカにおいて、一九世紀末以来、ホモセクシュアリティの問題に多大な注目が向けられ、その境界画定にたいへんなエネルギーが費やされて来たが、それはホモセクシュアリティが、ヘテロセクシストな文化全般におけるジェンダーと性と経済の構造にとって、決定的な問題となるような（現在でも問題である）秘密と発覚、私的なものと公的なものとの、より広範囲なマッピングを、はっきりと表示するような関係にあったからである。しかもそのマッピングの持つ、可能性を広げもするが危険でもある一貫性のなさは、ホモセクシュアリティにまつわるある一定の比喩に、抑圧的かつ恒久的に凝縮されてきたのである。これらの比喩のうち、いまや政治的意味を帯びたあらゆる表象の境界を越える、力強い越境行為を示す多目的フレーズになりつつある「クローゼット」と「カミング・アウト」は、もっとも重要かつ魅力的な比喩として、機能して来た。

クローゼットは、今世紀のゲイ抑圧を特徴づける構造である。たとえばバウアーズ対ハードウィック訴訟では、市民的自由の立場に立つ法律家が、法律上まず第一に憲法によって保障されたプライヴァシーの権利の問題であると主張し、さらに判決後の余波の中では、警官に侵入される寝室のイメージが強調された。(『ニューヨーク・ネイティヴ』紙は、あたかも政治的力を得ることとは、警官を彼らが属する通りに戻すことであり、セクシュアリティをそれが属する奥の、人の立ち入らない場に戻すことであるかのように、「マイケル・ハードウィックの寝室に再び警官が介入」という見出しをつけた。[*4]）プライヴァシーがこのように強調されることはクローゼットのイメージの延長であり、そのイメージの力の証拠でもある。以下に引用するハードウィック事件についての記事も、そのイメージの力の一例だ。反同性愛嫌悪《アンチ・ホモフォビア》の立場からゲイの読者に向けて書かれているが、このイメージがそれほどわかりやすいものでないことを認めながらも、イメージそのものを否定することはない。

> 何ができるというのか――一人きりで？　答えは明白だ。きみは一人ではなく、一人でいようとすることもできない。クローゼットの扉は――決して安全な防護扉ではなかったけれど――いまやさらに危険となった。きみはカム・アウトしなければならない、自分自身のために、そして僕たち全員のために。[*5]

カミング・アウトのイメージは、クローゼットのイメージと規則的に連結する。クローゼットによって提供される非常に不確かなプライヴァシーに対して、カミング・アウトのイメージが持つ一見曖昧さのない公的位置づけが、救済的な認識論上の確実性として、対置され得る。たとえば引用した記事は、次のように続けている。「もしゲイの人間一人ひとりが彼や彼女の家族に対してカム・アウトしたら、一億のアメリカ人がぼくたちの側につくこともあり得る。雇い主やストレートの友達にカム・アウトしたら、それはさらに一億の味方を意味し得るだろう。」しかしそれでも、マッドリヴァー地域学校区は、一人の女性によるカミング・アウトを正当な公的言論の行為として聞くことを拒絶したのであり、しかもそのような拒絶は、多くのカミング・アウト行為に対して与えられる、冷やかな反応の中に数限りなく反響している。「そりゃいいけどね、でも何だって私がそんなことを知りたいだろうなんて思ったのかね？」

私たちがこれから見るように、今世紀のゲイ思想家たちは、プライヴァシーのクローゼットを出ることと中にいることの妥協した隠喩に潜む、有害な矛盾に対して、決して盲目ではなかった。しかしヨーロッパ文化におけるこの隠喩の起源は、フーコーの著作が示したように、あまりにも分岐している。しかもこの文化においてより「大きな」、すなわちうわべはゲイと関係ない、プライヴァシーという位相《トポロジー》を、この隠喩は（フーコーという形象が劇的に示したように）包み表象するような決定的関係にある。したがって、なんらかの代替的隠喩を付与するということさえも、事実上不可能だったのである。

最近、ナショナル・パブリック・ラジオで、誰かが六〇年代を、黒人がクローゼットからカム・アウトした時代だと語っているのを聞いた。そういうことなら、太った女性としてカム・アウトすることも可能であるはずだという趣旨で、最近MLA〔近代言語文学会〕で、私も話をした。「クローゼットからカム・アウトする」というフレーズが、最近の慣用ではゲイの起源から離れ、一見浮遊しているようなのは、クローゼットの比喩が何らかの現代的《モダン》関心事の中心にあまりに近いので、ゲイにまつわる歴史的な特殊性を取り除き得る、または取り除かれて来たことを、示唆しているのかもしれない。しかし事実はその反対ではないだろうか。すなわち二〇世紀西洋文化における意味をめぐる論争のもっとも重大な場全体が、世紀の転換期の頃から、男性（男性のみではないが）のホモソーシャル／ホモセクシュアルに関する定義の歴史的特殊性によって、重大な消すことのできない刻印を押されている、[*6]というのが私の仮説だ。これらさまざまな場のうちに、すでに指摘したように、秘密／発覚と私的／公的という二項対立がある。「クローゼット」と「カミング・アウト」という比喩に凝縮される、これらの認識論的に重要な二項対立とともに、そして時にはこれらの二項対立を通して、この特定の定義上の危機が今度は、近代の文化組織の基礎となるような他の二項対立である、男性／女性、マジョリティ／マイノリティ、純真無垢／集団への加入《イニシエーション》、自然／人工、新／旧、成長／

頽廃《デカダンス》、都会風／田舎風、健康／病気、同一／差異、認識／妄想症《パラノイア》、芸術／キッチュ、誠実性／感傷性、そして自由意志／中毒といった二項対立に、消すことのできない刻印を押したのである。ホモ／ヘテロセクシュアルの危機のしみがあまりにも広く浸透しているため、これらの指標のいずれをいかなる文脈で議論しても、同性愛嫌悪《アンチ・ホモフォビック》に対抗する分析がない限りは、おそらく知らないうちに、それぞれの指標に内在する強制を永続させてしまうことになるだろう。

　セクシュアリティに関するいかなる近代的問いにとっても、知／無知とは、そのような様々な二分法の換喩的《メトニミック》な連鎖の中の一組という以上の意味を持つ。「知」と「セックス」とが概念的に不可分となるプロセスは、フーコーの『性の歴史』第一巻で概略が述べられている。それは、ヨーロッパ文化において最初は狭い範囲で、しかし一八世紀後半から急速に広がり、加速した。そのため知識が第一に性的知識を意味し、無知が性的無知を意味し、そしてどのような種類の認識論的要請も、ますます性的衝動によって満たされた強制であるかのように見えるようになった。ある意味では、これは、私たちが今セクシュアリティとして知っているものが知識の木からもぎ取るべき、禁断の木の実――見たところ唯一の木の実――であるとする、聖書の起源説話を発展させるプロセス、遅滞と言えるほど長引いたプロセスであった。認識そのもの、セクシュアリティそのもの、侵犯行為そのものが、西洋文化の中ではいつでも互いに引きつけられ、裂け目がないわけではないが固い紐帯を形成しがちなものであった。そしてロマン主義によって始まった時代は、様々な言語と制度との著しく広範な集合を通して、この傾向を不動のものとしたのである。

　たとえばディドロの『修道女』のように、このプロセス初期において影響力のあったテクストの中では、セクシュアリティそれ自体、したがって性的知識と知識それ自体とを表象する欲望は、同性に対する欲望であった。[*7] しかし、一九世紀的な個人の文化が、女同士、男同士のセクシュアリティを認知することをはっきり拒絶することによって、知／セクシュアリティの一つのヴァージョンを構築し、それをますます精巧に作り上げるにしたがって、この〔同性に対する欲望の〕可能性は、いっそう強力に、したがってまたいっそう目立つ形で、抑圧された。この拒絶が徐々に物象化されていった結果[*8]、世紀末までには（フロイトにとってと同様ヴィクトリア女王にとっても明らかであったように）知識が性的知識を意味し、秘密が性的秘密を意味することが、完全に一般的に通用するようになり、秘すべきものとして、ある特殊なセクシュアリティが、事実上はっきりと構築された。それは世紀末の主体にとって、その頃までには募る一方となった認識論的／性的な不安の、申し分のない対象となったのである。一八九四年に、アルフレッド・ダグラス卿は「私はその名をあえて語ることのできない愛である[*9]」という前代未聞の公的発言を行ったが、それはあるセクシュアリティとある特定の認識上の位置づけ（たとえばソドミーを、名を語ってはならない罪、と呼んだ聖パウロの、お定まりに繰り返され手直しされて来た名称がそれを表している。名を語ってはならないゆえに、この罪は、特異な暗示によって、認識される）とを同一視する、もともとはここでもまた聖書から続く長い伝統の結果である。『ビリー・バッド』や『ドリアン・グレイ』のようなテクストの中で、またその影響を通して、知識と無知そのもの、純真無垢と集団への加入《イニシエーション》、秘密と発覚との、主題（テーマ論）は、付随的にではなく、本質的に、ある特定の認識対象と結びつけられた。すなわちもはやセクシュアリティ全体ではなく、いまやもっと特定の、ホモセクシュアルのトピックに。同性間のセクシュアリティをめぐる可能性の数々（ゲイの欲望、そしてそれに反するもっとも過激な嫌悪も含めて、と言おうか）の多元性が、いまや個人を知る近代のプロセスの直接目的を形成したホモセクシュアル・トピックに還元されたことは、今世紀始めの性の定義にまつわる危機のもたらした小ささからぬ傷であった。

　秘密そのものがこの秘密として明示されたときいかなる相違をもたらすか探るため、具体例となる様々な（文学的、伝記的、想像的）物語を、時代錯誤は承知で手短かに編み合わせてみよう。それは一九八六年七月一日、バゥアーズ対ハードウィック訴訟に判決が出た時点に始まる。全国的ゲイ・プライド・パレードと、司法省による新たな懲罰的エイズ政策の発表のあった週末と、判決に続いて、盲目、空洞、巨大なスパイク・ヘッドの女体〔自由の女神像〕の形で国民的にフェティッシュ化された自由という抽象概念に焦点を合わせて、メディア好みの浮かれ騒ぎやヒステリーが起こった長い週末にはさまれた時点であり、またゲイの男たち、彼らの家族、友達の身のまわりに、うねりのように新たな喪失、嘆き、沸き起こる個人的恐怖の波が押し寄せる中、多くの人々が、ともかくも、自分自身の特別な車がついにローラー・コースターのコースを永遠に離れてしまったかのように感じた、その時点である。

バゥアーズ対ハードウィックの最高裁判決のすぐ後で聞いたり加わったりした議論の多くで、ゲイやアンチ・ホモフォビアの立場に立つ女性や男性は（大方は、断固としてまたは意地悪く）判決に深く関わった人々のセクシュアリティについて推測した。クローゼットからカム・アウトしていない法廷アシスタント、調査官、判事が、この判決を、これらの恥ずべき多数意見を、それらを述べる攻撃的な判決文を、考え、作成し、「磨き」、人的物的管理の側面から可能にするための、ある程度の、もしかすると非常に大きな役割さえも果たしたとしたら、どんな気持ちだろうという疑問は、トーンは違うにせよ、繰り返し議論に上った。

この一連の苦しい想像行為には、私たちの文化においてゲイのアイデンティティとゲイの状況が占める、認識論上の特殊な位置の問題がはらまれていた。クローゼットのイメージが近代の多くの抑圧を表すのに力強く共鳴するにしても、このイメージは、ホモフォビアに関しては、他の抑圧に関してはあり得ないようなことを表示する。たとえば人種差別は、例外的な場合を除いて（そのような場合が少ないわけでも重要でないわけでもないのだが、それは人種的経験の輪郭を描くものであって、その中心に影響を与えるものではない）すべて目に見える烙印《スティグマ》に基づいている。ジェンダー、年齢、体格、身体的障害に基づく抑圧も同様である。一方、たとえば反ユダヤ主義のような民族的／文化的／宗教的抑圧の場合は、烙印を押されている個人が、少なくとも概念上では、他の人が彼女あるいは彼がそのグループに属することを知る（か知らないか）ということについて、ある程度の（どの程度かということが決して決められない点は重要だが）自己裁量が可能だという点で、ホモフォビアによる抑圧とより類似していると言えよう。異種混交的な、都市化した社会では、ユダヤ人あるいはジプシー「としてカム・アウト」することの方が、たとえば一般的に、女として、黒人として、老人として、車椅子使用者として、あるいは肥満した人間「としてカム・アウト」するよりも、はるかに納得が行く。しかしながら、（たとえば）ユダヤ人やジプシーのアイデンティティは、またすなわちユダヤ人やジプシーの秘密またはクローゼットは、明確な祖先からのつながりと応答可能性とにおいて、そして個々の（最小限でも）家族という原文化を通して得られる、文化的アイデンティティのルーツ（いかに歪曲し両面価値的であろうとも）において、ゲイ独特のヴァージョンとは違っているのである。

実際プルーストは、『失われた時を求めて』の「ソドムとゴモラ」の巻を通してラシーヌの『エステル』を引用し、〔聖書の〕「エステル記」とそのラシーヌによる書き換えとの中に具体的に表現された、ユダヤ人による自己同一化のドラマを、まさにカミング・アウトの一種のリミット・ケースとして、執拗に示唆している。エステルの物語は、カム・アウトすることとそれが持つ変換の可能性とについて、単純化されてはいるがしかし非常に力強い想像をするためのモデルであるようだ。自分がユダヤ教徒であることを夫であるアシュエリュス（アハシュエロス）王に対して隠すことで、王妃エステルは、端的に、自分のアイデンティティを隠していると感じる。「王は今日まで、私が誰であるかご存じない」[*10]。エステルが真実を告げられないのは、アシュエリュスに、彼女の民を穢れたもの（「この穢れた源」(1039)）であり自然に反する忌まわしいもの（「国王はユダヤの民を人間の性にそむくおそろしいものと信じておられる」(174)）であると類別させる、強力なイデオロギーゆえである。この混乱してはいるが全能の王による、偽りのない、比較的抽象的なユダヤ人嫌悪は、全地球上からこの邪悪な要素がきれいに洗い清められることを夢見る宰相アマン（ハマン）の大げさなシニシズムによって、絶えず刺激を受けている。

畏敬の念に打たれた幾世紀もの間、語りつがれるだろう、

「むかしユダヤの民が存在した、傲慢な民が
地上のここかしこにちらばり、いたるところに彼らは
住みついていた。
ところが一人が無謀にもアマンの怒りを買うや、

たちまちにして彼らは一人残らず地上から消え去った」と。(476-80)

王はアマンの民族虐殺計画に不本意ながら従い、エステルは従兄弟であり後見人でありユダヤの良心であるマルドケ(モルデカイ)によって、彼女が秘密を明らかにする時が来た、と告げられる。このとき、彼女をめぐる不安の独特な作用は、ホモフォビックな両親に対してカム・アウトしようとしたことのあるゲイの人間だったら、誰にでも理解できるだろう。「もし私が死ぬとしたら、死ぬのだ」と聖書の中で彼女は言っている(「エステル記」四章六節)。彼女が秘密のアイデンティティを公言することに測り知れない力が潜むだろうことは明らかだ、というのがこの物語の前提である。残るは、この強力な圧力のもと、彼女の種族に対する王の「政治的」敵意が彼女に対する「私的な」愛を破壊するか、それともその反対であるか、を見るのみである。王は彼女を死んだも同然と、それともむしろ死んだ方がよいものと宣言するのか? それとも近所の書店で、レジの店員に気づかれないように願いながら、『ユダヤ人を愛して』なる本を買う彼の姿がほどなくして見出されるだろうか?

結末を知っているからこそ[*11]、ホロコースト的なるものと私的で親密なるものとがはかりにかけられるのを読むことに耐えられるのだが、聖書の物語とラシーヌ劇は、カミング・アウトの特殊な夢またはファンタジーが演じられたものである。その際、エステルの雄弁は、夫による意義申し立て、あるいはショックを表す、わずか五行によって、抵抗を受けるのみである。本質的に、彼女が秘密を明らかにした瞬間、彼女の支配者もアマンもともに、反ユダヤ主義者が負けたことを悟る(「アマン、独白。『身体が震える』」(1033))。親密な愛の場でアイデンティティが明らかにされることによって、自然と不自然、清らかさと穢れとの公的分類法が全て、やすやすと覆されるのだ。物語が奇妙に心に訴えるのは、主人の愛と好意とを失うリスクを冒すエステルの小さな個人的能力に、彼女自身の生命のみならず、彼女の民をも救う力があることだ。

『エステル』のヴァージョンが、バゥアーズ対ハードゥイック裁決直前の日々、最高裁判所で演じられることを想像するのは難しくはないだろう。タイトル・ロールを演じる娘役は、仮に、いまだクローゼットの中に隠れたゲイの調査官としよう。アシュエリュスは仮に調査官と同性の判事で、ジョージア法〔ジョージア州における反ソドミー法〕を支持する五人の多数意見をとりまとめようとしているとする。判事はこの調査官が気に入り始めている、奇妙にもこれまで彼／彼女が他の調査官たちに対して感じた以上に、気に入っているのだ、そして……。法廷職員のセクシュアリティについて強迫的に疑問を繰り返す中で、このようなシナリオは様々な形をとりながら、私と友人たちとが思い描いたものだった。多数意見に対する激しい反対意見の中に、すでに実行された他の人々のカミング・アウトの痕跡がなかっただろうか。反対意見そのものでさえもが、そのような行為であることはなかっただろうか、判事が判事に対してカム・アウトするという？　危険なカミング・アウトによって（友人の、調査官の、職員の、子供たちの）成し遂げられ、そして踏みにじられたものの、血のしたたるぼろくずで、あの傲然とした多数意見の文章は書かれたのだろうか？　さらに痛々しく、さらに頻繁に浮かんで来たのは、実行されなかった多くのカミング・アウトについての思考である。エステルとともに、エステルより現代風の言葉で次のように語ることのなかった、女たちや男たちの、実行されなかったカミング・アウトについての思考だ。

敢えてお願い申し上げます、私の命をお救い下さい、そして私とともに滅ぶことをあなた様が運命づけた不幸な民のあわれな命をお助け下さいませ。（1029-31）

このような場面がなかったがために失われてしまったものは、自らの身を落とすとも言えるエステル的ペーソスを、雄弁に喚起するような機会などではない。失われたものはさらにもっと貴重なものだ。すなわち、言葉もないアシュエリュスが、皇帝らしからぬ訥弁の急落法《ベーソス》のうちに、知らないということを喚起し、分節化するような機会の方である。「滅ぶ？　そなたが？　どの民のことだ？」（1032）。「どの民のことだ？」、まさに――もちろん、奇妙にも、今まさに彼自身が根絶を遂げようとしている、その民のことだ。しかしこれらうつろな音節が発せられることによってのみ、アシュエリュスの、権力を伴う無知の重みが、エステルとマルドケの私的知識の重みと同じ響きをもって、突然（少なからず彼自身にも）聞こえて来るのであり、これによってのみ、どのようなものだったとしても、権力の開いた流れが可能になるのだ。アマンが震え始めるのは、ここである。

カミング・アウトの行為はまさにそのようなものだ。それは権力を伴う無知を、無知として暴くことができる。無知が装う空洞としてでも空白としてでもない。重みのある、領有された、影響力のある、認識論上の場として。エステルの告白によって、アシュエリュスのそのような無知の場が二つ、たちどころに見えて来る。「そなたが?」「どの民のことだ?」彼はエステル自身については盲目的に思い込み、[*12] そして自分が根絶を誓った種族については、ただ盲目だった。なんだって? お前が彼らのうちの一人だって? え? お前は何だって? この恐るべき雷鳴は、しかしながら、マナの降る音でもあり得るのだ。

＊＊＊

私がして来たように、ここで述べたシナリオに固執することが、感傷性を過剰にもて遊ぶようなものであることには疑いの余地がない。その理由は次のように明らかだ。第一に、集合的なスケールで、制度の中に組み込まれた抑圧に対して、個人が秘密を明らかにすることが持ち得る影響力の程度など高が知れていることを、私たちは知りすぎるほど知っている。もっともこのような影響力の不均衡を認めることは、あたかも「私的」領域と「政治的」領域の間にある境界のように、あらかじめ決められた境界の中に、カミング・アウトのような行為の結果が閉じ込められてしまうことを意味するわけではない。またそのような行為が不均衡なほど強力で破壊的であり得ることを否定するわけでもない。しかしにもかかわらず、この容赦ない力の不均衡は認められなければならない。すでに制度化された無知を劇的に表示することには、いかなる変換の可能性も見出し得ないのである。

なぜ『エステル』流の告白の様々な瞬間にあまり長いことこだわりすぎると、ホモフォビックな抑圧の真実を誤り伝えてしまうのかについては、次のような理由がある。それらの理由は、ユダヤ人（ここではラシーヌのユダヤ人を意味している）のアイデンティティと抑圧と、ゲイのアイデンティティと抑圧との間にある重要な差異に起因する。プルーストの「ソドムとゴモラ」の巻の中でさえも、またとりわけ『エステル』が執拗に喚起される『囚われの女』の中でも、結局、この劇はゲイが秘密を明らかにすることに関して、変換の可能性を開くような効果的モデルを提示してはいない。むしろその反対だ。『囚われの女』は、特に、そのラシーヌを引用する主人公が、カム・アウトすることもカム・アウトされることもできないという、破壊的な無能力を描いている巻なのである。

既に示唆したように、仮に最高裁判所調査官が、ゲイの同胞を目に見えて力づけるかもしれない、しかし少なくとも彼女あるいは彼の人生の予測されるコースを根本的に危うくするであろう、自分の秘密を明らかにするという行為の可能性について苦闘したとしよう。彼女（彼）の想像力は、エステルがその危機の瞬間に予測し得たものをはるかに超えた様々な可能性によって、満たされたはずだ。まさにこれら様々な可能性こそが、クローゼットの認識論の、独特の構造をしるしづけているものなのだ。調査官に彼女あるいは彼自身のセクシュアリティについて述べるという権威があるかどうか、おそらくは異議が申し立てられるかもしれない。公言することで、既に波立っている公然の秘密をさらにかき乱すだけかもしれない。公言することが、調査官が結局のところ真のきずなを感じている誰かに対する攻撃を意味することになるかもしれない。自分をゲイとは思っていない判事が、彼女または彼自身についての自己認識、あるいはその調査官とのきずなについての認識を大きく揺るがせられることによって、より一層の厳格さをもって応ずることしかできなくなるかもしれない。その調査官は、公言することによって、密かにゲイである判事の、地雷の敷設されたクローゼットの領域に、危険なまでに踏み込んでしまうかもしれない。調査官は、公言したことの様々な結果を背負うにはあまりに孤立していると、あるいは耐えきれる自信がないと、恐れるかもしれない。また、ゲイが秘密を明らかにするという行為と、ジェンダーにまつわる潜在的期待との交差は、わかりやすい変革の基礎を提示するには、おそらくはあまりにも複雑で、人を混乱させるだろう。

『エステル』との比較でこれらの危険や制限についてよ

りはっきりと述べると、次のようになる。

1. 聖書もラシーヌも、どのような宗教的行動や信念（そのようなものがあったとして）のうちに、エステルのユダヤ人としてのアイデンティティが現れるのか示してはいない。しかしそのアイデンティティが、疑問の余地があったり、不確かであったり、可変的であったりする、彼女についての申し立てであるかもしれないとは、まったく示唆していない。「陛下、エステルは、ユダヤ人を父として生まれました」（1033）――ゆえに、エステルはユダヤ人である。この宣言に不意を打たれはするものの、アシュエリュスが、エステルが一時的にそういう段階を通っているのだとか、ユダヤ人でない人間に対して怒っているだけだとか、彼女が彼への愛のためにカウンセリングを受けてさえくれれば変わるかもしれない、などと示唆することはない。エステルの心にも、そのような土台を掘り崩すような可能性が浮かぶことはない。この劇におけるユダヤ人のアイデンティティは（特定の歴史的文脈の中に生きる現実の人生において、それが何によって形成されていようとも）確固たるもので、まさにその曖昧さのないところが、エステルが出自について明言を避けることと、それに続いて彼女が秘密を明かす物語とを支えているのである。対照的に、二〇世紀の文脈でゲイが秘密を明かすというプロセスには、権威と証拠の問題がまっさきに持ち上がり得る。「どうして君が本当にゲイだってわかるんだ？　なぜそんなに急いで結論に飛びつくんだい？　結局のところ、君が言っていることは、単に少しばかりの気持ちに基づいているのであって、実際の行為に基づいているわけではない［あるいは代わりに――数回の行為に基づいているのであって、必ずしも君の本当の気持ちに基づいているわけではない］。セラピストと話して確かめてみた方が良くはないかい？」このような応答は（カム・アウトされた人々に起こるこのような反応は、カム・アウトしようとしている人々の心のうちで既に起こった反応の、遅れたこだまのようにも見える）、現在のところゲイ・アイデンティティの概念そのものがいかに問題ある概念か、と同時に、それがいかに激しく抵抗されるか、そしてその定義をなし得る権威がいかにゲイの主体（彼女／彼）自身から隔てられているか、を暴き出している。

2. エステルは、彼女が自らの秘密を明らかにすることによって、アシュエリュスが度肝を抜かれると予期する、そして実際彼は度肝を抜かれる。他の人々が彼女について知っていることをコントロールすることができるというエステルの確信に満ちた感覚は、クローゼットの中にいるゲイが、自分たちのセクシュアル・アイデンティティについての情報を誰がコントロールしているのか、根本的に不確かだと感じるのとは対照的である。これはもちろん、秘密にまつわるリアリズムの度合いが、たいていの人々の生活の中では、聖書の物語の中でよりも、はるかに高いということに関係がある。しかしもっと重要なのは、ゲイ・アイデンティティについての概念が複雑化し、誰一人として、性的なアイデンティティと行動とについての情報を伝達できるように見える複合的で、しばしば矛盾するコードをすべてコントロールすることはできない、ということである。ほとんどとは言わないまでも、多くの関係の中で、カム・アウトすることは、すでにしばらくの間気配に感じられていて、沈黙の軽蔑、沈黙の恐喝、沈黙の魅惑、沈黙の共犯など、それぞれの力の回路を作り上げていた直感や確信を具体化することなのだ。結局のところ、誰かについてなにか本人が自分でも知らないかもしれないことを知っていると思う人々は（本人も知らないこととというのが、本人がどういうわけかホモセクシュアルであるということか、または単に本人が秘密にしているつもりのことが既に知られているということなのか、いずれにせよ）、力強い、エキサイティングな地位にあることになる。たとえばガラスのクローゼットは侮辱を許可することができる（「あなたがゲイだって知っていたら、あんなことは決して言わなかったわ！」——ほんとにね、そうでしょうよ）。またそれはもっと暖かい関係を許すこともできるが、しかし（同時に）その関係には、非対称のもの、鏡像化されたもの、口には出さぬものという光学の中に、搾取的部分が潜在的に組み込まれているのである。*13 このような状況のもとでも、明るく、見たところではすべてを簡単にするようなカミング・アウトのヴァージョンもある。たとえばある女性が、自分がレズビアンであることを母親に告げようと苦しい決心をする、それに対して母親は答える、「うん、お前が十年前ジョーンと一緒に寝るようになったとき、そうじゃないかというようなことは思ったわ。」しかしながらこの事実は、クローゼットとそこからの脱出とを、しばしば簡単にするどころかもっと難しくし、しばしば安定したものにするよりはより不安定な、または暴力的でさえあるものにするのである。クローゼットの中に住み、その後そこからカミング・アウトすることは、決して秘密を変換する純粋に錬金術的な行為ではない。ここで概観すべき私的・政治的地理は、むしろ測ることができない、震動する、公然の秘密という地理なのである。

3. エステルは秘密を明らかにしても、彼女が破滅するか、彼女の民を救うことに失敗するかもしれないと心配する。しかしそれがアシュエリュスを傷つけるだろうとは思わず、また実際彼は傷つかない。一方で、ゲイの人々がホモフォビックな社会の中で、おそらく特に両親や配偶者に対してカム・アウトするとき、自分だけではなく彼らも深刻に傷つけることになるかもしれないという可能性を意識する。病原性の秘密そのものは、秘密として伝播し循環し得る。たとえばある母親は、成人した子供が自分に対してクローゼットからカム・アウトしたがために、今度は自分の方が、保守的なコミュニティの中でクローゼットの中に投げ込まれてしまった、と語っている。秘密を明らかにするとき、（たとえば）自分の両親に殺される、あるいは死んでくれれば良いと願われることを恐れる気持ちの反動として、空想の中で、もっとも空想の中だけのことではないが、しばしばさらに強く想像されがちなのは、それが彼らを殺してしまうかもしれない、という可能性である。諸刃の剣の脅威にさらされていることが、普通の断頭台の脅威にさらされるよりも、ずっと力のある位置であるという保証はまったくない。しかし確かなのは、それがはるかに不安定な位置であるということだ。

4. アシュエリュスの確固たる本質は、エステルの宗教的／民族的アイデンティティとの間に、なんらの定義上の関わり合いも持たないことである。エステルが彼の思っていた存在とは違うことを知ったときも、彼は自分自身と自分たちの関係とについての見方を変えることはない。対照的に、ゲイのカミング・アウトの場にある、互いを傷つける諸刃の可能性は、ある程度、秘密を打ち明けられる人間のエロティック・アイデンティティが、カム・アウトした人間のエロティック・アイデンティティに関わり合っており、それゆえに、動揺させられるという事実に起因する。これは次の二つの点から事実であると言える。第一にそして一般的には、他の何よりもエロティック・アイデンティティは、単にそれ自体として境界を画されることが決してなく、関係性から離れては決してあり得ず、転移と逆転移の構造の外側にいる人間に気づかれたり知られたりするものでは決してないからである。第二に、そして特殊的には、二〇世紀文化におけるホモセクシュアル・アイデンティティの一貫性のなさと矛盾とは、強制的ヘテロセクシュアリティの一貫性のなさと矛盾とに対応しているからであり、それゆえにヘテロセクシュアリティの一貫性のなさと矛盾とを喚起するからである。

5. アシュエリュス自身が変装したユダヤ人かもしれないということは、まったく示唆されない。しかし権力の座にあるホモフォビックな人物が、こともあろうに、クローゼットの中にいるゲイであるという可能性が非常に高いことを見出すのは、ゲイの人々の経験では良くあることだ。その例と意味とについては、第5章の終わりの方で議論する。この物語にはもっと語るべきことがある。しかしここでは単に、それを、ゲイ・アイデンティティが、複雑きわまるものであり、そのアイデンティティを有する人物の土台をずらすような所有物（それが所有物であるとしたらだが）であるということを、再び示す例証とするにとどめておこう。カム・アウトすることさえ、クローゼットとの関係を（不穏にも他の人のクローゼットとの関係を含めて）終わらせることにはならないのである。

6. エステルは彼女の民が誰であるか知っており、彼らに対して直接の応答可能性を持つ。対照的に、ゲイの人々がゲイの家族の中で育つことはめったにない。周囲の強いホモフォビアにあらがって自己を定義するという、もっとも切迫した必要にせまられている人々なのだということに彼ら自身、または彼らに関心を持つ人々が気づくまで、ゲイの人々は、そのような文化的ホモフォビア（両親のホモフォビアとまでは言わないまでも）にさらされる。そのような中でゲイの人々は、断片の中からコミュニティを、利用できる遺産を、生き残りや抵抗の政治をつなぎ合わせるという困難な作業を、常に遅れればせながら行わなければならない。一方でこれらの状況とは違い、エステルは、後見人マルドケという、権威の可視的な形象のうちに具体化され正当化され、自分がその中で育てられたアイデンティティと歴史と関わり合いとを、そっくりそのまま、手の届くところに保有しているのである。

7. これに対応することだが、エステルの告白は、ジェンダーによる従属という一貫したシステムの範囲内で行われ、そのシステムを永続させる。エステルの結婚が、家父長制の危機に由来し、その価値が女の統制を維持する点にあることとは、聖書において何よりも明確にされている。エステル以前のアシュエリュス王妃であり非ユダヤ人のワシュティが、王の酔客の前に身をさらすことを拒否したとき、「時を知る賢人たちは」次のように見たのだった。

> 王妃ワシュティは王にのみ悪をなしたのではなく、すべての君主たちに、そしてアハシュエロス王のすべての領地に住むすべての民に悪をなしたのである。なぜならこの行いは、すべての女たちに広まり、それによってこれが伝わったとき、女たちが夫たちを軽く見るようになるであろうからである。(「エステル記」第一章一三節―一七節)

ユダヤ人エステルは、女性的従順さという、救済をもたらす理想として、この場に紹介される。彼女が王に対して冒すただ一つの危険も、いつもの従順さによって勝ちを与えられる。(今日でさえ、ユダヤ人の少女たちは、プリム祭で王妃エステルに扮することを通して(見られることを好み、「彼女たちの民」を守ることには恐れを知らず、同性とは連帯せずという)ジェンダー役割を教育される。私が五歳のころのスナップショットに、祖母が仕立ててくれたきれいな「王妃エステル」ドレス「白のサテンに、金のスパンコール」を着て、素足で、「たぶん」父に向かって目を伏せ、つまさきを出し丁寧にお辞儀をしている写真がある。フラッシュだけが写真の中で父の存在を顕示しているのだが、そのフラッシュのせいで私の影は、小さく見えるソファを越え後ろの壁にまで、高く黒々とそびえ立つように投げかけられている。)その上さらに、エステルが夫に対して秘密を明かすことは、感情的には両親にカム・アウトすることにもっとも類似しているが、そのような文字通りの父権制度の機能は、女性を通した男性の取り引きに基づいているということが、ここでは比類ない明瞭さをもって描かれている。すなわちエステルの、妻としての真の使命は、後見人マルドケをアマンに代わる王の寵臣及び顧問という地位に就けることにある。対照的に、非ユダヤ人アマンと王との関係に潜む不安定さと危険は、イアーゴーとオセロとの関係のように、彼らの口には出されない深い紐帯に、ヘテロセクシュアルな緩衝装置が十分にないことに起因するようだ。エステルの物語は、ジェンダーの役割を保守的に再び刻み込むことに基づいたマイノリティ政治を、ユダヤ人が確固として選択することを反映するのだとしても、近代の文化に生きるゲイの人々にとっては、同様な選択を、理解できる形で行うことが可能だったためしはなかった（そのような選択をしようとする試みが、とりわけ男性によって何度もなされているにもかかわらず）。それどころか、ホモセクシュアル権利運動の内部と外部の両方で、同性同士のきずなと欲望について、そして男性と女性のゲイ・アイデンティティについての相矛盾する見解が、ジェンダー・アイデンティティの定義の境界線を破壊的なほど頻繁に横断し再横断したために、「マイノリティ」や「ジェンダー」といった概念そのものにあるカテゴリー分けをする力は、かなりの程度まで失われてしまったのである（もちろん、これらの概念にある行為遂行的《パフォーマティヴ》力は失われてはいないが）。

　これらの可能性が複雑に入り組むのは、少なくとも部分的には、同性間の欲望、したがってゲイ・アイデンティティを、概念化する近代のやり方にある多元性と、一貫性のなさが累積していることに由来する。その非一貫性もまた、ヘテロセクシュアルな欲望とアイデンティティが概念化される上での、非一貫性に対応しているのである。人間のカテゴリーとしての、疑似対称的なホモセクシュアル／ヘテロセクシュアル（またはゲイ／ストレート）の対置の自明性を問い、歴史化する、長く、またおびただしい数の人々が参与する理論的プロジェクトについては、ここでは要約するよりはむしろそのまま受け入れよう。他の歴史学者とともにフーコーが一九世紀に見出したのは、ヨーロッパ思想において、同性間のセクシュアリティについての見方が、禁止され孤立した性器をめぐる行為の問題であるとする見方（この見方では、性欲一般をしっかり制御できない人だったら誰でも犯し得る行為である）から、アイデンティティの安定した定義の関数であるとする見方（そのため、たとえおそらく性器に関わる行為がまったくなかったとしても、ある人の性格の構造が、その人をホモセクシュアルであると定める）に変わるという転換をしたことであった。したがって、アラン・ブレイによると、「［ルネサンス期の］個人を『ホモセクシュアル』であるかそうでないかと語ることは、時代錯誤であり、破滅的な誤解を招く」[*14]という。その一方で、おおよそワイルドからプルーストまでの間は、この新種の生物、ホモセクシュアルの人間を命名し、説明し、定義しようとする過度な試みがなされた時期であった。しかもこのプロジェクトはあまりに切迫していたので、その区別せんとする熱狂の中で、さらに新しいカテゴリー、すなわちヘテロセクシュアルの人間というカテゴリーをも、生み出したのだった[*15]。

　しかしながら、ゲイとストレートとを別種の人間として対比させることが自然で自明なことなのか問うことは、（序章で見たように）その対比を解体することではない。おそらく、誰一人としてそのような解体を望んではならないのだ。この表象の支配のもとで、十分多くの男や女のグループが、この主格となるカテゴリーである「ホモセクシュアル」や最近の類義語には、彼ら自身のセクシュアリティとアイデンティティとの経験をまとめ説明するために、実際的な力があることを認め、いずれにしてもそれを自分たちで使うことに（ただ暗黙のうちになされるときでさえ）、付随する非常に大きな犠牲を払うだけの充分な価値があることを、見出しているからである。この理由からだけでも、このカテゴリー分けは尊重に値する。またさらに、個人よりはグループのレヴェルで、今世紀においては、同性間のセクシュアリティに対して寛大であるような、どのような政治やイデオロギーも、ホモセクシュアルである人間を、明確にマイノリティ集団として定義すること（それが創作でありレッテルづけにすぎないとしても）に、その存続がかかっているように見えるからである[*16]。一方で、このカテゴリーによって記述される人々に対して、認識上、政治上の権能を付与するような効果があるという利点をはるかに超えて、この「ホモセクシュアル」という主格カテゴリーは、年々次々と続く脱構築的摘発の圧迫にもかかわらず、確固として崩壊することがなかったのも事実である。これは明らかに、そもそもこのカテゴリーが、それによって定義される人々にとって意味があるからではなく、それに反して自分たちを定義する人々にとって、欠くことができないカテゴリーだからである。

今世紀において、「ホモセクシュアル」（マイノリティ）と「ヘテロセクシュアル」（マジョリティ）の間の定義のバリアが、非ホモセクシュアル、特に男性によって男性に対して、強固に掲げられるときに見られるまさにパラノイア的主張のゆえに、「ホモセクシュアル」が問題なく、明快に人を分類できるカテゴリーだというのが信じられなくなるのである。ホモフォビックな五〇年代でさえ、『お茶と同情』に描かれる民衆の知は、これらのバリアをもっとも〈帯電させる〉男は、自分自身の傾向が必ずしも直流《ストレート》というわけではない人間だ、ということを看破している。性的欲望の変幻自在な流動性と、すべての人間という生物に潜在するバイセクシュアリティとの仮定に基づき、フロイトが、この領域についての普遍的、対抗価値的マッピングに、心理学的な基本構造と信頼性を与えたのは、いわゆる「〈ホモセクシュアル〉の発明」の時期であった。このマッピングは、ある人間の性的な好みが、常に単一のジェンダーに属する人々に向けられるというような仮定はまったく含意しない。またこのマッピングは、男性によるホモフォビックな定義とその強制とにある、パラノイア的で投射的な心理的動機と機制とを、十分に暴き出してくれる。その上さらに、フロイトによるこの〔ホモセクシュアルを〕マイノリティ化しない説明は、発達の物語という、ヘテロセクシストで男権主義的な倫理的強制力が偽装して潜みやすい言説を通して分節化されることによって、かえって影響力を増したのであった。あからさまに激しくホモフォビックな男性は「自分たちの男性性に不安を持っている」人々だという、新しく受け入れられた民衆の知が、安定した男性性のヴァージョン（たぶん、ホモフォビアを強制するときの冷静さによって、明らかになる）が存在し、また、近代の異性愛《ヘテロセクシュアル》的な資本主義家父長制においては、男性が他の男性に対して安定した、理解しやすい感情を持つ持ち方があり得るという、ありそうもないけれど必要な幻想を補足したとするならば、すでに中心からはずれ、常に当惑し、限りなく恐喝されやすく、ある方向に向けられた暴力の行為にたやすく操り導かれやすいような男性アイデンティティに対して、これ以上の締めつけがあるだろうか?[*17]

なぜ男性のパラノイア的プロジェクトが、ジェンダー従属の維持にそれほど躍起になったのかは、後のフェミニストおよびゲイ運動から生まれた仕事が明らかにし始めた。また、レズビアニズムを女性が女性と同一化することだ、とフェミニストが効果的に再定義したことによって、かつて支配的だった、レズビアニズムは女性の男性化だという見方は覆された。[*18]一方でストーンウォール以降の主に男性によるゲイ解放運動は、ラディカル・レズビアニズムよりも明確な政治的勢力を形成し、カミング・アウトの行為にまつわる活発な新しい系統の物語構造とともに、ゲイの人々とゲイのコミュニティとの新たな力強いイメージを提示して来たにもかかわらず、個々のカミング・アウト行為に先立つホモ/ヘテロセクシュアルの定義の問題に関しては、新たな分析道具を提供することはほとんどなかった。それはまったくのところ、ゲイ解放運動のプロジェクトではなかったのである。実のところ、ゲイの定義そのものを歴史化することへの、新たな生産的関心をのぞけば、今日ホモ/ヘテロセクシュアルの定義の問題について考える人が利用できる分析道具一式は、たとえばプルーストが利用できたものから、驚くほどわずかしか増えていない。プルーストとその同時代人たちにとっては新たに利用できるようになった、とりわけ〔ホモセクシュアルを〕マイノリティ化する見解を支持するような、妙に過剰な「説明のための」枠組みのうち、一部はすたれ、忘れられ、または歴史によって、その枠組みに直接に訴えかけるにはあまりに不快であるとされて来た。(しかしその実、すたれたとされるものの多くは、性科学用語の形ではないまでも、民衆の知や「常識」の形で生き残っている。『タイムズ』の科学ページに、それらが新しい名称で再登場しても、決して驚くには当らない。ソドムの男―女《おとこおんな》はイェール大学出版局の「女々しい男の子《シシー・ボーイ》」として入学を許可されている)。[*19]しかし新たなエントリーはほとんどない。今世紀、普通教育か高等教育を受けている西洋人の大半は、彼ら自身がゲイかストレートか、ホモフォビックかアンチ・ホモフォビックかとは無関係に、ホモセクシュアルの定義については、ある似たような理解を共有しているようである。その理解は、たぶんプルーストが理解していた仕方に近いものだし、さらに言えば、私の、そしておそらくあなたがたの理解の仕方に近いものだ。すなわち、その理解は、ある根本的に還元不可能な一貫性のなさのまわりに組織化されている。その理解には、「本当に」ゲイ「である」人間たちという、他とはっきり違った集団があるという、〔ホモセクシュアルを〕マイノリティと定義する見解が含まれている。しかし一方では、それと同時に、以下のような〔ホモセクシュアリティを〕普遍的と定義する見解も、また含まれているのである。すなわち性的欲望は、安定したアイデンティティを溶解させる、予測し難い強力な溶剤である。さらに、一見ヘテロセクシュアルな人間やヘテロセクシュアルな対象選択は、同性間の影響と欲望とに強くしるしづけられており、また逆に、一見ホモセクシュアルな人間やホモセクシュアルな対象選択は、異性間の影響と欲望とに強くしるしづけられている。またさらに、少なくとも男性のヘテロセクシュアル・アイデンティティと近代の男権主義文化とは、それら自体を維持するために、広く行きわたりしかもそもそも男性に内在する同性間欲望を、スケープゴートにするような形で顕在化させることを必要とする、といった一連の見解である。[*20]

性の定義に関して、〔ホモセクシュアルを〕マイノリティ化《イジング》する見解と〔ホモセクシュアリティを〕普遍化《ユニヴァーサラ》解決しようとすることが、様々な立場に立つ多くの作家や思想家たちのプロジェクトであった。それぞれが成し遂げたプロジェクトがどの程度成功したとしても、誰一人として、この矛盾した見解というくびきによる、近代の言説に対する絶対的な支配を、いかなる方向にも動かすことはなかった。欲望の、変換を導く力のある、変わりやすい戯れに、より高い評価を与えるか、それともゲイ・アイデンティティとゲイ・コミュニティとにより高い評価を与えるか。これらのうちいずれによっても、または反対に、欲望の戯れかまたはゲイ・アイデンティティとゲイ・コミュニティとのいずれかの価値を切り下げるという、しばしばはるかに強力な手段によっても、今ある支配的なパラダイムの衝突による締めつけを動かすのには、なんの手がかりも得られないように見える。しかもこの一貫性のなさは、少なくとも四分の三世紀の間優勢だったのだ。時には、いつもではないが、そのパラダイムの衝突は、理論と政治の対決あるいは非対決の形をとった。この強力な一貫性のなさを明らかにする申し分ない例は、最近のある法律上の判断の後でこの国のゲイの人々と行為が置かれた、まさに変則的な法的状況である。周知のように、最高裁判所はバゥアーズ対ハードウィック訴訟において、各州が、「ソドミー」と定義した行為を、誰によって行われるものにせよ、自由に禁止しても、その行為を行った人物の憲法によって保障された諸権利、特にプライヴァシーの権利を侵すことにはならない、という判断を下した。しかしそのすぐ後に、第九巡回控訴裁判所の裁判官は、(ペリー・J・ワトキンス軍曹対合衆国陸軍訴訟において)ホモセクシュアルである人間は、特定の種類の人間として、平等保護条項によって、憲法上の保護を受ける権利があると判断した。[*21] このように、このシステムの中でゲイであることは、行為に焦点を置いたホモセクシュアリティを普遍化する言説と、人間に焦点を置いたホモセクシュアルをマイノリティ化する言説との、根本的に重複する言説の影響下に置かれることなのだ。今のところ、少なくとも法律の言説のうちでは、後者が保護するものを、前者は禁じている。しかし一方で、たとえば、法律の言説と同時に進んでいるエイズに関する公衆衛生上の解釈においては、人間に焦点を置いたマイノリティ化する言説(「リスク・グループ」)の方が、これと競合する、行為に焦点を置いた普遍化する言説(「セーファー・セックス」)よりも抑圧的でない、とは言い難い。いずれにしても、二つの言説が重なる場に内在するダブル・バインドの中で、定義上の操作一つひとつが、重要な結果を伴ってくるのである。

また、近代のホモセクシュアルとヘテロセクシュアルの運命がそこで演じられるような主要な概念の攻防の場は、ホモ/ヘテロセクシュアルをマイノリティと定義する見解と普遍的と定義する見解との、見たところ動きのない(エネルギーを費やすにもかかわらず)攻防だけではない。二番目の攻防の場は、一番目の場と密接に絡み合い、同等に重要であるが、ホモセクシュアルの人間および同性間の欲望と、ジェンダーとの関係を定義することに関わっている(ラディカル・フェミニストがレズビアニズムを女性との同一化と枠づけし直したのが、あれほど強力な動きだったのは、まさにこの概念の領域においてであった)。少なくとも世紀の転換期からずっと、同性間の欲望を理解する上では、二種の矛盾するジェンダーの比喩が支配的であった。一方では、倒錯の比喩（「男性の身体に囚われた女性の魂」（anima muliebris in corpore virili inclusa）およびその反対の「女性の身体に囚われた男性の魂」）があり、それは（「女々しい男の子《シシー・ボーイ》」と彼らの男っぽい姉妹とをめぐるホモフォビックな民間伝承や科学のうちだけではなく、多くの生きたゲイ&レズビアン文化の核心のうちにも）様々に異なる形でコード化され、存続している。クリストファー・クラフトなどが明らかにしたように、この比喩を推進する力の核心は、人のホモセクシュアリティに特殊な読みを加えることによって、欲望そのもののうちに、本質的なヘテロセクシュアリティを保存することにある。この見方によれば、欲望は、定義上、男性としての一個の自己と女性としてのもう一個の自己との間（これらの自己がどちらの性の身体内に現れようと）を走る流れの中に存在することになる。[*22] プルーストだけではなく、シェイクスピアのコメディにも示されていることだが、これらの「真の」「内なる」ヘテロジェンダーを当てはめることは、二者関係のみが問題になっている限りは、偶然の要素が大きいにせよ、有効かもしれない。しかし見方を広げて〔二者以上の人間を巻き込む〕欲望の、より大きな回路を含めれば、倒錯や境界状態《リミナリティ》という比喩が、必然的に、息もつかせぬ笑劇《ファルス》のふりつけにならざるを得ない。それでもなお、倒錯の比喩は、近代の同性間欲望についての言説においては定番となって居座っている。まったくのところ、両性具有の、またはもっとあからさまに、「ジェンダーファック」の旗じるしのもと、このモデルのめまいのするような不安定さそのものが、価値のしるしとなったのだ。

　しかし、価値が付与されているとはいえ、倒錯という比喩は、それだけではなく、それとは矛盾するもう一方の見方であるジェンダー分離主義という比喩に結びついて、ともに持続して来たのである。後者の見方は、ジェンダーの境界を横断するのが欲望の本質だとする見方からはかけ離れ、むしろ、同じジェンダーの人々、社会組織のうちで唯一もっとも決定力のある弁別的なしるしのもとに分類される人々、その経済的、制度的、感情的、身体的な必要と知識の多くを共有する人々が、性的欲望の軸の上でもきずなを結ぶのは、まさにもっとも自然な

| | 分離派 | 統合派 |
|---|---|---|
| ホモ／ヘテロ性の定義： | **マイノリティ化の見解**<br>例）ゲイ・アイデンティティ<br>「本質主義」<br>第三の性モデル<br>市民的権利モデル | **普遍化の見解**<br>例）バイセクシュアルの可能性<br>「社会構築主義」<br>「ソドミー」モデル<br>「レズビアン連続体《コンティニュアム》」 |
| ジェンダーの定義： | **ジェンダー分離派**<br>例）ホモソーシャルな連続体《コンティニュアム》<br>レズビアン分離派<br>男らしさへの加入《イニシエーション》モデル | **倒錯／境界状態《リミナリティ》／移行性**<br>例）性の横断、両性具有<br>ゲイ／レズビアン連帯モデル |

**図2**　セクシュアリティとジェンダーによる、ゲイ／ストレートの定義の諸モデル
〔セクシュアリティとジェンダーの定義の、交差配列的重複に注意〕

ことだというものである。「レズビアン」の代わりに「女性と同一化する女性」という言葉が用いられることが示唆するように、そしてまさに男性あるいは女性のホモソーシャルな欲望の連続体《コンティニュアム》という概念が示唆するように、この比喩は、倒錯モデルが同一化と欲望との区別に依存しているのとは対照的に、それらを互いに再び同化させる方向に向かうのである。したがって、倒錯モデルがゲイの人々をジェンダー間の境界（生物学的であろうと文化的であろうと）に置くのとは対照的に、ジェンダー分離主義モデルでは、女性を愛する女性と男性を愛する男性とを、それぞれ自分たちのジェンダーの「自然な」定義上の中心に置くのである（**図2**）。

近代におけるゲイの定義の歴史に、これらのモデルのそれぞれが内在していることは、初期のドイツのホモセクシュアル権利運動内部での、マグヌス・ヒルシュフェルトとベネディクト・フリートレンダーとの分裂に明らかに見られる。科学人道委員会の創設者（一八九七年）であるマグヌス・ヒルシュフェルトは「第三の性」を信じており、ドン・メイジャーのパラフレーズによれば、「ジェンダーを横断する行動とホモセクシュアルな欲望

とを……完全に等しいもの」と措定していた。一方のベネディクト・フリートレンダーは特別者連盟の共同創設者（一九〇二年）であり、ヒルシュフェルトとは反対に、「ホモセクシュアリティはジェンダー分化の過程におけるもっとも高度で完全な進化段階である」と結論づけていた。[23] ジェイムズ・スティークリーが説明するように、後者の議論によれば、「真の〈倒錯型〉」は、「女々しい《エフェミネト》ホモセクシュアルとは別個の存在であって、家父長制社会の創設者であり、指導力とヒロイズムの点で、ヘテロセクシュアルの上に立つと見られた」のである。[24]

　ホモセクシュアルをマイノリティと定義する見解と普遍的と定義する見解とのダイナミックな拮抗と同様に、ホモセクシュアルのジェンダーを表す、移行的な比喩と分離主義的な比喩との拮抗にも、それ自体の複雑な歴史があり、その歴史は、近代におけるジェンダーの非対称性、抑圧、そして抵抗をどのように理解するにしても、特に重要である。この複雑で矛盾した性とジェンダーの定義の地図から、明快に浮かび上がって来る一つの点は、そこで見出されるべき、様々なグループの間での同盟と横断的同一化のための土台もまた、多元的になるだろうということだ。この同盟と同一化に関して、ジェンダーの定義という係争点だけを取り上げても、以下のようなことが言える。ジェンダー分離主義派のトポスのもと、レズビアンたちはストレートの女性も含む女性一般との同一化と同盟とを求めて来た（アドリエンヌ・リッチの「レズビアン連続体《コンティニュアム》」モデルにおけるように）。そしてゲイの男性たちは、フリートレンダーによる（あるいはもっと最近の「男性解放」による）男らしさのモデルにあるように、同一化と同盟とをストレートの男性を含む男性一般に求めるかもしれない。たとえばフリートレンダーは、「女性が持つエロティックかつ社交的な思い込みはわれわれの敵である」と「ホモセクシュアリティに関する七つのテーゼ」（一九〇八年）の中で書いた。[25] 対照的に、ジェンダー倒錯またはジェンダー境界状態のトポスのもとでは、ゲイの男性はストレートの女性と同一化するか（彼らもやはり「フェミニン」であり、または同様に男性を欲望する、という根拠によって）、またはレズビアンと同一化することを目指して来た（彼らは同様に境界的位置を占めているという根拠によって）。一方レズビアンたちは同様にゲイの男性と同一化すること、または、第二波フェミニズム以降あまり強力ではないにせよ、ストレートの男性と同一化することを目指して来た。（当然これらすべての、潜在的にあり得る同一化の軌跡の政治的結果は、特にホモフォビアと性差別という、差異を作り出す歴史的力によって根本的に、しばしば暴力的に、形作られて来た。）しかしながら注意してほしいのは、「ジェンダーの定義という係争点のみ」についてのはずのこの図式化が、ホモ／ヘテロセクシュアルの定義という係争点にもまた、しかも思いがけなく交差配列的に衝突しているということだ。たとえばリッチやフリートレンダーのようなジェンダー分離主義派のモデルは、ホモ／ヘテロセクシュアルの潜在的素質を普遍化する見解へと向かう傾向があるようだ。一方で、ヒルシュフェルトの「第三の性」モデルのような、ジェンダー統合的な倒錯または境界状態モデルが、レズビアンとゲイ男性との同盟と同一化とを示唆する限りにおいて、これらは、明確にゲイのアイデンティティと政治とを打ち出した、ゲイ分離主義的な、マイノリティ化の見解へと向かう。スティークリーは、ヒルシュフェルトの科学人道委員会とフリートレンダーの特別者連盟との、有益な比較をしている。「ホモセクシュアル解放運動の内部で、委員会と連盟との間に深い党派争いがあった。……委員会は男と女との組織であるのに対して、連盟は男だけの組織であった。……委員会はホモセクシュアルを第三の性と呼び、他の二つの性に与えられている基本的権利を勝ち得ようとした。連盟はこれを慈悲を求める乞食のような嘆願だとして嘲笑し、超男性的なバイセクシュアリティの概念を喧伝した。[*26]」しかし、このような交差はかなり偶発的なものだ。たとえば別な交差の一例として、フロイトによる性の定義は普遍化の方向に向かうが、ジェンダーの定義は統合的な倒錯モデルに向かうようだ、ということが挙げられる。しかもさらに一般的に、この一見、人を欺くような対称性のある地図を横切って採るべき道は、ある特定の歴史的状況において、ジェンダーの抑圧とヘテロセクシスト的抑圧の、根深い非対称性によって、複雑に折り曲げられているのである。

　要するに、マイノリティ化の見解／普遍化の見解の拮抗の効果と同様に、ジェンダーの定義の拮抗の効果も、まず第一に、社会組織の重要な結節点で（特にこの議論では、そこではどのジェンダーでも差別されるような結節点で）制御し難い、高度に構造化された言説上の非一貫性が作られる領域に見なければならない。同じ矛盾のくびきがこの主題についてのすべての思考と、その暴力的で重大な意味をはらんだ近代の歴史を統括して来たのだし、それが私たち自身の思考を形成して来たことを考えれば、どちらの問題に対しても、効果的どころか、とりあえず理解できるような形でさえも、審判を下し得るような思考の観点があろうなどという楽天性を、私はまったく持ち合わせていない。むしろ、より見込みのあるプロジェクトは、この一貫性のない制度そのもの、様々な矛盾と切り離すことのできないくびきそのものを、研究することであろう。その気が滅入るような広がりのもとで、今世紀の大半を通じ、私たちの文化における、もっとも生成力があると同時にもっとも危険なプロットが展開して来たのだから。

〔原註〕

＊1　D. A. Miller, "Secret Subjects, Open Secrets," in *The Novel and the Police*, p. 207.

＊2　この訴訟に関しては、次の文献を参照のこと。Michael W. La Morte, "Legal Rights and Responsibilities of Homosexuals in Public Education," *Journal of Law and Education* 4, no. 23 (July 1975): 449-67, esp. 450-53; Jeanne La Borde Scholz, "Comment: Out of the Closet, Out of a Job: Due Process in Teacher Disqualification," *Hastings Law Quarterly* 6 (Winter 1979): 663-717. 特に 682-84.

＊3　ACLU〔米市民的自由連盟〕のレズビアン・ゲイ・ライツ・プロジェクトのディレクターであるナン・ハンターは、一九八六年のMLA〔近代言語文学会〕全国大会で、「同性愛と学問の自由」と題した講演を行い、ローランド事件について分析した。次の文献の中に、プライヴァシーの権利と、憲法第一修正による言論の自由の保障との双方を、別々に考慮しても、つなげて考慮しても、ゲイの市民的権利の目的から見て、様々な限界があることについて、興味深い分析がある。"Notes: The Constitutional Status of Sexual Orientation: Homosexuality as a Suspect Classification," *Harvard Law Review* 98 (April, 1985): 1285-1307. 特に 1288-97.

本書での議論に著しく関係がありかつ有益な、関連する法的問題についての議論は、次の文献を参照のこと。Janet E. Halley, "The Politics of the Closet: Towards Equal Protection for Gay, Lesbian, and Bisexual Identity," *UCLA Law Review* 36 (1989): 915-76.

＊4　*New York Native*, no. 169 (July 14, 1986): 11.

＊5　Philip Bockman, "A Fine Day," *New York Native*, no. 175 (August 25, 1986): 13.

＊6　「クローゼット」が（少なくとも絶えざる可能性として）ゲイを特定する語義を保持していることを思い出させてくれるメディア騒動がある。一九八九年六月、共和党全国委員会のメモで、下院民主党院内総務であるトマス・フォリーに「リベラルのクローゼットをカム・アウト」することを呼びかけ、彼の投票記録を、ゲイであることを明らかにしている下院議員であるバーニー・フランクの投票記録と比較したことが、フォリー自身をゲイだとほのめかしていると広く認められ、（そして非難された）。このメモがそのようなほのめかしを否定できるかどうかについて、委員会の下した判断は誤っていたわけだが、この出来事はこのような発語行為の意味が了解されるに当って、ゲイを特定する意味に満ちているとするか、またはそのような意味がまったくないとするかが、どれだけ予測し難いことであるかの、興味深い指標となっている。

＊7　これについては、私の "Privilege of Unknowing", *Genders*, no. 1 (Spring 1988): 102-24. を参照のこと。

＊8　これについては、Sedgwick, *Between Men* を参照。

＊9　Lord Alfred Douglas, "Two Loves," *The Chameleon* 1 (1894): 28.（強調は引用者による）

＊10　Jean Racine, *Esther*, ed. H. R. Roach (London: George G. Harrap, 1949), line 89. 引用者による英訳。以降の引用に関しては、このテクスト中の行数を示す。

＊11　聖書の物語がやはり大量殺害で終わることは、当然思い出すに値する。ラシーヌの王が彼の命令を取り消す（1197）のに対して、聖書の王は命令を逆転させ（「エステル記」八章五節）、ユダヤ人に彼らの敵「七万五千人」（九章一六節）を、女、子供を含めて（八章一一節）殺害する許可を与えるのである。

＊12　ヴォルテールの言葉によれば、"un roi insensé qui a passé six mois avec sa femme sans savoir, sans s'informer même qui elle est" (Racine, *Esther*, pp. 83-84).〔自分の妻が誰であるか知らず、また確かめようともせずに六か月を過ごした思慮のない王〕

＊13　これに関しては、"Privilege of Unknowing" の特に p. 120 を参照。

*14 Bray, *Homosexuality*, p. 16.

*15 これに関しては、Katz, *Gay/Lesbian Almanac*, pp. 147-50. および Halperin, *One Hundred Years of Homosexuality* を参照。

*16 思うに、現代のリベラル／ラディカル・フェミニズムは、NOW〔全米女性機構〕からラディカルな分離主義者の一歩手前までの連続体であるという点で、このルールの（当然既にかなり妥協したものではあるが）例外であると言えるかもしれない。

*17 これに関する詳しい議論は、第4章を参照。

*18 たとえば、Anne Koedt, Ellen Levine, and Anita Rapone, eds., *Radical Feminism* (New York: Quadrangle, 1973), pp. 240-45 にリプリントされている、Radicalesbians, "The Woman Identified Woman"; Rich, "Compulsory Heterosexuality." を参照。〔『血、パン、詩』大島かおり訳、晶文社、一九八九〕

*19 Richard Green, *The "Sissy Boy Syndrome" and the Development of Homosexuality*. ここで私は、一九八七年、この本が出版されたときのジャーナリスティックな関心について言及している。このとき出た、非常に紋切り型でホモフォビックなジャーナリズムの記述は、この本そのものによって正当化され、またさらに本そのものは、イェール大学出版局そのものの高い地位によって正当化されているようだった。

*20 こういった理解の仕方は同性愛嫌悪者《ホモフォーブ》に反対する人々に限られると思う人は、たとえば大学のフットボール・コーチが、儀式的にスケープゴートを作り、チームの「女々しい《シシー》」（あるいはもっとひどい）性格的特性を棄却《アブジェクション》する言葉に、耳を傾けるべきである。D・A・ミラーの "*Cage aux folles*: Sensation and Gender in Wilkie Collins's *The Woman in White*" (Miller, *The Novel and the Police*, pp. 146-91. 特に pp. 186-90 を参照）は、これら一連の理解が、どちらかと言えば明確に文化を批判する側に属するよりは、文化を強制する側に属することを、特に力強く明らかにしている（これはいつだってわかりきったことだったはずではないだろうか?-）。

*21 しかしながら、一九八九年の判決で第九巡回控訴裁判所がワトキンスを軍隊に復帰させることを支持した根拠は、平等保護条項より限定的なものだった。

*22 Christopher Craft, "'Kiss Me with Those Red Lips': Gender and Inversion in Bram Stoker's *Dracula*," *Representations*, no. 8 (Fall 1984): 107-34. 特に 114.

*23 Don Mager, "Gay Theories of Gender Role Deviance," *SubStance* 46 (1985): 32-48. 引用は pp.

35-36から。メイジャーは以下の文献を参考にしている。John Lauritsen and David Thorstad, *The Early Homosexual Rights Movement* (New York : Times Change Press, 1974); James D. Steakley, *The Homosexual Emancipation Movement in Germany* (New York: Arno Press, 1975).

*24 Steakley, *The Homosexual Emancipation Movement in Germany*, p. 54.

*25 *ibid.*, p. 68.

*26 *ibid.*, pp. 60-61.

# 第2章 二項対立論(二)

『ビリー・バッド』——
ホモセクシュアルのいなくなった後で《アフター・ザ・ホモセクシュアル》

本章と次章には三つの主要な課題がある。第一には、本書で取り上げる今世紀の他の諸問題をその周囲に組織化している二項対立のそれぞれを提出するための、一揃いの用語＝条件《ターム》と結合関係を明らかにすること。第二に、二つのテクストについてなんらかの新しい読み方を差し出すこと。第2章は『ビリー・バッド』についての連続した一つの読みであり、第3章は『ドリアン・グレイ』とその周辺についてのニーチェを通したテーマ別の読みの集合である。第三に、一八九一年に頂点に達するような特定の歴史的契機、つまり近代のホモセクシュアル・アイデンティティと、性的指向という近代の問題構制《プロブレマティック》が生まれたとされるプロセスのまさにただ中に見られる契機に対して、たとえ必然的に時代錯誤になるとしても、基本構造のようなものを与えること、だ。

前章において、現在ゲイ理論内部でホモセクシュアリティの理解が「構築主義」と「本質主義」に分かれ拮抗しているのが、実は長い間続いて来た概念の拮抗の連鎖に加わった一番新しい結び目だということ、すなわちホモセクシュアルの人々や欲望を、すべての人々や欲望のより広い領域に関係づける、これまでより広く普遍化の見解とマイノリティ化の見解と私が呼んで来たような矛盾した見解同士の拮抗の一部だと述べた。また、どちらかの見解が正しいとか優勢だとかよりもむしろ、拮抗の持続自体が、ヘテロにしろホモにしろ、セクシュアリティに関する二〇世紀の重要な見解すべてに見られる唯一もっとも強力な特徴であり、このセクシュアリティに貫かれた世紀においては、セクシュアリティについての見解を経由した全社会関係を決定づける特徴でもある、とも論じた。セクシュアリティについて問いかけるための知識源自体が、今ではあまりにも根深いこの見解同士の拮抗によって構成されているため、将来この状況に裁定を下すという望みは現実的には持てない。できることは、今私たちがその下で生きている、この一貫しない制度の、組織化、メカニズム、そして測り知れない結果についてより良く理解することである。

　ここでの議論は序論で説明したように、比較的特定の意味で脱構築的なものである。よって、特定の文化テクスト内部で機能し、〔そのテクストを〕組織化するような二項対立の一つひとつについて議論するに当っては、序論で記述したようなプロセスに従う。すなわち、規範的な項に対して周縁化された項は外部にあるが同時に内部にもあると通例言い表されるような、二項対立それ自体の不安定さを脱構築的に記述することを通って、その〔不安定さの〕結果である定義の非一貫性の考察へと向かうつもりだ。すなわち非一貫性の機能的可能性と現実化、その権力効果、特定の言説の文脈内でそれが起動させられるための可能性の範囲《アフォーダンス》、そして最終的に、ホモ／ヘテロセクシュアルの定義と関わる新しく重要になった諸問題が、そのような非一貫性に対して持つ、特有のもつれた結びつきの考察へと。

　性の定義の用語＝条件は、マイノリティ化する見解の方も普遍化する見解の方も、一八九一年までには非常に急激に明確な形をとりつつあったが、『ビリー・バッド』の構造を規定するのはその性の定義の危機である。まずこのテクストには一人のホモセクシュアルが存在する。周囲のノーマルな男たちとは本質的性質が異なる人間として描かれるホモセクシュアル、ジョン・クラガートだ。しかし一方この本に登場するあらゆる人間の、いやしくも欲望と呼べるようなあらゆる衝動は、男から男に対してのみ向かうもので、そうである以上は、ホモセクシュアルな欲望と呼べる。ホモセクシュアルの男という新人類のあの標本と、彼がいるためにその周囲で根本的に再組織化されてしまう男たちのエロティックな関係とが、相互表象するという密接な相互の束縛のために、『ビリー・バッド』は「ホモセクシュアリティ」の本質的真実について、私たちの個人的な、答えの出せない疑問すべてを、持ち込まずにはいられないテクストとなっている。（たとえばベンジャミン・ブリトゥンとE・M・フォースターがオペラを合作しようとしたとき、『ビリー・バッド』をやろうという霊感がそれぞれ別々に訪れた。そしてもちろんのこと、『ビリー・バッド』はアメリカ文化についてのゲイの／ゲイ肯定的な／ゲイに関係する読解の、またゲイ批評家による読解の、最重要作品となっている。[*1]）たしかにこのような読む要求のために、この本に引きつけられる読者との関係が作り出される。しかしその読者関係は、『ビリー・バッド』自体がすでに、答えの出ない可能性を秘めた、同じように本質を求める要求の周囲に組織化されているという事実によって、（消散させられるどころか）構造化されているはずである。したがってこの作品に持ち込むべきなのは他の質問だろう。たとえば、この定義の束縛はどのようにまた誰のために作用するか、またこの束縛内部の危険をはらんだ部分、またはてこの支点はどこに、そしてまた誰のためにあるか、という質問が挙げられる。

　男のホモセクシュアルな欲望の本質とは文化全体に広がっているのか、それとも別個のマイノリティ集団を構成するのか、『ビリー・バッド』は明言しない。さらにユートピア的な可能性を秘めた政治学の重要問題も、ほとんど強制的に喚起するのだが、それに答えることはない。すなわち男から男へ向けられた欲望は、西洋文化の男権主義的階層制を維持するための偉大な保存料なのか、それともそのような階層制を揺るがすもっとも強力な脅威の一つなのか？　『ビリー・バッド』はこの〔ユートピア的可能性を秘めた問題〕を正面から提起するように見える。男の眼に美しく映る男の身体。この形象は、仲間を引きつける魅力（「船員たちはスズメバチが糖蜜に惹かれるように、彼を慕った」（1356））によって、「争いだらけのネズミの穴」（1356）だった船首楼を、商船にせよ戦艦にせよ「幸福な家族」（1357）の連帯の場にしてしまう、男の愛の「的」（1359）であり、船長にとっては貴重な「戦う仲裁者」（1357）なのか？[*2]　それとも反対に彼は男の同性間の欲望を自らに集束させるために、まさに革命の触媒的イメージと言えるのか？　すなわち初期草稿によれば「これまで記録のある時代にはかつてなかったような……キリスト教世界にとっての危機」（1476n. 1405. 31）を具体化するような、武装蜂起の脅威をこの物語は絶えず喚起し、その切迫感のもとに進行するが、ビリー・バッドはその脅威または約束のイメージとなるのだろうか。[*3]　たしかに『ビリー・バッド』のヒーローに、階層制を尊重する傾向があるのには疑う余地はない。しかしにもかかわらず、軍艦ベリポテントの水兵たちに対して彼が及ぼす最終的な影響は、激しい反乱を引き起こすことなのか、それとも実際の終局では危機一髪というところで反乱が防がれるように、規律と国防の階層秩序をより逃れ難く再強化することなのか？この中篇小説はどちらとも最後の最後まで明らかにしない。

　さらに本論で提起するように、反乱を語るまいとするときの表現豊かな制限のために、反乱自体が男から男への過剰な欲望の発露と類似して来る一方で、反乱の「最終的鎮圧」もまた、「海兵隊の固い忠誠と、影響力のある水兵たちの間で自発的に忠誠が取り戻されたこと」(1364) とあるように、男たちの恣意的で過剰な愛着の発露にかかっていると言える。男性社会の規律のシステムが「健康な」ときの健全さと、「病気の」ときの反抗的憎悪とがどう関わっているのかは、奇妙にも説明を受けつけない。「ある程度ノアの反乱は、健全な体質の身体が伝染性の熱病に突然冒され心身の調子を狂わせられるものの、すぐにそれを駆逐するのと類似していると考えられよう」(1365) とある。しかし同時にそのような病気は随分広まってもいる。数ページ後には「不満が二つの反乱に先立っていたが、そのような不満は反乱の後も幾分は沈潜して残った。したがってトラブルが散発的にせよ一斉蜂起にせよぶり返すかもしれないことを懸念するのは、当を得ないことではなかった」(1368)とある。『ビリー・バッド』の終わりで、ベリポテントの司令官が、危機一髪のところでかろうじて反乱を防いだことを再度の警告とすべきである。すなわち『ビリー・バッド』は、男から男への欲望の本質的性質について問いかけようと近づくには危険な本なのだ。危うい境界の配置と再配置についてのこの本は、どちらの方向にも行き得る欲望を動員し続ける。とするならば、より良い問いのかけ方は、次のようなものだろう。階層的な男性社会の統制秩序を弱体化させず、むしろ補強できるように男性間の欲望を配備するためには、どのような操作が必要なのか、と。

　しかしまず最初に、私たちがこのテクストの中のホモセクシュアルをどのように認知したか、それを再構築する必要がある。

## 知識／無知、自然／不自然

『ビリー・バッド』の語り手が、「通常の性質」とされる読者のために、「先任衛兵伍長」クラガートに潜む「隠れた性質」の奇妙に難しい謎を（語り手によればこの謎こそが結局「この物語の展開する支点」（1384）なのだが）明らかにしようと主張する有名な一節がある。しかし謎に対する回答は、「隠れた」という形容辞に代わって意味論的により満足の行く語句を入れることではなく、ただ単にこの語句を強める語句を入れて行くことにすぎないようだ。バーバラ・ジョンソンがそのエレガントな論文「メルヴィルの拳」で指摘するように、次々と生み出されるセンテンスの中で「私たちが知るのは、先任衛兵伍長については何も知ることができないということ」[*4]なのだ。第十一章で彼に付与される形容詞は次のようなものだ。「神秘的な」「例外的な」「奇妙な」、再び「例外的な」「解し難い」「特異な」「顕著な」、再び「特異な」、再び「例外的な」「隠ぺいされた」。「暗い言いぐさだ、と人によっては言うだろう」（1384）。まったくだ。これら表象的には空虚で、認識論的には刺激的な場の標識が意味的な特色を持つとしたら、それは並行して使われる、同じように抽象的で倫理的には有罪宣告するような一連の名称の連鎖から来ている。たとえば「聖者の正反対」「堕落」「堕落し度を超えた非道」「邪悪な性質の狂熱」などだ。またこの次の章のおそらく破棄されたとされる草稿において、法学、医学、神学という三つの特定の、診断的職業が近接して例証として挙げられていることからもそれは来ている。しかしそのどれもが、今ではただ、「それ」と呼ばれるしかない、またおそらく「それ」で十分の「特異現象」によって「訳のわからぬ論争」を余儀なくさせられたとある[*5]（1475n. 1384. 3）。ところで、「それ」というのは、嫉妬（反感と欲望）という二重の形でビリー・バッドのような若者の空色の瞳、頬を染め黄色の巻き毛が踊るしなやかな肢体にかきたてられやすいわけで、つまり若者に関わっている。

クラガートの名前のない特性を彼の存在論的本質の一部として特定化する言語でさえも、読者が通常期待するよりも両義的だ。語り手はこの人間標本に、プラトンに帰される定義のラベルを貼っている。すなわち「自然の堕落。自然による堕落を言う」（1383）と。しかしこのプラトンの「定義」が同語反復であるだけではなく、さらに悪いことに二つのまったく正反対の意味を示唆しているということについては、物語は立ち止まって述べることはない。「自然による堕落」は、「自然の堕落」と同様、自然という外的基準によって測ったとき堕落しているもの、すなわち堕落が不自然であるものを意味し得る。しかしこの同じ二つの言葉のいずれもが、もともと堕落した性質のもの、すなわち堕落が自然であるものも意味し得る。*6 そんなわけでここでこの定義が果たすのは、すでに蓄積されて来た、有罪宣告するような倫理的制裁を、自然と反自然《コントラ・ナチューラム》という新たな意味の領域へ、すなわちホモセクシュアルの定義をめぐる闘争の諸原型とすでに何世紀もの間絡み合ってきた領域へと、持ち込むことだけだ。*7

先任衛兵伍長にいったいどんな問題があったというのか、とメルヴィルは聞いているのだが、この質問にいやしくも完全な答えがあるとするならば、二つある。その二つとは簡単に言えば、第一にクラガートの欲望が倒錯している、つまりまだほとんど英語には入っていなかったとはいえ一八九一年までにはいくつかの分類体系の中に見られた「ホモセクシュアル」という名の種属に彼が属するがゆえに堕落しているという答えである。あるいは第二に、クラガートは彼の欲望が男性に向けられる性質のものだから堕落しているのではなく、むしろここでは自然あるいは無害と見られているその欲望に対して、恐怖と嫌悪のみを感じている（これを「恐怖症《フォビア》」と呼ぼう）から堕落しているという答えだろう。これら二つの可能な回答、つまりクラガートはホモセクシュアルだから堕落しているというものと、あるいは代わりにホモフォビックだから堕落しているというものとの関係は、もちろん奇妙な問題である。ここでは次のように言うにとどめておこう。すなわちどちらの回答も彼を「ホモセクシュアル」というような名称に適格とし得るし、また間違いなく、どちらも彼をそのような名称に不適格とはしない。

しかし議論の余地はあることだが、このような質問に対しては完全な、あるいは実質的な回答などあり得ないのかもしれない。特定の分類学的職業の（「クラガートを読むのに」失敗した）専門知識を引き合いに出しながらも、なおこの物語には「メルヴィルの拳」が典型的に行うような、浄化的読みを十分に誘うところがあるのは確かだ。この読みではクラガートは純粋な認識論的本質を、すなわち彼が実際何を知っているか、またはどんな性質でできているのかには関わりのない、〈知ること〉の形式と理論とを表象する。この読みではクラガートとは「したがって曖昧性と両価性《アンビヴァレンス》、シニフィアンとシニフィエとの間の距離、存在することと行うこととの分離を人格化した存在だ。（……）彼は記号が恣意的で動機なきものであることを仮定するがゆえに、外見という価値記号を反転させる、まさにアイロニックな読者である。」[*8]

しかしクラガートが純粋な認識論的状態というアレゴリカルなラベルを表示しているからといって（実際顕著に表示しているのだが）、一度呼び出された医者、法律家、聖職者をテクストのドアのところで診察の場から追い出すには十分ではない。むしろそれは、クラガートが体現する実体のない認識論的プレッシャーを、これら専門知識の制度による診断的な（診断的すなわち侮蔑的な）特性別定義に結びつけはしないだろうか[*9]？ テーマを抜かれた知識の抽象が、理論的に貧弱な分類学の経験主義にここで修辞的に結合される。その結果（構造的に一般化された）「知識それ自体」の容器が、（テーマ的に特定化された）〈知られていること〉または〈知る人〉という形を実際とることになるのである。その形、すなわち（「知識それ自体」とともに、診断可能な認識の病理、または診断可能な病理の認識とを表象する）知識の形式は、クラガートの特異な堕落の二重の表象にしたがって要約すれば、「ホモセクシュアル―ホモフォビックな知識過程」と説明されるべきだろう。より簡明に公式化すれば、妄想症《パラノイア》だ。

## 都会風／田舎風、純真無垢／集団への加入《イニシエーション》、成人男性／少年

認識論とテーマ論とのこの交差を「修辞的結合」と述べた。「修辞的《レトリカル》」という形容詞が適切なのは、そのような交差が、テクストと語り手によって強要される特有の読者―関係を通してのみもたらされるからだ。小説の読者は暗黙の契約のもとに、苦労して獲得した日常生活の認識地図を一時的にせよ奪われてしまう世界に自発的に

飛び込む（誰も知っている人がいないパーティに行く恐ろしさ）。その行為は（読者が、小説の世界では）見えない存在であること、それによって認識はされないが認識する特権を最終的に約束されていることを条件に行われるが、このことが特に小説の始めで強い不安と依存の場を作る。この場の中で読者は、語り手が割り当てて来る類別のモードに、ほとんど反動的なほど熱心に同一化する。たとえば小説が読者の「世間の知識」またはそれ以上の知識に対して訴えて、強力な小説的力を発揮できるのは、小説を組織化するまなざしとの初期のこの過剰な同一化があるからである。「世慣れた」や「都会的」というカテゴリーは、ある人物に付与される単純に説明的な属性のように見えるが、実はまさに知覚のアングルの連鎖を記述したり作り上げたりするようなカテゴリーそのものだ。そこで実際に立証されているのは（「世慣れた」「都会的」と）述べられている人物が、別の知覚された世界に対して認識上の特権を持つことであり、またそれがある話者によって立証される以上、今度はその話者がその「都会的」キャラクターと「世界」との両方に対してさらに包括的な認識の距離を置くことと特権とのアングルを主張することになる。この特権の連鎖の中での読者の位置は、約束に満ちているが、脆弱でもある。語り手によって読者が語り手と同じ特権を持つかのようにこれ見よがしに仮定されることによって（実際のところは必然的に混乱させられている）読者と語り手との間に、お世辞、脅迫、共犯の関係が設定される。それが今度は「世慣れた」ことと元々結びつけられていた構造の知覚を再構造化するのである。

　すなわち読者は、小説の条件またおそらくそれを超えて、根拠のない早熟さで世知の素材ばかりか世知の関係、つまりそれを操ることが世間の「真の」知識を構成するような差別または境界についての感覚をも持つように仕向けられることによって、その地位を保証されるのである。たとえば『ボストンの人々』の始めで「田舎風」[*10]と紹介される南部人バジル・ランサムは「ボイオティア人のように愚鈍」だと示されるが、それは彼がボストンの独身女性で女性に関心を持つオリーヴ・チャンセラーを分類することができないからではなく、粗野な道具だと述べられている「病的」という分類カテゴリーに一人で満足しているからである（11）。彼女の方には彼を分類するのにもっと良い道具があるのだが、しかし今度は「田舎風」というまさにその用語をあまりに審判を下すようにふるうという田舎臭い偏狭さによって、より深刻に彼女の信用が傷つくことになる（31）。一方このエロティックなドラマを、タイトルの選択から始まって「田舎臭い偏狭さ」の枠組みに結局はめ込んだ責任のあるジェイムズ自身はどうかと言えば、オリーヴとは違い、この投射的ドラマにおける、読者自身の位置づけの不安を強くかきたて、また静めることを約束することによって、彼自身がその分類を行うはめになることを長い間うまく防いでいる。

『ビリー・バッド』は『ボストンの人々』と同様に、しかしより限定的で、意図的とも言える経路によって読者の混乱と一時的な権能のドラマを通して、世間一般の把握と、特にホモエロティックな欲望の用語《ターム》＝条件の把握との等式化を行っているのである。

　しかし通常の性質の人がクラガートを適切に理解するには、これらの暗示だけでは足りない。通常の性質から彼のような性質へと至るには、「中間のゼロ地帯」を横断せねばならない。それには間接的やり方が一番だ。

　ずいぶん昔正直な学者が、私より年長だったが、ある男について語ったことがある。その男も彼と同様今はもうこの世にいないが、申し分のない立派な人物で、彼を非難するようなことは何一つ表立っては言われなかった。しかし中にはこんなことをささやく人も少しはいた。「たしかにx氏は、ご婦人の扇で叩けば砕けるような男《ナット》〔難問、男性器〕ではない。君もご承知の通り、私は組織化された宗教の信奉者ではないし、まして体系立てられた哲学のどんなものにも与するわけではない。さてにもかかわらず、『世間の知恵』と称するもの以上の、なにか別なよりどころからの手がかりなくしてx氏に踏み入ろうとすること、彼の迷宮に踏み込んで再び出て来ようとすること、それはとうていできることではなかった。少なくとも私にとってはね。」

　……当時は未経験だったせいでこれがいったい何を意味するのか良くわからなかった。どうやら今ではそれがわかるようだ。（1382）

この中で読者はどこに位置づけられるか、ということは単純な問題ではない。結局、読者はどこにいたいと願えるだろうか? 語り手がふるう神秘化というテロリズムのために、「通常の」無理解という役割は必然であると同時に侮蔑の対象となってしまう。男同士のホモソーシャルな教育という閉じた枠組みの中だけでx氏についての問題をささやく（まだ問題を口にすることさえされていないとはいえ）以上のことが可能になるのだが、にもかかわらずx氏の問題は、その関係の枠組みには「反する」ものとして、一層はっきりと区別されなければならない。この男同士の枠組みは、すでに過ぎ去った可能性とされているが、にもかかわらず語り手から読者に向けて誘うように提供されている。x氏についての知識は、彼の男性器に対する暴力として差し出され、そのもの凄いイメージは、慣用句の偽装によってもほとんど緩和されることはない。一方、彼という難問を解き（彼の性器を砕き）損なうことは、女性化され付属物化されることである。しかし最悪のニュースは、x氏についての知識と「世間の知識」とが単に十分ではないだけではなく、知識がないよりもはるかに危険だということである。x氏を知るということは、結局クルミ割り《ナット・クラッカー》の一撃を一回加えることではなく、むしろ暴力が突然無力さに転換されることだ。「x氏に踏み入ろうとすること、彼の迷宮に踏み込」むこと。知識の暴力的権力関係がこの最悪の形で反転するのを防ぐためには、さらにより大きな認識の形式による緊急救助が必要になる。

このように、読者は小説の「世界」との関係の中で呼びかけ《インターペレーション》の行為によって、主体として作り出される。その呼びかけは読者が認識の権威を共有しているという仮定に基づいて読者に訴えかけるが、同時に訴えの行為自体によってその権威の根拠を空虚にしてしまう。呼びかけの効果はその矛盾によって保証されており、読者は知識とともに脅かされ暴力にかりたてられるのである。これはまた、『ビリー・バッド』のプロットにおいて支点となる瞬間の、修辞的構造でもある。ヴィア艦長の注視のもとで行われる対面中、突然ビリーがクラガートを殺害する一撃に先立って、ヴィアからビリーに向けて二つの命令がなされる。第一の命令は「男なら語れ！……語れ！ 自分の立場を弁護しろ！」とビリーに指示する。第二の命令はヴィアが同時にビリーの身体に触れたことによって一層強くビリーに訴えるのだが、「急ぐことはないよ、坊や。ゆっくりでいい、ゆっくりでいい」(1404)と命ずる。ビリーは「男」としてか「少年」としてかどちらかでだったら、なんとかわかってもらえるように語れたかもしれない。しかし少年として〔回答を〕延期するようにという命令が、男として速やかに〔回答〕するようにという命令と単純に並置され、「ビリーの心の芯に触れて」同時に彼の心を暴力にかりたてる。「次の瞬間、夜間発射される大砲からの火炎のような速度でビリーの右腕が繰り出され、クラガートはデッキに崩れ落ちた。」もちろんのこと、クラガートの殺害というこの瞬間こそが、ビリーがついにイニシエーションの境界を越えクラガートの恐怖症的欲望の網の中にかりたてられる瞬間だ。このテクストのホモセクシュアルの死は、この後論じなければならない複数の理由によって、終点ではなく、テクストにとって、物語における男の欲望の循環の中への加入《イニシエーション》を刻印するのである。

　とするならば、同性間の欲望を認識する能力に結びつけられた世間の知識は、『ビリー・バッド』が不吉に舞台化するように、この世界の住人と読者にとって必須である一方、支配と無力の形式でもある。どのような理由にせよ「〔クラガートの〕迷宮に踏み込んで再び出て来」ることを望む人間には、なにかさらに高度な、異なった構造化のされた知識の方法が必要である。さらに議論を必要とする定式化ではあるが、クラガートの周囲に、彼によって循環させられる知識の形式はパラノイアと呼ぶべきだと、すでに述べた。もしそれが真実だとして、ではいったいどのような知識の形式が、またどのように、パラノイアから区別できるのだろうか?

## 認識/妄想症《パラノイア》、秘密/発覚

　もしクラガートがその典型であると知られる(彼自身の同性への欲望とホモフォビアとの破滅的な結合に刻印された)知識の形式は、彼自身が他者を知る形式と同じだとすれば、それはパラノイア的知識独特の同一化をもたらす相互反射と破滅的対称性のしるしとなる。知ることと知られることのプロセスが同じになるのだ。「より巧妙な堕落には、並外れた慎重さが習慣となる。なぜならすべてが、隠さなければならないことだからだ。もし危害が予測されると、その秘密主義のために真相解明も幻滅も自発的に切り捨ててしまい、躊躇することなく、確実なときと同様に憶測に基づいて行動がとられるのである」(1387)と書かれている通りだ。この防衛と投射の二重の性向は、先任衛兵伍長という仕事の肩書きそれ自体にも記されている。その肩書きは

陸で生活する人々には多少曖昧に見えるかもしれない。もともとは疑いなく、この下士官の役目は武器の使用について乗組員に指図することであった。……しかしずいぶん前に……その役目はなくなり、大型戦艦の先任衛兵伍長は、人のひしめく下層の砲列甲板における治安維持を主とする職務を負った、一種の警察署長のような役目を果たすようになっていた。(1372)

二人の鏡像同士のような男が、欲望と補食の区別ができなくなるようなきずなの中に引きつけられて、相互に投射的な告発をするのが、パラノイア的知識の典型的身ぶりだ。「同類は同類を知る」というのがその認識論的原理である。なぜならパラノイア的知識は、メルヴィルの言い回しを借りれば、相互的でない感情という概念を形成できないからだ(1387)。そしてその統制のプロセスは、警察が罠をかけるやり方に完全に一致している。工作員の政治学がクラガートの人生と意識を条件づけている。これから見るように、もしパラノイアを「超越する」知識があるとしたら、それもまた『ビリー・バッド』においては、クラガートが体現するような罠の鏡像暴力を、利用すると同時に「配置する」ことを主張する政治学に表されるだろう。

罠による治安維持に効力があるのと、この治安維持技術が反転しやすいという弱みがあるのは、特定の文化と時機において、管理されている欲望が公然の秘密として構造化されているからである。戦艦ベリポテントにおける公然の秘密の特殊な形式は、乗組員の間に反乱の可能性が潜んでいるということだ。『ビリー・バッド』において反乱のプロットは、男同士の欲望と禁止のプロットの代替プロットではない。欲望と禁止のプロットが(それとは不可分の)集団のレベルで形をとったものが反乱プロットなのである。この中篇小説の始めから反乱が喚

起されるが、それは反乱について知ることが、禁止されたセクシュアリティのようなスキャンダラスな秘密について知ることと同じく困難であることを示唆している。どちらも「不都合」と婉曲に表現されている。例の「中間のゼロ地帯」(1382)と同様、反乱について述べる用語は、すでにその知識を持つ人にはそれを意識化させ、それを知らないかもしれない人にはなんの疑いも起こさせないような表現に限られなければならない。

> イギリスの偉大な海軍史におけるそのようなエピソードを、海軍史家は当然のことながら簡略する。その一人、ウィリアム・ジェイムズは、「公平さがやかましい潔癖さを許さない」のでなければ、喜んで記述を省略すると率直に認めている。とはいうものの彼の記載は、記述というよりは言及であり、詳細についてはほとんどまったく触れていない。また詳細が図書館で簡単に見つかるわけでもない。……そのような出来事は無視されることはできないが、しかしそれらを歴史的に取り扱うには思慮深いやり方というものがあるのだ。健全な人が身内の不都合や災いについて言い触らすのを控えるとしたら、国家もまた、同様の状況においては同じように慎重であっても非難されるものではない。(1364)

あるいはまた次のようにも書かれている。

> もし可能ならば、乗組員からなにか不都合が起こるかもしれないと予測しているなどという、憶測の隙を部下たちに与えないようにすることが、戦艦における将校たちの暗黙の掟である。そしてなんらかの問題が実際に懸念されればされるほど、将校たちは懸念をより表に出さないようにする。(1421)

特に、ビリー・バッドの懲罰をめぐるヴィア船長の説明や命令では、「反乱という言葉はなかった」(1420)。

イギリス海軍において反乱の潜在的可能性があったのは、言うまでもなく、乗船していた乗組員たちの多くが強制的に軍務につかされていたためである。この強制徴兵の問題は、これら乗組員が現在の権威に服することになった全状況を語るのだが、まさに大書された公然の秘密、さらに言えば唯一許された筆跡で書かれた秘密を、表象するのである。すなわちそれは「ほとんど、あるいはまったく秘密ではない」「悪評高い」事実であり、にもかかわらず「そのような是認された不法に関しては、明白な理由から政府はわざわざ喧伝しようとは思わない……結果的に……ほとんど忘却の彼方へと押しやられた」。だから「今日ではそのような申し立てを直接証明することも反証することも、おそらく簡単ではないだろう」(1374)。しかし「もちろん、誰もこの報告を実証することができないということが、このようなことが秘密裡にまかり通っていたことを否定するものではない」(1373)。このような情報を扱う正しいやり方などあるわけはない。あらゆるやり方が、強力で過剰な意味をはらむことになってしまう。クラガートがそれに言及するときは迂言的に、ある乗組員が「志願以外の形式で国王陛下の責務を果たすようになった」と語っている。

　この時点においてヴィア船長はいくらか苛立ったようにクラガートを遮った。「はっきり言いたまえ、衛兵長。強制徴募された乗組員と言ったらどうだ。」

　クラガートは従う身ぶりをした。しかしこのすぐ後で、クラガートが命ぜられた通りにはっきりと結論をつけると「ヴィアはそれを再び遮っている」。

「神がお許しになりませんように、閣下、戦艦インドミタブルの経験がこの――」
「それは言うな!」ここで上官は厳然と遮ったが、怒りで表情は変わっていた。このような状況下での意図的暗示に、ヴィアは憤然とした。正規の任官士官たちさえもが、最近の艦隊の不祥事に触れるときには常に非常に気を使っていたというのに、一下士官ごときが艦長の面前で無用の言及をするとは、きわめて不謹慎な越権行為に思えた。しかも彼の敏感な自尊心には、それがこのような状況下で彼を動揺させようと意図された試みのようにさえ見えた。(1398-99)

海軍の徴兵方法に伴う道徳的汚点は、徴兵を行った主体と徴兵された対象の両方に、少なくとも同じくらい有害な汚点として付着している。ここにもまたパラノイア的すなわち公然の秘密の構造特有の対称性が見られる。たとえば「品行の悪いはんぱもの」「牢獄から直送の兵隊」「全体として疑わしい男なら誰でも」(1374)(パラノイアの眼には、牢獄の中にいる男より「疑わしい」唯一の男は牢獄から出ている男だ)といった記述は、いかなる関係にせよ、国王陛下の罠に基づく統制の感染力の中に入った男が、道徳的にどんな仮定をされるのか、はっきりと示している。今の言葉はいずれも、強制徴募された乗組員のうちでも特に下級で力のない者を説明する文脈からの引用ではない。そのような文脈からであってもいいはずだが、むしろ実のところ先任衛兵伍長を解説することに当てられた一節からの引用である。したがってこれらは特に、クラガート自身の立場が、軍隊的強制の烙印を押された主体であることと、烙印を押された対象であることとの間で、対称的な決定不可能性の中で揺れていることを、前景化している。当然だが先任衛兵伍長が、自分の統制することになっている乗組員たちを理解するやり方は、統制上の規範それ自体を非常に忠実に反復しているため、彼自身の置かれた立場特有のパニックを鏡のように映す以外、何も伝えることはない。彼は自分の立場をまさに正確に理解しているため、規律自体や彼自身に対して脅威が暗示されると、どんなものでも致命的に信じ込んでしまう。それゆえ「先任衛兵伍長はこれら［虚偽の］報告の確実性については決して疑わなかった……なぜなら彼は先任衛兵伍長というものが、少なくとも当時、役目に熱心な先任衛兵伍長だったら、陰ではいかに不人気になるものかよく知っていたからだ」(1386)。

船尾兵(先任衛兵伍長の「陰の道具の一人」(1386))がビリーを罠にかけようとしたことは、反乱の問題とホモセクシュアリティの問題との絶ち難い二重の意味と同時に、この強制の形式の鏡のような反射の構造を際立たせているだけだ。ビリーが工作員の顔立ちを見るには誘惑の場は暗すぎた。しかしもしビリーがその男の顔を見ていたら、「その疑わしい若い男」(1395)が空色の瞳の自分自身のパロディであるかのように似ていることに驚いたかもしれない。「彼のそばかすのある丸い顔に、どんよりした淡いブルーの眼はほとんど白いまつげで覆われている。……見たところは十分温和そうな若者で、どう見ても軽薄な空っぽ頭のようだった。水兵にしては割に太ってもいた」(1391)。この水兵の誘惑者は、彼の血色や退屈さと同時に、ビリーの水兵らしい身体を身につけることにも失敗し、(嫉妬からかそれともまったくの「早熟な不正直さ」(1395)からか)彼自身が仲間だとにせの告白めいたことをして、自分のグループに入るよう、ビリーを罠にかけようとする。「『強制徴募されたんだろ? 俺もだ』そして彼は効果を確かめるかのように黙った。……『俺たちだけが強制徴募されたわけじゃない、ビリー。俺たちの仲間がいるんだ』」(1389)。さらに硬貨をちらつかせるという侮辱に刺激されて(「見ろよ、お前のものだぜビリー、もしお前が――」(1389))、ビリーは古典的恐怖症のスタイルで(「よく理解はできなかったものの、本能的になにか悪いことだとわかるような提案から、彼はむかついてひるみ」(1390))、無知、初歩的分類学、そして身体的暴力という彼の貧しい才を動員してこの「突然の提案」に終止符を打つことになる。「ち、ち、ちくしょうめ、お前がなにをね、ねらっているか、なにを意味しているのか知らないが、お前の持ち場にも、も、戻ったらどうだ!……動かないんだったら、手、手すりの向こうにな、な、投げ返してやるぞ!」

ビリー以上に純真で、ビリー以上にパラノイア性から遠い性格構造を想像するのは不可能だ、と読者は繰り返し知らされる。まったく認識力のない人間以上にパラノイア性の感染から免れ得る人間がいるだろうか? しかしビリーの愚かさが主張する断固とした抵抗でさえも、出来事が適当な圧力をかければ、パラノイア的欲望の強請を、鏡のようにしかも強力に反射し返すはめになってしまう。たとえばクラガートの殺害自体も、ロバート・K・マーティンの鋭い要約によれば次のようになる。

クラガートのビリーに対する欲望は、彼を傷つけたいという欲望だけではなく、彼にレイプされるため、彼を挑発したいという欲望でもある。クラガートの虚偽の告発は、ついにはビリーがその腕を振り上げるよう挑発することによって、この目的を達する。……ビリーがクラガートに一撃を加えるとき、彼はある意味ではクラガートの欲望を満たしているのである。クラガートは瞬時に死ぬ。所有することを求めてきたものについには所有されて。*11

## 規律／テロリズム

しかしクラガート殺害のシーンで、ビリーとクラガートが最終的に、相互に対称的であるかのよう対決させられるのは、単純にクラガートの立場と欲望のプレッシャーのせいばかりではない。これはむしろヴィアがクラガートの立場と欲望を動員するというプレッシャーのせいである。これから論じるのは、パラノイア的知識過程《ノウィング》の（前世紀においては男から男への欲望の周囲に生じるホモフォビック／ホモセクシュアルな勢いの）力と方向性は、確実とは言えないにせよ、ここで論じているような複数の二項対立に作用する、一見パラノイア的ではない再枠づけと再定義のプロセスによって操作できるということであり、その実例を示すのがヴィア艦長である。

一つ役立つ区別として（対立項としてはすでに動かしてみている他の対立項と同様絶対的ではないが）規律強制の二種類の構造の区別が挙げられる。すでに論じた罠と工作員とに基づく、対称的で「1対1の」非能率的でパラノイア的に組織された構造から、もう一つ別な構造を区別することが可能かもしれないと『ビリー・バッド』は示唆している。それは男性の身体を高く掲げ誇示するという、見せ物的《スペクタクル》な模範／みせしめ《イグゼンプラリー》の暴力という構造であり、それゆえに〔パラノイア的構造よりも〕効率的なものだ。臨時軍法会議でビリーに対する死の宣告を強引に通過させながら、ヴィアは「戦争は戦闘表面のみを、外的状況のみを見るものだ。そして戦争の申し子である〈反乱条例〉はその父に従うものだ」（1416）と語る。〈大いなる〉反乱の後、規律は「錨をおろした全艦隊のための警告的見せ物になるよう、首謀者たちが絞首刑に処せられて始めて確かなものとなった」（1477n. 1405. 31）というところにあるように、処刑された男の身体はすでにこの本の前史を支配している。ネルソン提督の犠牲的身体自体が、生きているときも死においても強力な磁力を持った警告的見せ物だった。「不必要」であり「無謀」であるが、ネルソンが「戦闘中に彼自身の姿を華麗に曝すこと」（1366）は、人目を引く消費物であるという点で、脅迫的《テロリスティック》規律とは明白に区別される、身体化を通した規律の形式を表象する。

乗組員たちの気性から、危険が懸念された。そしてネルソンのような将校こそが、乗組員たちを震え上が《テロラ》らせ《イズ》卑しい服従をさせるのではなく、彼の存在そのものと英雄的な人格の力によって、彼と同じように熱烈ではないにしても彼らの真の忠誠を再び勝ち取ることができる人物だと考えられた。（1368）

トラファルガーにおいて、「あらゆる勝利の中でももっとも壮麗な勝利が彼自身の栄光の死で飾られるという予感のもと、一種聖職者のような動機からネルソンは、自らの輝かしい行為という宝石をちりばめた保証で自身を飾ったのだった」。それは彼の名前そのものが、彼の死後も永遠に水兵たちの「血を沸き立たせるトランペット」（1367）の、人をふるい立たせ先導する効果を持つようになる、演劇的成功だった。

そしてもちろんもっと日常的レベルで〔ビリーに〕衝撃を与えるようなことが行われている。日常的とはいっても苛酷さの度合いではほとんど〔ネルソンの演劇的自己犠牲に〕劣らない。

始めて見た舷門処刑と称する公式の懲罰は、〔ビリーに〕強い刻印を残した。……罪人のむき出しの背中がむちを受け、赤い焼き網のようなむち跡をつけられて行くのを見たとき、さらに悪いことに解放された後、処刑人が投げ返した毛織りのシャツに隠れるようにその場から逃げ出し群衆の中にまぎれるこの男の顔に浮かんだむごたらしい表情を見たとき、ビリーはひどい恐怖に打ちのめされた。そのとき彼は、怠慢さからこんな災いを受けるはめになるようなことは決してすまい、たとえ口頭であっても叱責に値するようなことをしたり、怠ったりすることは決してすまい、と決心した。（1376–77）

『ビリー・バッド』の結びの三章のうち中心の章は、ビリーが絞首刑に処せられた後、まさにこのみせしめの目的のために、「公式の週間刊行物」（1432）なる軍機関誌の中で、願望に基づいたとは言わないまでも高度に行為遂行的《パフォーマテイヴ》なニュース「犯罪者はおのれの罪の報いを受けた。迅速な懲罰は有益であることが証明され、現在では異常なことは何一つ懸念されていない」（1433）を通して、彼の人物像が究極の「表示＝刊行《パブリケーション》」をされ、増加して行ったことをたどっている。まさにこの中篇小説そのものが再版され読まれるたびに〔ビリーを〕表示＝刊行するように。

　ヴィア船長もまた、規律という〈認識〉のカテゴリーに結びつく一方で、もう一方では平凡な視点の地平より高いところに掲げられた唯一の人間の身体という〈身体的〉イメージに結びついていることは、「星の煌《きらめ》くヴィア」という彼の天空に結びついたニックネームについての物語にさえ明らかである。このニックネームが「アップルトン家に捧ぐ」という詩の一説から来ていると読者は知らされる。

かくなれば、かくなる誉れことわりにや。
ゆかしき家門の空のもと、きびしき掟に育まる、
まぐわしの髪したるフェアファックスと
星の煌くヴィアかな！

（1370『メルヴィル全集』第十巻
坂下昇訳、国書刊行会、二七ページ）

さらに語り手は、ヴィアの社交的会話に柔軟性がないのは、彼の性質の「直裁さ、ときには渡り鳥のように、遠くまで達する直裁さだが、飛翔中の渡り鳥はいつ境界を越えるかなど気にも留めない」（1372）ためだと説明している。このようにヴィアの規律は身体を高く掲げることに結びついているが、その結びつき方には二通りある。第一にヴィアが好む規律の形式は、すでに見たように彼自身のではない誰か男の身体を、懲罰的可視性の場であるいけにえ的「不吉な高所」に据えることである。（彼の意図では）その高所は男たちの関係の三角形またはピラミッドを構成するような頂点であり、「ぎっしり集まった群衆の上を向いた顔」（1427）、つまりこのスペクタクルが狙った観客である男たちは、これをともに目撃することによって、従属という固定されたと思われるくびきの中に組み込まれるのである。しかしヴィアの規律の三角形のもう一つのヴァージョンでは、誰か他の男のみせしめにされ眺められる身体ではなく、彼自身の見つめるまなざしが、この規律の図形の頂点を構成する。

　この後者のタブローの輪郭は、ビリー・バッドについてクラガートが遠回しの告発を行ったときにヴィアが選

んだ対処の仕方に表れている。彼は自分が二人の男、パラノイア的対称性の相互に致命的な結び目に捕らわれた、またはすぐに捕らわれるであろうこの男たちの「相対峙した顔を吟味できるよう」(1403) な位置に立てる舞台が設定されるまで落ち着けない。ヴィアが望むようなは、彼らの対決の幾何学的対称性が必要不可欠であるようだ。しかし同時に、クラガートとビリー・バッドのパラノイア的結び目の相互関係を完成し、その宿命を完全に作り上げるのは、相互に直面する対称性の関係には巻き込まれないという違い自体によって定義されるような、規律を維持した距離から裁定を下したいというヴィアの欲望なのである。[*12] もっとも単純なレベルで言えば、もしヴィアが二人の男の証言を別々に聞いていたら、あるいは彼らに公式な証言の機会を与えていたら――すなわち彼らがヴィアの「公明正大な」視線のもとで相互に対峙するよりは、彼らそれぞれと彼自身の顔とが対峙するように、あるいは彼らそれぞれと軍法会議の集団の顔とが対峙するように――そうすればいずれの男も殺害されずにすんだだろう。

こういうわけで、ヴィアの規律はパラノイア的対称性に対して定義され、そのような対称性を要求するとともに補強する。それは彼の規律が、罠にかけるという警察システム、その卑劣なテクニックが〔ヴィアの〕天上的司法機構の引き立て役であると同時にその素材を提供するような、卑劣なシステムを、捨てようとしないことにも見られる。[*13] ヴィアの寛大だが矛盾した語りかけの刺激と彼の情け深い指が触れた衝撃のために、クラガートもビリーも生きて戻ることはない。この対面にビリーを結びつけるのは、ヴィアの「賢明な」公正さなのである。

さらに臨時軍法会議と宣告の場で、ヴィアは同様の戦術によって望んだ通り、ビリーに対する死刑判決を手に入れる。彼は将校たちと乗組員との間にパラノイア的相互反射を醸成する。すなわち乗組員たちは投射的幻想によって将校たちの考えを読み解釈できるという、強い投射的幻想を将校たち自身の中にかきたてるのである。温情を与えた場合、とヴィアは聞く。

「彼らがそれをどのようにとるだろうか? たとえ説明したとしても――そして説明はわれわれの職務上許

されないことだが——長い間専制的規律によって鋳《い》型にはめられているために、彼らには、理解し判断するのに適格となるようなあの知的な敏感さはない。……彼らはわれわれがしりごみしていると思うだろう。われわれが彼らを恐れていると——この重大時にまさに要求されている合法的厳格さを実行することを、それが新しいもめごとを引き起こすのではないかと恐れていると、思うだろう。彼らがそのような憶測をするとしたら、われわれにとってなんという恥辱だろう。また軍規にとっていかに有害であろうか。」(1416–17)

こうして、「階級の上で上官というだけではなく知力の上でも彼らより優れた」(1417) 人物によって、将校たちの中にこの反射的に構造化された反乱パニックがかきたてられる。その結果倫理的正当性と手続き上の妥当性について疑惑を持ちながらも、将校たちはヴィアが要求するままに死刑判決を下してしまうことになるのである。

## マジョリティ／マイノリティ、公平／不公平

頂点が裁定者のまなざしである規律の三角形か、またはみせしめとしての規律の対象を頂点とする三角形か。登場人物を一つの位置づけから次の位置づけへと循環させるのが同一の行為主体、ヴィア艦長であるという限りにおいて、これらの構成は擬似的二者択一を構成するにすぎない。この〔変幻きわまりない構成の〕万華鏡において彼の手際のなんと着実に見えることか——彼の欲望のなんと一貫していることか！ 彼はいかにも支配者らしい見事なエコノミーで、飢えと操舵手の腕の両方とをふるうのである。ヴィア艦長の欲望はまなざしの欲望だ。

さて乗組員の中でも目立つ姿の〈花の水兵《ハンサム・セイラー》〉〔ビリー・バッド〕は当然のことながら最初から艦長の注意を引いていた。通常自分の士官たちにそれほど感情を表さないにもかかわらず、この見事なヒト属の標本、裸身だったら堕落以前の若いアダムの彫像のモデルにもなりそうな男を見出すという幸運を得たラトクリフ大尉に、艦長は満足の言葉を述べたのだった。……こ

の前檣楼員《フォアトップ・マン》のふるまいも、艦長が気づいた限りでは始めの幸運な前兆を確認するものだった。この新兵の「水兵」としての質は満足の行くもののように見えたので、艦長は彼を副官に推薦して、もっと頻繁に彼自身の観察の及ぶところ、すなわち後檣楼《ミズントップ》掌帆長の地位に昇進させることを考えていた。そこの右舷当直の男がもうさほど若くはなく、部分的にはそれも理由でその職には〔ビリーより〕ふさわしくないと艦長には思われたのだが、その男の後任にするつもりだった。(1400–1401)

空色の瞳のビリーに「花の水兵」属という包括的役割をふり当てることで、物語の最初から、視界の広がりの中に高く掲げられる姿＝形象としての、彼の視覚的消費可能性が示唆されている。ビリー・バッドは「おのれの星座の弱い光の中で〔ひときわ輝く〕アルデバラン」(1353)であり、「金牛宮タウルスの角によって雷鳴轟く空に投げ上げられた目もあやな姿」(1354)だ。「腰帯をきりっと結んだビリーが上部砲列甲板をぶらついて行くのを」見かけるときのクラガートの反応のレパートリーは、誰にも観察されていないときのことだが、抑えつけられ、無力なものだ。「奇妙にも熱っぽい涙の兆しでいっぱいになった彼の目」(1394)、そしてそれは再び「青き怒り、羨望、絶望」(1475n. 1384. 14)という苦いサイクルを起動させる。一方でヴィア艦長は、ビリーを抱くことではなく彼を視界の中に捕らえることを欲望する。クラガートが「運命と破戒の負い目さえなければビリーを愛することさえできただろう」(1394)と書かれているのに対して、本能的幻想で「青二才」を〔裸身にし〕大理石に変えるヴィアにとって、ビリーは「良い素材」のただの「標本」(1400–1401)であり続けなければならない。クラガートがビリーに苦しく巻き込まれているのとは対照的に、ヴィアの眼はビリーの中に、彼の管理能力に対する輪郭も明快な刺激を見出している。その見事なトルソを「もっと頻繁に彼自身の観察の及ぶところ」に掲げさせるという、人事管理計画の触媒である。もしまなざしに栄養を与えるというヴィアのシステムに必然的に挫折が伴うとしたら、それはただ特定の、形を与えられた肉体特有の偶然性と可変性によるものだ。大理石像やヒト属なるプラトニックな抽象概念とは違って、特定の若者は「さほど若くなく」なるのだし、そして「部分的にはそれも理由で」目立つ「見張り＝注視の対象《ワッチ》」の地位にはふさわしくなくなるのだから。

　挫折を回避し欲望の達成を確かにするヴィア艦長の鮮やかな手際を賞賛しないわけにはいかない。展示されるビリー、「彼自身の観察の及ぶところ」高く掲げられるビリー、プラトニックな抽象概念化されるビリー、年をとらぬビリー、ビリー「宙吊りの真珠」(1434)。この中篇小説の最後の三分の一は、驚くほどの速さでビリーを大檣下桁《メインヤード》の絞首台へ送り込みそこでの神格化へと追い立てるが、それはすべて純粋にヴィア艦長の仕事であり、絞首台と神格化はある特別な飢えに対する完璧な回答を表象しているのである。

　おそらくここで立ち止まり、はっきりと問い直すべきだろう。クラガートの中に、このテクストが表すホモセクシュアルを見出し、ヴィアの中に、テクストが表すノーマルなもののイメージを見出すということが、いったい何を意味するのかを。「星の煌《きらめ》く」ヴィアのウーラノス的天上の正義は、「クラガートの」パラノイア的治安取り締まりなどは超越しているのが特徴であるかのようだ。しかしその規律は超越しているはずのそのパラノイア的取り締まりに依存しているのであり、また同様にヴィアのビリー・バッドに対する行動の一見公平な動機づけも、それが傲然と対置するクラガート的不公平さに依存しているのである。クラガートの「不公平さ」そしてヴィアの「公平さ」。おそらく「不公平さ」と「公平さ」は、x対非x、欲望対非欲望のような、互いの外部にあって相互に対立するものであるよりはむしろ、ここでは部分の全体に対する関係を形作っているということなのだろう。クラガートの無力で抑えつけられた欲望は彼自身の内臓を食い荒らし、一方でヴィアの強力で組織的欲望は海軍規則のあらゆる血管、あらゆる断層の線を通って広がっているのである。クラガートの欲望を説明するのに利用できる用語は「私的《プライヴェート》」ということであり、ヴィアの欲望に対する用語は「公的《パブリック》」ということになろう。しかしこれらの名称は一体何を意味するというのだろう?

## 公的《パブリック》／私《プライヴェート》的

フェミニストの思考において、公的《パブリック》／私《プライヴェート》的問題に測り知れない豊穣さがあるのは、

男性：女性：：パブリック：プライヴェート

〔男性対女性はパブリック対プライヴェートの関係に等しい〕

というもともとの仮説としての相同関係を追認したからではなく、それを脱構築的に変形させるという豊かな試みがなされたからである。建築学から精神分析まで、職場と社会保障制度から言語と自己の存在論まで、諸分野を横切って、パブリック／プライヴェート問題はフェミニスト分析の基礎を打ち立てる一連の分析を生み出して来た。それぞれの分析が新しい文脈の中で、純粋な場所のトポスや、行為主体、権力、またはさらに物語を伴う関係において、対称的対立項を立てるという分析構造が、偏向的であることを明らかにして来た。そのような固定された相同関係をフェミニストが屈折させた典型的一例は、キャサリン・マッキノンの次のような見解であろう。「プライヴァシーとは、女性が女性としては決して持つこともそうあることも許されて来なかったあらゆるものである。しかし同時に、私《プライヴェート》的なものとは、男性の所有能力の点で女性が同一視され規定されて来たあらゆるものである。」[*14]

この問題について、メルヴィルの天分が直感的にとらえたことのうちでもっとも重要なのは、帆船の空間がいかにシェイクスピア演劇の空間に類似しているかということである。それぞれの（男性だけの）場は、一九世紀特有の他の建築様式がとにかく覆い隠そうと企てた真実をありありと描いたのである。すなわち「パブリック」と「プライヴェート」の差異を、二つの具体的な物理的空間の種類の間の差異として、安定的にわかりやすく表象することは決してできないということだ。むしろ代わりに、船上でも舞台上でも、プライヴェートかパブリックかによってそのパフォーマティヴな効力が決まるような行動の空間は、そのたびごとに新しく輪郭を描き類別されなければならなかったのである。この定義のモデルは、俳優の修辞的技術《アート》＝芸術だろう。俳優は（たとえ

ば）まなざしの焦点をゆるめることによって、一瞬のうちに独白の空間を組織することができ、それによって舞台上の他のすべての人物はたちまち不可視とされ、何も聞こえないということにされる。

『白鯨』の華麗な効果の多くは、上甲板や下の甲板の特定の一か所を、特定の時間の間、プライヴェートまたはパブリックな空間として境界画定する権力を、語りの意識それ自体が、シェイクスピア劇的に徹底して主張することにかかっている。しかし一方『ビリー・バッド』では、言表行為がより不規則に限定的に重ねられており、それが明らかにするのは、船上の空間をパブリックまたはプライヴェートと線引きする権利をめぐる継続した闘争が、この物語の目に見える主題であるということだ。実際、（この修辞的意味での）舞台の設定だけでもすでにこのドラマのプロットとその意味の範囲とを構成していると言える。この一貫性のないパブリック／プライヴェートという領域の周囲に組織化される社会的意味の測定は、それほど微妙なものなのである。*15

注意と知識をとらえること、舞台を新しく設定するかのような闘争。それは船上のどのような会話でも、最初の一語が発せられる前に切り抜けられなければならないことだ。一例だけ挙げれば、クラガートとヴィアとの対面では、最終的に殺人と判決の持久戦へとつながる対話が始まるためだけに、まるまる三段落分のきわめて集中的な空間―認識論上のふりつけを必要としている。

> 先任衛兵伍長は洞穴めいた彼の領分から昇り、メインマストの側に登場した。彼は帽子を手に、そのとき後甲板の風上舷側を一人歩いていたヴィア艦長が彼に気づくのを恭々しく待っている。……クラガートが立っていた場所は、下級船員が甲板士官か艦長自身になにか特別な会見を求めるときのために、定められた場所だった。しかし当時の水兵や下士官が、直接艦長に会見の機会を求めるなどということはひんぱんにあったわけではない。確立された慣習では、なにか例外的な理由があるときのみ、そのような行動が認められたのである。
>
> ほどなく、物思いにふけり散歩する司令官が船尾の方へ向きを変えようとしたとき、彼はクラガートの存在に気づき、恭々しい期待をこめて手にされた帽子を

見た。……
今恭々しく立って自分の注意を待ち受けているのが誰かを認めるやいなや、司令官の顔に奇妙な表情が浮かんだ。それは、知っているとはいえ完全に知っているというほど長い知り合いでもない、しかし今始めてその姿顔つきになにか漠然とした不快感をかきたてられた、というような人物に突然出会い、虚をつかれた人の顔につい出てしまうような表情とでも言おうか。しかし立ち止まっていつもの公式な態度を取り戻すと、始めの言葉の抑揚にやや苛立ったような調子が潜んではいたものの、彼は「何だね、先任衛兵伍長?」と言った。

しかしこのように、クラガートがヴィアの（人の多い場での）「孤独」を侵害する暫定的な資格を得るための、侮蔑的な呼びかけの条件が一度取り決められたとしても、彼らのいる空間の定義がはっきりと固定されたわけではない。ヴィアがクラガートに与える会見《オーディエンス》にはそれ自体観客《オーディエンス》、またはより不安をかきたてる潜在的観客のようなものがいるのである。

というのも、そこにいた数人の士官次室の士官たちはヴィア艦長が甲板の風上舷側で散歩を始めたときに、海軍の礼儀作法を守って風下側に引き下がってはいた。またクラガートとの会談の間も彼らはもちろんのこと近寄って来ようなどとはしなかった。また会談の間中ヴィア艦長の声は高くはなかったし、クラガートの声も柔らかく低かった。さらに索具に当る風と船を洗う波音も彼らの声を消すのに一役買っていた。にもかかわらず、会見の継続が、すでにマスト上方で働く檣楼《トップ》・員《マン》の一部や中央部上甲板から、ずっと船首にかけての水兵たちの注意を引いていた。（1402）

個人の集まる乱雑なパブリックの空間で、公式の職務のためのプライヴァシーを切り取るには、始めにヴィアの大きな権威が投入されることが必要なだけではなく、それが絶えず新たに供給されることが必要なのである。そして同時に、この堅固に組織化された階層性の小さなポリスにおいてさえも、このとき公式の職務が占めなければならないのがプライヴェートな空間であり、一方でパブリックな空間は個人にふさわしいと見られているという事実が示すのは、これらの意味のための闘争が行われる定義の領域が、手のつけられないほど矛盾しているということだ。

したがって、この会見の継続のために必要な措置は、「舞台の移動、より人目にさらされない場所への移動」(1402)だとヴィアが決心するとき、彼は一連の微妙な二項対立を操作することによって、複数の困難な命令に応答しているのである。実際には人々で溢れている物理的空間の中に、浸透不可能な対話の空間を意志の力で維持しなければならない不快感に加えて、彼は海軍において反乱の危機をはらんだ現状が公然の秘密として位置づけられていることによって構成されたダブル・バインドに対しても、反応しているのだ。

最初は実際、クラガートに言わせればすぐ揃うという確定証拠を提出させようと当然考えた。しかしそのような措置をとれば申し立てが表沙汰になり、現段階ではそれが戦艦の乗組員たちに好ましくない影響を及ぼすことになるかもしれない、と彼は考えた。もしクラガートが偽証しているのだとしたら、それでこの事件はおしまいだ。したがって告発を審理する前に、まず実際的に告発している人間の方を試してみよう。それは静かな目立たないやり方でできるはずだ、と彼は考えた。(1402)

ヴィアは会見の物理的な空間を戸外〔公開〕から戸内〔非公開〕へ、と緊張した境界を越えて舞台監督をする(「『バッドを』探しておいで。非番のはずだ。人に聞かれないように、船尾の方に呼ばれていると伝えろ。お前が話をして、他の者と話をさせるな。船尾の方に来るまでは、呼ばれているのが私の船室だということを知らせるな。わかったな。行きなさい。——先任衛兵伍長、下の甲板で姿を見せておきたまえ。アルバートがバッドを連れて来る頃を見計らって静かに待機し、水兵の後について入って来たまえ」(1403))。このように境界を越えて会見の物理的空間を誘導し、またその情報空間を表白的から秘密への境界を越えて誘導しつつ、ヴィアはさらにまた別なパブリック/プライヴェートの境界を起動させる。すなわち一個人の責任において為された行為と、国家の名において為された行為の境界、公式と非公式との境界を。

物語のどの時点でヴィアがビリー・バッドの運命を暗黙裡に決定したにせよ、このように緊張した多義的状況において宣言するのは、彼がその目的を始めて声に出しているクラガートの死の直後のことである。「天使は絞首刑にならなければならない！」（1406）と。その計画を達成するのにヴィアは、厳密な公式手続きの狭い経路に頼ることはほとんどできない。なぜなら公式手続きは〔検死した〕軍医が考えるように、「なすべきことは……ビリー・バッドを監禁し、慣習に定められた通りにこのような異常事態の場合、艦隊に帰投するまで措置を延期し、それから提督府に決裁を付託すること」（1406-7）だからだ。しかしヴィアにとって（そして実際、結局彼の上官たちにとっても）、「軍人の義務」（1409）とは（つまりは彼の反乱パニック[*16]と彼の視覚的欲望を包含して連結したものだが）、単に公式的慣習の方策上の便益などよりも、高次の法を表象するのである。そしてこの「軍人の義務」が命ずるのは修辞的な離れ業だ。それによって境界的なものの息を飲むようなふりつけの連続の中、公式と非公式との境界があちらからこちらへと軽やかに越えられ、厳格な集団的審判と公共の福利との権威が、結局のところ、一人の男の驚くほど特殊な知覚上の飢えであるものに与えられるのである。

したがってヴィアは「即座に」臨時軍法会議を召集する。「裁判指揮の権利、つまり必要に応じて公式または非公式に介入する権利を……彼自身のために確保し」、「構成判事を彼が選んで」（1409）だ。構成判事を選ぶに当っての彼の欲望は、「悲劇的なものを含む倫理的ディレンマにおいても全体的に見て信頼できる」（1409）男たちを選ぶことである。それはつまり最初から説得され得る男たちを選ぶことであり、定義の上ではこの物語は悲劇的物語であるということだ。必然的に死によって幕を閉じる物語であり、しかもその死には一定の模範的な高さと厳粛さとが伴っていなければならない。そのような死を、困難にもかかわらず必然的なものとして構築するに当っては、ヴィア艦長は警察だけではなく、判事、証人、弁護人、そして地方検事までもそれぞれ違う声でこなさなければならない。しかし彼は常にその部屋の中の同じ重要な位置から、それを行うのである。

ビリー・バッドは罪状認否をさせられた。ヴィア艦長は必然的にこの事件における唯一の証人として出廷し、したがって暫定的に彼の階級を下げることになるわけだが、一見すると些細なことで彼はその地位を奇妙にも維持しようとした。つまり彼はその趣意で船の風上側から証言したのであり、それによって法廷は風下側に位置を占めざるを得なくなったのである。
(1410)

もしヴィア艦長が、被告人の証言に対して、起訴者側の証人としてはとうてい証人らしからぬ「私はお前を信じるぞ、水兵《マイ・マン》よ。」という肯定の言葉によって応答するとしたら、ビリーが彼に対して「閣下」と呼びかけることしかできないのはほとんど驚きにも値しなかろう(1410)。しかしビリーがヴィアに対して揺るがない信頼を抱くのは、この公式の手続きが滑らかに進むためになくてはならないのだが、彼がヴィアを「最良の救い主であり友人」(1411)という、まったく非公式的な見地から見ているためである。証人として、「補助者」(1414)として、司令官として、被告人の最良の友として、起訴者の長として、最終的審判者として、慰めを与え説明し慰問する者として、そしてついには死刑執行者の長であり主要な哀悼者として、これらの対立する位置づけと階級との境界線を絶えず横切ることによって、ヴィアはそのような区分を曖昧にするどころか、むしろ巧みに強化しているのであり、そうすることによって、それらの区分を彼だけが無効にできるという彼自身の支配力の威光を高めているのである。

## 誠実性／感傷性

アン・ダグラスは「アメリカ文化の女性化」を悲嘆する著書を、クライマックスで『ビリー・バッド』を賞揚することで終えている。ダグラスがこの特定のテクストを選んだのは、彼女の議論の中では『ビリー・バッド』が感傷性というカテゴリーのまさに正反対を表象しているからだ。アン・ダグラスの『ビリー・バッド』はヴィア艦長の『ビリー・バッド』だ。ヴィアはこのテクストの「公正な」ヒーローであるだけではない、彼はこのテクストの神だ。ダグラスの説明ではヴィア艦長はこの物語自体と「隔たり」を共有しており、それがヴィアとテクスト、それぞれの「本質的な公正さ」をより高めている。つまり彼の高邁な賢明さという美徳はこの物語の高邁な賢明さという美徳であるわけだ。[*17]

ダグラスによれば中篇小説『ビリー・バッド』とヴィア艦長との模範的な非感傷性の特色となるのは、それぞれがパブリックなものとプライヴェートなものとの境界線を尊重するその絶対的な細心さである。「あらゆるものに、ふさわしい場所がある」とダグラスは肯定的に書いている。「メルヴィルは登場人物のプライヴァシーを尊重しているのだ」、と。類比的にヴィアもまた、「非個人的な、寓意的でさえある水準で」機能しているのであり、ビリーを犠牲とするためのどのような「個人的」動機を持つことからも赦免されている。そして彼の神のような偉大さは、彼自身のパブリックな生活とプライヴェートな生活の間にあるとされる完全な非浸透性によって保証されている。「彼がバッドに有罪判決をする行為は、カルヴァン主義の神がキリストを犠牲にするのと類似している。ヴィアは彼が完全にパブリックなジェスチャーをやってのけたという事実のために、プライヴェートに苦しむのである。」ダグラスの議論では、アメリカ文化はこの一世紀を通じてパブリックなものとプライヴェートなものとが致命的に混同されるようになって行くプロセスのために感傷的に堕落して行くのだが、ヴィアとこの物語はそのプロセスに対する完璧なアンチ・テーゼなのである。

ヴィア艦長についてのダグラスの読みは、ヴィアとそのテクストが実際強力に生み出すある効果をくっきりと表示するという意味で、強力な読みである。それはプライヴァシー効果と呼べるかもしれない。すなわち『ビリー・バッド』の読者が、通常にはない明瞭さで区別されるプライヴェートな領域とパブリックな領域との間の闘争を目撃したのだと錯覚する効果だ。ヴィアこそは、この定義上の分離の厳格さに同一視され、もっとも責任があるように見える登場人物だ。読者として私たちは習慣的に、それほど徹底的な分離を肯定するかしないか、またそのように境界画定されたパブリックな領域を重んじてそれほど絶対的にプライヴェートなものを拒絶することを肯定するかしないかによって、ヴィアを誉め称えたり非難したりするのである。[*18]

しかしこの肯定するかしないかという選択をすることに同意した時点で、私たちはすでに国王陛下の軍隊に徴兵されることを認めたことになるようだ。なぜなら私たちが目撃しているのはパブリックとプライヴェートの間の選択だという視点を受け入れることによって、私たちはヴィア艦長の臨時軍法会議における士官たちの位置、または甲板での処罰の観客となる水兵たちの位置を占めることになるからだ。あるいはむしろ、私たちは彼らのその場での非常に困難な位置を、しかもしばしば彼ら自身よりもはるかに懐疑の度合いの少ない条件で、再認可することになると言えよう。この条件では、私たちが何を「選ぼう」とも、いずれにしても天使は絞首刑にならなければならない。

戦艦ベリポテント上の公的《パブリック》／私的《プライヴェート》の二元性が一貫していないこと、そしてヴィア艦長のそれに対する関係が屈折していることについてはすでに十分述べたと思う。よってこのテクストとこのキャラクターが、このように強烈なプライヴァシー効果を作り上げることが、見事な小説創造上の成果であると論じても良いだろう。いかにしてこのようなトリックがなされるのか？　たとえばいかにして、読者は、「パブリックな」ジェスチャーのために「ヴィアはプライヴェートに苦しむ」ということを知っている、と確信できるようになるのか？

大部分において、私たちはこの情報を士官や乗組員たちが得るのと同じ方法で得る。だからこそ「ヴィアはプライヴェートに苦しむ」と知っているという私たちの確信は、多くの読者をまったく哀れにもこれら権能を与えられていない男たちと同一化させることになるのである。私たちは「ヴィアはプライヴェートに苦しむ」と知っている、なぜならヴィアは人前《パブリック》でプライヴェートに苦しむからである。さらにまた、ヴィアが沈黙のうちに密かに苦しむと私たちが知るのは、彼がスターとして演じる苦悩する艦長の役割が、オペラ的に能弁で可視的だからだ。プライヴェートな苦悩かもしれないもののため、プライヴェートな空間を探すよりも（あたかも戦艦ベリポテント上にプライヴェートな空間があるかのように、またどこかにプライヴェートな空間があるかのように）むしろヴィアは（すぐ周囲にある、人で込み合った共同体を）、一篇の演劇を通して、再組織し始める。その演劇では彼自身が、そのスピーチとその身体自体でパブリックとプライヴェートとの定義の闘争の場を体現するのである。この大胆な行為を通し、支配下にある観客のために、彼自身の身体をカテゴリー分割の苦悩の現場として演劇化することによって、ヴィアの裁判官としての権威が確認されるのである。「感傷性」とは、彼のうちに体現されるこのカテゴリー分割の一つの面、つまり追放された方の側面に与えられる名称とも言える。しかし同時にそれは、ここで彼の周囲に展開される支配的な戦略に与えられる名称とも言えるのである。

　ヴィアの言葉についてはすでにある程度議論した。しかし彼の身体についてはどうか？　この演劇性は、結局ヴィアの視覚的な規律の特徴となる二つのモードを最終的に合致させる戦略である。一方の頂点には罰せられる男の身体が視覚の対象として位置し、もう一方の頂点にはヴィア自身が、観察し判決を下す主体として位置すること、それがヴィアの視覚的規律のモードだ。『ビリー・バッド』において「星の煌《きらめ》く」ヴィアの顔つきや身体が葛藤の物理的な場として可視的になるとき、その出来事がいっそう壮観なのは通常ヴィアという存在には、身体的具体性があまりにもないからである。たとえば認識論的に単純で無防備なビリーの性質は、物語が彼の体格を喚起するとき、男性美を強調するあからさまな描写がされることによって立証される。またクラガートの身体は、内側から外を見る視線と外側から内を見る視線の、パラノイア的十字砲火によって絶えず掃射されている。[*19] しかしビリーやクラガートとは違って、ヴィアが物語の場面に紹介されるときには、身体的描写に普通は当てられる場が、欠性辞のリストによって占められている。彼は「中でも感情を表に出さない男」であり、「体格においては目立つところはなく、目立つ記章もつけていないこの紳士」は「断固とした性質にときおり伴うある種の男らしい、飾りのない慎み深さから来ているのかもしれない、さしでがましいところのない物腰」をしている(1369：強調引用者)。読者のまなざしは饗宴の楽しみに招かれない。ビリーの単純な青い瞳は見つめられるためにあり、クラガートの深いすみれ色の眼は「蛇が魅入る」(しかし誰が蛇なのだろう？)ような一瞥の、二重の指向性をもって赤く光を放つ(1394)かまたは濁った紫色にくもる(1403-4)。それに対してヴィアの灰色の眼は、それが彼の肉体を記す唯一の細目なのだが、外側に向かって要求するのみだ。彼の「灰色の眼は苛立ち疑い深く、クラガートの落ち着いたすみれ色の眼の底まで見抜こうとして」（1401）いるか、またはビリーの空色の瞳を直接観察できるところに置いておこうと欲望しているか、だ。

したがってヴィアがもっとも公然と視線の対象となるためには、彼の眼が隠されなければならないというのも、おそらく驚くには当らないだろう。そのようなときでさえも、彼の身体がどのように可視的になるかと言えば、内的分裂が演劇化された場としてなのである。たとえば彼とビリーが、死んだクラガートの動かない身体を調べた後（「それはまるで死んだ蛇に触れるようだった」）で、［次のように書かれている］。

再びまっすぐに体を起こすと、ヴィア艦長は片手で顔を覆い、見たところ彼の足下のものと同じくらい動かずに立っていた。出来事をあらゆる方面から考察しそのときただちになすべきことだけではなく続いてなすべきことまで考えることに熱中していたのだろうか？　ゆっくりと彼は顔から手を離した。そしてそれにはまるで月食の月が、隠れる以前とはまったく違う様相を帯びて再び現れたかのような効果があった。その場面でそれまでビリーに向けられていた彼の父親のような側面は、厳格な軍人の規律主義者に取って代わられていた。（1405）

さらに、裁判の転換点（ビリーが船室を去り、ヴィアが「証人」から積極的な検察官へと変わったときだ）をはっきり示すため、彼は背中を向けることによって彼自身の存在を可視的なものにしている。士官たちは、

決しかねて困ったように互いに見交わしたが、しかしあまり遅れることなく決断しなければならないことを感じていた。ヴィア艦長はと言えば、当座は無意識に彼らに背中を向け、ときおり起こる放心状態のまま、舷窓から風上の方、黄昏の海の単調な空白を眺めて立っていた。しかし法廷の沈黙は、ときどき低く真剣な調子で交わされる短い協議によって破られる以外は続き、それが彼を目覚めさせ活気づけることになった。振り向くと彼は船室を斜めに横切って行きつ戻りつし

た。船が風下側に揺れ、傾斜した床を風上に向かって上りながら戻るとき、彼は知らず知らずその上る行為によって、たとえ海や風と同じくらい強い原初の本能に反したとしても困難を乗り越えるという、決然たる意志を象徴的に表した。(1413)

ここで艦長の身体は再び実体化されている。再び直立した身体として、再び自己と戦う存在として。絞首台でビリーに「今まさに迫ろうとする死」の瞬間にも、彼はさらに一層明らかに実体化されるのである。

ヴィア艦長は、ストイックな自制によってか、それとも感情的ショックがもたらした瞬時の麻痺状態のようなものか、武器庫に立てかけたマスケット銃のように硬直し直立していた。(1426–27)

ヴィアの「プライヴェート」な苦悩が「パブリック」に表示されることによって、演劇のように機能すると述べているからといって、それが不誠実だと暗示するつもりはない。そのような告発をすれば、あたかもプライヴェートな苦悩のパブリック・パフォーマンスの舞台裏にどこか、それとはまったく違う本物のプライヴァシーの空間があり、そこではまったく異なった内的ドラマが繰り広げられているかのように暗示することになるだろう。たとえばヴィア自身の船室だ。苦悩に満ちたパブリック・パフォーマンスから彼が引き下がる寝室、そこでただ一人になって始めて、寝具の中で喜びのあまり自らを抱きしめ「暁の濃い薔薇色を全身に受けて昇る」(1427) 少年の不変の視覚的栄光に、性的歓喜を覚えると想像できないこともない。そんなことは起こり得ないと誰に言えよう? しかしそれが起こったとしても、それさえも、結局わずか数時間前には、死刑宣告を下す権能を与えられた裁判が召集されたこの部屋を、プライヴェートな場として構成するには十分ではない。実際たとえ裁判がなかったとしても、アルバートなる若者が(「船長のハンモック・ボーイで、海上における従者のようなものだが、その思慮深さと忠実さに主人は大きな信頼を置いていた」(1402))、彼の裁量で出入りできるかぎり、この部屋がプライヴェートな場と呼べるだろうか? 従者の出入りする「プライヴァシー」は、『ベニートー・セレイノー』にも明らかなように、「パブリックな」権力関係のシニフィアンとさらにシニフィエが、より一層繊細に神経のように分布する空間なのである。同様のことを別な方面から論ずることができる。たとえばヴィアにおいて、性器的セクシュアリティがパブリックなものであるよりはプライヴェートなもののしるしであるとどうして仮定するのか？　その正反対の仮定の方がよりもっともらしいかもしれない。つまりヴィアが性的歓喜を覚えることがあるとしたら、それは彼自身か他の者かが、人目にさらされることによって起こるように見える。またこれから見るようにこのテクストは、男性的な性器の緊張を、一人または二人での喜びや勃起の消散の中に位置づけることはない。むしろ性器的緊張は、〔テクストの中で〕目に見えるように循環させられる。すなわちより〈きれい〉な、可視性の経済学の中に配置されているのである。[*20]

しかし士官たちまたは水兵たちの面前でのヴィアのパフォーマンスのみが、『ビリー・バッド』におけるパブリック／プライヴァシーという犠牲のドラマの唯一の形式ではない。このドラマにおいては読者もまた、舞台上に群がる目撃者たちのコールドバレエと単に同一化するというアリバイを取り上げられ、自分たち自身の貪欲さがより露わになる〔読者〕関係の中に取り残されることになる。このテクストは、結局真にプライヴァシーと呼べる瞬間を二つ構成している。一つは男同士のキスに至り、もう一つは男同士の抱擁に至る。抱擁は、適切にも「クローゼットの中での会見」（1419. 1423）と二回言及されている会見で起こる。この会見でヴィアはビリーに死刑判決を伝えるが、適切というのは、抱擁はそのとき起こったかもしれないし起こらなかったかもしれないからだ。なぜならその会見は小さな船室というクローゼットの中で行われるだけではなく、仮定法という文法のクローゼットの中に閉じこめられているからである。その過去形の効果は、この唯一の抱擁に最大限境界的な存在論・認識論上の地位を賦与することによって、その神聖／禁忌の抱擁の重要性を強調することだ。

判決が伝えられたこと以上に、この会見で何が起こったかは知られていない。……

ヴィア艦長がこの機会に何も隠し立てしなかったと

しても、それは彼の精神にふさわしいと言えよう。……ビリーの方では、そのような告白がその告白を促したのとほぼ同じ精神で受け止められたとしても不思議ではない。……また判決そのものにしても、ビリーには感じることがないわけでもなかっただろう……さらにもっと多くのことがあったかもしれない。ヴィア艦長が最後には禁欲的または無関心な外面の下にときおり潜んでいるあの情熱のほとばしりを見せた、ということもあったかもしれない。彼はビリーの父親と言っても良い年齢だった。[*21] 軍務に身を捧げた厳格な彼が、われわれ規格化された人類の中に原初から継承されるものに心を和らげて戻り、ついには若いビリーを心に受けとめたということもあったかもしれない。（1418-19）

この〔仮定法の〕戦略は、〔信じられないことに〕プライヴァシーと呼ばれている。これこそアン・ダグラスが、メルヴィルは彼の登場人物のプライヴァシーを尊重すると語るとき意味しているものだ。

しかしサクラメントの秘儀とは語られるものではない。ましてやここで描こうとしている、大いなる〈自然〉の、より高貴な秩序二つの抱擁という状況は、いずれにせよ浮わついた世間に明かされるものではほとんどない。そのようなときにはプライヴァシーというものがあり、それは生き残った人間には不可侵のものだ。そしてより神々しく高潔な行為の後日談である神聖な忘却が、ついには摂理によってすべてを覆い隠すのである。（1419）

この「クローゼットの中の」会見さえも、ヴィア艦長の特に表情豊かに感情を押し殺した身体を通して、艦上の乗組員に強い印象を与えている。「〔ビリーの監禁されている〕部屋を後にするヴィア艦長に最初に会ったのは、あの先任士官だった。彼が見た顔は、一瞬、強者の苦悩をはっきりと表しており、五〇を過ぎた士官にとっても、はっとさせるような啓示に見えた」（1419）。とはいえ、この苦悩の主要な観客は、この物語の観客だ。同時にここで観客が、着実に高まる物語の輝きと主張との圧力によって、今まさに巧みに創り出される過程にあるということも、明白であるはずだ。私はこの〔読者創出〕効果を単純に、〔読者の〕欲望をそそる《プルリエント》もの、と呼んでも良いくらいだと思う。それは換言すれば単純に感傷的《センチメンタル》、ということだ。もちろん、この用法では欲望をそそるものと感傷性は、それぞれ単純さのアンチ・テーゼであり、たやすく理解したり分析できるもののまさに正反対であることは確かである。

　しかし差し当り、感傷性とはパブリックな領域とプライヴェートな領域とが混合することだという、アン・ダグラスの著作に暗に意味されている定義を受け入れることに同意したとしよう。特にそのような混合が、両者の決定的な区別を主張するレトリックを通してなされた場合、とつけ加えておかなければならないが。そのような定義の下では、ヴィア艦長は申し分なく感傷化の主体であり、パブリックともプライヴェートとも確固とした定義のできない要求を満足させるために、感傷性の策略を積極的に行使する人物だということは、すでに明らかにしたと思う。しかしだとするならば、ここでヴィア艦長がビリー・バッドとの抱擁の中で、語りの上で感傷化された対象としても位置づけられる、この徹底した対象化についてなんと説明したらよいのだろうか。

## 健康／病気

対象化という点に関して言えば、「クローゼットの中の会見」の枠組みを作るレトリックは、物語の始めの方で行われる対象化の行為（すなわち物語によるクラガートの対象化）を奇妙にも連想させる。

> 判決の伝達という以上には、この会見で何が起こったかは知られていない。しかしこの個室に短い間閉じこもった二つの人格を考えれば、それぞれがわれわれの性質のうちでもひときわ稀有な特質を根源的に共有していたのだから、――実際あまりに稀有なため、たとえどんなに教養ある人物であってもわれわれ平均的精神の持ち主にはほとんど信じられないほどだが――あえていくらかの推測もできるだろう。（1418：強調引用者）

ここで読者は二重のメッセージによって構成される。つまり読者を嘲り、またはうれしがらせて、実際には与えられていない男同士の抱擁の場面を見せられているかのような幻覚を創造させるのとまったく同じ形式的そぶりで、読者の情けない「平均的精神」(「浮わついた世間」の典型だ)が立証される。この二重のメッセージは、始めの方でホモセクシュアルのクラガートが創造されるとき読者の「通常の性質」に呼びかけがされたことに比べれば、確かに暴力と、表立った陰険さの度合いは少ない。また「クローゼットの中の会見」を枠に入れる倫理的な説明にただよう神聖化のアウラは、クラガートに付与された忌まわしさとはまさに正反対かもしれない。しかし構造的には、この語りかけが、認識論的な過度の刺激(「ほとんど信じられないほど」)と存在論的な空虚さをつなぎ合わせている点では、やはり始めの(ホモセクシュアル・クラガート創造の)構造を繰り返しているのである。

この時点で、ヴィアの「父親のような」抱擁が、クラガートのホモセクシュアリティとははっきりと異なって構築されていることを人は期待するだろう。というのもクラガートは、断片的にせよ「法律家」「医学の専門家」「聖職者の有能者」(1475n. 1384. 3)という、分類学的権威を帯びているために保護管理を伴うどんな公的儀礼にもふさわしいとされる、もっともらしい階級からの、専門家の参考人の侮蔑的視線の枠の中に入れられて紹介されるからだ。実際、クラガートが生きている間は、どのような診断的視線に対してもヴィアは、単にそのような視線を所有しているという関係にしかなかった。しかし奇妙な事実は、クラガード殺害の直後に始まる。すなわち、クラガートの男性指向の欲望が、彼の周囲の男たちの男性指向の欲望とは異なる欲望として、正常なものに反する、例外的なもの、奇妙なもの、特異なものという中傷的重砲火によって、隔離されマイノリティ化されているにもかかわらず、また語り手が分類学的専門知識の新しい形式を彼を断罪する陪審員として選んでいるにもかかわらず、彼の死後、『ビリー・バッド』における特に医学の言説が実は、クラガートとヴィアの性格とが一致していることに読者の注意を差し向けることになるのである。それによって、マイノリティとマジョリティ、病気と健康、狂気と正気を区別する知識の諸形式について、自己満足を揺るがすような見方が提示されるのだ。したがってヴィアの眼の診断的権力は、「抗し難い」眼のクラガートとまったく完全には区別できないと言えよう。たとえばクラガートもまた、「大講堂の中で今まさに起ころうとする痙攣発作の兆候を示し始めた患者に近づく精神病院の医師のような、規則的な足取りと平静で沈着な態度」(1403) を表すことができるからだ。[*22] クラガートについて決定的な診断を下す一節は、結局「例外」という診断を下すのに、潜在的な認識論的袋小路を堂々とその根拠にしている。

> しかし特別な場合きわめて例外的な性質として異彩を放つのはこれだ。すなわちこの男のむらのない気質と慎重な態度は、彼の精神が特別に理性の法に従っているのだと暗示するにもかかわらず、それでもなお心の中で彼は理性の法からは完全に背反して、放縦さにふけるとしか見えない。それは理性を非合理的なものを達成するための二心のある道具として使う以外には、一見理性とは何の関わりもない。つまりこういうことだ。狂気を帯びていると見えるような、節度を超えて非道な目的を達成するために、彼は賢明で健全な、冷静な判断を振り向けるのである。こういった男は狂人だ、しかももっとも危険な種類の狂人である。というのも彼らの狂気は継続的なものではなく、なにか特別な対象によって喚起される偶発的なものだからだ。それは自己保護的に隠ぺいされている。すなわち自制的だとも言える。そのためさらに、それがもっとも活発に働いているとき、既に述べたような理由によって平均人の精神にとっては正気と区別がつかないのである。その目的がなんであれ、そして目的は決して明らかに宣言されないのだが、目的達成の手法と表立った手続きは常に完璧に合理的なのである。(1383)

物語のずっと後、たまたまヴィア自身が戦闘で命を落とす段落で、彼は「哲学的謹厳さにもかかわらず、あらゆる情熱のうちもっとも秘された情熱、すなわち野心に、ふけったかもしれない精神」(1432) として描写されるが、それはどのような人物でも狂気というこの診断から完全に免除されるのは不可能だということを確認し、この潜在的問題を作動させるだけである。すなわち「野心」の例が明らかにするのは、この診断が依存している目的と手段の区別と同様、情熱と理性または心と頭の区別には、致命的な無力さが潜んでいるということだ。ヴィアの中に狂気の動機（すなわち「賢明で健全な、冷静な判断」を通して明瞭に現れる「秘密の」放縦さ）を見出すとしたら、それはビリー・バッドの特殊な配置を求める彼の飢えの中に違いない、というのがより明らかな仮説であろう。しかしここでの語り手の分析が提示するように、それがヴィアの職業的野心と区別できないということが、狂気と正気とのまさに認識論的な問題を刻印するのである。

疑惑を静めるかのように、ヴィアの正気の問題は、クラガート殺害のほとんどすぐ後にまったくあからさまに持ち出され始める。戦艦自身の医学専門家が、ヴィアの非一貫性と片意地な判断に、やむなく「精神のちょうつがいがはずれたのか？・」（1407）と考えているが、物語自体はこの問題についての判断を表向きは保留している。また予測できるように、ヴィアの裁判が公平かどうかという疑問は、おそらく彼が潜在的に狂人と診断可能であり、もはや公平とは考えられない、あるいはマイノリティ化された状態の点からのみ、提出され得るのである。

軍医が「精神のちょうつがいがはずれたのか？・」といぶかり、また「そうだとしても、証明できることではない」と結論するとき、彼は一つの認識論的領域にある非一貫性を認めたのであり、結果として、問題を他の問題に移さざるを得なくなる。このもしかすると狂人かもしれない男に従うべきか？　自分は従わせられ得るのか？　と。これらの質問は、道徳的権威とは言わないまでも、従属を求める主張がより当然に自然とみなされるような国家権力の言語で表された、明快な二者択一の一組を提示しているようである。

> だとしたら、軍医に何ができるか？　まったく知性に影響を受けていないとは言えない……と疑われる艦長の属官以上に難しい立場は考えられない。命令について議論するのは傲慢だろう。反抗すれば反乱だ。
>
> ヴィア艦長の命令に服従して、彼は、各士官、ならびに海兵隊長に何が起こったかを伝えたが、艦長の状態については何も言わなかった。（1407）

このように、『ビリー・バッド』においては、医学的言説が奇妙にもふたまたに分かれた地位を有しているようだ。医学的言説は、ヴィアが彼特有の擬似的超越という戦術を通してもその用語=条件《ターム》を支配できない、唯一の主要な言説だ。または同じ洞察を別な言い方で述べれば、医学の分類学という抑制できない「二枚舌の道具」が、クラガートの死の時点で、ヴィアの意識と物語それ自体の意識との間にある、融和し難い視点の唯一の裂け目を開かせる。この意味で、それは奇妙に特権を帯びた言説であるように見える。すなわちこのテクストにおいてもっとも冷静な一人の策略家の支配からさえも免れ得るだけ力強い唯一の道具であるという点で、だ。しかしそれにもかかわらず、艦長の法的権威の前に軍医の診断的権威が惨めにも失効したということが示すのは、医学的言説は、国家の定義と国家の統制の下で起こる、より鋭い分裂の支配には、どのように短期的にせよ弾力的に服従しなければならないということだ。(語り手が冷笑するように、実際それは報酬という野卑な付随的条件に従属してもいる(1407))。〔しかし〕「軍隊の医学」と、また物語の後の方で言及される「軍隊の宗教」は、還元不能な撞着語法《オクシモロン》であるという点で、「軍楽」や「軍事情《イン》報=知性《テリジェンス》」と類似しているという、いかにもメルヴィル的なこのポイントは、最終的結論ではない。撞着語法は単純に袋小路の場ではなく、戦略的に位置づけられ、戦略的に操作されるダブル・バインドの、巨大な生産力をはらんだ場であるからだ。

というわけで、クラガートの死に引き続いて、ヴィアにとって、物語にとって、そして戦艦ベリポテントの小さな世界にとって、二つの事が一緒に起こっていると言える。第一にヴィアは自ら体現するという劇的戦略にますますかりたてられて行く。「パブリック」と「プライヴェート」というカテゴリーを利用する必要と、それがますます強調され、目に見えて利用されることによって、ヴィアにはカテゴリーの境界を侵犯し食い物にする、ほとんどリチャード・ニクソンのような気迫と無謀さが表れる。しかしそのための方便が、ビリーの身体だけではなく、彼自身の身体の境界的な苦悩の周囲に演劇的な祭儀を組織することだという事実によって、彼はそれまでまったく無縁だった類の無防備さに支配されることになる。それはすでに説明したような、彼の体現する、苦悩や自己分裂に対する無防備さではない。むしろ体現自体が要求することに対する無防備さだ。士官たち、乗組員たち、そしてなによりも物語自体の視線の対象として、ニクソン化されたヴィアは、結局彼単独では制御できないやり方で、分類学、循環、そして視覚的な消費という侮辱の支配を受けることになるのである。ニクソンと同様に、体現という戦略がもっとも強力に作動しているまさにそのとき、彼は分類学的にもっとも無防備になる。権能と狂気、または規律と欲望とが、舞台化された身体を通して明示されるにつれ、互いに危険なまでに近接したものであると見えて来る。

ヴィアの分類学、循環、消費の条件は、このテクストにホモセクシュアルが存在していたことによって設定されている。しかしそのホモセクシュアルの死までは、これらの条件はこの入念にマイノリティ化された、搾取可能な人物〔クラガート〕と、また同様に対象化されたビリーと二人の間に引き起こされた対称性とに結びつけられて、十分固定されているように見えた。しかしビリーがクラガートを殺害するやいなや、対象化の回路は大きく口を開け、ヴィアをも包み込むのである。これはおそらく、すでに暗示した直立《エレクション》=勃起のエコノミーにもっとも明らかに見られるだろう。『ビリー・バッド』の男たちは、勃起するよりはむしろ自分たちが勃起したペニス自体になる、あるいは互いに相手を勃起すペニス化する傾向にある。死の前に、「正義の自己主張をすると言わんばかりに胸をはり直立して」(1401)という特有のジェスチャーをするのはクラガートである。ビリーもまた、自己を隠ぺいしたヴィアに強いられたクラガートとの鏡像的関係の中で、無力にも「頭と全身を一心に前に突き出し」(1404)た身体と化してしまう。このシナリオでの能動と受動の両義性は、ファルス化されたビリーの身体と、〔クラガートの告発に絶句する彼を描写する」「不能」(1404)、および彼を二重の性的暴行の対象とするような「串刺しにされ、猿ぐつわをはめられた人」(1403)という言葉が結びつけられて、暗示されている。しかしビリーの一撃によって「直立していた」クラガートが永遠に「横ざまに倒れ」[*23](1404)、ヴィアとビリーが男の死を確かめるためにかがみ再び立ち上がるときに、今度はそれまで何の説明もされなかったヴィアの身体が、「再び直立の姿勢をとると」と描写される。この瞬間こそが、ヴィアが「片手で顔を覆って」(1405)体現するという複雑なプロジェクトを引き受ける瞬間だ。それによって自己の欲望をファリック（身体のファルス化により可視的にする＝強力にする）にしながら同時にその同じ体現の行為によって、最終的に欲望を無防備にするのである。

またさらに、ビリーの絞首刑執行の場面で「異変の」効果が集中発生する中でも、目撃者である群集の眼、口、耳を通して、互いに相手の性器の代理を務めるように見えるのは、ヴィアとビリーだ。最初の「異変の効果」は、「若い水兵の世にも稀なる人間的美によってひとしお高められたと言える」が、ビリーの「主よ、ヴィア艦長にご加護を！」という「よどみない」叫び＝射精《エジャキュレーション》が電流のように群集を通って走り（「意志もなく、まるで実際船の全乗員が音声の電気的流れの媒体になってしまったかのように」）艦長に至るというものだ。その瞬間、艦長は衝撃のあまり、みるみる硬直する。このヴィアの「硬直したように直立した」姿勢での「一時的麻痺状態」が、今度は、軍医と主計長の事後評価という補遺の中で、ビリーの死の瞬間における「筋肉系統の機械的痙攣」の欠如という「異変」（すなわち勃起またはオーガズムの説明不可能な不在）の代補となるように見える。しかし同じクライマックス的場面を通時的に囲む周辺を別な点から見れば、メインヤードの絞首台に掲げられ宙吊りにされることによって、ビリー・バッドの全身が、それ自体独立して勃起したペニス（すなわちヴィアの勃起）になるのである。そこでビリーの「手足を縛られた姿」（1427）は薔薇色の肉体であると同時に「ヤードの先端から垂れ下がった真珠」（1434）つまり真珠のような射精液でもある。そのような結果の早計さ＝早熟さ（もちろんビリーは一九歳そこそこだ）は、ヴィアの硬化した厳格さ＝禁欲的生活の裏面のように見える。しかしたとえばビリーの過敏症に対してヴィアの持続勃起症というように、二人の男の間で性的特性を厳格に分割することは、この二人がどのように完全に、それぞれ相手を演じ表象しているかということを偽って伝えることになるだろう。すなわち、ヴィアがクライマックス的犠牲をまさにパブリックに舞台化することによって、その犠牲は完全に相互的で性的なものになるのである。

しかし軍規と欲望とを擬人化してみごとに舞台化した結果、招かれた忠誠心の損失や権威の損失がどの程度のものだったか、一つの驚くべき事実によってありありと提示される。すなわちベリポテントの乗組員による反乱の可能性が、戦艦の秩序を守る責任を負った男たちの防衛的ファンタジー以上のものとして顕在的に示されるのは、ビリーの死後数分の間のみである。ヴィアは屈辱的に、また少なくとも読者にとっては目に見えて、あわてふためく。水兵たちから湧き起こって来る、今度は脱−擬人化された「雪解け水の奔騰する流れ」(1428)のような反乱の潜在的可能性に対して、彼は「鋭い」号笛の音を鳴らし、乗組員を部署につかせるドラムの合図の時間を変え、見え透いた、やっつけ作業をでっちあげることによって対応する。体現された軍規は力強いが、同時に無防備だ。その事実はクラガートの身体において証明されているが、クラガートが去った今、今度はヴィアの身体の上に目に見えて明らかになると言える。

　ヴィアの権威と中心性が、演劇的体現という操作それ自体を通して徐々に危険にも切り崩されるという感覚は、すぐ次の章での彼の死という事実にではなく、むしろ物語の中でその死がアンチ・クライマックスをなしているにすぎないことによって確認される。ビリーの神格化が達成される一方、ヴィアの方は、戦闘で致命的に負傷し、話の複数のエンディングの「不揃いの縁」(1431)のうちでももっとも耳目を引かない一節として、物語からすべり去る。彼の欲望が満足させられたかどうかという質問は悲しみ《トリステス》と終局へと向かうこの時点ではとうてい刺激を喚起するものではなく、したがって物語はその質問を黙過し、ほとんど尋ねられないままに残している。麻薬を打たれ、死の床にある「ヴィアについての一節は次のようなものだ」。

　彼が従者には不可解な言葉を呟いているのが聞こえた。「ビリー・バッド、ビリー・バッド」と。この言葉に悔恨の響きがなかったのは、その後この従者がベリポテントの海兵隊上級将校に語ったことからも明らかである。この将校は臨時軍法会議の中でも死罪を宣告するのをもっとも忌避した判事だったから、ビリー・バッドが誰だったか、もちろん知りすぎるほど知っていた。しかし彼はこの知識をここでは彼自身の胸に秘めた。(1432)

もし悔恨ではないとしたら、一体どんな響きだったというのだろう？　またさらに言えば、その言葉の背後の衝動がそれほど明らかになるような一体何を、従者は死に行く男の中に認めたのか？　しかしヴィアの最後のビリーに向けての身振りが、ビリー自身の死に行く身体の中で抑圧された、まさにその「痙攣性の動き」(1428)だったかもしれないという可能性は、ここでの物語の関心事ではない。この物語は――『市民ケーン』ではないのだから――問いかけのために立ち止まることはなく、その容赦ない回路の中、前へ前へとカメラを回すようにパンするのである。

## 健全さ／頽廃《デカダンス》、ユートピア／終末論

『ビリー・バッド』は、ホモ／ヘテロセクシュアルをマイノリティと定義する見解と普遍的と定義する見解との相互作用についての記述として読めるが、その場合、物語の支点はクラガート、つまりマイノリティ化の定義を可視的に表す男の死の瞬間だということが繰り返し明らかになった。このように残酷な事実をどのように理解したらいいのだろう？　『ビリー・バッド』は近代のホモセクシュアル・アイデンティティが出現するまさにその時機からの文書である。しかしすでにその新生のアイデンティティに刻み込まれているように見えるのは、二〇世紀のセルロイド・クローゼット〔映画〕で、お定まりのゲイの自殺や自動車事故へと変形することになる個人的宿命だけではない[*24]、より恐ろしいものだ。すなわちホモセクシュアル以降の生活を求めるファンタジーの軌跡である。

今流星は音を立てずに流れ行き、あとには
輝く航跡を残す、僕の中の君への思いのように[*25]

分析の前半で提示したキャラクターの空間化された対置関係によって、物語の事実を曖昧にしてはならない。すなわちヴィアと不運なビリーとの、美化され燐光のような淡くロマンティックな光を発する関係が、〔クラガートという〕ホモセクシュアルの消滅の後に続く輝く航跡をなしているという事実、をだ。ヴィアの規律の静態的タブロー以後私たちが見て来たのは、既にマイノリティの星座が取り払われた天空を背景に、ビリーと同様、既にクラガートが加わっているあのより大きなマジョリティ、すなわち死者たちの方へヴィアが向かうときの、彼自身、野心、戦略、表象、運命における時間性と変化であった。

少なくともソドムとゴモラの聖書物語から、同性同士の欲望のシナリオは西洋文化においては集団殺害と人類撲滅と両方のシナリオに対して、独占的とは言わないまでも、特権的な関係を持って来たようだ。今日においてさえ合衆国の半数の州において、そして合衆国全体の最高裁判所において、ホモセクシュアルの行為に与えられる法的名称であるソドミーに、大量殺害の場所の名称が既に刻み込まれているということは、二重の歴史の適切な痕跡だ。第一の歴史は命にかかわる抑圧の歴史である。法的にせよ法以下のものにせよ、ゲイの行為とゲイの人々は火あぶりにされ、猟犬に狩り立てられ、物理的・化学的に去勢され、収容所に送られ、攻撃や虐待を受けて来た。ルイス・クロンプトンがゲイ集団殺害の名称の下に記録するこのような夥しい数の認可された惨事の歴史があり、一九世紀においてホモセクシュアルという別個の本質化されたマイノリティ・アイデンティティが出現したことによって、ゲイ集団殺害の優生学的動機とやらが、ますますもっともらしく響くようになったのである。しかし第二には、ゲイの行為と人々を、彼ら自身よりもはるかに広い範囲での惨事と結びつけるという、根深く存在するトポスがある。地上から抹消されたソドムの全住民がソドマイト〔同性愛者、獣姦者など〕だったかどうかは明らかではないとしても、ローマ帝国末期の全ローマ人がソドマイトだったはずはない。にもかかわらず、ギボンは全ローマ人の失墜を少数のローマ人の習慣に結びつけている。さらに、聖書とギボンに従い、またダーウィンから動力を借りた上で、近代のマルクス主義者、ナチ、そしてリベラル資本主義のイデオロギーがめったにない同意をするのは次のような領域だ。すなわち同性同士の欲望と「頽廃《デカダンス》」と呼ばれるような歴史的停滞状態との間には、正確に定義されることはないが格別に密接な類縁性があり、それには個人やマイノリティだけではなく、文明全体が支配されるというものだ。だからこの文化におけるマイノリティとしてのゲイの存在規模よりも、はるかに大きなスケールでの瀉血が、デカダンスという死に至る病の「治療」（治療があるとしたらだが）なのである。

もしもゲイ集団殺害を目指すファンタジーの軌跡が、（それなりの条件でユートピア的なファンタジーだが）西洋文化の諸起源から特有なものだとすると、ゲイ集団殺害を目指すその軌跡と人類撲滅にほぼ等しいより広範囲の終末論的な軌跡とを、はっきり区別することがこれまでできなかったというのも真実かもしれない。前世紀におけるホモ／ヘテロセクシュアル定義のマイノリティ化の見解と普遍化の見解との拮抗は、異性愛主義者《ヘテロセクシスト》の想像力においてこの運命的な結合を深めただけに違いない。『ビリー・バッド』と同様私たちの文化において、ホモセクシュアル以降の時を想像することを目指す恐怖症的物語の軌跡は、人類以降の時を想像する物語の軌跡と最終的に不可分である。ホモセクシュアルの通った跡には、あらゆる人間関係が、その輝く表象の航跡に引き込まれる。しかもその表象の航跡は、ホモセクシュアルが始めに存在したときから絶え間なく産出されて来たものである。

ホモセクシュアル以降の時についてのヴィジョンの断片は、言うまでもなく、現在私たちの文化においてめまいがするような循環をしている。エイズの言説が、あらかじめ文化に刻み込まれているホモフォビックな神話の数々を是認し拡大する多くの危険なやり方の一つは、男性のホモセクシュアリティを疑似進化論的に提示することだ。ここでは男性のホモセクシュアリティが、全人類という巨大なスケールの中で、絶滅を運命づけられた一段階（ヒトという種が通過する一段階、と読んでみよう）だとされる。*26 このファンタジーの背後にあるあからさまな集団殺害的悪意の輪郭はご立派なメディアにはたまにしか現れて来ない。とはいえそれは無干渉主義《レッセフェール》医療に関する私たちの国家的実験〔エイズ医療対策の遅れを指す〕という、ポーカーフェイスの仮面の背後にさえもかいま見ることができる。そのような悪意のさらに結構な臭いは脱臭されてはいるものの、パット・ロバートソンの「エイズは、神がご自分の庭の雑草を除くための手段である」という有名な宣言から流れて来る。この言明のサッカリンのような甘ったるい感傷に隠された破壊のヴィジョンと、また言明の行為主体を誤って〔ロバートソン自身ではなく神に〕帰するときの冷酷な熱望との下に、より根本的な矛盾が隠されている。すなわち集団殺害のスペクタクルを想像する自己満足の歓喜を合理化するために、ダーウィン主義的自然淘汰のプロセスが喚起されているのだが、この言明は単に反進化論主義というだけではなく全人類の終末をひたすら指向する、キリスト教原理主義の文脈の中で行われているという矛盾だ。単なるアイロニーとして言及するにはあまりに恐ろしいことでもあるが、同様の現象は、HIV陽性の血液に対する私たちの文化の恐怖症《フォビア》と、その危険な血液を広く循環させ続けようとする渇望とがどれほど足並みを揃えているかにも見られる。これは全住民にHIV検査を課すための計画や、ウィリアム・バックリーの、HIV陽性者に入れ墨を施そうという、根絶できないファンタジーに暗示されている針の共用の可能性などにも明示されている。しかしもっとも直接的に、広く普及した形でそれが明示されるのは、文字通りの血の粛清においてであろう。それは暴力的なゲイ・バッシングがエイズとの関わりで再燃していることによって立証されているように見える。つまりこの文化においては銃による暴力が圧倒的に多いにもかかわらず、ゲイに対する攻撃のみは典型的に角材、野球バット、そして拳という、考えられる限りもっとも想像力の欠けた身体―体液の接触の形式によって行われているのである。

　現在のユートピア的／集団殺害的ファンタジーの波の中で、進化論的思考を使用することが、何にせよ狂気の沙汰だということをはっきりさせる価値はあるかもしれない。第一に同性の対象選択が歴史と文化を超えて一つの原因で生ずる一つのことだと信じない限りは、また第二にその一つの原因とは、退行することのない遺伝子の経路を通した、直接的伝達にあると（それは穏やかに言っても直感に反するが）信じない限りは、エイズ以後の世代でゲイの住民数が、ゲイ男性の数でさえ、ほんのわずかでも減少するという根拠はまったくない。エイズがゲイの病気であるというまさにその限りにおいて、それは私たちの世代に限定された悲劇である。しかしそれとは反対に、この病気の長期的な人工統計上の侵食作用は、彼ら自身の世代が極度の危機に瀕しているだけではなく、異性間の直接的伝達によって「人も病気も」再生産されるような諸集団の上に降りかかるだろう。

　ユダヤ人、先住アメリカ人、アフリカ人、また他の集団に向けられた集団殺害とは違って、ゲイ住民の決定的根絶は、たとえそれがどんなに強力で長く維持された西洋文化のプロジェクトないしはファンタジーであったとしても、全人類の根絶をしない限りは不可能だ。しかしヒトという種が自らの種自体の根絶に向けて持つ衝動を過小評価してはならない。またその人類撲滅的衝動が近代のホモセクシュアルのプロブレマティック、すなわちたとえば別個のリスク・グループとしてのホモセクシュアルと、普遍的全体を代表する可能性を持つものとしてのホモセクシュアルという、定義上のダブル・バインドとどれほど深く絡み合っているか、過小評価してはならない。[*27] この鏡のような反射作用のある恐怖と苦しみが練り上げられる中で、ゲイ・コミュニティとマイノリティ住民としてのゲイの連帯と可視性とが鍛えられ強化されているときであるからこそ、なおいっそう必要なのは、マイノリティ化の可能性と普遍化の可能性との間の認知、欲望、そして思考の道筋が絶えず、繰り返し、開き続けられることではないだろうか？

〔原註〕

*1 例として以下が挙げられる。F. O. Matthiessen, *American Renaissance: Art and Expression in the Age of Emerson and Whitman* (London: Oxford University Press, 1941), pp. 500-514; Robert K. Martin, *Hero, Captain, and Stranger: Male Friendship, Social Critique, and Literary Form in the Sea Novels of Herman Melville* (Chapel Hill: University of North Carolina Press, 1986), pp. 107-24; Joseph Allen Boone, *Tradition Counter Tradition: Love and the Form of Fiction* (Chicago: University of Chicago Press, 1987), pp. 259-66.

*2 Herman Melville, *Pierre; Israel Potter; The Piazza Tales; The Confidence-Man; Uncollected Prose; Billy Budd* (New York: Library of America, 1984), p. 1357. 以後『ビリー・バッド』からの引用は本文中括弧内にページ数を記す。

*3 ここで私は平和的商船ライツ・オブ・マンと軍艦ベリポテントとを区別していないことにご注意願いたい。一国の商船全体と海軍とは同じ国家政策の二つの別々な側面である。そしてビリー・バッドはどちらのコミュニティでも、彼にあるほぼ同じ可能性のために欲望される。ライツ・オブ・マンでの階層制とその強制の形式はベリ

ポテントでのものよりはるかに緩やかだ。しかしどちらも階層制であり、この二つのシステムの共生的関係を考えると両者をどのようにせよ象徴的に分離するのは困難である。

もしこの章が論ずるように『ビリー・バッド』の最後の三分の一がホモセクシュアル以後の生についての西洋のファンタジーの徴候だとするならば、それに応じてライツ・オブ・マンの部分はホモセクシュアル以前の生についてのファンタジー（以前、すなわち別個のホモセクシュアル・アイデンティティが特定される以前の）を表象するとつけ加える価値はあるかもしれない。だがそれが以前についてのファンタジーであるという限りにおいて、そのファンタジーはホモセクシュアルという充実し自己矛盾した概念によって既に構造化されてもいるのである。

＊4　Barbara Johnson, "Melville's Fist: The Execution of *Billy Budd*," *Studies in Romanticism* 18（Winter 1979）: 569-99. p. 582 から引用。

＊5　実際「誇り」「嫉妬」そして「絶望」という実体的となり得るような名詞が、最終的には説明するかのように提出される。しかしそれらはまるで同義語であるかのように扱われ、またそれぞれの心理的な特異性をそれ以前の二つの章における空虚で二極的な倫理的カテゴリーの中にまず間違いなく再び沈めてしまうような、型にはまった聖書的／ミルトン的シナリオ（「蛇」「本源的悪」）の一部として提出される。この三つの名詞がそれぞれ相互を意味する限りにおいて、これらが意味するのは「悪」というカテゴリー以外の何物でもない。そしてそのカテゴリーを構成する要素が何かはいっこう特定化されないのである。

＊6　ライブラリー・オブ・アメリカ版の編集者は次のように書いている。「ヘイフォードとシールツは［メルヴィルが引用している翻訳は」ボン版のプラトン著作集であり、……そこには『定義リスト』が含まれ、『自然の堕落』は『自然による〔／に照らした〕悪の状態、およびその状態において自然に〔／照らして〕罪を犯すこと』と定義されている。」端的に言えば同じ矛盾がより明白になっているだけである。

＊7　たとえば次を参照のこと。John Boswell, *Christianity, Social Tolerance, and Homosexuality: Gay People in Western Europe from the Beginning of the Christian Era to the Fourteenth Century*（Chicago: University of Chicago Press, 1980）, pp. 303-32.〔『キリスト教と同性愛――一―一四世紀西欧のゲイ・ピープル』大越愛子・下田立行訳、国文社、一九九〇〕

＊8　Johnson, "Melville's Fist," p. 573.

＊9　表面的偶然性にもかかわらずやはり永続性のある換喩《メトニミー》において。また、一方では診断、もう一方では「〈ある〉ことと〈する〉こと」とを分離するという認識論的命令という論理的矛盾にもかかわらず、やはり有効なメトニミーにおいて。

＊10　Henry James, *The Bostonians* (Harmondsworth, Middlesex: Penguin, 1966), p. 6. 以後の引用は本文中にページ数を付す。

＊11　Martin, *Hero, Captain, and Stranger*, p. 112.

＊12　そしてクラガートの死の後でさえ、ヴィアの申し分のない空間感覚は二人の男を対峙させ続けるという形で維持される。彼の臨時軍法会議は二つの「区画」に側面を守られた部屋で行われる。一方の区画にはクラガートの遺体が横たわり、「その反対側には前檣楼員が監禁されていた」(1406)。

＊13　実際ヴィアの超越的で「賢明な」都会的優雅さは、まさにクラガートの乗組員に対する関係に対して、パラノイア的関係（「奇妙な疑わしさの詰まった強い疑惑」(1402)）にあることで可能になっているのかもしれない、あるいはそのパラノイア的関係から区別できないかもしれないということが暗示されている。ビリーの「ヒナギク」が「危険な罠」(1400) を隠しているかもしれないというクラガートの投射的暗示に疑惑を抱いたその男が、今度はクラガート自身を潜在的危険性の形態の一部として感知する。まさにその知覚によって彼はより一層致命的にそれらの〔潜在的危険性の〕作用の中に巻き込まれるのである。

「他のどんな形態の人生とも同様に、世間一般では否認されることだが、砲列甲板の人生にも秘密の地雷やうさん臭い側面がある。その複雑な人生のすべてに長いこと通じていたヴィア艦長は、部下の報告の大体の趣旨に過度に心をかき乱されるようなことはなかった。

　さらにもし最近の不祥事を考慮して、不服従再発の明白な兆しが現れるやいなや迅速に行動がとられなければならないとしたら、一層、密告者をあまり積極的に信じてはくすぶる不満が消えていないという印象を生かしておくことになり、それは賢明とは言えない、と彼は考えた。」(1399)

＊14　Catherine A. MacKinnon, "Feminism, Marxism, Method, and the State: Toward Feminist Jurisprudence," *Signs* 8, no. 4 (Summer 1983): 656-57.

＊15　しかもここでは、決して完全にはこのシステムと区別できない、他の表象のシステムについては何も語っていない。そのシステムの濃密さと最終的な難解さのために、艦上の空間にはこれと同じくらい繊細な意味の可能性のクモの巣がはりめぐらされている。もっとも明白な

のは、船名から切っても切り離せないと同時に不適当でもある、擬人化のシステムだろう。

＊16 「迅速な行動がとられなければ、前檣楼員の行為はすぐに砲列甲板に知れわたり、乗組員の間に眠っているノアの反乱の残り火をどのようなものにせよかきたててしまうだろう。事態の緊急性の感覚が、ヴィア艦長の中で他の全ての考慮すべき事柄を覆した。」(62-63)

＊17 引用は全て以下から。Ann Douglas, *The Feminization of American Culture* (New York: Alfred A. Knopf, 1977; rpt. ed., New York: Avon/Discus, 1978), pp. 391-95.

＊18 ロバート・K・マーティンによる、メルヴィル全作品の文脈の中で『ビリー・バッド』を論じた啓発的著作でさえも、私のここでの考察と共通点は多いが、ヴィアを「人間」と「職務」との葛藤という観点から要約する傾向がある(「理不尽な職務に服す道理をわきまえた男」)。たとえば次のように。「われわれは、不変の政治的ディレンマを扱う物語に直面している。すなわち良い人間が国家に仕えることができるか、というディレンマに。」(*Hero, Captain, and Stranger*, p. 113)

＊19 たとえば次を参照。「クラガートの眼が指導的な一瞥を投げかけることができるのは、彼の職務に役立った。彼の額は骨相学的には平均以上の知性に結びつけられている類のものだった。絹のような漆黒の捲き毛が部分的に額にかかり、その下に続く、時を経た古い大理石の色合いのようなかすかに琥珀がかった蒼白さを引き立たせていた。この顔色は……厳密には不快なものではなかったが、にもかかわらず体質と血液の中に何か不完全なもの、異常なものがあることを暗示しているようだった。」(1373)

＊20 男性のパブリックな欲望とプライヴェートな欲望についてこのようにわき道にそれ続けることで、私たちの現在の主題である感傷的なものについての議論からはるかにはずれてしまったように見えるかもしれない。しかし結局、『ビリー・バッド』のヴィア派と反ヴィア派の読者は［ともに］、ヴィアの英雄的行為または犯罪が、まさに感傷的なものと(プライヴェートな領域と一緒に)結びついたあらゆるエネルギーを、戦艦ベリポテントの法律原則から進んで排除したことにある、ということに同意するのではないだろうか？ さらに言えば、私たちは感傷的なものを女性との代用可能な結びつきによって(そうすることが好きだろうが嫌いだろうが)認識するのではないだろうか？ ヴィアはその関連をつけている。

「温かい心が冷静であるべき頭を裏切らないようにしようではないか。陸の刑事事件では、公正な判事が、涙ながらの哀願で彼の心を動かそうと、被告人の身内の心やさしい女に待ち伏せられても、職務を離れるようなことがあるだろうか。さてここで言う心は、時には男の中の女性、そのあわれな女のようなものだ。たとえ酷ではあっても、その女はここから排除しなければならない。……しかし諸君の表情の中の何かが次のように主張しているようだ。諸君を動かしているのはただ心だけではなく、良心だ、プライヴェートな良心だ、と。ならば伺いたい。われわれのような立場を占める者は、われわれの唯一の公式手続法である法典に規定された帝国の良心の前に、私《プライヴェート》の良心を従わせるべきではないかどうかを?」(1415)

　ヴィアは感傷性と女性とをまさしく関連づけており、さらに言えば、その巧妙さは疑わしくなるほどだ。にもかかわらず彼の友人たち、たとえばアン・ダグラスは彼の述べることを確かにそのまま真に受けているし、批評家の中での彼の敵でさえも、それをあたかも殺人犯の署名入り告白文書であるかのように恭々しく扱って来た。たとえばジョーゼフ・アレン・ブーンだ。「というのもビリーの裁判での彼の驚くほどあからさまな最後の陳述が示すように、彼の過酷さと慈悲の拒絶とは、『男の中の女性的なもの』に対する恐怖に直接に結びついている」(強調引用者)。さらに「陪審は彼ら自身の中の『そのあわれな女』を排除するように告げられているだけではなく、暗黙のうちにビリーその人を『排除する』ように導かれているのである。なぜならビリーは『男の中の女性的なもの』、すなわち両性具有の可能性と差異のシニフィアンを表象するようになっているのであり、ベリポテントがそのミクロコスモスであるような世界の、階層的男性至上性を保つためには、それは放逐されなければならないからである」(*Tradition Counter Tradition*, p. 263)。あるいはロバート・K・マーティンを見てみよう。「『ビリー・バッド』は……男らしいとされる権威が女らしさを抑圧するように、男性の権威が女性を抑圧する必要を深く知覚している。ビリーの処刑は、ヴィアにとって彼の中の柔らかく優しく女らしいかもしれない、いかなる部分をも排除しようとする最終的試みである。それはエイハブがスターバックの愛を拒否したことと同様、ヴィアを破滅へと直接導く決定的行為である一方、同時に読者にとっては、この男たちがあえてもう一人の男を抱擁することによって根元的両性具有を認めるところまでどの程度近づいたのか、苦い認識を作り上げるのである」(*Hero, Captain, and Stranger*, p. 124)。これが一つの解釈であるという限りおいて、同意しないわけには行かない。しかし気がかりなのは、解釈〔それ自体〕ではなく、むしろヴィアのレトリックがほとんど逐語的に再生産されていることであり、それによって彼が、またそれに付随して、読者が、修辞的にヴィアのレトリックに巻き込まれているというパフォーマティヴな事実と効果からわれわれの注意を逸らしてしまうということだ。それはどの程度マーティンの目的にかなっているだろうか。ヴィアがビリーに有罪宣告をすることは彼らの抱擁のアンチ・テーゼではほとんどなく、むしろ抱擁の根拠であり、また確実に、〔抱擁が〕どの読者に対しても強く心に訴えると仮定されるための根拠なのである。その間ヴィア自身の形象は、彼の「苦闘」と「犠牲」のプロセスそのものによって読者にとってエロティックにまた魅惑的になる。一方その魅惑化のあり方は、ユートピア的両性具有の理想を、根絶するよりはむしろ、その理想の象徴的流通のため、より効果的に再パッケージ化しているだけなのかもしれない。

＊21　このセンテンスだけが、周囲のセンテンスの多義的な文法を共有していないということに注意してほしい。おそらく〔文法的な多義性は〕必要ないのだ。「私は君の父親であってもいいくらいの年だ」というセンテンス以上に、それ自体が古典的に多義的な（禁止として、勧誘として）センテンスがあるだろうか？

＊22　ここで物語が暗示している二人の区別は、言うまでもなく、ヴィアのまなざしが純粋に診断的であるのに対して（「ヴィア艦長は、例外的な道徳的資質の持ち主だった。それが同僚とのまじめな対決の場面では、その人間の本質的性質を測る、真実の試金石となった」（1401-2））、クラガートの注視の方は診断的価値を持つにはあまりに生産的または再生産的だということである。患者に彼自身の情熱を「催眠術のように」投射し、予言された発作を引き起こしたと疑われる精神病院の医師のようなものだ。（クラガートがヴィアを見るときの「自分の戦術の展開を探るような、『好奇心に満ちた《キュリアス》／奇異な目つき』」（1401）と比べてみてほしい。「好奇心に満ち《キュリア》た《ス》／奇異な」は——視覚の対象と、対象を視る人物との両方で作用する認識論的刺激の特性を表す、二重に解釈可能なペーター的形容詞である。）しかし既に見たように、ビリー・バッドに発作を引き起こさせることに関しては、クラガートよりもヴィアの方がはるかに巧妙である。

＊23　これ以降は「うつ伏せに倒れたもの」（1405. 1412）または「横たわったもの」（1405）と言及されることになる。

＊24　Vito Russo, *The Celluloid Closet: Homosexuality in the Movies*, revised ed. (New York: Harper & Row, 1987). 特に pp. 347-49 の圧倒的な「死亡者名簿」を参照。

＊25　Alfred, Lord Tennyson, "The Princess," sec. 7, in Tennyson, *Poetical Works*, ed. Geoffrey Cumberledge (London: Oxford University Press, 1941), p. 197.

＊26　Jeffrey Nunokawa, "*In Memoriam* and the Extinction of the Homosexual." この未出版論文を読んだことでここでの思考は刺激されている。謝意を表する。

＊27　Richard Mohr, "Policy, Ritual, Purity: Gays and Mandatory AIDS Testing," *Law, Medicine, and Health Care* 15 : 4 (Winter 1987/88): 178-85. この中で同様の結びつきが述べられているが、因果関係の方向性については、より確固とした仮説が立てられている。「エイズの社会的強圧は、われわれの核による破滅に対する不安の引力のもと、加速度的にふくらんでいる。普通の個人にとって、また実際今あるどのような政治グループにとっても、生きるもの全てが同時に死ぬという見通しの解消のため、何か意味ある行動をとるのは、実際手の届かぬことだ。そこで個人は不安の焦点を、核による全人類の破滅からエイズへと、転移させるのである。エイズにも彼らは同様に、同程度の脅威を感じているが、エイズは彼らが何らかの行動をとれる（少なくとも政府を通じて）と考えられるものだからだ。エイズ関連の強圧的行動は、神聖な価値の源泉として、そして普遍的破滅に対する普遍的不安のはけ口として、二重の義務を果たしていることになる。」

# 第3章　二項対立論（二）

ワイルド、ニーチェ、男の身体をめぐるセンチメンタルな関係

男の身体がお好きな向きには一八九一年という年は一つの新時代を画する年だ。『ビリー・バッド』の第一章は、既に見たように、「牡牛座の角によって雷鳴の轟く空に放り投げられたかのような華麗な姿」(1354)をした「花の水兵」についての論考で始まっている。一方『ドリアン・グレイの肖像』の第一章が始まると、「部屋の中央には、まっすぐな画架に留めつけられて、稀に見るほど美貌の青年の等身大の肖像が立っていた。[*1]」アッジェの写真の多くのように、作品の始めのこれら二つの男性美の表象は、視界の枠の中に人物のイメージを高く掲げている。その高く掲げられた特異なまぼろしが慣習的に地をはう人物《フィギュア》=形象の見え方を再組織化する力ときたら、印象的でしかも謎に満ちている。

男の身体を好まぬ向きにとっても、一八九一年はやはり重要な年だ。『ドリアン・グレイ』の結末で床に横たわる「忌まわしい」年老いた男の死体は、召使いたちがドリアン・グレイの屋根裏部屋で発見するもう一つのもの、すなわち壁に掛かった肖像についての、「美の背後に隠されていた忌まわしい品性を暴くという」道徳的説教の見せかけだ(「壁に掛かっているのは、彼らの主人の見事な肖像だった。最後に彼らが見た通りの、えも言われぬ若さと美の驚異そのままの姿だった」(248))。『ビリー・バッド』の結末も同様に醜くなることはない宙吊りのペンダントによって支配される。大檣下桁《メインヤード》の絞首台にくくられたビリーは「高く上らせられ、そして昇りながら、暁の鮮やかな薔薇色を全身に受けた」(80)。宙に揺れる見事な肖像、人を惹きつける死体。ある種の性的なものを可視的に指し示す図像《イコン》とはいえ、それらの恐ろしい掲示はまた、この二つのテクストによって刻印される近代の制度においては、美しいと表現されるどのような男性美も、肉屋の店先に湯気を立てて吊される売り物の臓物と、残酷にも大差はないということもはっきり示している。

この章で私は、一九世紀後半の文化を形成するテクストにおいて、この男の身体が支配するような近代の関係について、さらに考察したい。相互に連結した二項対立論の網目における特定の結び目を分離して行くという、前章と同じ脱構築的手順をより広く適用することを通して、前章での一八九一年の一つのテクスト『ビリー・バッド』から転じて本章では、同時代の『ドリアン・グレイの肖像』も含めて、一八八〇年代から一八九〇年代初期に書かれた一群のテクストを扱うことにする。本章はまた他に二つの重要な点で外側に向かって広がっている。すなわち一方では掲示された男の形象《フィギュア》の周囲の感《センチ》傷的《メンタル》／反感傷《アンチ・センチメンタル》的な関係から、一方ではモダニスト的な、個人のアイデンティティと形象《フィギュレーション》化自体の危機へと、そして他方ではキッチュ、キャンプ、そして国家主義および帝国主義の定義という、比較的新しい問題構制《プロブレマティック》と性の定義との交差点へと向かう。

このプロセスを代表し支配する人物として私が扱うほぼ同時代の二人は、ワイルドとニーチェである。おそらくはもっともわかりきっている人物ともっとも考えられない人物との奇妙な取り合わせであろう。わかりきっているのはワイルドだ。彼は第一に、世紀の変わり目に出現したホモセクシュアルという新しいアイデンティティとその運命を、第二にはモダニスト的反感傷性《アンチ・センチメンタリティ》を、そして第三にヴィクトリア朝後期の感傷性《センチメンタリティ》を、まさに同時に体現しているように見えるからだ。興味深いことに、ワイルド批評においてニーチェの名前を引き合いに出すことはマイナーながら常識的になっている。もちろんその逆はないのだが。ニーチェを引き合いに出すことは本質的には、近代の哲学者としてのワイルドのまじめさを合法化する方法として役立って来た。なぜなら彼の伝記は、近代における男性の性の定義の機構のうちもっとも影響力があるものともっとも過酷なものとに巻き込まれているために、物語としては人を動かしてやまないのだが、それゆえに哲学的には当惑させるようなものだからだ。言うまでもなく私はここで逆のプロジェクトにも同じくらい強い興味を持っている。すなわちニーチェをワイルド的レンズを通して見るというプロジェクトに。しかし、それが二〇世紀文化の諸真実へのアクセスを約束してくれるように見えるまさにその分だけ、また広く受け入れられた「ニーチェ」の形象《フィギュア》がホモセクシュアリティ、センチメンタリティまたはキッチュという同じく広く受け入れられたトポスと共有するものを考えれば、そのプロジェクトにも見せかけの熟知の感覚という危険がすでに組み込まれている。すなわちこれら三つ〔「ニーチェ」、ホモセクシュアリティ、センチメンタリティまたはキッチュ〕は全て、二〇世紀のファシズムの基盤について、未解決の、しかし非常にポピュラーで刺激的な数々の「疑問」(ほのめかしと言うべきか)を引き起こすことで有名だ。われわれの世紀の文化において、センチメンタルという属性を与えることとホモセクシュアルという属性を与えることの構造に組み込まれていると見える、スケープゴートを求めるような勢いを避けるためには、十分な注意が必要だろう。

このプロジェクトは特に一八八〇年代のドイツ(私が焦点を合わせるのはニーチェ最後の数テクストだからだが)と一八九〇年代のイギリスとの間の、時間と場所の双眼的な置換を必要とする。それはまたあからさまな問題をはらんだドイツという新しい国家アイデンティティと、イギリスという「遠い昔からの」自然化された国家アイデンティティ(これから見るようにそのようなアイデンティティを定義しようとする圧力のもとにあるにせよ)との距離を具体化している。一八七一年に第二帝国の布告に至るプロシア主導のドイツ統一は、ホモセクシュアルに関わる違反を全帝国において新たに犯罪化することにつながった。ジェイムズ・スティークリーが指摘するように、このプロセスと同時にドイツにおける「ホモセクシュアルの実際の数の推定値」が、一八六四年の全人口に対して〇・〇〇二パーセントから一八六九年の一・四パーセント、さらに一九〇三年の二・二パーセントへと「急上昇」している。スティークリーによれば「これらの推定値は」、「近代研究の視点から見れば驚くほど低い値であると見える。しかしにもかかわらず、これらの値はホモセクシュアルが不可視であった時代の終わりを証明している。」同じ時期が、組織化されたホモセクシュアル解放運動が最初に形成された(まさにドイツで)時期と重なっている。[*2]

ニーチェの人生と著作のもっとも有効な力の多くが他

の男と男の身体に向けられていた、ということは歴然としているように見える。必ずしもここでの私の議論のためというわけではないが、ほとんど全てのものがそうだったと、少なくとも論ずることはできる。とすれば、また特にニーチェの著作における女性の位置について最近捧げられた多くの論考を考えると、ニーチェの著作においてしばしばはるかに心的エネルギーの備給されている男性という位置に焦点を合わせることがこれまできわめて困難であったらしいというのは注目に値する。これには、学問的気取りやホモフォビア、異性愛主義的《ヘテロセクシスト》鈍感さなど、このような状況を常に支配するように見えるもの以上の理由がある。ニーチェは男たち同士の結びつきについて公然とホイットマン的に（同性愛の欲望を公然と表現する）魅惑的な著作を書いている。それはそのような著作の中でも特に美しいものだ。しかし彼はこれらの結びつきを本質的に同性同士の結びつきとして明白に法則化することも、賞揚することも、分析することも、具体化することも断固として（おそらくは意図的でさえあるだろう）行わない。それゆえに彼は、ホモセクシュアル・アイデンティティをマイノリティ化するようなモデルに対して抵抗することを原則とする、アドルフ・ブラントとベネディクト・フリートレンダーからジル・ドゥルーズとフェリックス・ガタリまでの、男性のエロティックな関係を中心に据えるアナキストの伝統にとって重要だったのである。（たとえばフリートレンダーは異性愛だけ、あるいは同性愛だけの指向の人々を「退化した、または発育の悪い存在」（Kümmerlinge）として嘲笑した[*3]。）しかしより難しいのは、ニーチェの著作が、ワイルドのような人々にとって、彼らの敵にとって、そして彼らを統制し定義する制度にとって、まさにマイノリティ化された、分類学的な男性のホモセクシュアル・アイデンティティを表す、もっとも目立ち論議され始めたシニフィアンに満ちあふれている、という事実だ。さらに同時に、ニーチェの著作は名目上は廃れたが、実質的には無効になっていない、ソドミー行為に対する禁止を長い間表していたようなシニフィアンにもまた満ちあふれているのである。

ニーチェの用語をインデックスすれば、たとえばプルーストの「ソドムとゴモラ」のコンコーダンスと見まごうようなものになるだろう。たとえば「倒錯」「反対の本能」、反自然《コントラ・ナチュラム》なもの、女々しい《エフェミネト》もの、「ハード」なもの、病気のもの、過度に男性的なもの、「デカダン」なもの、中性のもの、「中間的タイプ」のもの——などが挙げられる。しかも私は「ゲイ」を挙げてさえもいない。ニーチェの著作は、これらのそれぞれ非常に異なった価値を与えられ、しばしば互いに矛盾するシニフィアンを、男性同士の欲望という総体と同意義のものにすることは決してない。多くの場合これらの用語は男性同士の欲望とはまったく関係のない使われ方をしているようだ。繰り返すが、それは彼が同性同士の欲望やセクシュアリティを一つの主題としては決して措定しないからだ。その代わりこれらのシニフィアン、つまり特に同性同士の行為と関係を指し示す古くからの標識であったり、また特に同性を愛するアイデンティティの標識となりつつあったりするものが、ニーチェの著作に割り込み、同性同士の欲望やセクシュアリティの特定の事例やそれを喚起する部分を繰り返し横切っている。しかしこれらのシニフィアンはニーチェの著作をあまりに頻繁に、あまりに思わせぶりに横切るので、またそれらがまさに互いに矛盾しているがゆえに、すでに進行しつつあった致命的に重なり合った定義の織物を織り上げるのに貢献したのである。

ニーチェの欲望がその刺すようなシャトル〔機織りの用具〕を投げかけ横切らせる、新しく出現しつつあった男性のホモセクシュアリティのプロブレマティックの事例を一つ挙げよう。同性に向けられた欲望がジェンダーの点ではどのように解釈し得るかという問題は、男性のホモセクシュアルに関する分類学でほぼ始めから激しく争われている問題だった。新しいドイツのゲイ権利運動は、世界最初のゲイ運動だったが、既に一九〇二年までにはこの問題をめぐって分裂していた。男を欲望する男は、彼の対象の選択によって、女性化されていると考えるべき（初期近代のイギリスにおける「モリー・ハウス」文化や、出現しつつあった倒錯モデルのように）か、またはまったく逆に、より男性化されていると考えるべき（ギリシアの少年愛《ペデラスティ》またはイニシエーションのモデルにおけるように）か、と。ニーチェが、反男色《アンチ・ソドミック》の用法では少なくとも一世紀の間常套的であった用語を使って、男性の女々しさ《エフェミナシー》を検出し暴き出すのにどれほどのエネルギーを振り向けたかを見れば、この問題が彼にとって非常に重大だったことがわかる。たいていの欧米人読者は、〈女々しさ〉とこの欲望の道との、今では特有の繋がりを受け継いでいるが、そのような読者のホモフォビックなエネルギーは、ニーチェを読むことによって活気づけられ、実際充電されるだろう。しかし男性の同性に向けられた欲望を、〈女々しさ〉とはっきり同意義にするどころか、ニーチェはホモエロティックな欲望を、むしろ決してそう名づけられるわけではないが、ディオニュソス崇拝者や古代の戦士階級の尊い男らしさと繰り返し結びつけている。このように、彼のレトリックには、もっとも因習的な禁止の系統のいくつかを新しく充電する力がある一方で、この禁止の対象となったものを恣意的に招いて潜ませられるような、注意深く脱-定義化されたスペースが保存されているのである。

　さらにいっそうエレガントな事例は、ニーチェがセクシュアリティ擁護の根拠として、セクシュアリティを「生命への実際の道、生殖」[*4]と執拗に結びつけることだ。「純潔さはどこにあるか？　生殖への意志があるところにだ」[*5]と彼は書いている。彼はセクシュアリティに反することを、生殖に対する抵抗、「生命の基礎に反するルサンチマン」であり、「われわれの生命の始まり、生命の必要条件に汚物を投げかける」(*Twilight*, 110) と激しく非難している。彼がセクシュアリティのこの擁護に定義の力点を置くこと、また彼が非生殖的行為や衝動に対して激しい悪意を保有していることによって、聖書から一九世紀の医学までの言説に従って、人は自分が、ほとんど歴史を超越したホモセクシュアリティそのものの禁止の本質に、ちらっとでも触れていると想像するだろう。そのホモセクシュアリティ自体がまた、そのような禁止によってほとんど歴史を超越したかのように禁止されているのだが。しかし奇妙なことに、生物学的メタファーに対するニーチェの関係のいつもの特色である融通性という秘密の予備軍によって、彼がもっとも持続的にこの生殖の命令という光輝で枠組みするのは、男性が受胎させられる場面（彼自身をも含めて――たとえば「十八か月という期日は、少なくとも仏教徒にとっては、私が実は雌象であるということを暗示するかもしれない」[*6]）、または男性を指すと判断し得るような受胎の抽象化の場面である。[*7]しかし男たちの間での成熟、結実、汚れ、忘我の断裂、侵入、といったセクシーなテーマ論に向けてのこの動きによって開かれたスペースには、高価な代価が払われた。つまりこの〔欲望の〕スペースを ニーチェが賞揚することで、逆にその〔欲望の〕境界を画定しようとする、荒れ狂う衝動に油がさされることになったからだ。たとえばわずか二十年ほど後、その頃までには「ホモセクシュアル」と同意義であると、正確に境界を画された(その定義に含まれる全ての自己矛盾もそのままに)欲望の領域に対して、D・H・ローレンスは憎悪を向けた。そのローレンス自身のとは言えないまでもニーチェ自身の欲望を呪うための修辞的エネルギーを、彼は大がかりにニーチェから借用したのである。

## ギリシア的/キリスト教的

ニーチェにとっても、ワイルドにとっても、古典文化とキリスト教文化との概念的・歴史的な相互作用の領域は、男の身体についての意味に満ちた領域となった。ドイツとイギリス両方の文化で、ロマン主義によって古代ギリシアが再発見されたこと(再創造されたということでもある)は、一九世紀において、人間の身体に対する関係と身体同士の関係が、新しくユートピア的考察の主題となるような、格式高い(しかし歴史的な根拠が十分あるわけではない)想像的なスペースを開いた。ヴィクトリア朝のギリシア崇拝は、裸身の若者の彫像によって提喩的〔一部が全体を表す修辞法〕に表象される傾向があったが、その中では身体の典型すなわち表面も特徴も能力も恐怖症的ではない喜びの主体または対象であるような身体を表示する事例として、男性の肉体と筋肉が(上品に、あからさまでも独占的でもなく)提示された。対照的にキリスト教の伝統は、(快楽を表象したり快楽を組み込む限りにおいて)「肉体」を女性の身体に凝縮させると同時に、その肉体の魅力を最大限の不安と禁止とのアウラで囲む傾向があった。このように「ギリシア人」についての思考とレトリックには、キリスト教との二つの重要な相違点が溶け込んでいた(または溶け込ますことができた)。すなわち享楽される身体を禁ずる横木がなかったと想像されたことと、その身体が男性というジェンダーを表示したことだ。

『ドリアン・グレイの肖像』に画家のモデルとして始めて登場するドリアン・グレイは、この解放的ヴィジョンを提供するように見える。あるいは少なくとも彼は、二人の崇拝者にこのイデオロギーを呼び覚まし定式化させている。たとえば画家のバジル・ホールワードは彼について こう語る。「無意識のうちに彼〔ドリアン〕は新しい一派の輪郭を定義しているんだ。ロマンティックな精神の情熱の全て、ギリシア的な精神の完全性の全てを持つことになる一派をね。魂と肉体の調和だ。それはどんなにすばらしいことか！　僕たちは狂気の中でこの二つを別々にしてしまった。そして卑しいリアリズムと空虚な観念性とをでっちあげたんだ」（16–17）。またヘンリー・ウォットン卿はペーター的な嘆願の言葉を不動のモデル〔ドリアン〕に向けて語りかける。

「生命の目的は自己発展です。自己の性質を完全に実現すること――そのためにこそわれわれ一人一人は存在するのですよ。今日、人々は自分というものを恐れています……しかし……もし人間が彼の生命を精一杯完全に生きたとするならば、あらゆる感情に形を与えあらゆる思考に表現を与え、あらゆる夢を現実とするならば、世界は新しい喜びの衝動を獲得し、われわれは中世時代精神の病を全て忘れギリシアの理想に戻れるだろう、と思うのです。もしかするとギリシアの理想よりもさらにすばらしく豊かなものへと、ね。しかしわれわれのうちもっとも勇気のある人間でさえ、自分自身を恐れているのですよ。われわれの生命を汚す自己否定の中には悲劇的にも野蛮人の四肢切断の名残が生き残っているのですね。われわれは拒絶するがために罰せられているのです。」（25）

しかしそれぞれの定式化の文脈からただちに明らかになるのは、キリスト教によって創始された、あるいはキリスト教に帰せられた、概念的分割や倫理的障害は、糾弾するのはたやすくても取り除いたりおそらく取り除こうと望むことさえできないということだ。たとえば、ドリアンが近代の「魂と肉体の調和」を再創始することができると画家は宣言するが、それは彼がヘンリー卿に無理強いされて「この奇異な芸術的心酔」を告白する（告白というのは適切な言葉だ）という文脈に埋め込まれている。〔彼はこう言っている。〕「この奇異な芸術的心酔については、もちろん僕は［ドリアンに］語りたいと思ったことはない。彼はこのことについては何も知らないのだ。この先もいっさい知ることはないだろう。しかし世間は憶測するかもしれない。僕は自分の魂を彼らの浅薄な詮索のまなざしにさらすつもりはない」(17)。秘密のスペースの輪郭を描き演劇化することは、ヘンリー卿の宣言(つまり結局のところ説得であるよりは誘惑をパフォーマティヴな目的とする語りかけだ)のプロジェクトでもあることが明らかになる。バジルと同様、ヘンリー卿は美しい男性の身体に特に結びついた(名づけられぬ)禁止に依存した用語で、秘密を構築する。さらにバジルと同様、ギリシア的魂と肉体の統一を訴えるヘンリー卿の宣言は、恥と禁止を通してこれらが回復不能なほど分離していることを前提としたクライマックスにおいて最大限の誘惑の修辞的力を発揮するのである。

「われわれは拒絶するがために罰せられているのです。……誘惑を免れる唯一の道は、それに身を任せることですよ。抵抗すれば、魂は自分で禁じたものに対するあこがれと、自分の奇怪な法によって奇怪とされ不法とされたものに対する欲望で、病気になってしまう。……グレイさん、あなた自身、その紅薔薇の若さと白薔薇の少年らしさで、ご自分が恐れるような情熱を、恐怖に満たされるような想念を、思い出しただけでも恥ずかしさで頬が赤らむような白昼夢や夜の夢をご覧になったことがあるでしょう——」

「やめてください!」とドリアン・グレイは口ごもった。「やめてください! 戸惑ってしまいます。なんと言ったらよいのかわかりません。お答えできるはずなのですが、僕には答えが見つけられません。」(25-26)

欲望に「誘惑」という具体的な形を与えること、また若者の身体に、常にイニシエーション的意味を持つ、紅薔薇の白薔薇に対する侵入という形を与えることが、健全さのゲームの正体をあらかじめ暴いている。これらの言表行為の一つひとつで明らかになるのは、「ギリシア的理想」にあるとされる魂と肉体の再統一の力には、男性のホモセクシュアル・パニックによる文化全体にわたる裂け目を癒す力があると仮定される限りにおいて、その理想はそれが呼び起こされる機会、枠組み、要求、そしてそれが喚起するもの、の中心深くにまさにそのパニックを有しているということだ。またそれゆえに「ギリシア的理想」はホモフォビックな禁止の、様々な認識的、倫理的区分から分離できないだけではなく、むしろその禁止を推進しさえする。そして今度は逆にそのような禁止の区分が、ホモセクシュアルな欲望を推進する典型的な推進剤になるのは、必然的な結果のように見える。『ヴィクトリア朝の人々と古代ギリシア』でリチャード・ジェンキンズは、まさにこの恐怖症的堕落が目に見え始めていること、あるいは必然であることが、ギリシア人たちやギリシア文化に投影されて、彼らの健全さの魅力として読み込まれたということ、その点で健全さの魅力は、それが拒みまたは延期するかのように見える終末論的物語によって規定されているということを、指摘している。[*8] これはニーチェの古典主義の特性の記述としても良いように見える。彼の古典主義は、キリスト教のものと定義されるデカダンな道徳的禁止への常に/既に起こっている堕落の日付を、執拗に過去へと押し戻そうとする。しかしその堕落がどんなに嘆かれようと、「そのような投影的読みこそが」修辞的力を可能にする条件を作っているのである。

たとえば、『善悪の彼岸』の序文からの次の一節に舞台化される二重の誘惑の場面を、ヘンリー卿の紅に染まった宣言に照らして考えてみてほしい。

> 確かに、プラトンが行ったように霊と善について語るということは、真理をさかさまにし、あらゆる生命の根本条件である、遠近法的なものそれ自体を否定することであった。実際医師として、こう問いかけても良いだろう。「古代のこのもっとも美しい存在であるあのプラトンを、いかにしてこのような病がおそったのか? 結局、あの邪悪なソクラテスが彼を堕落させたのではないか? 結局、ソクラテスこそは青年を堕落させる誘惑者、毒杯に値する者だったのではないか?」と。しかしプラトンに対する闘いは——あるいは「大衆」のために、もっとわかりやすく言えば、幾千年にわたるキリスト教—教会による圧迫に対する闘いは(なぜならキリスト教は「大衆」のためのプラトン哲学だからだが)——かつて地上には存在し得なかったような壮大な精神の緊張状態をヨーロッパに作

り出した。これほど緊張した弓でだったら、今ではどんなに遠い標的でも射当てることができるほどだ。

(*Beyond*, 14)

彼特有のソクラテス的たわむれで（「医師として」！）、ニーチェは原‐キリスト教的な形而上学への堕落を、古代人の教室でのセクシュアル・ハラスメントの出来事の枠組みで語っている。しかし彼自身の言語が誘惑の標的としているのは、第一の誘惑を反映しながら「世俗的な」陳腐化でそれを否定しているが、読者の誘惑である。彼の戦術は『ビリー・バッド』の語り手と同様のものだ。非常に難解な文体と議論の圧力のもとで、理解しない者、または単に理解するにすぎない者（すなわち「大衆」）に対して軽蔑という脅迫をふりかざす一方、彼の名前のない投射的な用法に身を任せることのできる者たちには、メルヴィル風という以上の甘言、歓喜、未来性という香油を約束して、ニーチェは、次のことをほとんど明示と言ってもいいほどに明らかにするのである。すなわちこの近代の教育的――少年愛的発話状況に棲む哲学的でエロティックな可能性は、「ギリシア的」潜在力といったような、汚されていない直接的力の富源から生じるのではなく、むしろ、そのようなファンタジーが、〈滅ぼされるべきではない〉キリスト教的禁止の区分を横切って（それはつまり禁止の区分ゆえに、ということだが）、発揮するショッキングな魅力から生じるのだ、ということを。『ドリアン・グレイ』のキャラクターはこれを表示しているのである。どうやら近代のホモセクシュアル・パニックは哲学と文化を拘束する一時的な障害ではなく、むしろ哲学と文化を、現在のそれら自体の知識の場をはるかに超えたところまで放り投げることのできる、潜在的エネルギーであるらしい。[*9]

　これまでのところ私が仮定して来たのは、男の身体に向かう男性の欲望に対してキリスト教は主に禁止的な影響力（および刺激）を及ぼして来た、ということだが、それはワイルドやニーチェをはるかに超えた影響力を持つ仮定である。にもかかわらずワイルド（ローマのしきいから遠ざかることは決してなかった）もニーチェ（ついに自分自身の名を「十字架にかけられた者」と署名した）も含めて、そのような仮定をし、その仮定を行使する者でさえも（あるいはそのような者ほど特に）、その仮定は真実ではないと知っているのである。たしかにキリスト教は、恐怖症的禁止の形象としては、近代ヨーロッパ文化においてほとんど偏在的であるかもしれない。しかしそのような禁止の形象としては、実際、奇妙な形象である。カトリック教は特に、結婚しない大人、ドレスを着た男、熱烈な演劇、内省にたっぷりと注意を注ぐこと、（理想的には落としめることなく）フェティッシュ的なもの、と呼べるようなものに満ちた人生の可能性があるということを、数え切れないゲイあるいは原-ゲイの子供たちに衝撃的に教えてくれることで有名である。ようやくこのような特徴をいっさい持たぬ、あるいはこのような特徴に対抗して定義されるようなゲイ・アイデンティティを確立した多くのゲイの人々にとってさえ、これらとの遭遇は、禁止以上、あるいは禁止以外の影響力を持つことがあり得る。しかもこれら全てを支配しているのがイエス・キリストの様々なイメージなのである。実際これらのイメージは、衣服をつけていない、あるいは衣服を脱がせ得る男性の身体、しかもしばしば最後の時《エクストレミス》および／またはエクスタシーの状態で、視線を浴びせられ崇敬されるように規定されたイメージとして、近代の文化において独特な位置を占めている。男の視線のホモフォビックなエコノミーにおいて、そのような形象はきわめてスキャンダラスだ。たとえば〔イメージの印象〕を弱めること、ヨーロッパ化すること、または女性化することによって、この身体から具体性を取り去ろうとする努力は、〔逆に〕近代のホモセクシュアルの様々な形象化とこの身体を、より妥協的に絡み合わせてしまうだけである。

ギリシア的／キリスト教的なものの対照を示す許容と禁止、または統一と二分法といった名目上の項目は、（既に見たように）それ自体疑わしいとはいえ、キリスト教のこの側面を受け入れることはない。にもかかわらず、これらの項目はキリスト教のこの側面に不可避的に屈折させられているのである。ニーチェにおいてもワイルドにおいても（そして部分的には彼らを通して二〇世紀文化にわたって）このイメージは、非常に難解でしかも重要なセンチメンタリティというプロブレマティックが集中している場の一つであると、私には信じられる。なぜそれがこれほど分析的につかみ難く、これほど二〇世紀文化の多くを語るものなのか、ワイルドとニーチェのホモ／ヘテロセクシュアルの定義をめぐる闘いにおいて、男性の身体が中枢的位置を占めているという議論に戻る前に、少しばかりの時間を考察にあてさせてほしい。

## センチメンタル／アンチ・センチメンタル

七〇年代半ばイサカでのある夜、たまたまラジオをカントリー・ミュージックの局に合わせると、聞いたことのない歌の途中だった。たぶんウィリー・ネルソンだろうと思われた信じられないほどきれいな男性の声が歌っていた。

そして彼は私と歩く、私と語る、
そして彼は私が彼のものだと告げる。
そしてそこにとどまる間、私たちがともにする喜び、
誰も他には経験したことのない喜び。

彼は話す、そして彼の声は
甘く、鳥たちさえも歌うのをやめる。
そして彼が私にくれたメロディは
私の心の中で響きわたる。

そして彼は私と歩く、私と語る、
そして彼は私が彼のものだと告げる。
そしてそこにとどまる間、私たちがともにする喜び、
誰も他には経験したことのない喜び。

私は彼とその園にとどまるだろう、
夜の帳が落ちようとも、
けれど彼が私に命じた、嘆きの声の中を行くようにと、
彼の声が私に呼びかけている……

これにはまったく驚いた。ウェイロン・ジェニングスについてのウィリー・ネルソンの歌はずいぶん聞いていたし、いつもラブ・ソングだと解釈していたけれど、そのように解釈しなければならない歌だとは思ったことがなかった。しかも二人の男の間の愛と官能性が、AMラジオでの田舎くさいカントリー局で、あるいはたぶんどこでも、これほど明瞭な率直さで表現されることがあろうとは思ってもみなかった。

十年後、『ニューヨーク・レヴュー』で、J・M・キャメロンが宗教的キッチュについて書いた記事に目が止まった。その記事で彼は宗教的キッチュが「深刻な神学的問題を提起し、正規の神学的枠を超えて、われわれの文化にあるなにか誤ったものを表している」[*10]と言っている。

金髪のマドンナ、両性具有的キリスト像、幼児キリストのいやにかわいらしい画像だけがキッチュではない。……キッチュには音楽、典礼の言葉、そして賛美歌も含まれる……一例はこれだ。

私はその園にひとりで行く、
露がまだ薔薇の上にあるうちに。
そして私が聞く声、
私の耳に降り注ぐ、
それは神の子が表されたもの。
そして彼は私と歩く、私と語る、
そして彼は私が彼のものだと告げる。
そしてそこにとどまる間、私たちがともにする喜び、
誰も他には経験したことのない喜び。[*11]

キャメロンは、重要なことは〔次のようなことだと指摘している。〕

これをセンチメンタルだと……述べるだけではなく、……これがまさにそうであるもの、つまり単に偽物と卑しむべきものの仕出し屋というだけではなく、薄汚い香りのつけられた一種の宗教的ゼリー、宗教的感情の源泉を汚すものとして、宗教をおそろしく低俗化させるものだということを論ずることだ。これはあたかもキリストのイメージが〔遊園地の〕びっくりハウスにある変色してひびが入った、歪んだ鏡に捕らえられたかのようだ。[*12]

ここで、キャメロンのぎょうぎょうしい嫌悪感がどこから来るのか、二つの可能な源泉について述べさせてほしい。一つはトピック的なもの、つまりセンチメンタリティの主題に関わるものであり、もう一つは文法的なもの、つまりセンチメンタリティの関係に関わるものであ

る。トピック的には、男性の身体が、ある種エロティックに前景化されていること、それこそ私にとってこの歌がエキサイティングだった理由だが、それがこれらの歌詞にセンチメンタルでキッチュだと烙印が押されたことと結びついていないかどうか、考えてみなければならない。キャメロンが「両性具有的像」と呼ぶような、増え続けるキリストのイメージが、男性の視線のホモフォビックなエコノミーの内部において不可能な中心点を作り上げるということについては既に述べた。たしかにこのスキャンダルは、J・M・キャメロンが賛美歌に感ずる不快感を説明するかもしれない。しかしこれはセンチメンタルなものをどこに特定化できるかという問題、そして特にそのジェンダーの問題について、実際のところ疑問を提起するのである。もしわれわれが教えられて来た通り、センチメンタルなものがトピック的には女性的なものや女性たちの場所と同一の場を占めるとしたならば、どうして前景化された男性の体格が、センチメンタルなものを表示するような関係にあるのだろうか?

しかしそれでも私の仮説の通りに、身体化された男性の形象が実際、今世紀におけるキッチュとセンチメンタルなものという、価値を切り下げられた強力なカテゴリー特有のテーマ的標識であるとしよう。とするならばJ・M・キャメロン氏の喉を汚し犯して押し込まれたこの宗教的「ゼリー」の一片にあるジェンダーの横すべりがこれほど薄汚ない香りを放つのは、第一人称の多義的な用法(「そして彼は私が彼のものだと告げる」)のためとしか考えられない。すなわちこの第一人称はあなたのお祖母さんであり得るとともにウィリー・ネルソンでもあり得る、さらにトロント大学の名高い宗教学教授でさえあり得るからだ。ジェンダー的に両義的な第一人称、あるいはたとえば死者、または死につつある人間の第一人称を例とするような不可能な第一人称は、ありふれたものであり、少なくとも私にとっては奇妙に力強いセンチメンタルの標識である。とにかく「彼女は長い黒のヴェールをまとってこの丘を歩き/夜の風がむせび泣くとき私の墓を訪れる」に私はいつも鳥肌が立ち、「ロッキー、私これまで死ななきゃならないことなんてなかったの」や、放課後の自動車事故であまりに若くして死んでしまった一七歳の若者たちから、と称する親愛なるアビーへの手紙などで、いつでも涙が溢れて来る。実際このトーン的にもジャンル的にも不安にさせるような、無邪気と同時に不誠実な第一人称モードの標準句は、『ビリー・バッド』の結びとなるバラードだと論じることができる。もっとも、同様のヴァージョンはどんな高校の文芸誌にでも見つけられる。

ハリヤードには呼び子の音も響かない。みんなでたら
めでは?
目がくもる、夢だ、俺が見ているのは。
俺の太綱に手斧だって? なにもかも流されるって?
太鼓の響きで酒を飲む、なのにビリーは知らないっ
て?
だがドナルド、やつは板の側にいるって約束したんだ、
沈む前に別れの握手をしよう。
だが——だめだ! 考えてみれば、その頃には俺は死
んでいる。
ウェールズのタフを思い出す。沈んだときには
やつの頬はつぼみのような薔薇色だった。
だが俺は、ハンモックの中に縛られ、深く落とされる。
いくひろも深く、いくひろも深く、眠りながら、どれ
ほど夢を見ることか。
ほら、もう忍び足でやって来る。歩哨兵よ、そこにい
るのか?
手首のこの手錠をゆるめておくれ、
そしてさっぱりころがしておくれ!
眠いのさ、じくじく湿った海藻が、俺のまわりに絡み
つく。(1453)

文法的人称それ自体に常に潜在する曖昧さが、このように抜け目なく作動させられていることによって、センチメンタリティの一連の意味が明らかになる。すなわちセンチメンタリティとはテーマ論または特定の題材ではなく、むしろ関係の構造だということである。典型的には見せ物《スペクタクル》に対する作者または観客関係を伴う関係の構造であり、非常にしばしば、形容辞「センチメンタル」自体が持ち込まれる場面では、不面目と価値の切り下げを伴う構造である。たとえば不誠実、ごまかし、代理的、病的、知ったかぶり、キッチュ、抜け目のなさ、などという形容辞が、そのような価値切り下げを伴ったセンチメンタリティの構造を示すものとして挙げられる。

テーマ的内容の問題から始めよう。最近のフェミニスト批評、特に一九世紀アメリカの女性小説を扱っているものでは、「センチメンタルなもの」が女性の身体と、女性の家庭的で「再生産的」な誕生、社会化、病気、死についてのもっぱらの関心とを指し示す軽蔑的コード名と見られるために、「センチメンタルなもの」のカテゴリーを意識的に復権させることが進んで来ている。[*13] それによれば、「センチメンタルなもの」の価値が切り下げられたことは、女性特有の経験や文化の多くの側面の価値が切り下げられたことと同質である。すなわち「センチメンタルなもの」は多くの女性たちの人生そのものと同様、典型的にはプライヴェートなまたは家庭的領域に位置づけられ、産業市場生産の経済的事実とは暗黙のまたは間接的な関係しか持たず、その代わりに誕生、社会化、病気、死という「再生産的」任務ともっとも明らかに結びついており、さらに人間関係と感情の労働や表現にもっぱら占められている。最近ポピュラーなフェミニスト思想の影響力の大きなプロジェクトの一つが、これらの経験、関心事、技能に対して、ハイ・カルチャーと市場イデオロギーとの両方によって与えられた否定的な評価を逆転させようというものであったから、「センチメンタルなもの」に与えられた否定的評価を逆転させようという文学批評の試みは、その一つの当然の帰結だったと言える。

これといくぶん似た、「センチメンタルなもの」を復権させる試みを、一つの重要なゲイ男性のプロジェクトと見ることにも意味があるだろう。実際、「キャンプ」のプロジェクトを含めて、この試みはさまざまな名称の下に一世紀近く進められてきたのである。このゲイ男性によるセンチメンタルなものの復権の試みは、異なった経験から生じている以上、フェミニストの試みとは明らかにかなり違った根拠に基づいて現れている。たとえば「虹のかなたに」〔『オズの魔法使い』の中の歌〕の中に、その名の語られたことのない自分の母なる国の国歌を見出すオハイオの少年は、新しいファミリー・ロマンスを新しい条件で構成しようとしているのだし、またその少年が大人になったとき抱く「私的《プライヴェートな》」領域や、表現力と人間関係の技能が価値あるものだという感覚は、家庭的なことだけではなく、秘密、脅迫、逃亡という固有の歴史と関係があると言えよう。ゲイ男性のセクシュアリティと悲劇的な若死とが結びついたのは最近のことだが、その結びつきは、構造的には何世紀にもわたるホモエロティックでホモフォビックな間テクスト性に基づいて分節化されている。[*14] ゲイ男性のセンチメンタリティと、さらに文化全般によって男性のホモセクシュアリティがスペクタクルとしてセンチメンタルに領有されることとの、両方の基盤は長い間存在したのである。

　近代西洋のゲイ男性のアイデンティティは、そもそも「本質的にゲイ」というよりはむしろ（または少なくともそれと同時に）、近代の男性のヘテロセクシュアリティに内在する非一貫性に対して、常に斜めからにせよ、密接に反応したり表現したりする関係の中で構成されると論じて来た。とするならば、この手がかりをたどって、特に現代の合衆国の社会において、ゲイではない男性によって並はずれて高いレベルの自己憐憫の情が生産され戦略的に配備されることについて、多くのことが語れるかもしれない。[*15] その影響は、われわれの国家的政策、国際的イデオロギーや介入にまで、全面的に広がっている。（ここでオリヴァー・ノース〔1〕の、涙で潤む眼のスナップ・ショット。）もっと身近なところではこのストレートの男の自己憐憫は、現在しばしばフェミニズムの文化的影響（フェミニズムの影響を超えているように見えるのだが）のせいとされ、特に女性に対する暴力行為と結びつけられたり、そのような暴力行為を合法化するために使われたりしている。たとえば、男性が別居中の妻、元の妻、元恋人など、別個の個人的スペースを確立しようという境界に立っている女たちに加える暴力行為は、驚くほど高い割合で起こっている。そのような暴力は、暴力がマッチョ的パーソナリティの表現であるよりは、めそめそしたパーソナリティの表現であるとするような数多くの書籍や映画に描かれているだけではなく、そのような表象に認可され導かれているように見える。（ストレートの男が、フェミニズムによって「泣いてもいいという許し」を与えられたと主張するとき、女が不安になることの一つの理由だ。）この膨大な、全国を潤す男らしい自己憐憫が、パブリックに消費されるために強迫的なほど描かれているにもかかわらず（これについては、『ニューヨーク・タイムズ』の「男について」のそここ、あるいはそれに関する限りではどの新聞のスポーツ・ページでも、またはウェスタン小説、男性のカントリー・ミュージック、『ニューヨーカー』誌に載っているいわゆる死に行く父と息子物語の数々、または男性向けジャンルの他のどの形式の著作でも、見てほしい)、これが文化的・政治的事実として名づけられたり議論されたりすることは本質的に決してない。命名と分析の主題としては、男っぽさ《マチズモ》と競争力、または男の優しさなるものがあるだけだ。恥と恥知らずとの間に均衡を保ちながら、ヘテロセクシュアルの男性のこの自己憐憫の制度には、公然の秘密にあるような投射的力がある。ゲイの男性が、全ての女性と同様に、そのスケープゴートを作り出す投射の主要な標的だったとしても、つまり価値を切り下げられたセンチメンタリティをひどくセンチメンタルに押しつけられても、ほとんど驚くには当らない。

ヘテロセクシュアルの男の聖なる涙、稀有で貴重な液体。その特性は、宗教的キッチュの特別品、キリストの涙《ラクリマクリスティ》の分泌液に匹敵する、と私たちは思い込まされている。この篤志家の聖油に比べたら、女や、ゲイの男や、泣き言だらけの人間たちの当り前の涙なんぞに、どんな魅力があり得るだろう? ニーチェは冷笑的に問いかけている。「苦悩する者たちの憐れみなど何になろう!」と。しかし「一つのことをやり通し、一つの決断を実行できる男、一つの思考に忠実であり続け、一人の女性を守り、尊大さを罰し打ち倒すことのできる男、……一言でいえば生まれながらに主人であるような男――そのような男が憐れみを持ったとき、さて! その憐れみには価値がある!」(*Beyond*, 198)と彼は説明している。われわれの世紀の大衆文化にもハイ・カルチャーにも男の自己憐憫がたっぷり見られることが、この判断を実証している。泣いているうゥゥ、孤独な涙の滴、雨の中、涙の滴がしたたる、俺の涙の跡にはブルーのベルベット〔のドレス――カントリー・ミュージックの歌詞〕、ピエロの涙、たぶんキャシーのピエロ、ピエロのレッド・スケルトン〔道化師〕、あらゆるロウブラウ・アートのショーはその涙の洗礼を受けなければならない。道化のノーマン・メイラーまたはハロルド・ブルーム、その涙が……〔どのハイブラウ・アートにも洗礼を与える〕。

もしこれらの近代のイメージが存続するのに、センチメンタリティを女性の場と結びつける一九世紀中葉の連想からいくらか力を借りているとしても、これらのイメージが持続し増殖することが劇的に表現するのは、新しいなにかである。すなわちギアのシフト、一八八〇年代から第一次大戦にかけての時期に、センチメンタルなものの典型的な例が女性それ自体ではなく、その代わりに男性の身体になったという変化である。その身体はヴィア艦長のように、男らしさのアイデンティティがステレオタイプの女らしさに結びついた感情や身体の傷痕に対して闘うさまを、身体的に演劇化し、彼を欲望すると同時に彼とカタルシス的に同一化する観客のために体現するのである。ニーチェは言っている、「厳酷な男にとって心からのやさしさは羞恥をおぼえるもの——そして」（言外の意味を見れば、それゆえに）「贅沢なあるものである」（*Beyond*, 87）、と。この男性の身体それ自体は、たとえば一九世紀中葉の家庭、女性の身体、また女性の再生産労働のように、センチメンタリティの場またはトポスとして名指されているわけではない。むしろアンチ・センチメンタリティを含めて、その身体の周囲に循環する形象《フィギュレーション》化と知覚との関係が、比喩《トロープ》としてのセンチメンタリティを演じていると言えるかもしれない。

とするならば、センチメンタリティの問題を通して、ワイルドとワイルドを読むことが教えてくれるかもしれない疑問を、どのようにニーチェのところに持って行くことができるだろうか。ゴア・ヴィダルはワイルドについての最近のエッセイを、次のように始めている。「『レディング牢獄の唄』を笑い出さずに読むためには、石の心を持たなければならないだろうか？」[*16] この冒頭の言葉はかなり多方向を指し示している。一世紀前、小さなネル〔ディケンズ『骨董屋』のヒロイン〕の死についてこの言葉と同じ言葉を、ワイルド自身が言っているが、二つの言葉の間のどこに、このウィットを可能にする関係を探したら良いのだろうか？　一つには、今概略を述べたような、歴史的／テーマ的な話がある。つまり一九世紀においては、家庭内の苦しみと死に関わる女性のイメージが、中産階級文化のセンチメンタルな想像力《イマジネール》においてはもっとも強力で、徴候的で、またおそらくはもろく、あるいは爆発の危険をはらんだ場所を占めていたのに対して、それに続く世紀、すなわち中でもワイルドによって始められた世紀においては、苦悩する男の自己構築のイメージが、その同じ場所を占めるようになったということだ。したがって、注意深く構成された『レディング牢獄の唄』で、ワイルドは自分自身のイメージを、女を殺した男のイメージと磔にされた者のイメージの枠の中に入れ、または彼らのイメージと重ねさえもしているが、そこで、大半の読者がセンチメンタルなものの回路に入り込めるような、考え得るあらゆるメカニズムを作動させている。

ああ……恐ろしいことだ、
　他人の罪を感じるのは！
というのも、まさに、この心中に、罪の剣が
　毒の塗られた柄までも刺し貫かれ、
わたしたちが流したのではない血のために
　わたしたちが流す涙は溶けた鉛のようだ。
　・・・・・・・
そして世にも恐ろしいことを
　夢の水晶の内に見るように、
わたしたちは黒ずんだ梁に架けられた
　油じみた大麻の縄を見た、
そして絞首吏の罠に絞め上げられて祈りが
　悲鳴へと変わるのを聞いた。

そして彼を突き動かしあの苦い叫びを上げさせた
　あらゆる悲嘆、
激しい悔恨、血なまぐさい汗を、
　わたしほどよく知る者はいなかった。
なぜなら一つ以上の人生を生きる者は
　一つ以上の死をとげなければならないから。[*17]

クーパーによる同種の、魅惑的な詩句を思ってみてほしい——。

我らは死を遂げた、それぞれ唯一人で、
しかしわたしはより荒い海の下で、
そして彼よりも深い淵の中に沈んだ。[*18]

またここに見られる同じ種類の、センチメンタルの標識（代理的なもの、死後の不気味な、転移する第一人称、英雄的自己憐憫）を考えてみてほしい。これらの標識のおかげでこの詩句が、たとえばヴァージニア・ウルフの家長、ラムジー氏などの狭量で、専制的で、絶え間ない自己再構築に、おそろしくぴったり流用可能なものとな

るのである。しかし『レディング牢獄』の著者は「町のアーネストと田舎のジャック」とバンバリー氏〔風俗喜劇『真面目が肝心』の登場人物〕、すなわち一つ以上の洗礼式は言うに及ばず、一つ以上の人生を生き、一つ以上の死をとげることを望む男たちの創造者でもある。その望みのおかげで逆に彼らは、父の名といったアイデンティティ問題についても見事に無頓着になり、陸軍将校名簿を見ないでは父親の名前さえ思い出せない。「レディ・ブラックネル、うるさく聞きたがるようなことはしたくないのですが、僕が誰だか教えて下さいませんか?」(*Earnest*, in *Complete*, 181)。このような喜劇を書いたにもかかわらず、もっともアナーキックなワイルド流ウィットでさえも、その正確な文法的基盤はやはり記述的な自己定義のモードでの、男性の第一人称単数になる傾向がある。〔たとえば〕「私たちは誰一人として完全ではない。私自身一杯やることには格別弱い」「私は誘惑以外だったら何に対しても抵抗できる」「私は自分の天才以外には申告するものはなにもない」などの例が挙げられる。男性の形象を構成するというプロジェクトが、ナンセンスとして表現されたからといって中心的な位置を失うわけではない。実際に、ワイルドがこの男性のプロジェクトを視野の中心に据えることのできる率直さこそが、彼がそのプロジェクトにこれほど爆発的に働きかけることを可能にしたと言えるかもしれない。『深淵より』や『レディング牢獄』のようなテクストの吐き気を催させるような力は(私はこれらのテクストがしばしば人をぞっとさせるからといってその力が少しでも少なくなるなどと言うつもりはない)、それぞれの作品でのテーマ的な選択と符合していると言えるかもしれない。すなわち、男性の身体をはっきりとキリストのさらされた身体の文脈に位置づけて、枠の中に入れ、表示するという選択である。『ドリアン・グレイの肖像』の一つの読み方は同じことを語るだろう。なぜならこの小説が崇高な遊戯からセンチメンタルな力へと堕落するのは、代理的な贖罪の視覚的指標として、美しい男の身体が枠の中に入れられ展示されるときだからだ。

ワイルドの著作においてセンチメンタルな危険の境界の中心には、磔にされた男のイメージがあるということは、ニーチェにとっては驚きでもなんでもなかっただろう。ニーチェは結局のところ、人類の世界的・歴史的腐敗についての彼自身の物語を、同じさらされた男の身体という支点の周囲に方向づけたからだ。適切にも、彼の思考は磔刑に固有の意味や磔刑に処せられた男の性質に関するものではなく、むしろそのイメージに対する集団的反応の中で始まる、憐れみ、欲望、代理的なもの、そして虚偽という、一見すると不可逆的な関係に関して展開されたのである。

十字架の周囲の関係について新しい視座から記述するニーチェの能力は、明らかにオデュッセウス的トリックに依存している。宙に掲げられた焦点となる形象に対する視覚的固着を避けて彼自身目隠しをし、遠くからの彼の訴えが聴覚的に侵入することには耳をふさぎ、ニーチェは（ゼリー恐怖症のJ・M・キャメロンのように）、キリスト教についての議論の中で他の三つの感覚、すなわち味覚、触覚、臭覚という、距離というものをもっとも許容しない、フランス語では感覚《サンティール》するという動詞で表される感覚に、そしてまず鼻に、彼自身を委ねている。彼は次のように書いている。「その虚偽を虚偽として感じた――嗅ぎ分けた――最初の人間が私だ。……私の天才は鼻孔にある」（*Ecce*, 126）。また、「清潔の本能というまったくうす気味悪いほど鋭敏な感性を」所有する「がゆえに、私はどんな人に相対してもその人の魂に一番近いところ、あるいは何と言えばよいだろう？――あらゆる魂の内奥、魂の『内臓』を、生理的に知覚し――嗅ぎ分ける」（*Ecce*, 48-49）のであり、そのようなニーチェは、「聖職者における心理的清潔さの完全な欠如」（*Anti*, 169）に敏感であり、「[キリスト教では]どんな汚いやつらが頂点に立つことになったか嗅ぎ分ける」（*Anti*, 183）ことができるのである。彼はこの苦悩の見せ物が、それに反応する人間を引き込んでしまう自他の隔たりのない近さについて、もっとも辛辣な言葉を投げている。すなわち「憐れみはたちまちにして大衆の臭いを放つ」（*Ecce*, 44）、と。そして彼はこの現象の中に彼の住む世界の、実質上あらゆる特徴の起源を見出したのである。「鼻でだけではなく、眼で、耳で、嗅ぎ分ける人間は、今日至るところに精神病院や療養所のような空気が漂っていることに気づくだろう……あまりに卑しい、あまりにこそこそした、あまりに不正直な、あまりにしつこい甘さ！　ここでは……空気は秘密主義と鬱積した感情の悪臭を放っている」と。[*19]

とするならばニーチェは、臭いをセンチメンタリティのもとへ差し戻す心理学者である。そして彼はそれを、腐ったものと鼻につくものを怨恨のもとに戻すのと同じジェスチャーで行ったのである。ニーチェの心理学的判断のうちもっとも永続的な生産力のあるものは、愛、善意、正義、仲間意識、人類平等意識、謙遜、同情といったキリスト紀元後のありふれた美徳についての彼の評価の中心に、やや神秘的にルサンチマン〔怨恨感情〕〔英語読みではリセンティメント〕――「恨み《リゼントメント》」とさえ言ってもいい。〔反復と反射を表す接頭辞〈リ〉を伴って〕再《リ》び嗅ぎ分けること、再《リ》びなめること、再《リ》び触れること――と呼ばれる不愉快な虚偽のメカニズムを据えたことである。ルサンチマンはニーチェにとってキリスト教の本質であり、したがって全ての近代の心理学の本質であった（「一つ以上の心理学が存在したためしはない。すなわち聖職者の心理学だ」[20]）。彼の鼻孔の天才は、これら見たところでは単純でわかりやすい衝動が実は、自己権力の拡大や快楽と、卑下と自己犠牲とが複合的に積み重なった不安定な堆積物であり、時間、内的矛盾、そしてニーチェ自身が行っているような脱構築的作業の圧迫によって発酵し、一種の配合土のようになっていることを、繰り返し暴いている。ルサンチマンの接頭辞、ルは、堕落と代理性のスペースを刻印する。すなわちこれらの堆積物は、自己自身の動機を再び折り重ね《リ・ダブリング》たものである以上は唯一無二なものではなく、他者の衝動の反射《リ・フレックス》作用である以上はオリジナルなものではないからだ。したがって磔刑の余波の中、刑の観察者の官能性と権力への意志とが、センチメンタルに憐れみと誤って名づけられたことが、ニーチェが特権的分析者となったような種類の感情や絆全体のモデルとなるのである。

一見したところでは、この憐れみの問題と憐れみの倫理学は（私はこれらの問題に対するわれわれ近代のセンチメンタリティには強く反対している）極めて特殊で周縁的な問題であるように見えるかもしれない。しかし誰であろうとその問題にしがみつき、質問の仕方を学ぶならば、私と同じ経験をするだろう。すなわち広大な新しいパノラマが彼の前に開けるだろう。見慣れないめまいを起こさせるような可能性が彼に押し寄せるだろう。あらゆる種類の疑い、不信、恐れが浮かび上がってくるだろう。いかなる種類の倫理学に対する確信も、揺るがせられ始めるだろう。(*Genealogy*, 154)

ニーチェの思考においてセンチメンタリティは、リ・センチメンタリティと呼べるような構造の点で、ルサンチマンと重なり合っている限り、近代の感情自体を代表する。すなわち代理的なものであり誤表象《ミス・リプレゼンテーション》でもある近代の感情、しかし同時に侮辱的親密さで胸の奥までこたえる感覚としての近代の感情を。

## 直接性／代理性、芸術／キッチュ

センチメンタルなものを定義するのに当って、代理性ということの重要さを評価してしすぎるということはない。「センチメンタリティ」が高い倫理的・美的賞賛の用語であった一八世紀後半から、哀れっぽい弱さを超えて事実上の悪の原理を暗示するように使われたりもする二〇世紀まで、またこの用語がジェンダーの間を自由に循環した始めの時期から、女性中心のヴィクトリア朝のヴィジョンを経由し、男性の身体との複合的で特徴的な関係を持つようになる二〇世紀のヴィジョンまで、「センチメンタリティ」というものの奇妙な経歴には、容易に分節化できるような一貫性はあまり見られない。しかもわずかにあるその一貫性は、既に見たように、題材の一貫性ではない。むしろ一貫性は、見物人による、題材に対する心理的投資の性質に固有のものであるようだ。一八世紀においては、神聖なる涙の感染が、何度も再演されたセンチメンタルなものの原光景であった。初期のこの聖なる式典参加者にとって、見物人が見物されている人間の苦しみに「同情する」このプロセスを、私心のない善行であって当然と思うことが比較的（比較的、にすぎないが）容易であったとしても、同時期のあらゆる心理学的・哲学的プロジェクトは、ますます単純には見られなくなって行くそのような絆に疑問を付し、または疑うことを可能にするような新しい便宜を提供していた。[*21] もっとも明らかなことには、センチメンタルな観客の位置が、物質上の富、または性的権利の差異を隠ぺいする（貧しさの見せ物に涙するブルジョワ、女性の貞操の危機という見せ物に卒倒する男性）隠れ場を提供していたようだった、ということがある。物質的または性的な搾取は、この搾取のリハーサルと言えるような説明不可能な観客の満足感によって、永続または促進させられさえするかもしれない。受難者とセンチメンタルな観客との間に暗黙のうちに、かつ当然説明不可能な同一化が成り立つということが、とにかく「センチメンタル」というもののもっとも栄誉ある意味ともっとも断罪的な意味との間の、支点となっているようだ。観客がある場面に暗黙のうちに参加するとき、彼女あるいは彼の参加の特質または位置を誤って表象すること（たとえば欲望を憐れみとして、シャーデンフロイデ〔人の不幸を小気味よく思う気持ち〕を同情として、嫉妬を反対意見として、誤って表象すること）、それは、センチメンタルという形容辞の最悪の意味を定義づける実例を演じることになるだろう。そしてそれは、ますますその形容辞それ自体を定義する実例となって行くのである。猥褻、病的、ものほしげ、紳士気取り《スノビッシュ》*22、知ったかぶり、抜け目なさ、これらはそれぞれが、観客側からの同一化の密かな理由、または同一化の程度や方向の問題を含む限りにおいて、センチメンタルなものと同じ構造をした、センチメンタルなもののサブ・カテゴリーと言えるのである。ニーチェが、（彼と非常に多くの共通点があった）〔仏言語学・歴史学者のJ・E・〕ルナンについて語ったように、「『客観的』書斎批評家、香水を匂わせた歴史の美食家、半聖職者、半サテュロスほど吐き気を催すものはない。……見せ物が苦々しくなるのは、見せ物それ自体よりもそのような『観客』のせいだ」（*Genealogy*, 294）。

　ここから浮かんで来るのは、ある場面またはテクストさえも、本質的に「センチメンタル」（あるいは猥褻、病的、等）であると述べてしまうことに潜む問題である。特にそのような記述には終審的権威が伴う傾向があるからだ。「センチメンタル」という形容辞は、常に消すことのできないインクで烙印される。しかし「センチメンタル」とその山ほどのサブ・カテゴリー、これらはテクストにあてはめられ、テクストをすっぽりとマッピングする座標軸としてよりは、投射の角度と勢いにしたがって意味がまったく変わる、投射物として働きはしないだろうか？　前章で、「世知にたけていること」という属性の力は、ある特定の人物やテクストにしっかりと結びつけられることにあるのではなく、むしろその属性を誰かに帰すときの角度が特権と暗黙性の度合いを順々に増して行くようにすることを可能にする点にあると論じた。たとえば「世知にたけた」人物は、世間に対する認識上の特権が証明された人物である。しかしそれを証明することのできる人物は、そこから「世知にたけた」角度が切り分けられるような、より広い角度での認識上の特権を暗黙のうちに主張する。一方で、議論したように、読者または聞き手に対して沈黙のうちに提供されるより広い角度はさらに、強力な呼びかけ《インターペレーション》の基礎を形成し得るのである。「センチメンタル」とその断罪的サブ・カテゴリーは、類似した作用の仕方をする。それら自体が代理的な関係を記述するものだが、これらの形容辞それぞれが付与されるときの経路もまたさらに、代理的なものなのである。たとえばプルーストにおいて、スノビッシュな人物を見分けるのが容易だというのは良く知られている。なぜなら彼らは他者のスノビズムを見分けることができる唯一の人物たちであり、それゆえ他者のスノビズムを本当に認可しない唯一の人物たちだからだ。ルネ・ジラールが指摘するように、スノビズムはスノッブによってのみ論じられ付与され得る属性だ。スノッブは彼ら自身のスノビズムとの関わりを否認するということ以外、常にスノビズムについては正しい。[23]同じことが「センチメンタル」という現象全体において、そして猥褻や病的といった「センチメンタル」の他の表現においても言える。「思い邪なる者に災いあれ」というのはセンチメンタリティの属性を付与するときの、合言葉であると同時に構造的原理でもある。「おお感傷的《センチメンタル》な偽善者ども、好色家どもめ！　おまえは自分の欲望が純粋ではないゆえに、全ての欲望を誹謗するのだ」（*Zarathustra*, 122-23）とニーチェが叫ぶとき、属性付与の連鎖を断ち切るふりをしながら、どんな連鎖が繋ぎ延ばされているのだろう？『マヌの法典』についての論議でニーチェがキリスト教に猥褻さという属性を付与するとき、どんな暗黙の、猥褻な共犯関係が合成されているのだろう？

> 人は即座に、その背後に、その中に、真の哲学があることを知る。……それはもっとも口の肥えた心理学者にさえも噛みくだいて味わうべき何ものかを提供している。……キリスト教がその底知れぬ卑俗さを投げつけた全てのもの、たとえば生殖、女、結婚が、ここ

では真剣に、畏敬をもって、愛と信頼をもって扱われている。「姦淫を避けるために、あらゆる男に妻を、あらゆる女に夫を持たせなさい。……なぜなら結婚することは胸の燃えるにまかせるよりもましだからである」などというあさましい言葉の書かれた本を、どうして実際女や子供の手に与えることができるだろうか？　そして人間の起源が無原罪懐胎という概念によってキリスト教化、すなわち汚されている限り、キリスト教徒であるということは許容できることだろうか？　……『マヌの法典』ほど女性に対して多くの優しく情け深い言葉が向けられている本を私は知らない。これら年老いた灰色の髭の賢人や聖者たちは、おそらくこれにまさるもののないほどの、女性に対する礼儀をこころえている。ある箇所ではこう書いてある。「女の口、少女の胸、子供の祈り、犠牲の煙は、常に清らかなり」と。また他の箇所にはこうある、「太陽の光、雌牛の影、大気、水、火、また少女の気息にもまして清らかなるものは何もなし」。最後の或る箇所にはこうある、おそらくこれはまた聖なる嘘言であろうが――「臍より上なる身体のあらゆる開いた部分は清く、臍より下なる全ては清らかならず。少女にあってのみは、身体すべてが清らかなり。」（*Anti*, 176）

ヴィダルがワイルドからかすめ取った得点、「石の心を持たなければならないのか……？」も同じ構造に依存しているように見える。センチメンタリティという中傷をディケンズに投げつけることで莫大な修辞的力を得て利用したワイルドその人が、別なとき、おそらくもっと後、国家的懲罰の忌まわしい機械が彼の感受性の真実と快活さ《ゲイエティ》とを破壊するという仕事を成し遂げた後に、かつて非難したのと同じ恐ろしい弱点に対する傾向を発展させたというのがジョークだと言うのなら、それはまあそうだろう。しかしおそらくポイントは、センチメンタリティとその告発との間には、つけるべき区別などはない、ということにあるのだ。しかしだとするならば、私たちはゴア・ヴィダル自身に向けられたとしか言えないジョークを扱っていることになる。つまり他者が情におぼれぬ性質を少しでも揺るがせれば感じ取ってしまうヴィダルの強い警戒心が暗示しているのは、よく言われることだが逆に彼自身、自分のそのような傾向に対して不安だからに違いないということだからだ。これらの代理的な衝動にかられる傾向のある人間のみが、他人の著作や存在の中に同じ衝動を見つけ出すことができるのかもしれない。しかしまたそれゆえに、彼らこそが、様々な理由からそのような衝動の存在に動揺するのである。

ここで「彼ら」と言っているが、明確に限定すれば「私たち」を意味している。「他の」作家の方がよりセンチメンタルだとほのめかすような読みをきりもなく続けることによって、この議論をさらに底なしに構造化することを不要にするために、自分のことは否認するという伝統を破ろう。私自身少なくともセンチメンタリティ、猥褻さ、病的さという属性を、たっぷりと所有しているという、簡単にせよ純粋な有罪の訴えをすることによって現実に触れさせてほしい。（この告白が懐疑的に受け取られるかもしれないという、限りなくわずかな可能性を考慮して、そのような傾向の証拠として——あるいは、専門家資格の証拠、と言えるかもしれない——第1章での『エステル』の説明にあるペーソスを挙げることができる。これは楽しんで書いたものだが、私自身の同一化の軌跡にある、ある種の傾斜によって安っぽくなっていると同時におそらく修辞的効果も上げている。それらの段落を嫌った友人が辛辣に言ったように、カミング・アウトの危険を冒している私ではなく、あまりに明らかに救済のファンタジーに浸る私が見えるからだ。）

明らかに、このように「センチメンタリティ」を理解すると、フェミニストにせよゲイ中心にせよ、センチメンタルなものを復権しようとするプロジェクトそのものが揺らいでしまう。問題は、これらの関心や表現の形式を命名する一連の中傷的な語句があまりに微妙で、探るようで、記述的に便利な上に修辞的に強力であるために簡単には捨てられない、ということだけではない。もちろんそれも十分事実には違いないのだが。なお悪いことには、この構造においてはアンチ・センチメンタリティそれ自体が、近代のセンチメンタルな関係のエンジンであり表現そのものとなっているがゆえに、どの時点でまたいかなる目的をもってセンチメンタリティの言説に加わったとしても、ほとんど必然的に、本質的にスケープゴートを作って行くような形容辞投射の運動に巻き込まれることになる、ということだ。

ここでの議論を構成しようとしたとき、その試み自体がこの運動の力を驚くほど明白に立証したと言える。ここで挙げているような問題を提出しようとするとき、もっとも抵抗の少ない議論の経路を思い浮かべるのはあまりに簡単だ。「センチメンタリティ」という属性を投射するときの弾道の力が今日ではあまりに強力であるために、センチメンタリティを含むような分析的または再評価のプロジェクトにおいて、誰かのセンチメンタリティを復権し、一方でそれまでセンチメンタリティとは結びつけられていなかった著者の、「真の」そしてはるかに危険なセンチメンタリティの正体をさらに有罪証明するように暴く、という読みに至らないものは考えられないほどだ。これはホモ／ヘテロセクシュアルの定義を普遍化する見解にあっては避け難い軌道と一致していよう。フェミニストの思考だけがこの軌跡を独占しているわけではないが、たとえばイリガライが家父長制社会における男同士の「ホモセクシュアル」(hom(m)o sexual)〔ホモとオム (homme)＝男、人間とがかけられている。男同（士）性愛〕な関係について書いている〔邦訳『ひとつではない女の性』「女の市場」参照〕が、その議論がこの軌跡の言わば標準句である。（それによれば権威主義的制度またはホモフォビックな男権主義者の文化が、ゲイ男性の文化よりもむしろさらにホモセクシュアルであるという根拠に基づいて有罪宣告を受ける。）[*24] そしてこのような議論の軌跡一つひとつが、ファシズムについてのおそろしくありふれた所見に直接つながって行くのである。ニーチェとワイルドの場合、もっともたやすく（ほとんど抵抗できないほど）利用できる経路は、明らかにゲイであるワイルドを「良い」ヴァージョンのセンチメンタリティの必然性と真実の形象として使い、それから表向きヘテロセクシュアルでアンチ・センチメンタルのニーチェが、実はワイルドのように、いやおそらく認めていないだけにワイルドよりいっそう激しく、「本当は」ホモセクシュアルであり、同時に「本当は」センチメンタルだと彼の著作や思考の含みを通して証明することだったろう。

ファシストの先駆者と考えられている人間を真のホモセクシュアル、あるいは特に真のセンチメンタリストと暴いてしまう結果になるような議論の経路をたどらないよう、これらの問題について考えることがどうしてこれほど困難なのだろう？　私は四つの理由によって、その暴露の経路をたどることを避けようとした。第一には、もちろん、ニーチェはホイットマンと同様、巧妙でつかみどころのない書き手であり、彼が自分について知らずに書いているかどうか、賭けてもうまく行くことはあり得ないからだ。第二に、そのような議論の軌跡が前提とするのは「本当にホモセクシュアル」なものと「本当にセンチメンタル」なものとは何か、安定して理解しやすい定義がどこかに確保してあるということだが、一方で私たちの歴史的主張はまったく逆を主張する。すなわちそれらの定義はこの時代において歴史的に安定しているわけでもなければ、内的に一貫しているわけでもない。第三に、明らかにこのような議論は必然的に、分析的効力とは言わないまでも、その修辞的効力を、近代の文化において両方の、つまりホモセクシュアルなものとセンチメンタルなもののカテゴリーの価値が、極端に切り下げられていることに依存している。どんなにニーチェ自身の著作がそれらの致命的な価値切り下げに時に共犯的に関わったかもしれないとはいえ、そのような価値の切り下げに依存することには、不快感が喚起されるべきだ。そして最後に、これらの定義上の問題について私たちが問いかけ得る、もっとも生産的な質問は、「これらのラベルの真の意味は何か、これらのラベルは厳密にはどこに貼るべきか?」ということではないと、私は思うからだ。むしろ「これらのラベルを与えることによって設定される関係とはどのようなものか?」ということだろう。だとするならば、この名称づけの行為に完結するように議論の目標が設定されている限り、分析を可能にするような対称との距離が損なわれてしまうということになるだろう。

「キッチュ」と「キャンプ」のカテゴリーはおそらく、近代のゲイ・アイデンティティの形成が、これら強力な観客関係を再想像《リ・イマジン》することにどのように介入したかについて教えてくれる。キッチュとは、一方ではその形容辞の語り手がキッチュ物に感染することから免れていると主張し、他方では真のキッチュ消費者、あるいはヘルマン・ブロッホの有名なフレーズでは「キッチュマン」[*25]の存在を仮定することによって、「センチメンタル」という形容辞の攻撃的力を倍加させた分類だ。キッチュマンは「キッチュ」という用語を使う人間では決してない。キッチュマンには批判力というものがまったくなく、キッチュ物やキッチュ創造者に完全に操作されてしまうと仮定されている。キッチュマンは、同じくらい暗愚なキッチュの製作者と完全にそっくりな人間か、あるいは製作者のシニカルな操作に抵抗せずに操られるまぬけか、どちらかであると見られている。言い換えれば、この仮定されたキッチュ製作者は、キッチュマンと同程度のあわれなほど低い意識レベルにあるか、あるいは超越的で潜在的に人を利用するような高い意識レベルにあり、見ればそれがキッチュだと認識できる人間であるか、いずれかである。この高度に競争的なキッチュとキッチュ認識の世界においては、媒介となる意識レベルはない。したがってここでは同類は同類を知るのであり、また「それはキッチュか?」という質問が投げかけられるような対象は、どんなものでも即座にキッチュになる。このような伝染の構造は、キッチュの属性付与のシステムのもとでは必然的に大きな恥辱のままでしかない。自分だけをキッチュの属性付与の力学に巻き込まれないよう免除したりシニシズムを呼び起こしたりはできても、それ以上に興味深いことはなにも引き起こせはしない。

一方でキャンプの視点は、より快活でより広々とした角度を伴っているように見える。ロバード・ドウィドフが示唆するように、キャンプの典型的なジェスチャーが実際に驚くほど単純なものだというのは、本当ではないかと思う。文化の消費者が、「これを作ったのが誰であれ、やはりゲイだったとしたらどうだろう?」というとっぴな推測をする瞬間、それがキャンプのジェスチャーだ。[26] とするならば、キッチュの属性付与とは違い、キャンプ認識は、「どんな品性下劣な生き物が、この見せ物向けの観客であり得るというのか?」とは問わない。その代わりキャンプ認識はもし……だったとしたらと言う。もしこれ向けの観客がまさしく私だったとしたら?と。もしこの見せ物に対して私が感じている抵抗をはらんだ斜めからかするような関心と魅惑の感覚が、実はこれを作った人の、あるいは作った人々のうち誰かの、同じような感覚に対する不思議な反応だったとしたら?そしてさらに、もし私の知らない、またそうとは見分けられない誰かが、これをまったく同じ「倒錯した」角度から見ることができるとしたら?、と。キッチュの属性付与とは違ってキャンプ認識の感受性は、扱っているのが読者関係であり、文化生産のスペースと実践についての投射的ファンタジー（投射的とはいえ事実であることも稀ではない）だということを常に知っている。キャンプ認識は、その知覚もまた必然的に創造されたものであることを認める（キッチュとは違って）がゆえに寛大であり、[*27] したがってキャンプが、センチメンタルな属性を大いに付与したがる私たちの文化において、非常に繊細で強力な効力を包含できるということは、驚くには当らない。

とするならば、「センチメンタル」「アンチ・センチメンタル」、または「リ・センチメンタル」の表象上の意味を完全に復権することも一掃することも、可能なことではあるまい。なぜならこれらは修辞的な（換言すれば、関係性の）比喩《フィギュア》を表しているからだ。これらは隠ぺい、間接性、代理性、新たな命名の比喩であり、したがってこれらの倫理的意味については、これらが書かれ読まれる複合的な文脈でのみ議論することができるのである。それぞれを背信の形式と呼ぶことができるにせよ、それぞれがまた抑えきれない欲望と創造性の比喩であると見ることもできる——たとえそれが他者の苦痛または快楽を枠にはめ再現する方法を見出そうとする、決して告白されることのない快楽に基づいていたとしても。ニーチェは「善と言っても」「隣人がそれを口にするときにはもはや善いことではない」（*Beyond*, 53）と言っている。しかしここでの彼の情動は、この文脈ではかなり不可解なものと言えるだろう。

## 同一の／異なった、ホモ／ヘテロ

しかしもしセンチメンタリティ、アンチ・センチメンタリティ、そしてリ・センチメンタリティが、代理された欲望の比喩だとするならば、そのように形象化された欲望が誰のものか、どうやって知ることができるだろうか？ また誰が、欲望をそのように形象化できるのだろうか？ さらに、もしキリスト教時代のリ・センチメンタリティの誤表象《ミス・リプレゼンテーション》の主要なものは「同一の」と「異なった」という概念の間で絶え間なく起こる相互の誤表象だ、と仮説を立てたら、私たちのトピックを意味がなくなるほど一般化（普遍化）するという危険を冒すことになるだろうか？ もちろんそうだ。西洋の思考では、「同一の」と「異なった」のもとに分類したり脱構築したりできないものは、何一つない。ならばギリシア語訳に行ってみて、リ・センチメンタリティについての同じ仮定を、ホモとヘテロの間の相互の誤表象だと仮定してみよう。すると既にトピックを致命的に特定化「マイノリティ化」しすぎてしまったことにならないだろうか？　しかしこれこそがまさに私たちの投げ込まれている、ダブル・バインドする二項対立の重複の領域である。この領域に私たちを投げ込んだのは、キリスト教の心理学自体のスキャンダラスでセンチメンタルな代理性でも、多くの男から男への欲望の本質でもなく、むしろ一九世紀後半に、ホモとヘテロセクシュアリティという概念においてこれら二つのことが並置されたためなのである。

　フーコー以来、近代の「ホモセクシュアリティ」の概念（一貫したアイデンティティ）を、（存続しているにもかかわらず）前近代ということになっている「ソドミー」（独立した行為）の概念から区別することが一般的であった。しかしより最近のリサーチによって明らかになったのは、一九世紀後半に始められたマイノリティ化の見解に基づく分類学的なアイデンティティ言説の内部でさえも、フーコーが実質上交換可能なものとして扱った用語、すなわちホモセクシュアリティと性倒錯の間に、予想できないような重大な分岐が起こっていたということだ。ジョージ・チョーンシーが論ずるように、「一九世紀もっとも一般的に使われた用語である性倒錯は、ホモセクシュアリティと同じ概念的現象を示したわけではなかった。『性倒錯』は、より広い範囲でのジェンダー逸脱的行動における倒錯を指した」のであり、それはたとえばカール・ハインリヒ・ウルリヒスの有名な自己説明、〈男性の身体に宿る女性の魂〉に凝縮して公式化されるような、女性の「男らしさ」とか男性の「女らしさ」といった現象を指していたのである。「一方『ホモセクシュアリティ』は性対象選択という、より狭い問題に限られていた。[*28]」デイヴィッド・ハルプリンによれば、「性対象選択が、男らしさや女らしさといった『二義的』特徴からは完全に別個な問題であるかもしれないということは、ハヴロック・エリスが対象選択をロール・プレイングから分離しようという運動を行い、フロイトが……リビドーの場合において性『対象』と性『目標』とを明確に区別するまでは、誰の頭にも浮かばなかったことらしい。[*29]」

この変化の結果をハルプリンは次のように記述している。

セクシュアリティそれ自体が男らしさと女らしさの問題から概念的に分離されたということによって、性行為を行う人物の解剖学的性（同性 対 異性）にもっぱら根拠を置いた、性行動と心理学との新しい分類学が可能になった。それによって同性間の性的接触に関する、それ以前の言説内部で伝統的に作用していた数多くの区別が消し去られた。たとえば性的パートナーを能動的パートナーと受動的パートナーに分ける区別、性的役割を正常と異常（または慣習的と非慣習的）に分ける区別、男らしいスタイルと女らしいスタイルとを分ける区別、少年愛とレズビアニズムとを分ける区別など、根本的に区別されていたものの区別が消し去られたのである。そのような行動の全てが、今では同類と分類され、同じ項目の中に入れられるようになった。このように性的アイデンティティは、性行為のパートナーの性が同一であるか異なっているかという二項対立的作用によって厳格に定義された、主要な対立の周囲に分極化されたのである。これ以降、人々は二つの互いに相容れないカテゴリーのいずれか一方に属することになった。……明確な、確認し得る、客観的な行動現象、すなわち誰が誰とセックスするかという事実に基礎を置くゆえに、この新しい性的分類学は歴史を超えた記述的有効性があると主張できた。それゆえにこの分類学は「科学性の閾」を超えたのであり、社会科学や自然科学における作業概念として神聖化されたのである。*30

今日「ホモセクシュアリティ」は、パートナーの間の同一性によって定義されるが、この多くの点で固定的と見える側面が、明確な形をとったのがこれほど最近のことだとは驚くべきことだ。*31 そのプロセスはいまだに根本的に未完である、とつけ足してもいいだろう。*32 この歴史的認識に内在する異化作用の可能性はまだ明らかになり始めたばかりだ。

ホモセクシュアルという出現しつつあった概念の中のホモには、決定的な脱-区別化を行う可能性があるように見える。なぜならこのホモによってそれ以前には相対的に別個のものと見られていた二組の関係、すなわち同一化の関係と欲望が、相互に横すべりを起こして行く潜在的可能性の経路が揺るぎなく設定されたからだ。[*33] 倒錯、少年愛、あるいはソドミーによってではなく、このホモ方式のホモセクシュアリティによってこそ、同一化と欲望との間の横すべりを象徴することが常に可能であるような、一つのエロティックな言語、エロティックな言説が生まれたのである。またそれに付随して、カムフラージュと隠ぺいの新しい可能性も生まれた。「センチメンタリティ」という烙印を押すような名のもとに密集するメカニズムを通して、禁止され、抵抗されるエロティックな関係を非常に選択的またはむきだしに表すこと、そして代理性の連鎖を通して公言するということが、新しく可能になったのである。

ここで私が言おうとしていること、また言っていないことについて明らかにしておきたい。私自身は、同性間の関係の方が異性間の関係よりも類似性に基づいている可能性が高いなどとは信じていない。換言すれば、異性間の関係よりも同性間の関係において、あるいはゲイでない人物よりもゲイの人物において、同一化と欲望が必然的により密接に結びついているなどとは信じていない。実際私は、多くの、あるいは大部分の関係や人物において、同一化と欲望は密接に結びついていると仮定している。ある男性にとって、ある女性よりも別な男性との間に、はるかに多くの共通点があると仮定されるべきだとは、もちろん信じていないが、これらはまさに、「ホモセクシュアリティ」の定義の発明の根底にある仮定であり、今度はその定義の発明によって同意されるような仮定が出て来るのである。[*34]

どのようにして一人の男性の別の男性たちに対する愛が、同一なものに対する愛になるのか？　そのプロセスは、『ドリアン・グレイ』のプロットにおいて明確に輪郭づけられている。この小説のプロットでは「男の、男に対する欲望」と、伝統が間もなく「ナルシシズム」と呼ぶことになるものにかなりよく似たものとの間の、相互の置き換えが行われている。まず明確に男性対男性の欲望についてのプロット、すなわちバジル・ホールワードとヘンリー・ウォットン卿とのドリアン・グレイの愛をめぐる競争が取り上げられ、それがドリアン・グレイと彼の肖像画とを、姿かたちの類似と図像の上での贖罪を通して神秘的に結びつけるプロットへと圧縮される。始めにはドリアンと彼の男性の崇拝者たちとに間に境界を画定するような差異、つまりまず第一に年齢と経験《イニシエー》の度合い《テツドネス》の差異があるが、それが後から、ドリアンであると同時にドリアンではない、描かれた男性のイメージと彼の類似というプロブレマティックのために抑圧されるのである。このことからいくつかのことが言えるが、まず始めに言えるのは、類似性の比喩が新しいホモ／ヘテロの計算法を具体化しているということだ。ここでは類似性の比喩は「倒錯」モデルに反するものとして強く構成されているわけではない。ワイルドは「倒錯」モデルに特に興味を持った様子はほとんどなく、「倒錯」のレトリックは実質上『ドリアン・グレイ』には不在だからだ。むしろこの小説のこのプロットは、どの程度にせよ継続する男性同士の絆は、少なくともジェンダーに匹敵するような二項化の文化的力のある、なんらかの弁別的な差異（たとえば老年／若年、または能動的／受動的）の周囲で構造化されなければならないという、古典的少年愛の仮定が、この時代の言説において消滅しつつあったことを反映しているようだ。どんな弁別的差異をも排除して、肖像画のプロットは断固たる平等主義的絆という近代のユートピア的ヴィジョンを、ナルシシズムの傷痕とともに創始し、新しいホモ／ヘテロの計算法を具体化する。その滑らかな功利的感触は、誰でもジェンダーを共有すれば「同一」であり、共有しなければ〈他者〉であるという、言語学的に終審的な分類があればこそ可能になっている。

　しかしそれは、付加的な目的にも役立った。自己矛盾した男性のホモソーシャルな領域では、行きすぎが十分ではなく、しかしわずかのことが常に行きすぎになってしまう。そんな領域の中で一八九二年、彼自身の才能と欲望とを具体化しようとしていた青年であったワイルドにとって失うものは大きく、したがってホモ／ヘテロと自己／他者を折り重ねることには、はっきりしたゲイの内容を保護／表現するためのカムフラージュになるという点で魅力があったに違いない。誰もが自分と同性の恋人を持っているわけではないが、結局のところ自分と同性の自己は誰でも持っているわけだから。[*35]（ところでこのカムフラージュは、それと共謀する制度において有効であり続けている。私が教えていたアマースト・カレッジのあるクラスでは、優に半数の学生がそれ以前のクラスで『ドリアン・グレイ』を習ったことがあると言ったが、一人として、この著作をどんなホモセクシュアル的内容の点からも論じたことはなかった。一方その学生全員が、この作品は自分とそっくりな人間のテーマ、すなわち「分裂した自己」、あるいはミメーシスの問題、すなわち「人生と芸術」のいずれかの観点から説明できると知っていた。)

ワイルドにとっては、ホモから同一へ、さらに自己へと進む経過は、これから見るように、少なくとも一時的には、新しく分節化されていたモダニスト的「自己」言及性と、反形象性《アンチ・フィギュラリティ》、反表象主義、図像恐怖症《イコノフォビア》という結果をもたらした。それは『ドリアン・グレイ』のアンチ・センチメンタルな部分に見られるが、『レディング牢獄』でセンチメンタルなものが動員される中で崩壊する。[*36] 一方ニーチェは『この人を見よ』の中にヘテロなものを回復させようとした人間であると述べなければならないだろうが、それにもかかわらず彼が、この新しく生まれつつあった概念の便宜を利用するやり方は奇妙にもワイルドより単純だ。フロイトはシュレーバー博士についての議論の中で、ホモフォビックな発話の制度のもとでは語ることのできない、「私(男)は彼(男)を愛する」というセンテンスを否定する中で生まれる可能性のある、性欲的・文法的変換の次のようなリストを挙げている。第一に「私は彼を愛していない。私は彼を憎んでいる」。第二に「私は彼を愛していない。私は彼女を愛しているのだ」。第三に、「私は彼を愛していない。彼女が彼を愛しているのだ」。そして最後に、「私は彼を愛していない。私は誰も愛していないのだ」と。[*37] 四つの置き換えのうち何一つニーチェに厳密に相容れないものはない。実際『ニーチェ、人と著作』があったら、その目次は単純にこの四つのセンテンスを繰り返し交代させながら反復するだろうと想像できる。しかしこの禁じられたセンテンスを変換するための彼自身のもっとも特徴的で心的投資をされた文法は、これらとは異なるものだ。フロイトのプロジェクトの根底にあり、あまりに身近であったため、彼が明示しようとも思わなかったもの、そして男が男を欲望することの意味について、出現しつつあった「ホモ」の読み方の真髄にはるかに近いもの、すなわち「私は彼を愛していない。私は彼である」という文法だ。
たとえば、私はヴァーグナーを欲望していない。私はヴァーグナーである。『バイロイトにおけるヴァーグナー』を情愛を込めて賛称しながら、〔ニーチェは言っている。〕「書かれているのは私自身だけだ――テクストにヴァーグナーという語が出て来たらどこでも、……かまわずに私の名前を挿入して良い」（*Ecce*, 82）。（あるいは「私のツァラトゥストラに別な洗礼名、たとえばリヒャルト・ヴァーグナーというような名前を与えたとしたら、以後二千年の間に輩出する批評家諸氏の明敏さをもってしても『人間的、あまりに人間的』の著者がツァラトゥストラという幻想を抱いた者と同一の人物だと見抜くのにまだ十分ではないだろう」（*Ecce*, 59）を見よ。）『人間的、あまりに人間的』の中で」「私が世界史的栄光に輝かせたのは友人の一人、傑物ドクター・パウル・レー」ではなかった。それは単に「私が本能的な抜け目なさから、『私』という小さな語をここでも避けた」だけにすぎない（*Ecce*, 94）。私はツァラトゥストラを欲望しない、たとえ「われわれは宴の中の宴を祝う、わが友ツァラトゥストラが来たのだ、この賓客の中の賓客！ 今世界は笑い、暗うつの緞帳は裂けて落ち、光と闇の婚礼の日は来た」（*Beyond*, 204）としても。むしろ定義の圧迫の瞬間、私はツァラトゥストラである。私はディオニュソスを欲望しない。たとえどんな華麗なエロティシズムがこの神を取り巻こうとも。

あの偉大な韜晦者、誘惑者である神……その声はあらゆる魂の冥府まで降りることを知り、誘惑の暗示のない言葉や一瞥は何一つ与えない……心情の天才……隠され忘れられた宝物、厚く不透明な氷の下の善良さと、甘美な霊性の滴りを見抜き、黄金の一粒さえも探り当てる魔法の杖……心情の天才、それに触れられた誰もが……氷を溶かす風に吹かれ、探られて、蕾が開くように、おそらくは以前よりも一層おぼつかなく揺れながらも、一層やわらかく、もろく、くじかれやすくなりながらも、しかしいまだ名もなき希望に満ち、新しい意志と潮流に満ち、新しい逆意と逆流に満ちて、前よりも一層自ら新しくなって行くのだ。……ディオニュソス、あの偉大で両義的な、誘惑神（*Beyond*, 199-200）

――いや、つまるところ、私はディオニュソスである。（たとえば『権力への意志』の「ディオニュソス」セクションの始めに置かれた献辞、「私の心を楽しませ、堅く、しなやかで、かぐわしい木から作られ、その匂いさえも喜ばしい、良くできた者のために」は、『この人を見よ』の「なぜ私はこんなに賢明なのか」においてほとんど一字一句違わずに、しかも「私が述べたのは他ならぬ私自身のことである」という注釈とともに現れる[*38]。）まったくのところ〔次のような言葉もある〕、「私の謙譲の美徳にさわり、不愉快なことは何かと言えば、私が実は歴史の中のあらゆる人物であるということだ」[*39]。そしてまた、シュレーバー博士の場合と同様に、これらの主張と相反するものである、入念に作られた統語法の全体が、代わる代わるに現れるのである。反〔コントラ〕ヴァーグナーとしてのニーチェ（「われわれは対蹠地である」[*40]）、「十字架にかけられた者に敵対するディオニュソス」（『この人を見よ』の最後の言葉）、そしておそらくはもっとも主要なひねり、反キリスト者としてのニーチェ。

## 抽象化／形象化

これら男性の心的投資のパラノイア構造を指摘しているのは、これまで組み立てた枠組みにおいては、病理化や周縁化をするためではない。むしろ〔次のニーチェの言葉のように〕それらを再配置し、その文化的中心性を認めるためである。「狂気は個人においては稀なものである。――しかし集団、党派、民族、時代においては、それは法則となる」（*Beyond*, 85）。ニーチェはポスト・ロマン主義のプロジェクトに既に特徴的な、体現という投射的で英雄的な表現に携わっているのだが、その限りで彼は、ゴシックの刻印を押された〈フランケンシュタインの時代〉としての一九世紀の視点の典型である。この時代はフランケンシュタインにおける男性のパラノイア的プロットに見られるような唯我論と間主観性をめぐる激しく二分するような働きによって哲学的にも比喩的にも刻印を押された時代だ。このプロットはいつでも、他に選択できる人生や関心事がまったくないかのような風景を横切って二人の男が互いを追跡し合い、恋愛的《アマラス》なものと殺人的《マーダラス》なものが男性のレイプの表象に凝縮され、クライマックスへと向かうタブローで終わる。[*41] この文脈において、ニーチェが変則的なのは、このプロットが彼を捕らえているということではなく、むしろ実は、彼がそのプロットに時々与える、独特の屈曲する甘美さの方である。

君、その炎の槍で
わたしの魂の河を溶かす君、
そのために、氷から解放されて、魂はほとばしる、
その目的地である大洋へと、
いよいよ輝かしく、いよいよすこやかに、
慈愛あふるる必然に従いつつ自由に――
だからわたしの魂は君の奇跡を称える、
一月、愛らしい聖者よ！[*42]

あからさまにゴシック的な『ドリアン・グレイ』は、既に見たように複雑な間主観的競争を描く世俗的プロットから、〈自分とそっくりな存在《ダブル》〉を描く秘密めいたプロットに転じてそれきりになってしまうという点で、この一九世紀の潮流を同じくらい深く、またはるかに因襲的に吸収している。この潮流のおかげで、そのころまでには複合的に禁じられていたにもかかわらず、まだ不完全な定義しかなされていなかった男同士の欲望のエネルギーが、循環させられ、方向づけられ、拡張され、また同時に閉塞させられたのである。男性のホモセクシュアル・パニックそれ自体の歴史的創造と操作に関する第4章は、これらのメカニズムについてもっと十分に論じる予定である。しかし『ドリアン・グレイ』がはっきりと近代の（モダニスト的）著作だと言えるのは、この作品が「私は彼を愛していない。私は彼である」という、パラノイアと結びついたホモフォビックな言いわけ《アリバイ》を行うからではない。『ドリアン・グレイ』のモダニズムが実践《パフォーム》するのは、これと密接に関わってはいるものの異なったアリバイ、すなわち抽象化のアリバイである。

世紀の転換期前後、オスカー・ワイルドの裁判ではっきり目に見えるようになったプロセス（裁判に先立ち、それ以後はるか先まで続くが）を通して、男性のホモセクシュアリティに関する言説自体が、医学、精神医学、刑法、文学、そして他の社会制度を通して始めて非常に公的《パブリック》なものになり、高度に分岐した。ますます差別的

で懲罰的な、そして同時にますます男性のホモセクシュアリティを矮小化または周縁化するような新しいパブリックな言説のもとで、抵抗のレトリックも登場するが、それは奇妙に遠まわしの形式だった。それは「公然の秘密」またはガラスのクローゼットというマイノリティ・レトリックと、「空虚な秘密」という包摂的なパブリック・レトリックとが絡み合ったレトリックだと説明できるだろう。

「公然の秘密」という用語は、ここでは非常に特定の秘密、すなわちホモセクシュアルの秘密を指している。第1章で説明しているように、それは「ガラスのクローゼット」現象、すなわちもっとも公然とゲイ・アイデンティティを認めている人以外は、どんな人のまわりでも非常に暴力的に循環している、全体化作用のある知識――権力の渦巻きを、要約して説明するための用語である。先日オスカー・ワイルド・メモリアル・ブックストアで買ったラヴェンダーのバッジには、ずばりと簡潔に「君が知っていることは知っている」(I KNOW YOU KNOW.) と書かれているが、それは〈ガラスのクローゼット〉の戯れに満ちた誘惑的ヴァージョンの典型だ。一方最近再公開されたヒッチコック映画『ロープ』は、殺人的ヴァージョンの良い例だ。映画は二人の、明らかに恋人同士の男たちが、暗くしたペントハウスで第三の男を絞め殺すところから始まる。それから天窓のカーテンを引くと、オーガズムのあとの安堵のように――「カーテンを開けたまま、明るい太陽の下ではとうていできなかったというのは残念だね。まあいいさ、なんでも好きなようにはできないよ、そうだろう？ とにかく昼間やったのだからね。」そして彼らは友人の死体を大きな箱に入れると、リビング・ルームの真ん中に置き、パーティのビュッフェ・テーブルにして主要な呼び物として使う。招待客には殺された男の婚約者、父親、叔母、親友、そしてプレップ・スクールの元舎監などが含まれている。言うまでもなく、恋人たちは〈秘密〉が存在することと、その秘密が部屋の中央の大きな箱の中にあることが、長いこと〈秘密〉のままではなくなるように手段を講ずるのである。

一方で「空虚な秘密」のパブリック・レトリック、すなわち「モダニズム」(少なくとも男性のハイ・モダニズム) の特徴を示すような一群の洞察や直感が境界を画するスペースには、まず空虚さ、つまり一九世紀のパラノイア的唯我論に（違いはあるものの）再言及するような自己言及性と、また（テーマを犠牲にして構造を強調するような）内容またはテーマと構造との分裂とが見られる。この男性のモダニズムのレトリックが、特定の歴史的な男性のホモセクシュアルのレトリックの要素を、（内容を奪うことによって）普遍化・自然化し、したがって実質的に無効にする――という目的に役立つことについては次章で論じる。しかしホモフォビックな男性のモダニズムは、それが否定しようとしている、欲望の特異性の化石のしるしをその構造の中に帯びており、また現実にその特定の欲望を広め再生産していることも、また事実なのである。それはゲイ男性のレトリックそれ自体が既に、透過性のクローゼットの不測の状況や地理学といった、ホモフォビアの歴史的な諸形態によって刻印され、構造化され、またまさにそれによって必要となり展開したのと同じことだ。

『ドリアン・グレイの肖像』はこのプロセスにおいて特に症候的な場を占めている。ワイルドが男色者《ソドマイド》であるということが「暴露」される四年前に出版されているこの作品は、過剰な否認と過剰な見せびらかしとが結びついて形作られた、ガラスのクローゼットすなわち公然の秘密のレトリックの、ある意味で完璧な真髄である。これはまた、非常に多くの点で著者の意図的統制の枠外にアウトして［カム・アウトして］いるという点でも、ガラスのクローゼットを完璧に表象している。強調したいのは、オスカー・ワイルドという名が実質上「ホモセクシュアル」を意味する二〇世紀の視点から『ドリアン・グレイ』を読んだときでさえ、この小説の様々な要素がどれほど徹底的に両義的あるいは多義的に読み得るかということだ。すなわちテーマ的に空虚な「モダニスト」の意味を持っているか、あるいはテーマ的に充実した「ホモセクシュアル」の意味を持っているか、どちらにでも読み得るのである。さらにこの充実した意味は（どの充実した意味でもいいのだが、しかし充実した意味の典型的な見本となる、このまさしく特定の充実した意味）、また物語の内容についてのこの主張は（それはまたこの物語内容についての主張を意味するが）、空虚な「モダニスト」の視点からは、キッチュのように見えて来る。

公然の秘密から空虚な秘密への、この不完全な変換の根底にあるパニックを、バジル・ホールワードは完璧に表している。彼はドリアンに対する心酔を時代錯誤的に、つまり〈古典的に〉枠づける限りにおいて、慎みのある楽しみをもって芸術的に扱うことができた。「そのような狂気じみた崇拝には危険が伴う」(128)ことを知りながらもだ。しかし——

それから新たな展開があった。僕は君を優美な武具を身につけたパリス、そして狩人のマントと磨きをかけられた槍を帯びたアドニスとして描いた。……そしてそれはまったく芸術がそうあるべきようなものだった。つまり無意識で、理想的で、そしてはるかなるものだった。ある日、宿命的な日だったと時々思うが、過ぎ去った時代の衣装でではなく、君自身の時代、君自身の衣服をつけた実際あるがままの君のすばらしい肖像を描こうと決意した。手法のリアリズムのせいだったか、それともかくて霞もベールもなく直接僕に提示された君自身の魅力のなせる驚異だったか、それは僕にはわからない。しかしわかっているのは僕がその肖像を描いている間、あらゆる色の薄片や薄膜が、僕の秘密を現しているように見えて来たということだ。僕の偶像崇拝ぶりが人に知られはしないかと心配になって来た。ドリアン、僕は語りすぎたと思った。僕自身を絵の中に注ぎ込みすぎたと思った。……しかし数日後その絵は画室を離れ、そしてそれがあることによって生ずる耐え難い魅惑の感情から脱するやいなや、君が非常に美しいという以上の、また僕が描ける以上の何かを肖像画の中に見たなどと想像した僕が愚かだと思われた。今でさえも、創造のさなかに人が感じる情熱が、彼の創造した作品の中に本当に現れ出るなどと考えるのは誤りだと感じずにはいられない。芸術はわれわれが空想している以上に常に抽象的だ。形態と色彩がわれわれに伝えるのは形態と色彩、それだけだ。(128-29)

あるいはこれ以前、バジルが彼自身のドリアンに対する愛と欲望の告白を中断して言ったこと。「そこにもパニックが表れている。」「僕の作品の中に彼の姿が描かれていないときほど、彼の存在は明らかだ。さっき言ったように、彼は新しい様式の暗示だ。僕はある曲線の中に、またある色彩の愛らしさや微妙さの中に、彼を見出す。それだけだ。」(17)

このような一節や、『ドリアン・グレイ』の始めの部分を形作る重要な反物語《アンチ・ナラティヴ》のプロジェクトの一部が提示するのは、モダニスト美学を予想させるマニフェストである。すなわちそれによればセンチメンタリティは形象化された対象の中に含まれているのではなく、形象化《フィギュレーション》の行為それ自体に結びついた欲望をそそるような卑俗さの中に含まれているのである。この観点から、モダニスト的抽象化という支配的陣営に対して、形象化という一度王座を追われた挑戦者が再び激しい闘いを挑むポスト・モダニズムが、キッチュとセンチメンタリティを主要な抗争の場としていることは、したがって必然的であろう。しかし抽象化へのモダニスト的衝動が、そもそもそのエネルギーの予想し難い部分を、まさに世紀の転換期の男性のホモ/ヘテロセクシュアルの定義のパニックに負っているという議論ができる限りにおいて(そしてそのような議論はとにかくワイルドからホプキンスへ、そしてジェイムズ、プルースト、コンラッド、エリオット、パウンド、ジョイス、ヘミングウェイ、フォークナー、スティーヴンスに至る文学史の中で確かになし得るのだが)モダニストの自己言及的抽象化から棄却されなければならなかった「形象化」は、単にどの身体の形象化でもいいわけではなかったということが言える。つまりモダニストに棄却されたのは形象性《フィギュラリティ》自体の形象化ではなく、むしろきわめて特定の身体、すなわち欲望された男性の身体によって表象されるような形象化だったのである。それゆえに、キッチュやセンチメンタリティが表象《リプレゼンテーション》自体を意味するようになるにしたがって、同時に「表象自体」を表象するものが、非常に特定のエロティックな欲望の男性的対象と主題になったのである。

## 創造/識別、健全さ/頽廃《デカダンス》

反形象主義のモダニズムそれ自体は、ニーチェのプログラムを部分的にでも形づくることはなかったようだ。しかしヴァーグナーに対する自分の愛を嫌悪するようになった後、ニーチェにとってはオペラが、ワイルドにとっての形象化それ自体といくぶん同じように機能した。

すなわちオペラは、かろうじて超越できるかできないかといった、魅惑的でほとんど抵抗できない衝動を表すとともに、それを一掃しようとするような議論が、それでもなお意味深く生産的になされ得るものだった。テーマ的にもレトリック的にも、ニーチェがオペラを扱うやり方は、ワイルドがミメーシスを扱うやり方と類似している。一八八六年にそれより十五年前に書いた自分の主要なヴァーグナー崇拝書について、彼は次のように書いている。

再度述べよう。今日では私は『悲劇の誕生』は不可能な書物だと思う。文章も稚拙であり、重苦しく、煩瑣で、イメージが荒れ狂いもつれ合っており、センチメンタルで、ところどころ女々しい《エフエミネト》ほど甘ったるく、調子はむらで、論理的な明快さへの志向がない……秘儀に参ぜし者たち《イニシエーツ》のための本、音楽に一身を捧げた者のための、最初から稀有な美的経験を共有することによって密接に関わり合っている者たちのための「音楽」、芸術における近親者を識別するための紋章を意味する「音楽」。……それにもかかわらず、この書物の影響がかつて証明し、今でも証明しているのは、この書にはともに熱狂する者を探し出し、彼らを新しい秘密の小道と舞踏の場へと誘う能力があるということだ。ここで語ったのはとにかく——これは嫌悪と同じくらいの好奇心とともに認められたのだが——聞き慣れない声、いまだ「知られざる神」の使徒だった。……ここには見慣れぬ、いまだ名のなき要求を持った一つの精神があった。*43

ニーチェはヴァーグナーをめぐる「イメージが荒れ狂う」関係を、それらが「私自身を私ではないものと取り違える」ことを伴うという意味で「センチメンタル」と呼んでいる（*Ecce*, 93）。もっと一般的に「ヴァーグナー崇拝者」については、「私は彼らのやることを三世代にわたって『経験』した。ヴァーグナーとヘーゲルを取り違えた今は亡きブレンデルから、ヴァーグナーを自分たち自身と取り違えているバイロイト新聞の『理想主義者』どもまで」（*Ecce*, 90）と書いている。しかし、ヴァーグナーが誘発する無差別の代理衝動は、キリスト教的なものとされる衝動の「不潔さ」全てを必然的に伴う一方で(「『トリスタン』の楽譜を読むとき、私は手袋をはめる」(*Will*, 555))、もう一つ別な、ニーチェにとってより拒絶し難い機能も果たしている。すなわち「秘儀に参ぜし者たち」の間での、欲望と同一化のこの横すべりによって可能になる、相互識別のメカニズムを通した共同体創造の機能である。「秘密」「奇異な」「見慣れぬ」「知られざる」そして「名のなき」という、公然の秘密と空虚な秘密とを華々しく凝縮させるような用語を強調することと自体が、そのような識別をするよう誘うのである。

ニーチェにおいてオペラが果たすもっともワイルド的な機能の一つは、デカダンスのレトリックの維持装置となることである。ここでヴァーグナーはニーチェのエロティックな文法の完璧な引立て役である。ヴァーグナー自身は非常に活発とは言わないまでも、ヘテロセクシュアルの行動をとっていたと証明できるが、それにもかかわらずニーチェと同様に、ホモセクシュアルのシニフィアンだった、またはなりつつあったものを具体化したのである。ルートヴィヒ二世の悪名高い後ろ盾のもとに支えられて、ヴァーグナーのオペラは、マックス・ノルダウが『堕落』の中で「異常者」と呼んだ者たちのための、文化的道標を表象した。疲れを知らぬ分類学者クラフト－エービングは「リヒャルト・ヴァーグナーの熱狂的崇拝者である」ホモセクシュアルの患者を引用している。「われわれ［「逆の性的感情」に苦しむ者］の大半には、ヴァーグナーに対する偏愛があることに気づいた。この音楽はわれわれの性質に非常に良く調和するとわかった。」[*44] したがって、ニーチェがヴァーグナーの「信じ難い病理的なセクシュアリティ」(*Will*, 555)に言及するとき、彼は具体化されたホモセクシュアリティ自体を主題にすることさえなく、現れつつあったホモセクシュアリティを表す比喩のエネルギーを引き出し、呼び起こすことができたのである。二〇世紀後半から振り返ってみれば、既に述べたように、一九世紀のセクシュアリティの中で、病理的なものそのものを表象するのはほとんど一つしかない(「性的指向」という言葉が現在ではもっぱら対象選択のジェンダーを指し示すのと同じである)。これらの偏向的にフィルターをかけられたレンズを通してニーチェを読むことは、確かに彼の意味するところに対する一つの暴力だろう。しかしこの暴力には、彼自身が連座していないわけではない。

ニーチェにおけるデカダンスの立論とテーマ論は、リ・センチメンタリティのものに近い。すなわちデカダンスはキリスト教の「熟しすぎた、複雑でひどく甘やかされた良心」（*Beyond*, 57）と同じように、薄く伸ばされた外皮のゆるみであり、「よく熟れた果実のたるんだ黄色の皮」（*Beyond*, 151）をした「マイスタージンガー」の序曲のように、堅固であるべきところに触知できる裂け目、むしずが走る不快感、または発酵である。怨恨感情《ルサンチマン》それ自体、つまりルサンチマンと呼ばれるもの自体に付与された否定的評価は、ニーチェの倫理的判断のうちでもっとも一貫しているものの一つである。しかしにもかかわらず明らかなのは、リ・センチメンタリティの心理学者として彼の嗅覚が鋭敏に働くのは彼自身リ・センチメンタリティのプロセスに従属しているからである。人間の感情についてルサンチマンに匹敵するようなどんな代替的心理学的説明もニーチェには不在であること、またルサンチマンという術語自体、感情《サンチマン》のあらゆる意味において〈再び／戻《ル》す〉の堕落が既に内在する以上、能動的とされる感情と受動的とされる知覚が相互に区別できないことを含意するとすれば、ニーチェに学んだ誰でも、彼のもっとも力強い思考にルサンチマンがしみ込んでいることを証明するのはたやすいことだ。しかしニーチェは、ルサンチマンにおいては推論に任せたことを、デカダンスにおいては明示している。すなわちデカダンスを識別することが、称えるためだろうと非難するためだろうと、同類は同類を知るという特にホモセクシュアルの属性が付与されるときの果てしない論理に、どれだけ絶対的に巻き込まれているかということを。

> もし人が「『ヴァーグナーの場合』を」正しく評価できるようになるためには、音楽の運命に、開いた傷口に悩むのと同じように悩まなければならない。——私が音楽の運命に悩むという場合、どんなことに一体悩むというのか？　これだ——つまりそれがデカダンスの音楽であって、もはやディオニュソスの笛ではないということだ。……しかし読者がこのように音楽の事柄を自分自身の事柄と感じ、自分自身の受難史と感じるとしたら、この著作が思いやりに満ち、度はずれて寛容な本だとわかるだろう。……私はヴァーグナー

> を愛して来た。……結局は、私の使命の意味と方向には、他の者には容易に看破できない、とらえにくい「未知の人」に対する攻撃があるのだ。（*Ecce*, 119）

彼にデカダンスを知覚する才能があるのは、そもそも彼とデカダンスに密接な関係があるからだ。それと対応して、他人が彼の中のデカダンスを疑う能力は、彼ら自身のデカダンスに起因するのである。

> 私には上昇と下降の兆候に対して他の誰よりも微妙な感覚がある。この問題に関しては私は一段と優れた教師である。——私は両方とも知っている、私は両方である。——私の父は三六歳で亡くなった。彼は繊細で、愛すべき人物で、病弱だった。……かなり長い間私を神経病患者として治療していたある医師は、ついにこう言った。「いや！　あなたの神経には何一つ異常なところはありません。私の方が神経質すぎたんです」と。……——回復期は私にとっては長い長い、あまりに長い年月を意味する。——その上それはまた不幸にもデカダンスの反発、悪化、周期的反復をも意味する。デカダンスの諸問題については私は経験を積んでいると言う必要があるだろうか？　私はその語を前向きにも後ろ向きにもたどったことがあるのだ。
>
> （*Ecce*, 38-39）

> もっとも奇妙なのはこれだ。［長い病の試練］の後では、人は異なる趣味を——第二の趣味を持つようになる。そのような様々の深淵のうちから、大いなる疑念の深淵のうちからさえ、人は新しく生まれて戻って来る。皮膚を脱ぎ捨て、よりくすぐったがりで皮肉になり、喜びに対するより繊細な趣味をそなえ、全ての善きものに対するより鋭敏な舌を持つようになる……より子供らしくなると同時に、それまでよりも百倍も繊細になる。（*Contra*, 681）

この認識論的構造を認めるとき、ニーチェは相対的にリラックスして率直である。それが意味するのは、ニーチェはデカダンスを、その他の点では非常に密接に対応しているように見えるルサンチマンに対するときとは違って、荒々しく告発めいた投射的否定のからくりを作動させずに、たいていの場合議論することができるということだ。

われわれ明後日のヨーロッパ人、われわれ二〇世紀の初児たち——あらゆる危険な好奇心、雑多様さと偽装の技術、精神と感覚における円熟したいわば甘美な残酷さをもっているわれわれ——もしわれわれが徳を持たねばならないとしたら、おそらくはわれわれのもっとも内密な心の奥底の傾向や、われわれのもっとも熱烈な要求と折り合いをつけることを学んだような徳のみを、持つことができるだろう。いいとも、われわれの迷宮の中、そのような徳を探そうではないか！
(*Beyond*, 128)

実際、一九世紀のもっとも精妙でエロティックな瞑想が、おそらくこのデカダンなものの皮下における発酵の中に横たわっている。「つま先まで走るたくさんの微妙な戦慄としたたり」(*Ecce*, 102-3) の中に、その瞑想は、自分自身が対象であると同時にそうではない洞察＝挿入《ペネトレーション》の核心のまわりを照らしながら、身を開いている。たとえばニーチェが彼自身の著作『曙光』と〔再び〕出会うとき、自己と他者との境界をどこに見出せようか？

今でも、この本にふと目をとめると、一つ一つの文が私にとって、再度深みから何かたとえようのないものを引き出すための手がかりとなる。この本の肌全体が追憶の鋭敏な戦慄に震えるのである。(*Ecce*, 95)

ニーチェが彼自身の理想について語るように、「ディオニュソス的人間にとっては、どのような種類にせよ暗示を理解しないでいることは不可能だ。彼は欲情のいかなる徴候も無視しない。……彼はあらゆる皮膜の内へと入り込んで行く」(*Twilight*, 73)。

## 自由意志／中毒、世界主義《コスモポリタン》／国家主義《ナショナル》

リチャード・ギルマンはその重要な著書『デカダンス』で、「デカダンス」という概念の純然たる空虚さを立証しているのだが、一方でこの概念に付着している意味の強力な幻想の多くが、何かもっとテーマ的なものに

関わっているということ、つまり一個の有機体の目に見える輪郭に関わるような、なにか便利でしかもぎょっとするような柔軟なものと結びついている、と示唆している。

「［デカダン」という形容詞は］現在ではコーティングのようなものとして、［いわば］「不健康」な、しかし完全に罪深いわけではないものにあてがわれた、なめらかなエナメルの皮膚のように作用する。名詞としては、それはサイエンス・フィクションのホラー映画に出て来る、不吉な生きたゼリー状のものかなにかのように、変わりやすく形のはっきりしない輪郭の、動揺を誘うような実質として存在している。*45

実際ギルマンは追究してはいないものの、この著作が示唆しているのは、「デカダンス」は理論自体の中に擬人化されたものが還元されずに内在することが、どのような結果を及ぼすかを探るのに役立つ主要な症候的用語だということだ。たしかにこれはニーチェにおいて事実であろう。また既に見たように、皮膚という器官のテーマ論へと向かうニーチェの傾向（皮膚がぴったり合っているか、その清廉さはどうか、その隠ぺいするもの、それが破り得るか、それが代理的関係のためのうわべを提供するかしないか）は、必ずしも必然的にパラノイア的な防衛と排除の姿勢を伴うわけではない。しかしこのような隠喩論にはそのような姿勢の可能性がほとんど組み込まれているも同然であり、それは分岐して隠喩論の政治的経歴の中にも必然的に入り込むのである。

ニーチェの思考とその周囲の文化において、デカダンスという属性を付与することに宿命的に絡み合っているもっともな重要な項目のいくつか、つまり他のそれ自体緊張した定義の連結関係には、自然と人工、健康と不健康、自由意志と中毒、ユダヤ人と反ユダヤ主義者、民族意識と国際主義、などの関係が含まれている。ニーチェがヴァーグナーのセンチメンタリティを麻薬や中毒に習慣的に結びつけたこと、たとえばヴァーグナーの「麻酔的芸術」（*Ecce*, 92）と「奇妙で、重い、包むような蒸気」に満ちた「ハシーシの世界」（*Will*, 555）の「毒」（*Ecce*, 61）とを結びつけたのは、一九世紀後半において、それ以前はせいぜい悪習という程度にしか考えられていなかったアヘン類の摂取行動が、中毒という新しい医学化された項目の下に再分類され、それに応じてドラッグ・サブカルチャーという新しい社会的統一体が形成されたからである。またこのような展開は、ホモ／ヘテロセクシュアルの定義における新しい展開に並行し、絡み合っている。[46] それゆえニーチェは、ドイツの青年をヴァーグナーの芸術に引きつける「本能の完全な逸脱」について、「二つの反自然がまっすぐに二つ目の反自然を強要する」(*Ecce*, 91-92) と述べている。『ドリアン・グレイの肖像』においては、たとえば『ジキル博士とハイド氏』においてと同じように、薬物中毒が同性同士の欲望の力学と禁止のカムフラージュであり、同時に表現である。どちらの本も始まりは男同士のエロティックな緊張関係についての話のように見えるが、終わりには単独の、薬物濫用者についての警告的物語になっている。中毒者とホモセクシュアルという二つの新しい分類学は、一九世紀後半の文化にとって多くの同じ問題がそこに凝縮されたものだった。すなわち自然と呼ばれるものと反自然《コントラ・ナチュラム》と呼ばれるものとの間の、古い反ソドミー的な対立は、油断がならないことに一見継ぎ目もなしに、自然な物質（たとえば「食物」）と人工的な物質（たとえば「薬物」）との新しい対立へと溶け込んでいる。そしてそれがさらに、意志についてのほとんどあらゆる争点を問題化するときの二〇世紀特有のやり方、すなわち様々な欲望自体を、「必要」と呼ばれる自然な欲望と「中毒」と呼ばれる人工的な欲望とに分けるやり方に溶け込んで行くのである。「自然な」欲望を（人工的に刺激するという）関係で、ある特定の具体的な物質を不自然なものと物象化するように分類することは、必然的に、どのような欲望が自然なのかということに対しても、疑問を投げかけることになる（ワイルドの言葉。「どんなことでもやりすぎれば快楽になる」[47]）。したがってたとえばニーチェが〈意志〉「それ自体」を実体化したことは、必然的に、一九世紀において中毒「それ自体」が項目として分離されたのと同じ歴史的過程の一部であろう。[48] この重複する分類格子（分類学のシステムのようには見えるが、実は歴史的に固有のある文化的緊張を、自由意志という決着のつかない問題に彫り込んでいるだけ）から、免除されるような文化的慣行は無情にも今では一つも残っていない。食物に関する最近の思考の展開が良い例だ。食物への耽溺（中毒）の概念は、必然的にダイエットに対する中毒の概念に通じ、そして次には運動に対する中毒の概念につながる。新しい領域において意志の主張がなされるたびに、自由意志それ自体が疑わしいものに見え、結果として意志の主張それ自体が中毒的に見えてくる。（実際最近、アルコホリックス・アノニマス〔アルコール中毒患者のためのプログラム〕やそれをモデルにしたその他の反中毒プログラムを、中毒的だとするジャーナリズムの主張が氾濫している。）今出回っている自助のための本の中には、私たちの文化に現存するあらゆる行動、欲望、関係、そして消費の形式が、正確に中毒的と評することができると、はっきり述べているものさえある。しかしそのような定式化をしても、「中毒」とは、「自由意志」に論理性を与えるように実体化することに常に内在する対抗構造《カウンター・ストラクチャー》であるということに、これらの分析者は気づかないようだ。それよりもこの定式化によって、彼らはさらにますます盲目的に、純粋な自由意志のなにか新しいスペースを切り取ろうという強迫にかられるのである。

　これら一九世紀後半のテクストにおいては、薬物中毒という「デカダンス」は、二種類の身体の定義と交差しており、またそれぞれの定義自体がホモ／ヘテロセクシュアルのプロブレマティックにあふれている。第一の身体は国家・経済的身体であり、第二は医学的身体である。一九世紀半ばのアヘン戦争の類から最近のアメリカ合衆国とトルコ、コロンビア、パナマ、ペルー、そしてニカラグァのコントラ勢力との関係まで、「外国の物質」のドラマと新しい帝国主義および新しい国家主義《ナショナリズム》とのドラマは、かなり解き難く結びついていた。これら摂取の物語のまわりに、（新しく境界が画され争われている）国境の保全が、また物象化された国民の意志と活力が、たやすく組織化されたのである。さらに〔一四世紀、英国で東方諸国紀行の諸書をつづり合わせた旅行記を出版した〕マンデヴィルの昔から、アヘン製品は（高度に凝縮され、持ち運び可能で、高価で、通商集約的物質であり、生物学的の恒常性必要とは決定的にかけ離れた要求の軌道を引き動かすとされたため）商品フェティシズムについて出現しつつあった直観的洞察を華々しく表象するにふさわしいものだった。たとえば『ドリアン・グレイ』における商品のオリエンタリズムは、ドリアンが最終的に依存する「蠟のような光沢があり、奇妙に重くしつこい香りの緑のペースト」から外側に発散される。そのペーストは「側面に曲線状の波の文様があり、水晶の球と、金属製の糸の編み込まれた房のついた絹製の細ひもが下がった、精巧な細工の施された黒と金粉の漆の中国製の小箱」におさめられ、さらにそれは「象牙と青い石がはめ込まれた、黒壇でできたフィレンツェの飾り棚」にしつらえられた三角形の秘密の引き出しの中におさめられている。ドリアンの指がその箱を取り出すために「本能的に」動くと、その飾り棚から、引き出しから、その小箱から、商品のオリエンタリズムが発散されるのである(201-2)。ヴァーグナーのオペラと同様『ドリアン・グレイ』は、少なくとも部分的には、薬物貿易を経済的なモデルとしていた消費主義を普及させることによって、ゲイの相互識別と自己構築を可能にする共同体をヨーロッパに作り上げるという、パフォーマティヴな仕事をこの時代のために成し遂げたのである。

たとえば一例は『ドリアン・グレイ』の第十一章だ。そこでは、ライフ・スタイル、室内装飾、織物についての惜しみなくぜいたくな案内が提供されている。ここではこの小説の他の部分よりもいっそう、「奇妙な」と「微妙な」という麻薬の色合いを帯びた形容詞が、ほとんど強迫的に喚起されているのだが、そこには欲望、同一化、そして相互共鳴的なもののまわりにつまった認識論的問題が、つまりゲイの認識の特性とされるほとんどパラノイア的相互性が凝縮されている。またこの二つのペーター風の形容辞は、『ドリアン・グレイ』において、認識論的側面を強調し、同時に存在論的側面を取り除くという、ホモセクシュアル—ホモフォビックな軌道をなぞっているのである。『ビリー・バッド』においてはクラガートにほとんど分かち難く結びつけられていた同種のラベルとは違って、これらの形容詞はテクストを通して自由に浮遊する。〔たとえば〕「なにか奇妙な夢」(8)、「この奇妙な芸術的心酔」(17)、「奇妙な脈拍に合わせて振動する」(26)、「微妙な魔力」(26)、「彼の微妙な微笑み」(27)、「奇妙な魅力」(28)、「微妙な液体か不可思議な芳香」(44)、「いかにも奇妙な偶然」(44)、「女性たちは……奇妙だ」(55)、「狂気じみた好奇心」(57)、「奇妙な影響力」(61)、「なにか奇妙なロマンス」(63)、「一種の微妙な快感」(64)、「あまりに微妙な毒」(66)、「情熱の奇妙な厳しい論理」(66)、「なにか奇妙な種族本能」(77)、「奇妙なルネサンス時代の壁掛け《タペストリー》」(102)、「微妙で秘密の快楽」(119)、「彼の生活の奇妙な秘密」(136)、「その神秘さゆえに微妙さと魅力が加わるような奇妙な想像もつかない罪の数々」(137)、「蘭の花のような奇怪で微妙な色彩を帯びた隠喩」(140)、「異国風な花々の微妙な調和を保つようあしらわれた配置」(144)、「真の熱烈な気質と矛盾しないようなあの奇妙な冷淡さ」(147)、「それらの微妙な魅惑」(148)、「奇妙な快感」(148)、「奇妙な喜び」(150)、等、一見終わりなく続く。ほとんど暴力的に挑発的で情報価値がないというだけではなく、「奇妙な」と「微妙な」にはともに、認識論的な決定不可能性、あるいは二重性が組み込まれている。それぞれの形容詞が、オックスフォード英語辞典によれば「興味の対象」を記述できる。この意味での「奇妙な」の意味の中には、「注意をはらって、または技芸をもって造られた、繊細な、凝った、手の込んだ、過度に精密な、難解な、微妙な、精妙な、好奇心をそそる……風変わりな《クィア》。(通常通用する客観的な意味での)〔同性愛の《クィア》〕」がある。しかし同時に、それぞれの形容詞は注意深い主体からそのような対象に向けられた知覚の特性をも、しかもほとんど同じ用法で、記述できるのである。「人の主観的特性としての」「奇妙な」に関しては、オックスフォード英語辞典はたとえば次のように、「注意深い、集中した、不安に満ちた、用心深い、好奇心の強い、せんさく好きな、微妙な。」と記載している。とするならば、知覚される対象は、それを知覚しようとする衝動の反射であり、それぞれが過剰として、すなわちその知識の状況の「過《ロ》度に興奮した《ート》」集中度としてのみ記述できる。

　フェティッシュで「手の込んだ」第十一章での用法において、これらの形容辞は、一方では知覚する方の眼や脳が熱心に注ぐ奇妙なまたは微妙な熱意を表し、もう一方では、知覚されている奇妙なまたは微妙な対象の、そのような熱意に答える以上の複雑さとを表している。これらの典型的な例の場合、輸入されるか略奪された工芸品の、宝石や刺繍のような「手の込んだ《ロート》」仕事は驚くほど緻密だが、それが示すのは、趣味というよりは明白な残虐行為である。つまり特にヨーロッパの国々がオリエントに行った貴重な鉱物、単調な労働、そして視力の(典型的に女性の)消耗という形での、(ワイルドの用語を使えば)「奇怪な」「見慣れぬ」「恐ろしい」収奪を示していたのである。「しかししばらくすると、彼はそれらにも飽きてしまい、一人でか、ヘンリー卿と一緒に、オペラ座の特別席で、『タンホイザー』にうっとりと聴きほれるのだった。」(150)

とはいえ、『ドリアン・グレイ』のセクシュアリティに具体化された国家問題を、オリエンタリズムの行使にのみ限定するのは還元主義的だろう。実際、ワイルドのゲイ肯定的と同時にゲイ隠ぺい的オリエンタリズムがあからさまだからこそ、彼のオクシデンタリズムが描き出した性的身体と国民的身体の輪郭を振り返って見るのが難しくなっているのである。オリエンタリズムが〈他者〉に対する関係の標題としてこれほどあからさまだと、欲望された英国人の身体は、単に自国内の〈同一〉のものだと見てしまいがちだ(ワイルドもそれを望んでいるように見える)。しかしこの〈同一〉のものの同一性は、あるいは言い換えれば、このセクシュアリティのホモの性質は、自国というものの国境の自己同一性と同じくらい疑わしいものだ。結局のところワイルド自身の人生において国家《ナショナル》/民族的なものという問題に第一義的に含まれていたのは、ヨーロッパの祖国《パトリア》に対する海外帝国の問題ではなかった。野心にあふれたアイルランド人であり、著名なアイルランド民族主義詩人の息子、腹心、被保護者であるワイルドとしては、イングランド、ブリテン、アイルランドといった流動的でとらえにくい用語で示される「自国の」国民の定義について研ぎ澄まされた苛立ちの感受性を、彼の自己意識の根底的要素として持つようになるしかなかった。すなわち彼にとって「自国民」の定義の皮膜は、穴だらけで、もろく、伸縮性があり、すり減っているとともに、囲い込んだり、排他的、殺人的だったり、つまりあらゆる点で論争可能でかつ論争されているものだった。まったくのところ、国家《ナショナル》の定義に既に内在する根拠であるとともに/あるいは出現しつつあった民族《ナショナル》の差異の意識は、ワイルドが公然と、彼の時代を映し出すような意味深長で症候的な位置を占めて、文字通り体現したものの一部であったに違いない。「ほっそりした薔薇色に輝く人」、すなわち一つのセクシュアリティ、一つの感受性、一つの階級、そして一つの狭義のイギリス民族の典型を同時に表すような「天使のような金髪の、ほっそりとした人」という個人あるいは一般的な形象を崇拝する司祭としては、ワイルドの体格は正反対の類のものであり、（その文脈では）限りなく欲望をそそらず、望ましくなく、位置づけがたいものだった。しかしそのようなエロティックで政治的な意味の指標《インデックス》として彼自身の身体を非常に執拗に前景化することに、彼はいつもの異常な勇気を見せている（「彼のいつもの異常な勇気」、わかりやすい言葉で言うと、厚顔無恥）。アイルランド民族主義者の母親から受け継いだ小さくまとめることのできない巨体、ケルト化している〔ワイルド家の祖先はオランダ系〕父親から受け継いだいかがわしい浅黒さという、ワイルドを異質化する体格的遺産によって、彼の人物とペルソナとを自己前景化するジェスチャーを行うたびに、男性同士の欲望を新しい「ホモ」タイプのホモセクシュアルと想像することに含まれるもろさ、ありそうもなさ、場違いさ（そして同時に変化を可能にするような再知覚の力）が明らかにされた。すなわち同じ圧力によってワイルドの身体は、国家／帝国関係を理解するための安定した国内的根拠とするには英国の国民的身体がふさわしからぬものであること、すなわち英国人とアイルランド人との間にぎごちない非等価性があることをはっきりと演劇化したのである。

ニーチェの方は、ワイルドよりいっそうはっきりと反国家主義者《ナショナリスト》であり、悪意に満ちた反ドイツ主義者であり、そして一八八〇年代後半までには悪意に満ちた反‐反‐ユダヤ主義者であったが（かといって彼が反ユダヤ主義ではなかったと言っていることにはまずならない）、彼の著作においても麻薬のトピックが民族的なものと結びついたとき危険な両刃の剣のレトリックが喚起されている。たとえば彼は回想的に次のように書いている。

もし耐え難い圧迫から自由になりたいと欲したら、麻薬が必要だ。そうだとも、私にはヴァーグナーが必要だった。ヴァーグナーはあらゆるドイツ的なものに対するまさに対抗的毒物である——なるほど毒物には違いない、それには反論しない。……より健康になること……ヴァーグナーのような性質の場合においては、それは退行だ……この「地獄の官能性」に浸るほどの病に罹ったことのない者にとって、世界は貧弱だ。……ヴァーグナーが作り出すことのできるあの途方もないもの、彼のみがそこまで飛翔して行く翼を持っていた、五〇もの不思議な喜びの世界を、私は誰よりも良く知っていると思う。私はもっとも疑わしく危険なものさえも、私自身の利益に転じ、それによってより強くなれるだけの強者である。そうである以上、私はヴァーグナーを、私の人生における偉大な恩人と呼ぶ。[*49]

（*Ecce*, 61）

ニーチェ特有のジェスチャーは、中毒の亡霊を呼び出しながら、同時に、「しかし私はといえば、それを取ることも取らないこともできる」と言い換えられるような、超越的な手段としての意志の主張をするということだ。中毒の可能性を秘めた刺激を、それに身を任せることなく使うことのできる能力は、賞賛に値すべき力とされる。したがってたとえば、「偉大な情熱は信念を使い、使い尽くす。情熱は信念に屈服することはない。それ自身が主君であることを知っているのだ。」（*Anti*, 172）。ツァラトゥストラは、セックスが「弱者にとってのみ、甘美な毒である。しかし獅子の意志のある者にとっては、心を鼓舞する偉大なものであり、恭々しく蓄えて置かれるワインの中のワインである」（*Zarathustra*, 188）と言っている。[*50] ニーチェがユダヤ人とデカダンスの関係について述べる一節には、中毒の可能性を秘めたものに対する彼自身の関係を説明するときとまったく同じ、両義的な構造を見てとることができる。

心理学的に考えれば、ユダヤ民族はもっともたくましい生命力を持った民族である。［この民族は］不可能な諸条件に置かれたとき、自己保存のもっとも深い賢明さから、自発的に全てのデカダンスの本能の側に味方する。この本能に支配されてではなく、むしろその中に、「この世」に対抗しておのれを貫徹し得る力を見て取るからだ。ユダヤ民族はすべてのデカダンと対になっている。彼らは幻想が引き起こされるほどにまで、デカダンスを演じることを強制されたのである。……ユダヤ教やキリスト教において権力を手に入れようと望む種類の人間、すなわち僧侶的人間にとっては、デカダンスはたんなる手段にすぎない。（*Anti*, 135）

そして一九世紀ヨーロッパにとって一九世紀のユダヤ人がなんらかの危険を提示するとするならば、それは、「今日ヨーロッパで『国民』と呼ばれているものは、実際のところ〈自然に生まれたもの〉（res nata）であるよりはむしろ〈人為的に作られたもの〉（res facta）であり（しかも時としては〈虚構され画かれたもの〉（res ficta et picta）と紛らわしいほどよく似ている）、これらはともかく成長過程にあるもの、若く、たやすく分裂させられるものであって、いまだ民族ではない。ましてユダヤ人種のような〈青銅よりも永久なるもの〉（aere perennius）ではない」からだ（*Beyond*, 163）。

いつものようにニーチェは、マイノリティ化の見解に基づくホモセクシュアル・アイデンティティの可能性一つにさえも、安定した形象を与えようとはしないため、これらの引用部分に、たとえばプルーストの中で探せるようなこと〔ホモセクシュアリティの形象と民族的なものの形象との結びつき。第5章参照〕を読み込むのは躊躇される。しかしプルーストにおける形象化もまた、それほど安定したものではない。たしかにドレフュシズムとゲイ識別のプロットは、それらが展開する巻〔『失われた時を求めて』〕では相互に組織し合う原則ではある。そこではユダヤ人ばかりかシャルリュスの形象を通しても、男性のホモセクシュアリティが国民国家以前、近代以前の王朝的世界主義と荘重に同一化される。しかしプルーストにとってそれは一種のゲイのシオニズムまたは汎ドイツ主義の亡霊すなわち名目的民族モデルに基づいた標準化の政治に取り憑かれたものにすぎない。つまりそれによってホモセクシュアル・アイデンティティ自体が「ヨーロッパが罹っているあの国民的ノイローゼ《ネヴローズ・ナショナル》」（*Ecce*, 121）とニーチェの呼んだものの支配下に取り込まれてしまうのである。とにかくいずれの著者も、デカダンスの性愛論《エロティックス》を、国民的なものそれ自体の身体＝統一体を脱‐自然化するために使っている。しかしこの記憶すべき定式化でのニーチェの疑似精神医学的・診断的な態度が既に示唆したかもしれないように、その脱‐自然化を進める見地それ自体が、新たな問題を提示するかもしれないのである。

## 健康／病気

ニーチェのデカダンス理解のうちもっとも致命的な側面は、彼が人間の身体という医学的モデルに哲学的に依拠しているという点である。既に見たように、ニーチェにとってデカダンスのテーマ論自体には、たとえそれが、男性同士の愛の行為やアイデンティティの主要なシニフィアンであったものや、なりつつあるものに繰り返し横切られていたとしても、恐怖症的《フォビック》な倫理的価値判断が必然的に伴っているわけではない。実際にニーチェの著作には、デカダンスのシニフィエに対する欲望と同一化を公言するに等しい（場合によっては明らかな公言の）部分がかなりある。しかしそのように公言されたからといって、デカダンスという属性を付与することに結びついているおそろしく告発的な力が緩まるわけではない。なぜなら身体の隠喩にある擬人化の論理が歴史的に要求したように、デカダンスという属性を付与するときには、陣容を整え拡張しつつあった健康と衛生の専門科学にその根拠が置かれたからだ。

　結局のところ、ニーチェは彼の文化に対して唯一、破滅的に誤った賭けをしたのだと論じることができる。彼は思考のあからさまな基礎を、善／悪という重々しく磁力を帯びた軸から少しずつ引き離そうという格闘の中で、苦労して前進を成し遂げた。そしてその前進が、一見代替的な、科学的に保証されたように見える健康／病気あるいは生命力／病的状態という軸に思考の基礎を置くことで、ずっと保証されるだろうということに賭けたのだった。（「この点について私に同意しない者は、誰であろうと感染していると私は考える」（*Ecce*, 97））。しかし彼の思考には集団殺害的可能性が潜在しており、それは（他人にとってはどんなに予測可能に見えたかもしれないにせよ）ニーチェにとってはまったくの不意打ちであった文化的展開を通してのみ、遡及的に活性化されたのである。それこそが今世紀において、人間科学と生命科学の仮面の背後に隠れて倫理化の衝動が行った根気良く陰険なごまかしの結果である。また一方でこのごまかしが可能になったのは、世紀の転換期前後から以降にかけての優生学的思考の発展の中で、「強者」「弱者」「国民」「文明」、特定の階級、「人種」、そして「生命」それ自体さえもが物象化され知らず知らずのうちに一個の男性の身体であり医学的専門知識の対象となるような、生命力を与えられ擬人化された形をとることになったからである。その一例を見てみよう。

　相互の侵害、暴力、搾取を抑制し、自分自身の意志と他人の意志とを同等と考えること。このようなことが可能になる条件が存在する限り（すなわち各人の力と価値基準が事実上同種であり、彼らが同一の団体に属していれば、ということだが）、これはある大まかな意味で、個人間の良俗となるだろう。しかしこの原則をさらに広く適用しようという欲望、そしてもし可能ならばそれを社会の根本原則とさえしようとする欲望が起こるやいなや、それはただちにそれ自体の正体を明らかにする。すなわちそれは生の否定への意志であり、崩壊と頽落の原則なのである。人はこの問題について徹底的に、その根底まで思考し、いっさいのセンチメンタルな弱さに抵抗しなければならない。生命自体は、本質的に、他者や弱者を我がものにすること、侵害すること、圧倒することであり、抑圧すること、苛烈であること、自分自身の形式を他に押しつけること、取り込むことであり、少なくとも――ごく穏やかに言っても、搾取である。しかしいつも、古くから誹謗の意図の刻み込まれているこれらの言葉を使用しなければならないというわけでもあるまい？　既に仮定されたようにその内部では個人が相互に相手を同等として扱う――これはあらゆる健全な貴族体制で見られることだが――ような団体でさえも、もしそれが生きている団体であって滅びかけているのでない限り、それ自体、その内部では各個人が相互に相手に対して行うのを抑制し合っている一切のことを、他の団体に対しては行わなければならない。つまりその団体は権力への意志が具体化したものであり、それは成長を、拡張を、他のものをそれ自体に引き寄せ、支配的立場に立つことを欲するだろう。それは何らかの道徳性や背徳性のためではなく、それが生きているからこそであり、生が権力への意志であるからだ。しかしヨーロッパ人一般の意識は何よりもこのことについて教えられることを嫌がるのである。至るところで、科学的な偽装をしてさえも、人は来たるべき「もはや搾取のない」社会状態について熱狂的に論じ合っている。それは私の耳にはまるでいっさいの有機的機能のない生命を約束しているように聞こえる。「搾取」は堕落した、または不完全な、または原始的社会に属しているのではない。それは根本的有機的機能として、生きているものの本質に属するのであり、それは権力への内在的意志、すなわち生の意志に他ならぬものの帰結である。

(*Beyond*, 174-75)

「個人」の身体《ボディ》から「健全な貴族体制」の団体《ボディ》へ、そして「生の意志」それ自体へ。これらは、決してただの換喩ではない。むしろ擬人化された疑似等価物であり、その当てにならない疑似科学的言語は、それが誉め称えようとしているまさにその暴力を隠ぺいするのである。

したがってニーチェが晩年の著作でキリストの実際の身体について述べるようになったとき、彼が選んだ用語は彼がデカダンな自分自身を説明する言葉と意味深長に一致している。またそれと同時に、医学的モデルがもっとも危険な弾力性をもって人の形をとるときの、暗黙の形象化と物語を通して、意味深長な距離も置かれるのである。

イエスから一人の英雄を作り上げるとは！——そして「天才」という言葉も、なんという誤解だろう！ 生理学者の精密さをもって語れば、ここにはかなり異なった言葉が当てはまるだろう。すなわち白痴という言葉が。触覚が病的に鋭くなった状態のときは、硬い対象に触れたり、つかんだりすることから、いつでもおびえてしりごみすることを私たちは知っている。そのような生理学的体質をそれが行き着く最終的論理にまで翻訳してみよ——それはあらゆる現実に対する本能的嫌悪になる。……

私はそれを完全に病的な基礎に基づいた、快楽主義の崇高で、さらなる発展であると呼ぶ。(*Anti*, 141-42)

ここでの「白痴」という言葉は、エロティックなものの過激な流れが向かって行く、空白の男性の道標の方を指し示している。「このもっとも興味深いデカダンの身近に、ドストエフスキーのような人物が暮らさなかったのを惜しまなければならない。つまり崇高なもの、病的さ、そして子供じみたものの混淆から来る、ぞくぞくするような魅力を感受することのできる誰かがいなかったのを」(*Anti*, 143)。これを単なる冷笑と読むことを許すものは、ニーチェの中には何一つない。実際、これがニーチェ自身についての一節ではない、と読むことを許すものも何一つないのである。しかし「白痴」という言葉はまた、同時に「病的」という分類学的で最終的には優生学的な諸科学をも指し示す。その諸科学は個人の身体の輪郭を描き、予後を述べることと、人工統計学的な頽廃というキマイラと致命的な暗黙の系統発生論的ファンタジーとに反応して、集合的衛生の倫理学を無限に弾力的スケールで強制することとの間を、目に見えない間に行き来するのである。それは『善悪の彼岸』のわずか一ページの中で、個人としての人間、「ヨーロッパ人種の堕落」と「人類に崇高なる堕胎を行う意志」(*Beyond*, *70-71*: 強調引用者) の間に、集団殺害的横すべりの場が作られていることにも示されている。

とするならば、こういうことかもしれない。今日では、ジェンダーとセクシュアリティに関わる明らかな問題はもちろん、国民アイデンティティ、ポスト植民地主義的人民主義、宗教原理主義、ハイ・カルチャー対マス・カルチャー、人種関係、児童に対する、他の生物種に対する、そして地球に対する関係といったあらゆる問題にぶつかっているような、多くの美的・政治的な判断の決定的な中心には、「センチメンタリティ」と、つかまえようとしてもますますつかみどころのない〈他者〉の問題がある。この〔最終的には判断〕不可能な判断基準のまわりにこれほど多くの文化的作業と統覚とが構造化されているということは、男性の身体に対するエロティックな関係の、一種の残滓、あるいは残余を表しているのではないだろうか。その関係は私たちの世紀に大きな力をふるった、暗黙のうちに倫理化された医学的擬人化からは排除されたが、しかし同時に補遺としてその擬人化の中に吸収されたのである。

アンチ・センチメンタリティが決して「センチメンタルなもの」の適切な〈他者〉ではあり得ず、むしろその伝染性の切断と形象化を推進させるものにすぎないということが意味するのは、ホモフォビックに通電された私たちの世紀にとっての勇気あるいは慰めの源泉が、男性第一人称の不可能性に対して、つまり擬人化されたものの予期しない急落法《ベーソス》に対して奇妙に無防備であり続けるだろうということだ。お望みの向きには、W・H・オーデンが一九三三年に書いた言葉を御覧いただこう。

　そのとき別れたとはいえ、わたしたちはのちにまだ思い出すかも知れない、これらの夕べを――
　恐怖が彼の警戒を一顧だにせず
ライオンの悲嘆が物陰から軽やかに駆け出して
わたしたちの膝にその鼻面を置き
　そして死が彼の書物を閉じたときのことを。[*51]

〔原註〕

*1 Oscar Wilde, *The Picture of Dorian Gray*（Harmondsworth, Middlesex: Penguin, 1949）, p. 7. 以降の引用はテクスト中括弧内にページ数を記す。

*2 Steakley, *The Homosexual Emancipation Movement in Germany*, pp. 14, 33.

*3 ブラントとフリートレンダーに関しては、以下を参照。Steakley, *The Homosexual Emancipation Movement in Germany*, pp. 43-69. "Kümmerlinge" に関しては同書 pp. 46-47 を参照。

*4 Friedrich Nietzsche, *Twilight of the Idols/ The Anti-Christ*, trans. J. R. Hollingdale（New York: Viking Penguin, 1968）, p. 110. 以後この版からの引用はテクスト中に *Twilight* または *Anti* として記す。

*5 Friedrich Nietzsche, *Thus Spoke Zarathustra*, trans. Walter Kaufmann（New York: Viking Compass, 1966）, p. 123. 以後この版からの引用はテクスト中に *Zarathustra* として記す。

*6 Friedrich Nietzsche, *Ecce Homo*, trans. R. J. Hollingdale（New York: Penguin, 1979）, p. 99. 以後この版からの引用は *Ecce* としてテクスト中に記す。

*7 代表的一例として以下が挙げられよう。（Friedrich Nietzsche, *Beyond Good and Evil*, trans. R. J. Hollingdale (New York: Viking Penguin, 1973), p.161, sec. 248. 以後この版からの引用はテクスト中に *Beyond* として記す。)

「天才には二種類ある。何をおいても産ませるし、また産ませることを望む種類、そして結実させられること、産むことを望む種類だ。同様に天才的民族の間でも、一方で女性の問題である妊娠と、形成し、成熟させ、完成させるという秘密の仕事を与えられた民族がいる。たとえばギリシア人はこのような種類の民族であったし、フランス人もそうであった。他方で実を結ばせ、生命の新しい秩序の原因とならなければならない民族がいる。ユダヤ人、ローマ人、そしてできる限り謙虚に尋ねるのだが、ドイツ人もこういう民族ではないだろうか? 彼らは知られざる熱に苦しめられ魅惑され、彼ら自身の外側へと抵抗できずにかりたてられる民族だ。異質の人種に魅了され渇望し(「結実させられることを望む」種類を渇望し)、同時に支配することに飢えながら。」

これら妊娠のドラマにおいて誰が自己で誰が他者であるかを尋ねるのは、ニーチェの他のどの著作においてと同様無益である。〔次に引用するような〕ツァラトゥストラに対する関係が象徴的であるととれるかもしれない。

「私が、ある大いなる正午にすっかり用意がととのい成熟しているように。白熱している青銅、稲妻を孕んだ雲、ふくらむ乳房のように用意がととのい成熟しているように。私自身のため、そして私のもっとも隠された意志に対しての用意がととのっているように。すなわちその矢を渇望する弓、その星を渇望する矢として。その星として正午に用意がととのい成熟している星として、白熱し、絶滅する太陽の矢に貫かれ、魅惑される。太陽それ自体、勝利のうちに絶滅する用意ができている、仮借なき太陽の意志として!」(*Zarathustra*, 214-15)

*8 Richard Jenkyns, *The Victorians and Ancient Greece* (Cambridge: Harvard University Press, 1980), e.g. pp. 220-21.

*9 この引き絞られた弓はエロティシズムと禁止との混合を特徴とする。それを証明するために、「エポード」(*Beyond*, 203-4)、すなわちツァラトゥストラとの庭園での、婚礼の前祝いの詩から、引用する。語り手がツァラトゥストラと将来結ばれるという見込みのために、彼は他の友人たちにとって言語に絶する恐怖の対象となってしまった。

「むごい猟人に私はなった! 私の弓がどんなに引き絞られているか見よ! この弓を引いた者は、確かに、至剛の者だ——。しかし矢は、ああ——ああ、この矢ほど危険な矢はない——去れ! 行ってしまえ! 自身を護るために!……かつて私たちを結びつけたもの、一つの希望の絆——誰がかつてそこに刻み込まれ、今ではかすみおぼろになった愛というしるしをいまだに読むことができるだろう? それはまるで羊皮紙の文書のようだ——変色し、茶褐色にしなび——手に取るのもひるんでしまう。」

さらに、同じ引き絞られた弓の感覚に言及するとき、「広く張りわたされたリズム」を仮定している。

「啓示という概念は、何かが、人を深底まで揺るがし覆す何かが、突然言語に絶する確かさと精妙さをもって見えて来る、聞こえて来るという意味だ。これは要するに事実を述べているのである。人は聞く、求めるのではない。人は取る、誰が与えているのかは尋ねない。思考は稲妻のようにひらめき浮かぶ。必然性をもって、確固とした形をとって——私は今までどのような選択をもなし得なかった。圧倒的な緊張状態が、時にあふれる涙となって放出されるようなエクスタシーの中にありながら、足取りは今は思わずかりたてられ、今は思わずのろのろとぐずつく。無数の微妙な身震いとぞくぞくする感覚がつま先まで走ることを明瞭に意識する、自分自身の外部にある完全な存在……それは広大な範囲——長さの様々な形式にわたるリズム的諸関係への本能だ。広く張りわたされたリズムへのこの要求は、ほとんど霊感の力の尺度であり、その圧力と緊張とに対する一種の代償である。……いっさいが最高度に非自発的でありながら、自由、無制限、権力、神聖の感覚の嵐の中でのように起こる。……ツァラトゥストラの言葉をほのめかせば、それはまさに、あたかも物事自体が近づいて来てそれらを隠喩として差し出したかのようだ(——「ここではすべての物事があなたの言説にすり寄って来てあなたに甘える。なぜならすべての物があなたの背に乗って歩きたがっているからだ……」)。」(*Ecce*, 102-3)

*10 J. M. Cameron, in *New York Review of Books* 33 (May 29, 1986): 56-57. 以下に引用するキャメロンの書評に寄せられた手紙に対する返答。

*11 J. M. Cameron, "The Historical Jesus" (a review of Jaroslav Pelikan, *Jesus through the Centuries: His Place in the History of Culture*), *New York Review of Books* 33 (February 13, 1986): 21.

*12 Cameron, "The Historical Jesus," p. 22.

*13 たとえば、以下が挙げられる。Jane P. Tompkins, *Sensational Designs: The Cultural Work of American Fiction*, 1790-1860 (New York: Oxford University Press, 1985).

*14 たとえばヴィト・ルッソの『セルロイド・クローゼット』の死亡者名簿はもちろんのこと、アキレウスとパトロクロス、ウェルギリウスの羊飼いたち、ダビデと

ヨナタン、聖セバスティアヌスの図像学、ミルトン、テニソン、ホイットマン、ハウスマンによる哀歌調の詩……などに目を向けられよう。

*15　ニール・ハーツが、特に以下の彼の論文に対する様々な反応について議論したとき、この現象の重要性に気づかせてくれた。Neil Hertz, "Medusa's Head: Male Hysteria under Political Pressure" (in *The End of the Line: Essays on Psychoanalysis and the Sublime* (New York: Columbia University Press, 1985)).

*16　Gore Vidal, "A Good Man and a Perfect Play" (review of Richard Ellmann, *Oscar Wilde*), *Times Literary Supplement* (October 2-8, 1987): 1063.

*17　*The Complete Works of Oscar Wilde* (Twickenham, Middlesex: Hamlyn, 1963), pp. 732, 735. 以後この版からの引用はテクスト中に *Complete* として記す。

*18　William Cowper, "The Castaway," lines 64-66, in the *Complete Poetical Works of William Cowper*, ed. H. S. Milford (Oxford: Humphrey Milford, 1913), p. 652.

*19　「これら不健全に作られた生き物たちの唇から、なんという高貴な雄弁があふれ出ることか！　なんという甘ったるい、ぬるぬるした、卑しい服従が彼らの眼にあることか！」Friedrich Nietzsche, *The Birth of Tragedy and The Genealogy of Morals*, trans. Francis Golffing (New York: Doubleday Anchor, 1956), pp. 258-59. 以後この版からの引用は *Birth* あるいは *Genealogy* としてテクスト中に記す。

*20　ドゥルーズとガタリによる言い換え。Gilles Deleuze and Félix Guattari, *Anti-Oedipus: Capitalism and Schizophrenia*, trans. Robert Hurley, Mark Seem, and Helen R. Lane (New York: Viking, 1977), p. 110.〔『アンチ・オイディプス』市倉宏祐訳、河出書房新社、一九八六〕

*21　これについては、以下を参照。David Marshall, *The Surprising Effects of Sympathy: Marivaux, Diderot, Rousseau, and Mary Shelley* (Chicago: University of Chicago Press, 1989); Jay Caplan, *Framed Narratives: Diderot's Genealogy of the Beholder* (Minneapolis: University of Minnesota Press, 1986).

*22　私はもちろん「スノビッシュ」を社会的に高い地位に対する単なる好みという意味で使っているのではなく、ジラールによって展開されたより充実した意味で使っている。その基本原理はグルーチョ・マルクスの次の言葉だ。「私を会員にするようなクラブの会員にはならん

よ。」すなわちスノッブの関係がセンチメンタルな関係を理解するときに有効なモデルになるのは、そこから暗黙のうちに自己の位置が抜き取られるからだ。以下を参照。René Girard, *Deceit, Desire, and the Novel: Self and Other in Literary Structure*, trans. Yvonne Freccero (Baltimore: Johns Hopkins University Press, 1965). 特に pp. 53-82, 216-28.〔『欲望の現象学――ロマンティークの虚偽とロマネスクの真実』古田幸男訳、法政大学出版局、一九七一〕

*23 Girard, *Deceit, Desire, and the Novel*, pp. 72-73.

*24 クレイグ・オーウェンズがこれを論じている。以下を参照。Craig Owens, "Outlaws: Gay Men in Feminism," in Alice Jardine and Paul Smith, eds., *Men in Feminism* (New York : Methuen, 1987), pp. 219-32.

*25 Hermann Broch, *Einer Bemerkungen zum Problem des Kitsches*,〔『H・ブロッホの文学空間』入野田眞右訳、北宋社、一九九五所収〕in *Dichten und Erkennen*, vol. 1 (Zurich: Rhein-Verlag, 1955), p. 295. この著作は中でもジャイロ・ドーフルズ (Gillo Dorfles) によって普及された。*Kitsch: The World of Bad Taste* (New York: Universe Books, 1969) を参照。

*26 個人通信、一九八六年。言うまでもなく、キャンプについての議論はスーザン・ソンタグの以下の著作以降急増している。Susan Sontag, "Notes on 'Camp,'" in *Against Interpretation and Other Essays* (New York: Farrar, Straus & Giroux, 1966)〔『反解釈』高橋康也他訳、ちくま学芸文庫、一九九六〕参照。そのうち公然の秘密に重きを置く本書ともっとも共鳴するのが、以下の著作である。Philip Core, *Camp: The Lie That Tells the Truth* (New York: Delilah Books, 1984).

*27 「〈キャンプ〉はどこに設定するかに左右される。……〈キャンプ〉は見る側にあるのだ、特に見る側がキャンプの場合には。」Core, "CAMP RULES," *Camp*, p. 7.

*28 Chauncey, "From Sexual Inversion to Homosexuality," p. 124.

*29 Halperin, *One Hundred Years of Homosexuality*, p. 16.

*30 Halperin, *One Hundred Years of Homosexuality*, p. 16.

*31 実際、「ホモ－セクシュアル〔／リ〕ティ」という新造語の二つの語源学上のルーツは、もともと同性である人物同士の（特定化されていない種類の）関係を指すことが意図されたかもしれないにせよ、今ではほとんど例

外なく、より単純・包括的に、その性ゆえに同種であると分類される人物同士のセクシュアリティの関係を指し示す言葉として聞かれると思う。

＊32　たとえば多くの地中海およびラテン・アメリカの文化においては、男性同士でセックスを行う人物の男らしさ／女らしさを評定するのに、性的役割が挿入役か受け入れ役であるかをはっきりと区別する。したがってホモセクシュアル・アイデンティティという概念それ自体が、これらの文化的文脈においては容易に意味をなさない、または意味をなすとしても自分でホモ（jotos）または受動型（pasivos）と認めている側にとってであって、マッチョ（machos）または能動型（activos）の方にとっては意味をなさない傾向がある。さらにこれらは、アングロ・ヨーロッパ系や他の文化とともに、合衆国の文化の一部なのである。たとえば以下を参照。Ana Maria Alonso and Maria Teresa Koreck, "Silences: 'Hispanics,' AIDS, and Sexual Practices," *Differences* 1 (Winter 1989): 101-24.

＊33　これについては *Between Men*, chapter 1 を参照。

＊34　「ホモセクシュアリティ」は、それ以前の用語とは違って定義上類似性に基づいて仮定されており、したがって同一化の関係と欲望の関係との間にあった区別をあっさりと無効にしてしまう、始めての近代の性的定義の一例であった。この事実が意味したのは、この用語が異なるジェンダー同士の関係に対して、そしてさらにジェンダー定義それ自体に対して、根本的な疑問を提起するということだった。少なくともルネサンス以来始めて、男性の女性に対する欲望が二人の差異を保証できないどころかむしろ類似性を暗示さえするような言説の可能性が存在するようになったのである。そのような可能性はホモ／ヘテロに基づくジェンダー定義に対する明白な矛盾であるにもかかわらず、その定義の明白な結果でもあった。そのことが一つの概念上の結び目を作り上げたのであり、その結び目を解くことが、絶えず挫折させられるとともに絶えず生産的でもあるような、フロイトから現在までの精神分析理論を決定づけるプロジェクトであったと言えるかもしれない。

＊35　とにかく、この新しい定義の可能性のもとで、私がそうであるものと私が欲望するものとがもはや別個のものとは想定できないとしたら、これらの項目のそれぞれが横すべりの作用を受けることになり得る。ワイルドとニーチェの両者がいかに、男性の欲望の対象（男性）に見えるものを、「結局」は分裂した「自己」の反映にすぎないとしてカムフラージュしたかは見た。しかしこれは他の方向にも作用し得る。すなわちこのホモ－解釈は、欲望している男性が、欲望されている男性の愛すべき属

性の一部を身に帯びていると主張できるような言語を作り出すのである。たとえばニーチェにおいて、欲望する虚弱な哲学者と、彼が欲望しているはずむような「地の主人たち」の間の想像できないような距離が、彼のレトリックの力によってあまりにもはっきりと解消されてしまうので、「もしホメーロスがアキレウスのような人物で、ゲーテがファウストのような人物だったら、ホメーロスはアキレウスを創作しなかったろうし、ゲーテもファウストを創作しなかっただろう」(*Genealogy*, 235)と思い出させられると、驚くほどだ。さらに、これから見るように、ワイルドも同様の二重の横顔を見せる。

*36 ニーチェの文学的衝動はそのような意味でモダニストではない。彼の著作では、既に言及したように、視覚が故意に抑圧されている場合を除いては、欲望された男性の形象は、男性の形象としてははっきり目に見えるままである。

*37 "Psycho-analytic Notes upon an Autobiographical Account of a Case of Paranoia (Dementia Paranoides)," in *Three Case Histories*, ed. Philip Rieff (New York: Macmillan/ Collier, 1963), pp. 165-68.

*38 *The Will to Power*, trans. Walter Kaufmann (New York: Vintage, 1968), p. 520(今後テクスト中で *Will* として引用); *Ecce*, 40-41.

*39 一八八九年一月六日付、ヤーコブ・ブルクハルト宛書簡より。*The Portable Nietzsche*, ed. and trans. Walter Kaufmann (New York: Viking Penguin, 1976), p. 686.

*40 *Nietzsche Contra Wagner*, in *The Portable Nietzsche*, p. 662.(以後の引用はテクスト中に *Contra* として記す)。「私の友人さえもが私とリヒャルト・ヴァーグナーのごときうそつきとの区別がつけられないとき、どんな敬意をドイツ人に対して持つことができようか?」(『この人を見よ』の削除された項より。*Basic Writings of Nietzsche*, trans. Walter Kaufmann (New York: Modern Library, 1968), p. 798).

*41 これに関しては *Between Men*, chapter 5, 6, 9, 10 を参照。

*42 この訳はホリングデイルによる(*Ecce*, 98)。この詩は『悦ばしき知識』第四書の題辞として記されており、ウォルター・カウフマン版の同書にカウフマン訳もある。*The Gay Science* (New York:Random House/ Vintage, 1974), p. 221.

*43 『悲劇の誕生』一八八六年版序文。以下より抜粋。"Attempt at Self-Criticism," *Basic Writings of Nietzsche*, pp. 19-20.

＊44　Nordau, *Degeneration*, trans. from the 2d ed. of the German work, 6th ed.（New York: D. Appleton, 1895）, p. 452〔『現代の堕落』中島茂一訳、大日本文明協會、一九一四〕; Krafft-Ebing, quoted by Nordau, p. 452n, from Richard von Krafft-Ebing, *Neue Forschungen auf dem Gebiet der Psychopathia sexualis*（Stuttgart: F. Enke, 1891）, p. 128.

＊45　Richard Gilman, *Decadence: The Strange Life of an Epithet*（New York: Farrar, Straus & Giroux, 1979）, p. 175.

＊46　これに関しては、以下を参照。Virginia Berridge and Griffith Edwards, *Opium and the People: Opiate Use in Nineteenth-Century England*（New Haven: Yale University Press, 1987）, e.g., pp. 229–69.

＊47　*Dorian Gray*, p. 236.

＊48　この意志と中毒についての議論、およびこの後に続く帝国主義的関係の形象としてのアヘンについての議論は、*Between Men*, chapter 10 での議論に基づいている。"Up the Postern Stair: *Edwin Drood* and the Homophobia of Empire," pp. 180–200.

＊49　あるいはイギリス人について。「より鋭敏な嗅覚にとっては、このイギリスのキリスト教でさえも、不機嫌とアルコール過剰の真にイギリス的な臭いがする。キリスト教はもっともな理由でその不機嫌とアルコール過剰に対する解毒剤として使用されている――より粗悪な毒物に対してより精妙な毒物で対抗するというわけだ。また実際、粗野な民族の場合、精妙な毒物による中毒というのは既にある一定の進歩である。」（*Beyond*, 165）

＊50　さらに、『道徳の系譜』の一節は、「無能で抑圧された者」の「薬物で麻痺した静穏」と「強く、豊かな気質」の健康な「忘却の力」とを、比較せずに並置している（*Genealogy*, 172–73）。

＊51　"Out on the lawn I lie in bed"（1933）より。*W. H. Auden: Selected Poems*, ed. Edward Mendelson（New York: Random House/ Vintage, 1979）, pp. 29–32. 引用は p. 30 から。私がこれらの詩行に出会ったのは、オーデンを読んでではなく、一九八八年七月二三日付『ニューヨーク・タイムズ』の死亡者一覧の中でである。この前日に死亡したニック・ノールデンなる一人の男性に対する無署名の追悼文として、誰かがこれらの詩行を載せるために記事のスペースを買ったのである。

〔訳註〕

〔1〕　一九八六年のイラン＝コントラ事件の首謀者。国家

安全保障問題顧問およびＣＩＡ長官と共謀し、イランへの武器密輸によって得た資金をニカラグァのコントラ勢力——左翼のサンディニスタ政府に反する反革命勢力。

レーガン政権のもと、アメリカが軍事援助を続けた——に横流しした。

# 第4章　クローゼットの野獣

## ヘンリー・ジェイムズとホモセクシュアル・パニックの書

## 男のホモセクシュアル・パニックを歴史化する

二五歳のとき、D・H・ローレンスはジェイムズ・M・バリーの著作に興奮した。彼はバリーの著作が、自分自身を理解し説明するのに役立つと感じたのである。彼はジェシー・チェンバーズに書き送っている。「バリーの『センチメンタルなトミー』と『トミーとグリゼル』をどうか読んでみてくれたまえ。僕がどんな状態にいるか理解するのに役立つだろう。僕はまったく同じ窮地に立っているのだ。[*1]」

しかし十四年後、ローレンスはバリーを、糾弾して良いと彼には思われた著作家たちの中に位置づけた。「[彼らを]蹴飛ばしてやる鋲つきの底のブーツがある限り、絶望していることがなんの役に立つんだ？　心の貧しき者などくたばれ！　戦争だ！　しかしもっとも〈微妙〉でもっとも個人的な闘争だ。腐っていると知っているもの顔面をうち砕くのだから。[*2]」

一九一〇年から一九二四年までの年月が変えたのは、一人の作家の個人的な闘争だけではなかった。ローレンスが、かつてバリーの性的に優柔不断なキャラクターたちと同一化したことを、容赦なく、男らしさを誇示するように否認することに急に傾いたことには、二つのかなり異なった軌跡が反映されている。第一には言うまでもなく、イギリス文学が読まれる歴史的・知的な文脈の変化がある。しかし第二には、バリーの影響力のある小説ではまさに一人の男の内部での「もっとも〈微妙〉でもっとも個人的な闘争」として描かれていたものが、男たちの間での闘争として、嫌悪とともに文字通りに具体化されたことが挙げられる。バリーの一連の小説はまた、（ローレンスは興味を示さなかったが）この男らしい内戦が女性に対して及ぼす、身を切るような影響の数々にも関心を示していた。

前二章では、男性のホモ／ヘテロセクシュアルの定義の問題が、近代のヨーロッパとアメリカの文化を構成して来たような、分岐した諸関係の間全体にどのように読み取ることができるか（あるいは正確に言えば、読み取らなければならないか）を、できるだけ多様なやり方で示そうとした。この章では（たまたま起源的にはこの研究の始めとして検討した部分に当るのだが）、ローレンスがこれほどの興奮と最終的にはこれほどの憎悪で反応したバリーは、実は男性のホモセクシュアル・パニックという特定の主題について思考するという、ロマン主義以降の一つの伝統の中で書いていたのだと論じる。ここで私がその著作を例証として挙げるのは、バリー以外では、サッカレー、ジョージ・デュ・モーリエ、そしてジェイムズである。著名人とそうでない人の奇妙な混交ではある。しかしこれが安直で妥協した伝統のように見えるということが、その新鮮な偏向した性質と同じくらいに重要であることがわかるだろう。なぜなら伝統の一つの機能は、それ以前には組織化されていない素材の表現のために、もっとも抵抗の少ない道（あるいは最後の手段では、もっとも抵抗の少ない病理学）を創造することであるからだ。

もう一つ問題がある。この伝統はイギリス文学の中ではジャンル的に別個のものになっているわけではない。イギリス文学全体にわたって浸透しているものであるため、その伝統を確信を持って識別すること、または一九世紀および二〇世紀初期の文学の大きな潮流の中でその境界を画することは困難だ。しかしこの伝統は部分的にはまさにその理由によって、たどる価値があるとも言える。なぜならジャンルとテーマの具体化にまつわる困難な問題は、もう一組の困難な問題、すなわちまさに性の定義とその具体化の問題と鋭く、共鳴しているからだ。この〔伝統に属する〕著作を構造化する典型的な対立項とされているものには、まともなもの「対」ボヘミア的なもの、冷笑的なもの「対」センチメンタルなもの、地方風なもの「対」国際的なもの、〔性的〕無感覚「対」性的なものなどがある。それらは特に、一九世紀半ばまでにイギリス男性の内面に、そして彼らを通して女性の人生に、身動きがとれないほどに結び込まれることになったもう一つの擬似的対立項を、鋳直《い》して探求したもののように見える。この擬似的対立項の名前は（名前を持つようになったときのことだが）既に見たように、ホモセクシュアル「対」ヘテロセクシュアルであった。

最近の性の歴史研究、たとえばアラン・ブレイの『同性愛の社会史――イギリス・ルネサンス』によれば、イギリスにおけるホモフォビアは王政復古期頃までは、強いとはいえ大体は高度に神学的に扱われており、論調と構造の点で教会の呪いに関わるものだった。したがって人々が彼ら自身や彼らの隣人の実際の営みを知覚したり経験したりするやり方に、ホモフォビアが認識的に食い込むことはほとんどなかったという。[*3] ブレイによれば、ホモセクシュアリティは「〔神によって〕創造された秩序の一部だとはまったく考えられていなかった」のであり、むしろ「その〔秩序の〕崩壊の一部」として考えられ、「そのようなものとして、それはそれ自体独立したセクシュアリティではなく、むしろ一つの分離されていないセクシュアリティの中にある混乱と無秩序の可能性として存在した」のである。[*4] ソドミーが反自然あるいは反キリストそれ自体のもっとも特徴的な表現だったとしても、それにもかかわらず、あるいはまさにその理由によって、人々は自分自身の隣のベッドから聞こえて来る例の物音や、あるいは自分自身のベッドの快楽がソドミーだと説明できようとは思ってもみなかったのである。しかしブレイが示すように、一八世紀が終わる前には、男性のホモセクシュアルという役割と男性ホモセクシュアルの文化とがはっきりとした輪郭を形成し始め、いっそう監視の目の鋭い、はっきりと心理化された世俗的ホモフォビアが一般に通用するようになっていた。

この変化が、ホモセクシュアルの男性という、発生しつつあった明確なマイノリティ集団を迫害する規制が展開するために重大であっただけではなく、これが全文化を（いずれにせよ公的あるいはヘテロセクシュアルの文化全体を）構造化する、男性のホモソーシャルな結束を規制する上でも重大だったということは、『男たちの間』で論じた。[*5] この議論ではレヴィ＝ストロースにならって、文化自体を、婚姻と同様、「交換の全体的な関係は……男性と女性との間に確立されるのではなく、二つの男性の集団の間で確立されるのであり、（その中では）女性は交換の対象の一つとして現れるにすぎないのであって、パートナーの一人として現れるのではない」[*6]という点から定義した。あるいはハイジ・ハートマンにならって、家父長制それ自体を「物質的基盤を持ち、男性が女性を支配することを可能にするような相互依存と連帯とを男性の間で確実にし、または創造するような、階層制的男性間の関係」と定義している。[*7]この限りにおいて、新しく活性化された概念である世俗的で心理化されたホモフォビアがまさに主要な論争の的となる概念であることに納得が行くのである。なぜならそれは男性のホモソーシャルな結束の連続体全体に新しい、禁止と説明の要求を行うからだ。

ブレイは、「モリー・ハウス」と呼ばれるたまり場を中心とした、王政復古期以後のゲイ男性のサブカルチャーを法的に迫害した初期の事例が、行き当りばったりであったゆえに、彼の言葉によれば構造の点では「組織的虐殺」のようなものだったと記述している。[*8]私はこの構造の特にテロリスティックなまたは懲戒的な作用を強調したい。なぜなら所与のホモセクシュアル男性には彼が法的暴力の対象になるかどうか予期できなかったゆえに、法的強制が不均衡に広範囲の効果を及ぼしたからである。しかし同時に、それに応じてより微妙な戦略への道が、つまりこの演劇的強制の衝撃を何倍も拡大するような一種のイデオロギー的なはさみうちへの道が開かれたのである。『男たちの間』で論じたように、この戦略のもとでは（あるいはおそらくもっと良い言い方をすれば、この戦略的可能性の場においては）、

「行き当りばったり」のホモフォビックな暴力の対象になるかならないか、ホモセクシュアルの男性には確かめることができない。しかしまた、彼が（彼と〔別な男性との〕絆が）ホモセクシュアルではないと確かめられる男性もいないことになる。このようにして、物理的または法的な強制力を比較的小規模に行使することが、潜在的により大規模な範囲の行動や関係を支配することになるのである。……

いわゆる「ホモセクシュアル・パニック」は多くの……西洋の男性がホモフォビックな恐喝の社会的圧力に対して彼らの弱さを経験する、もっとも私的で、心理化された形式である。[*9]

このように、男性のホモソーシャルな結束の連続体は、イギリスとアメリカでは少なくとも一八世紀から、世俗化され心理化されたホモフォビアによって容赦なく構造化されて来た。このホモフォビアは、全てを包含するような男性の権利資格（すなわち生産、再生産、物資、人間、そして意味の交換に対する男性の権力の複合的網の目にあずかること）からこの連続体のうちの流動的で、ある程度恣意的に定義された一定の部分を排除して来た。これから論じるのは次のことだ。ホモセクシュアリティは（他のそれ以前の用語とともに）男性のホモソーシャルな連続体の排除されない部分との関係によって定義されて来た。その歴史的に変化し、まさに恣意的で自己矛盾した定義法の性質のためにこそ、ホモセクシュアリティは男性の結束全範囲に対する、またおそらく特にホモセクシュアルとしてではなく、ホモセクシュアルに反する者として自分たちを定義しているような人々に対する支配力をめぐる、非常に強力な闘争の繰り広げられる場所になったのである。なぜなら特に一九世紀において男性が権利資格を得るために必要とされたのは、もっとも忌まわしいものと非難される絆と容易には区別できないような、一定の熱烈な男性間の絆だったからだ。そのために、ここでホモセクシュアル・パニックと呼ぶような特有の根絶できない状態が、男性にとってヘテロセクシュアルな権利資格授受の標準的条件となっていたからである。

男性間の関係に対するこのような接近法がどのような議論を導き出すことになるのか、もっと明白にしておくべきだろう。まず最初に、既に示唆したように、この接近法は、ここで私が定義するホモセクシュアル・パニックにもはやとらわれることのない、自己を意識的に受容したホモセクシュアル男性という歴史的に小さな集団は別として、「根本的にホモセクシュアル」と「根本的にヘテロセクシュアル」な男性との間の本質的区別があるという前提上に成り立っているのではない。男性がその権利資格を得るためには、男性たちの間の友情、指導関係、崇拝による同一化、官僚主義的従属関係、そしてヘテロセクシュアルな競争関係などが必要だったというのはすでに述べた。もしそのような関係に伴う〔心理的〕投資の形式が男のホモソーシャルな欲望の中景に恣意的に位置づけられた、自己矛盾し、教会の呪いのしみ通った流砂のただ中に男性を追い込むことになるとするならば、男性は永続的脅威を受けることに同意することによってのみ、成人男性の権利資格を得ることになるのである。なぜなら彼らがこの連続体の中で自分たちのために開いておいた小さな空間は、いつでも同じくらい恣意的に、同じくらいの正当化をされて、排除され得るからだ。

　このダブル・バインド状態に同意することによってもたらされる結果は二つある。まず第一に文化に順応しきった男性が自分自身の「ホモセクシュアリティ」に対して恐怖を持つために、その不安から、非常に操られやすくなるということ、第二にこの制度は構造的に自己についての無知を強制するが、それが原因となった暴力の潜在的可能性が蓄えられるということである。たとえばイギリスや合衆国の軍隊において歴史的にホモフォビックな規則が強制されて来たということは、この分析を裏書きしている。男性の操られやすさと暴力に訴える潜在的可能性との両方が最高度に重要視されるこれらの組織では、もっとも密接な男性間の結束が規範《プレスクリプション》であり、一方で（それと目立って同じ性質の）「ホモセクシュアリティ」は禁止《プロスクリプション》の対象である。〔その規範と禁止の〕両方の度合いは一般市民の社会よりはるかに強く、実際絶対的と言って良い程だ。

　私は広範囲に広がった〔この文化〕固有の男性のホモセクシュアル・パニックをロマン主義以降の現象と特定し、それより一世紀ほど前にホモフォビックな圧力のもとで形成された、明確な男性のホモセクシュアル文化の始まりと同時期の現象とはしない。なぜならホモフォビアがもっとも適切に展開して具体的表現を見出す文学ジャンルとして、（私の読むところ）パラノイド・ゴシック[10]が中心的な重要性を担っているからである。言わばホモフォビアはパラノイド・ゴシックの中にそれ自体のジャンルを見出したのである。それはこのジャンルが既に形成されていたホモフォビックなイデオロギーを擁護する演壇を提供したからではない――もちろんそんなことをしたわけではない。むしろたとえば『フランケンシュタイン』のプロットを典型とする男性のパラノイア的プロットの唯我論と間主観性をめぐる極端に二分化した作用が示すように、「私的《プライベート》」言説と「公的《パブリック》」言説とのより活発でポリロジックな相互連動がこのジャンルにはあったからなのである。まずこれらのプロットでは一人の男の心が、恐怖され欲望されるもう一方の男の心によって読み取られて、精神内部のものが間主観的なものへと変形される。またこれらのプロットでは、たとえばフランケンシュタイン一家のような、ばらばらに広がり経済的に種種雑多なものから成る大家族が、イデオロギー的に実体化された堅固なエディプス的〔核〕家族のイメージに、緊急かつ暴力的に作り直されている。またさらにこれら三角形の家族の一点を構成する女性の項は、特別華々しい暴力によって取り除かれ、最終的には『フランケンシュタイン』に見られるように、意志と欲望との認識論的に解消できない強固な結合の中に組み込まれて動けなくなった、二人の男性の強力な形象という残余物だけが残る。このような手段を通して、近代の資本主義によって刻印を押されたエディプス的家族が明確な形を取り始めたまさにそのとき、パラノイド・ゴシックは、そのようなエディプス的家族構成と、男性のホモソーシャルな組織における窒息するようなダブル・バインドとが分離不可能だということを、強力に示したのである。別な言い方をすれば、シュレーバー博士の症例における、男性のパラノイアはホモセクシュアルな欲望の抑圧の結果として起こるというフロイトの定式化は、[*11]パラノイド・ゴシックを、「潜在的」または「公然とした」「ホモセクシュアル」の「タイプ」という用語で分類するために役立つのではない。むしろ初期ゴシックが創造されたような特定の歴史的条件のもとで、熱烈な男性間のホモソーシャルな欲望が、もっとも義務的であると同時に、もっとも禁止された社会的結束であった、ということを前景化するのに役立つのである。

フロイトの体系化した社会観と社会構成が創造されたと論じ得るその時期を、フロイトに基づくとされるそのような低俗な分類法で読み込んでも、ほとんど何も教えられることはないだろう。しかしそれにもかかわらず、男性のホモソーシャルな欲望に付属して、新しく定式化され強調されたこの「普遍的」命令／禁止のために、たとえその普遍性への主張が既に全住民の半分（女性）を排除していたとしても、性格と人物の新しい分類学を通してさらに具体的に表現され特定化されることが当然必要となったのである。これらの分類学は、イデオロギー的虚構である階級差のない「個人的」とされる存在と、そのような虚構に影響を受ける、階級に位置づけられ経済的な刻印を押された特定の人生との間を媒介するだろう。同時に、これらの分類学は膨れ上がって一見包括的な多元性を持つために、選択という幻想を通して、それら全てを構造化したダブル・バインドの支配的存在を隠ぺいしたのである。

最近のゲイ男性の歴史研究は、フーコーの影響のもと、一九世紀の分類体系のうち、今日の分類学が「ホモセクシュアル」と解釈するもののすぐ周囲に集まったものを解読し解釈するのに特に力があった。「男色者」「倒錯者」「ホモセクシュアル」、また「ヘテロセクシュアル」自体、全て歴史的・制度的に説明できる構成物である。しかし男性のホモセクシュアル・パニックを（すなわち近代のホモソーシャルな連続体のただ中の足場の不安定な区間であり、その苛酷な性の恐怖《パニック》からは、ホモセクシュアルだと自認している男性だけが免除され得るような領域）を議論するためには、明瞭な性的特色があまり与えられていない、異なったカテゴリーの領域を開くことが必要である。しかし再度繰り返すが、そのようなことをする目的は、より正確な、または現代的な「診断的」カテゴリーを割り当てられるようにするためではなく、ある特定の時期に男らしさが、またしたがって少なくとも男性にとって人間性それ自体がその中で構成された（される）ような、広範囲にわたる力の場をより良く理解するためである。

私はここで、サッカレーおよび他の初期・中期ヴィクトリア朝作家によって、「独身者《バチェラー》」という人物分類が通用するようになったということを指摘したい。このタイプは一部の男性にとっては、男性の性的選択の場を狭めると同時に、性的選択の問題を驚くほど脱-性化した。[*12] しかしその後同世紀中に、医学および社会科学の「ホモセクシュアル男性」のモデルが、この分類を少数の男性のために制度化すると、より広範囲にわたる〈文化〉特有の男性のホモセクシュアル・パニックという問題が人物分類学から再分離され、今度は一般的個人（男性）の発達の迷路における決定的選択の瞬間として、物語として語られるにふさわしいあり方で再浮上したのである。未婚のゴシック・ヒーローがかつてそうであったように、独身者は再び代表的男性となった。ジェイムズは一八八一年の『創作ノート』に次のように書いている。「私は（ロンドンを）芸術家、独身者として見ている。つまり観察の情熱を持ち人生の研究を仕事とする者としてだ。」[13]数ある中でも、デュ・モーリエ、バリー、そしてジェイムズといった作家たちの著作において、男性のホモセクシュアル・パニックは、時にはその男性の主体と〔彼の愛の対象になり得ない〕女性の非‐対象との両方を傷つけるような苦悩を伴う性的無感覚として実演された。また、パラノイド・ゴシックのジャンル構造自体が、独身者の分類学の発達の中に飼い慣らされ溶け込んだかのように見えていたにもかかわらず、これらの著作の一部に形式の上で割り込み、不調和だが顕著な、持続的な文学的要素として回帰したのである。[14]

## ミスター・バチェラーをご紹介

「バチェラー、お年寄りのテイレシアス、ひょっとして愛らしい若いご婦人になってしまったのかね?」
「ばかを言いなさんな、途方もない見かけ倒しの教授さん!」と私は言う。

サッカレー『男やもめラヴェル』

ヴィクトリア朝小説において、パラノイド・ゴシックの終末論的苦痛と認識論的二重化作用とに対照的なトーンを示すのは、おそらく、特にサッカレーの描いたような、都会的独身者の形象であろう。ゴシック・ヒーローが唯我論的であった一方、独身者ヒーローは利己的だ。ゴシック・ヒーローが激怒したところで、独身者ヒーローは不平不満を言う。ゴシック・ヒーローが自殺的傾向を示したところで、独身者ヒーローは憂鬱症患者だ。ゴシック・ヒーローは過度の幸福から落胆までを変動し、独身者ヒーローは正常消化の楽天性から消化不良の不機嫌までを動く。

さらに構造的には、ゴシック・ヒーローがジャンル全体のトーンと関心事を体現したのに対し、独身者は彼が居住する著作の中で明確に限界を画され、しかもしばしば周縁に位置させられた形象である。時には、アーチー・クレイヴァリング、ペンデニス少佐、ジョス・セドレーのように、彼は単なるマイナーなキャラクターだ。しかしたとえばサーティーズのヒーロー、「お世辞の」スポンジのように、主要キャラクターということになっているときでさえも、彼はしばしば散漫なプロットの中のお飾り、またはコミックな位置標識として機能する。*15 独身者ヒーローはモックヒロイック〔茶化された英雄風〕でしかあり得ない。単に彼自身こじんまりと威信が落ち、パロディ的であるというだけではない。彼はヒーローがジャンルを体現し統一性を作り上げるという可能性が減少し掘り崩されたことを象徴するのである。滑稽なジョス・セドレーがヒーローでないような小説は、まさにヒーロー不在の小説だ。

この奇妙なキャラクター、独身者が発達したことと彼がロマン主義のジャンルに対して身を落とした関係にあることは、特に、パラノイド・ゴシックでプロットと構造として表現された男性のホモセクシュアル・パニックという固有のダブル・バインドが、今度は人物分類学として立ち戻って来た動きだと説明できるように思われる。この回帰現象はおそらく、いくつかの意味で、家庭化《ドメスティケー》／馴化《ション》として記述するのが最良のようだ。もっとも明白なところでは、家庭内を女性的場所とし、家庭外を政治・経済的男性的場所とする二分法がますます強調されていた一九世紀ブルジョワの状況においては、独身者は家庭的なことに注意と興味を持つことによって、少なくとも部分的に女性化されている。（しかし同時に、クラブとボヘミア区域とも密接に関わっているために、彼には男性の世界に対する特別なパスポートも与えられている。）さらにまたゴシック・ヒーローに潜む破壊的で自己認識なき暴力の可能性が、独身者ヒーローにおいては、身体的臆病さと、またしばしば、内省への高い価値、また（少なくとも部分的）自己認識によって取って代わられている。最後に、独身者は性器的セクシュアリティの言説との関係を断つことによって、飼い慣らされ社会に受け入れられる。

サッカレー後期の小説の一人称の語り手の多くは、長調で描かれた都会的独身者の良い例だ。『ニューカム一家』や『フィリップ』の語り手ペンデニスも、結婚していることになっているとはいえ、その声、性格、趣味は、サッカレーの原型的独身者、中篇小説『男やもめラヴェル』の語り手で、偶然の一致ではなくバチェラー氏と呼ばれるキャラクターのものと、驚くほど類似している。（もちろんサッカレー自身の曖昧な結婚状態、すなわち結婚してはいるものの、妻は永久的に療養所に閉じ込められた精神異常的憂鬱症の女性だったということが、サッカレーが自分自身をモデルにしたと思われるこれら語り手たちの間の横すべりを容易にしたのである。）バチェラー氏は、ジェイムズがオリーヴ・チャンセラーについて語っているように、彼の存在のあらゆる意味において未婚である。彼は中でも自分の（過去にせよ現在にせよ）結婚の見込みに関しては強迫感にとらわれているように饒舌で、いつでもそんなことを考えることが滑稽だと言わんばかりの口調で語る。たとえば若い頃の失ったロマンスを語るときの誇張した語り口は、この出来事の彼にとっての重要性を茶化し掘り崩し、また同時に、不愉快な比較によって、その後のどの関係も本気ではないとあらかじめ明らかにするように使われる。

天然痘に二度かかる人もいるが、私はそうじゃない。私の場合、一度破れた心は破れたままさ。枯れた花は枯れたまま、てわけでね。私が自分の悲しみを滑稽な光に照らそうとしたからといって、なにが悪いんだね？　男の情熱を弄び、笑いものにして捨てる男たらしの女なんぞという、古い、使い古しの、叩きつぶされた、腐りかけた、低俗な、つまらないありふれた主題を、なぜ私が悲劇にしようとするなどと思うのかね？　悲劇さ、まったくね！　ああそうとも！　毒だ――黒い縁取りの便箋だ――ワーテルロー橋だ――また一人の不運な者、などなどだ。やなこった。女が行くのなら、行かせりゃいいさ！　私はそんなものは吹き飛ばすだけさ！[16]

『ラヴェル』のプロットはまったく取るに足らないもので、『愛の書』からプルーストに至るまでの地下鉄線の奇妙な各駅停車駅だ。バチェラー氏は下宿していたときに、家主の娘で、当時ミュージックホールの踊り子をして家計を助けていたベシーとほのかな友情で心を通わせていた。数年後彼はベシーを自分の友人、やもめのラヴェルの家に家庭教師として住まわせる。ベシーの愛をめぐって付近にいる数人の男、つまり地元の医者、抜け目のない独学の執事、そして気乗りのしない様子のバチェラー自身が張り合うことになる。しかしたまたま訪れていた無作法者がベシーの評判と人品を攻撃したとき、盗み聞きしていたバチェラーは、突然、ベシーが性的に純潔か（「悪鬼と苦悩だって！　奴は彼女を抱いたことがあるのだ」第五章)、また彼自身どのくらい結婚したいのか疑いに満たされ、彼女を護るために踏み込むことを致命的にも躊躇してしまう。結局彼女を救うのは独学の執事であり、結婚するのはラヴェル自身である。『ラヴェル』の中心にはロマンティックな可能性があるかのように見えながら、それがほとんど現れる以前に非実体化されてしまうが、一方それに対応するように、ある種の他の身体的快楽がより直接的に扱われている。実際、身体的快楽の実質は、独身者であることの状態とはっきりと結びつけられている。

あの冷たく心地よい独身者のベッドに横になること。……あるときシュラブランズで夜中に、階上を行きつ戻りつする足音と、弱々しいが止むことのない幼児の泣き声を聞いたことがある。眠っていたのに起こされて不愉快だったが、寝返りをうってまた眠ってしまった。階上の部屋に住んでいたのは私の知っている法廷弁護士のビドルコムだった。翌朝彼が降りて来ると、頬のあたりはみじめな黄色で、眼のまわりは土色だった。歯のはえかけている子どものために、一晩中歩き回っていなければならなかったのだ。……彼はトーストを一切れもそもそと食べると乗合馬車に乗って弁護士事務所に出かけて行った。私は二つ目の卵の殻を割った。もう一つ二つテーブルの上のちょっとおいしそうなものを試したかもしれない。(なにしろストラスブール・パテには眼がない、しかもそいつはまったく健康に良いものだと思うのだ。)向かい側の鏡の中に私自身のすてきな顔が見えたが、あごのあたりはあぶったサーモンと同じくらいの薔薇色だった。(第三章)

ディケンズにおいて食物が聖餐的な、コミュニティを築く役割を果たすのとは違って、サッカレーにおいては、たとえ良い食物であったとしても、依存と不平等の苦々しさを意味することが非常に多い。[*17] 食物と飲み物の交換価値、それをともにする者の地位と期待とに比しての高価さとか安価さ、それが分配されるときの見せびらかしやけちくささ、あるいはそれがねだられるときのあさましさ、そういったものが『ラヴェル』を含むサッカレーの著作の一作一作に、抜け目のない不快な食物の道を刻み込むのである。とすると、それと対照的であるがゆえに、薔薇色のあごの独身者の、朝食での成熟したピクウィク風の自己満足が、いっそう印象的だ。ジェイムズの芸術と同様に、遠近法の変動によって知覚の対象と主体の両方が規則的に侵食されるサッカレーの意地の悪い芸術においては、独身者ヒーローだけがまさに彼の禁欲と利己主義によって、遠近法の侵食を無傷で通り抜けられるほど原子化された唯一の人間分子であるように見える瞬間がある。

時には無傷で。しかし決して傷つけないわけではない。もちろんサッカレーの全作品のうちこの部分を読む主要な喜びの一つは、まさにその陰険ないわれなき攻撃性にある。折々子猫のむき出しの爪が、自分自身の目からわずか一ミリのところをかすめるのに人は気づく。〔たとえば〕「親愛なる友よ、何一つきみの眼力を逃れるものはない。きみの居るところで冗談が言われれば、きみはあっという間にそれに飛びつくのだ。そしてきみの微笑みがきみを喜ばせたおどけ者へのご褒美というわけだ。それをきみは即座に知ったのだ……」(第一章)。一人の独身者がもう一人の独身者に、第三の独身者について相談するときには、最後には耳とほおひげしか残らない。

ロンドンを訪れているとき、たまたま友人のフィッツ某大尉と出会った。彼は一ダースほどのクラブの会員で、ロンドン中の人間の誰についても何かしら知っている男だ。「クラレンス・ベーカーについて何か知っているかい?」「もちろん知っているとも」とフィッツは答える。続けて「もし何か情報がほしいというのならね、きみ、あんな黒いけちな羊はロンドンの舗道の上を飛び跳ねちゃいないと言えますな。……クラレンス・ベーカーについて何か知っているかって! きみね、きみの髪を白くしてしまうほどだよ、自然が(時々あさはかにも思うんだけど)既に白くしてなければね、もちろん僕の方はただの毛染め剤なんぞにたよっているようなふりはできないがね。」(私に話しかけているこの人物のほおひげは、彼が話している間、無邪気に私の顔を見つめていたが、はなはだ恥知らずの紫に染められていた。)……「駐屯したいろいろな守備隊駐屯都市から、婦人帽子屋たちの心ばかりか、手袋、紳士物小物に香水類まで持ち出したとい

うわけさ。」(第四章)

サッカレーの独身者が、私の提案するように、ホモセクシュアル・パニックの締めつけに対する一つの可能な応答の道を、性格タイプとして創造した、または再度刻み込んだとするならば、彼らの基本的戦略をたどることは十分容易である。まずは核家族よりも原子化＝分離化された男性の個人主義を選ぶこと(そしてそれと対応するように女性、特に母親たちを悪者とすること)、男性の対象に向けてだろうが女性の対象に向けてだろうが、性器的セクシュアリティと解釈され得るものいっさいを饒舌にまた目立って拒否すること、それと対応してセクシュアリティ以外の感覚の快楽を強調すること、そしてパロディと予測し難いサディズムになりがちなそのような快楽の強調に相当な魅力を与えるだけの、十分防御された社交的器用さがあること、である。

これがもっぱらヴィクトリア朝の人間タイプだけにあてはまる類型とは思えないと言わなければならない。性的選択が男性にとって義務であると同時に常に自己矛盾であるような社会で性的選択を拒否するときには、少なくとも教育を受けている男性には今でも、しばしばこの一九世紀のペルソナの先例に訴えるようだ。おそらくバチェラー氏その人ではないかもしれない、しかしバチェラー氏が代表するような、自己中心的で同時に自己を周縁化するような独身者という属に。それにもかかわらず、このペルソナは一九世紀の大都市固有の形象として高度に特定化されている。彼はポー、ボードレール、ワイルド、ベンヤミンの遊民《フラヌール》と密接な繋がりを持っている。もっとも重要な特定化は、彼の階級的配置だ。尊敬すべきブルジョワジーとボヘミア(ペンデニス小説でサッカレーがイギリス文学のために半分創作し半分単に飼い慣らしたボヘミアだが)その両者の間の枢要な点に彼は位置している。

事実上ボヘミアという単語と概念をパリからイギリスに紹介したのはサッカレーだった。[*18] ある種の予備労働力のたまり場であり、職業的区分と社会的上昇と下降とがより自由になされる半ば浸透性の境界的スペースとしては、ボヘミアは社会階級のどのレベルからでも参入できるように見えた。しかし少なくともこれらの文学的ヴァージョンでは、ボヘミアは不安と葛藤に満ちたブルジョワジーの文化的必要、幻想の必要、そして肯定的および否定的自己定義の必要のために、もっとも良く役立っていた。ホモセクシュアルの男性にとって以外では、一八九〇年代以前においては「ボヘミア」の観念にはっきりとゲイの色がついていたわけではなかったようだ。これらの独身者小説においては、単に強制的家族構造が不在であるということが、より一般化されたやり方でその魅惑の力を発揮していた。またもっとも情熱的な男性間の同士関係は、女性たちを共有しエロティックに使用することと、見たところ束縛もなく関わっていた。しかしボヘミアの流れを時間的スペースとして見る方がより正確であるかもしれない。若いブルジョワ男性である文学的主体が、ここでは発達上の一段階と見られる彼の「ホモセクシュアル・パニック」の流れを操縦して航行することを要求されるのだ。彼はこれを通って、より抑圧的で、自己認識なき、成熟したブルジョワの家父長という一見確固たる地位に至るのである。*19

　ボヘミアにおけるブルジョワ独身者について探求したサッカレーの後継者のうち、もっとも自意識が強く重要なのは、デュ・モーリエ、バリー、そしてたとえば『使者たち』のジェイムズである。この伝統の親子関係は複合的で異種混交的だ。たとえばデュ・モーリエは彼自身が『トリルビー』を書くはるか以前に、ジェイムズにこの小説のプロットを提供している。*20 また別な例を挙げれば、『使者たち』の中のリトル・ビルハムは、『トリルビー』のヒーローである、小柄で少女のようなセーヌ左岸の美術学生、リトル・ビリーと密接な関わりがあるようだ。リトル・ビリーは年上で、より大柄でより男性的な二人のイギリス人芸術家とアトリエを共有し、彼らを深く愛している。デュ・モーリエの方はリトル・ビリーの名前をサッカレーの海洋バラードから取って来ているのだが、デュ・モーリエ版にエロティックな暗示を与えるように見える三人の絆は、サッカレーでは次のようになっている。

　がつがつ食いのジャックとがぶがぶ飲みのジミーがいた、
　一番若いのはリトル・ビリーだった。
　さて三人がはるか赤道まで来ると、
　残っていたのは一粒のエンドウ豆だけだった。

がつがつ食いのジャックはがぶがぶ飲みのジミーに
言った、
「おいらはすごく腹ぺこだ。」
がつがつ食いのジャックにがぶがぶ飲みのジミーは
言った、
「なんにも残っちゃいないから、おれたちゃ自分を食
わなきゃならん。」
がつがつ食いのジャックはがぶがぶ飲みのジミーに
言った、
「おれたちゃお互い食い合わせが悪い！
リトル・ビルがいるじゃあないか、やつは若くて柔ら
かい、
おれたちゃ年寄りで硬いから、リトル・ビルを食おう
じゃないか。
「おい！　ビリー、おれたちゃお前を殺して食うぞ、
だからお前のシャツのボタンをはずしな。[*21]」

サッカレーを越えて世紀の転換期に向かうと、階級間の境界を越えて男性のホモセクシュアリティについての医学化された言説（および新しい方法での懲罰的攻撃）がよりいっそう目立って来る。その状況の中でサッカレーの独身者の気楽で冷淡なキャンプ性は、今度はより避け難いパニックに見えるものに取って代わられることになる。バチェラー氏は女性と恋に落ちる遊びをしたが、実際恋に落ちることができるかどうかを証明する危急の必要性など感じなかった。しかし『トリルビー』や『トミーとグリゼル』の独身者ヒーローたちにとっては、男性の性的冷淡さという、性の放棄によって得られたあの高い地盤にさえも、心理的地雷がまき散らされていたのである。

実際この後期の文学作品においてもっとも一貫した基調は、ヒーローたちの性的無感覚がはっきりとテーマ化されたことである。さらにこれらの小説のそれぞれで、ヒーローの葛藤の焦点となり否定される性的無感覚は、特殊な、その個人特有の性格タイプの一側面として扱われていると同時に、一つの偉大な〈普遍的特性〉の表現としても扱われている。これらの（反《アンチ》）ヒーローたちは、

実際、男性の性の定義を理解する上でのマイノリティ化の見解と普遍化の見解との間の、新しく出現しつつあった非一貫性の原型を提示しているのである。たとえば『トリルビー』のヒーロー、リトル・ビリーは、突然女性を欲望できなくなると、それを彼の「好みのこぶ」の内部にできた「吹き出物」のせいにする。「なぜならそれが僕のどうかしているところだからだ。吹き出物だ。神経の根元にできたほんのちょっとした血液の固まりというだけだ、ピンの先ほどの大きさもないやつさ!」[*22]しかしこの同じ長い独白の中で、彼は欲望がないのを今度は吹き出物ではなく、はるかに異なるスケールで、もはや神を信じることのできなくなった〈ダーウィン以降の近代の人間〉としての彼の地位に帰している。その名を冠したバリーの小説のヒーロー、また『トミーとグリセル』のヒーローでもある「センチメンタル」トミーも同様で、これらの驚くほど深刻で自己嫌悪に満ちた小説のそれぞれを通して、彼らは独特の、道徳的・心理的に致命的な欠陥のある人間として、また同時に偉大な創造的芸術家の類型そのものとして描かれている。

## ストレートに読むジェイムズ

ジェイムズの『密林の獣』(一九〇二年)は、この時代の独身者小説のうち、ヘテロセクシュアルの対称的関係を描くことによって、性的無感覚が「普遍的」に適用可能であるということを暗黙に強く主張しているように見える一作品である。しかしそのような普遍性の主張にもかかわらず、当然とされているヘテロセクシュアルな男性の規範がひとたび審問を受ければ、そのとたんに、作品のゲシュタルトや目に見える様々な特徴がきわめて印象的に変化する。『トミーとグリゼル』と同様、この小説は何十年にもわたる親しい関係にある男女についての話だ。両方とも、女は男を欲望するが、男は女を欲望しそこなう。実際、それぞれの小説で、男は単に欲望することとそれ自体に失敗するのである。センチメンタル・トミーは欲望を感じられるよう必死に欲望するために、グリゼルに対する欲望を偽造し混乱を招き、善意がありながら結局は彼女を狂気に追いやる。ジェイムズの小説におけるジョン・マーチャーは、彼の人生に欲望が不在だということさえ知らず、メイ・バートラムが彼を欲望しているとも、彼女が彼の鈍感さから死んでしまった後まで知ることはない。

バリーとジェイムズの伝記から判断すると、それぞれの作家が、かなり複雑なエロティックな選択をしたようだ。対象のジェンダーはかなり変動しており、また少なくとも長期間、説明や身体的な表現とはほど遠いような選択が行われたようである。そのためそれぞれの作家が、ホモセクシュアル・パニックの文学的議論を勇気づけてくれる形象となるのである。[*23] バリーは〔床入りによって〕完成されることのほとんどない結婚をし、既婚の女性（ジョージ・デュ・モーリエの娘だ！）に対する完成されない情熱を持ち、また彼女の息子たち一家に対して一生、分類できない情熱を持ち続けた。ジェイムズには——さて、私たちが今ではみなわからないということにしている、まさにそのこと〔ジェイムズの性的指向〕があった。しかし奇妙なことに、『トミーとグリゼル』の心理的プロット、つまり女を欲望するふりをしようとする男の強迫観念によって、一人の女性がおそろしく徹底的にしかも念入りに破滅させられるプロットは、バリーの人生のどの出来事に直接読み込むよりも、むしろジェイムズとコンスタンス・フェニモア・ウールスンとの関係の、謎めいた悲劇的物語の中に読み込む方が容易である。この明らかにジェイムズを愛していた、耳の聞こえない、知的なアメリカ人女性作家との彼の持続した（あるいは繰り返された）熱烈な、しかし奇妙にこそこそとした親密な関係についてレオン・エデルが書いているが、[*24] それを読むとジェイムズは彼女に対して、とりわけなにか性的に証明しなければならないことがあると感じていたのではないかという、じりじりとした感覚にとらわれずにはいられない。さらに彼女の自殺と見えることについて読むと、ジェイムズが自己に課したヘテロセクシュアルな保護観察の負担（バリーを思い浮かべれば想像してしまうことだが、彼の中の突然の「寛大で」「従順な」衝動とそれと同じくらい突然の激しい嫌悪という負担）が、彼の旅行や住まいに非常にしばしば同伴したこの秘密の伴侶に対して、きわめて個人的に課せられたのではないかと思わずにいられない。もしそれが事実ならば、彼が否定したホモセクシュアル・パニックの作り上げた結果は、ジェイムズの法外な才能と精神的魅力に比例して、この女性にとってそれだけいっそう厳しい苦痛であったに違いない。

もしここで概略を説明している二重に破壊的な相互作用のようなものが実際にジェイムズとコンスタンス・フェニモア・ウールスンとの間にあったとするならば、その構造はジェイムズの著作についての実質上全ての批評的議論によって、確固として再生産されて来た。ジェイムズの実人生でのこの錯誤は、愛とセクシュアリティが善であり望ましいという感覚から、特にヘテロセクシュアルな強制を彼自身に機械的に賦課する方向へ、盲目的に動いたことだったように見える。(私は「彼自身に賦課する」と言っているが、もちろん彼がこの強制力のヘテロセクシュアルという限定性を発明したわけではない。彼は単に人生のこの時点において、その強制力に対して積極的に抵抗しそこなったにすぎない。)セクシュアリティとヘテロセクシュアリティがいつでも正確に相互言い換え可能であるという(ジェイムズの、社会の、批評家の)安易な仮定は、明らかにホモフォビックである。重要なことだが、それは深刻にヘテロフォビックでもある。すなわちそれは欲望および対象における、差異の可能性それ自体を否定するからだ。もちろん、これらの問題についてたいていの文学批評が示している抑圧的空白状態を見てももはや驚きはしない。しかし、ジェイムズは実人生においてホモセクシュアルな欲望が伝記から抹消不可能なほど勇敢で反撥力のあるパターンを示していた作家だ。そんな彼についてだったら、その著作の批評において、異なるエロティックな経路という差異の可能性がこれほど貪欲に強制的なヘテロセクシュアルの(したがって決して真に「ヘテロ」ではない)モデルのもとに包摂されることはないのではないかと思われた。しかし批評は驚くほどわずかの例外を除いて、ジェンダーの与えられた欲望の非対称性について、どのように問いかけることも事実上拒絶して来たのである。

批評家たちのこの事実上の無関心を動機づけたのは、四季を通じて抑圧的な性的気候において、ジェイムズをホモフォビックな誤読から守ろうという欲望だった可能性はある。ヘテロセクシストの言説は非対称的にしるしづけられた構造をしているために、ホモセクシュアルな欲望や文学的内容についてのどのような議論も、ジェイムズを(あるいは彼らを?)単なるホモセクシュアルとして周縁化してしまうのではないかと恐れた可能性もある。二〇世紀末の男に対する男の欲望についてのヴィジョンはジェイムズ自身の時代のものより安定化され文化的に緻密に構成されているため、そのようなヴィジョンに基づいたゲイの読みは時代錯誤的と考える彼らが、ジェイムズをゲイの読みから守ろうとする欲望の可能性もある。ジェイムズ自身が彼の著作において、彼のエロスのこの要素を積極的に否定し、または消散させようとして、彼の人生で生きられたホモセクシュアルな欲望を、書かれたヘテロセクシュアルな欲望に非常に徹底的に、非常に首尾よく翻訳したのだから、その差異はもはやなんの差異ももたらさず、その変換はなんの残余物も残さないと読んでいる可能性もある。あるいはこれは私も信じていることだが、ジェイムズはいつもではないにせよ、しばしばそのような偽装あるいは変換を試みたが、彼の著作には変換しようと試みなかった材料と相当暴力的また粗雑にしか変換できなかったような材料との両方が残余物として確かに残っていると思われるために、一部の批評家はそのような議論の次の段階であり得る、ジェイムズの率直さや芸術的統一性に対する「攻撃」に着手するのに気が進まないでいる可能性もある。これらの批評的動機はいずれも理解できるが、それらのもたらす最終的な結果は、厄介とされる材料を削除し包摂するという、いつもの抑圧的な効果である。セクシュアリティの複合的結合価《ヴェイランス》を扱うためには、批評家たちは、破壊の生硬さや保守的な強制である沈黙のみを選択すべきではないだろう。

レオン・エデルはジェイムズとコンスタンス・フェニモア・ウールスンとの歴史および彼の男性に対するエロティックな欲望の物語の一部の、両方を明らかにしている。しかしその彼でさえ、『密林の獣』とウールスンの歴史を結びつけてはいるものの[*25]、そのどちらもジェイムズのセクシュアリティの特異性には結びつけていないし、またさらにどのようなセクシュアリティの問題にも結びつけてはいない。実質上これまでの全てのジェイムズ批評にこの偏向的ぼかしがかけられていて、私たちの頭にセクシュアリティと切り離して考えろ、ということが繰り返したたき込まれて来た。その結果、『密林の獣』が普遍的適用性を持つ〈「芸術家」についての〉〈作品〉だという解釈が示されながら、この物語の道徳的ポイントは、メイ・バートラムがジョン・マーチャーを欲望したということだけではなく、むしろジョン・マーチャーはメイ・バートラムを欲望すべきだったということにあると、疑いの余地をいっさい残さずに仮定されることになった。

しかし『トミーとグリゼル』は本質的には同一のポイントをより明敏に描いている。この小説がありありと示すように、「欲望すべきだった」というのは、道徳的判断としては無意味であるだけではなく、ヘテロセクシュアルな搾取（たとえばジェイムズが強迫感にとらわれてウールスンを利用したこと）の、人を寸断してしまうような見え透いた虚偽を強制し永続させるメカニズムに他ならない。グリゼルの悲劇は、彼女の欲望している男が彼女を欲望しそこなうということにあるのではない。それは悲しいことだが、この小説が明らかにしているように、耐えられることだ。しかしむしろ、男が彼女を欲望しているかのようなふりをすること、そして彼自身、彼女を欲望などしていないにもかかわらず、しているかのように断続的に確信さえしてしまうことにある。

『トミーとグリゼル』はこのプロセスとその破壊的猛威を明瞭に伝える一方で、印象的なことに、男にとって「真に」誰かを欲望するとは何を意味するのか、ある所与の、素朴なまたは画一的な観念を前提としているわけではないようだ。この小説は、この問題に関しては不可知論の立場を取り続けており、「真の」男の欲望といった何かかなり異なる特性が存在するという可能性と、それとは別に、男のエロスをかきたてるのは多かれ少なかれ同じ危険な症候の間欠的な侵入にすぎないという可能性とを開いたままにしている。しかしヘテロセクシュアリティの最悪の暴力は、男性が女性を欲望しなければならないという強迫感とそれに伴う自己と他者とのごまかしであるという点に関しては、バリーは非常に明白に語っている。

『トミーとグリゼル』は非凡な、また不当にも忘れられた小説である。この小説が男性の欲望を明敏に扱っているにもかかわらず、古びた偉大な小説とは言えないのは、この作品が女性の欲望を形象するときの、ヴィクトリア朝風と言わずにはいられない、少し吐き気を催すようなご都合主義のためだ。小説の真の想像力と心理的エネルギーが完全にヒーローに焦点を合わせていることは許せる。しかし許せないのは、ここで小説の構造それ自体がヒーローの略奪行為を正確に再生産していることだ。すなわち紋切り型ではない、自律的で、想像力の上でも心理的な点でも投資を受けた女性主人公に、ヒーローと同等の焦点を合わせているかのような道徳的見せかけがあるにもかかわらず、彼女自身は小説的に「欲望されて」いることからはほど遠く、実のところ明らかに、ヒーローの正確な陰画として創造されているにすぎないということである。彼によって、そして彼のみに、もっとも激しい苦痛と個人的な破滅とを引き起こされるべく完璧に形成された世界で唯一の女、それが彼女だ。彼女はこのような役割に完璧なほどふさわしい女だ。グリゼルは狂った娼婦の娘であり、母親から受け継いだものは活力、知性、想像力の他に、強い官能性とその官能性を呼び覚まされることへの恐怖（この小説では高い価値を与えられている）である。このような女性が実際いたとして、彼女こそちょうど、強く自律的に見えながらもまさにトミーの二相のリズム、すなわち性的誘惑の態度に抑圧的冷淡さが続くリズムによって、そして頑固な強迫感に基づいた柔順な優しさという彼の感情的地質学によって、抵抗せずに破滅させせられるのにもっともふさわしい女性である。それを見て取ったバリーには鋭い眼識があったと言えよう。しかし抵抗もせず彼女自身の痕跡を残すことも許されず、性的犠牲に供されるためだけに作り出された生き物として女性の側がこれだけぴったり、欲望をそそるような正確さで描かれていること、それによって、トミーの典型としての価値についてこの小説が公正な判断を下しているかどうか疑わしくなってしまうのである。

この文脈で読むとき、『密林の獣』は女性の欲望の観点から、革命的な可能性を秘めている。メイ・バートラムが誰であり彼女が何を欲そうと、明らかに少なくともこの話には、彼女の全体像をくまなく提示するふりはしないという、ジェイムズ的な消極的美徳がある。彼女は堂々とした印象的なキャラクターだ、しかし（そして）括弧に入れられたキャラクターでもある。視点を操作する華麗な手さばきによって、ジョン・マーチャーの利己主義から（つまりマーチャー自身のもの以外の主観性が存在する可能性はないという感覚から）ジェイムズ自身は批評的に離れていることができる。しかし最終的にはその利己主義の代わりに自己抑制を置く、つまり視点がマーチャー自身の視点に限定されているとして、特殊な

〔視点の限界を前景化するような〕謙遜をするのである。メイ・バートラムの歴史、彼女の感情の決定因、彼女のエロティシズムの構造について読者が知るところは非常に少ない。許されているのは、十分注意を払えばということだが、私たちが彼女についてほとんど知らないということを知ることだ。プルーストにおけるのと同様、重要ではない、またはグロテスクなキャラクターの誰でもが、重要な芸術的才能を持った人物であることがわかる可能性はいつでも開かれているのだが、しかし小説はたまたまその問題には関与しないというだけだ。したがって『密林の獣』は、マーチャーやこの物語自体の法則のイメージで構造化されているのではない何らかの女性の必要、欲望、そして欲求の充足を想像することを、読者に許してくれるのである。

彼女の主体性を提示する上での物語のこの不完全さやこの謙遜を隠ぺいまたは否定するのは、物語の最後の場面、マーチャーがメイ・バートラムの墓を最後に訪れる場面だけだ。この場面で、マーチャーは彼女が、彼に対する欲望を感じ、表現したということを突然悟るが、その理解は物語の／著者の命令によって非常に対称的で「最後的な」修辞的決着をつけて応答されているように見える。すなわち「逃げ道は彼女を愛することだったろう。そうすれば、そうすれば彼は生きることができたのだ」[*26]と。これに続く物語の最後の段落には、対称的な補遺関係の形式で〈答え〉を与えようとする、同じ漸層法的《クライマクティック》で権威ある（権威主義的でさえある）リズムがある。物語におけるこの唯一の、最後的な、形式的に特権化された瞬間――このメイ・バートラムの遺体の上での解答――このときジェイムズとマーチャーの和解が提示される。マーチャーの啓示的理解はジェイムズの修辞的権威によって同意され、ジェイムズの認識論的自己抑制は、このときだけは、マーチャーの強迫的、エゴ投射的な確信によって、見る影もなく飲み込まれるのである。メイ・バートラムが不在のところで、二人の男すなわち著者／語り手にしてヒーローはついに、何を彼女が〈真に欲しがっていた〉か、何を彼女が〈真に必要としていた〉かについての、確信のこもった男性的知識を共有することによって再合同する。そして何を彼女が〈真に欲し〉、〈真に必要としていた〉かは、もちろん、何をマーチャー自身〈真に欲し（すべき）〉で〈必要とした

〈すべきであった〉かということに、意外な不気味さで近接しているのである。

この強制的対称性のない『密林の獣』を想像してみてほしい。メイ・バートラムが生きている物語を想像して〈思い出して〉ほしい。[*27] 可能な他性《オールタリティ》を想像してみてほしい。他性の名前はいつでも「女」だというわけではない。もしマーチャー自身が、他の欲望を持っていたとしたら？

## 密林の掟

名前……アシンガム——パドウィック——ラッチ——マーフル——ブロス——クラップ——ディドコック——ウィッチェルズ——プッチン——ブラインド——ユクセタ——コクスター……ディックウィンター……ジェイクス……マーチャー——

　ジェイムズ『創作ノート』一九〇一年

これまで「男性のホモセクシュアル・パニック」と呼んで来たものを、「男性のヘテロセクシュアル・パニック」または単に「男性のセクシュアル・パニック」と呼んでは説明がつかないということは、ここまでのところまったくかほとんどないように見える。この章を構造的な、また歴史化する物語で始め、性器的結束も潜在的に含み得るような男同士の結束が規範と禁止の両方向に働くことに〔この文化を構造的に〕定義するような重要性があると強調したが、これまで議論した大部分の著作においては、そのような結束に感情的あるいはテーマ的中心があるわけではない。実際のところ、これらの著作の多くが描いているのは、明らかに、ヘテロセクシュアリティに直面した男性のパニックである。しかも、同性の対象選択とヘテロセクシュアリティや異性に対する恐怖とを自動的に結びつけることほどホモフォビックな仮定はない。これまで述べて来たように、ホモセクシュアル・パニックは必然的に、しかし限定的に、ホモセクシュアルではないと自認している男性のみの問題だと主張するのはけっこうだが、それにしても、男性ホモセクシュアルのテーマがこれらの著作に具体化されていないということは、不可避とはいえ、そのような議論の構造と組織とを解体するような効果を持つ。このような欠如の理由の一部は、あくまで一部にすぎないが、歴史的なものである。階級横断的なホモセクシュアルという役割と、男性のホモセクシュアリティをテーマとする一貫した、イデオロギー的に充実した言説が完全に目に見えるようになるのは、ようやく一九世紀末に近い頃、ワイルド裁判で公的に演劇化されたような（決してこの裁判に限られたことではないが）展開においてであったからだ。

新世紀の始めに書かれた『密林の獣』では、男性ホモセクシュアルのテーマを具体化する可能性は、まさに境界的に存在しているだけだったと議論したい。ここではその可能性はあくまでも非常に特殊で歴史化された不在のテーマとして、そして特に語ることの不在として、存在していた。ジョン・マーチャーについて私たちが知る最初の（ある意味で唯一の）ことは、彼には「秘密」（358）があるということ、運命が、彼の将来に未知の何ものかが待ち受けているということである。メイ・バートラムは彼に次のように思い出させている。「とても早いうちから、いつかは起こるはずの、稀で奇妙な、たぶん途方もなく恐ろしい何かのために選ばれているという感覚を、あなたの中の奥底で感じていらっしゃる」と「あなたはおっしゃいましたわ」（359）。マーチャーの秘密に一つの内容があるという限りにおいて、それはホモセクシュアルな内容だと私ならば論じるだろう。

もちろんマーチャーの秘密に一つの内容と呼べるようなものがどの程度あるかは、おぼつかないだけではなく、クライマックスとなる最後の場面で次のように積極的に否定されている。「彼はこの世でただ一人の男、何事もその身に起こることのない唯一の人間だったのである」（401）。秘密には内容があり、その内容とはまさに欠如であるという否定の主張、これはスタイリッシュで「満足の行くような」ジェイムズ的な形式上のジェスチャーである。しかしこのジェスチャーが指し示す見かけ上の意味の間隙は、純粋の空白であることからはほど遠い。間隙として主張されるやいなや、倫理的強制のうちもっとも保守的なものによって満たされ充実させられてしまう。「そこにある無」、とこの秘密の空虚さを修辞的に指し示すジェスチャーは、実際のところ奇妙にも、この秘密にヘテロセクシュアリティの強制的内容、すなわち特に「彼は彼女を欲望すべきだった」という内容を付与するジェスチャーと同じなのである。

彼女こそ、彼が取り逃がしたものだった。……彼は自分に定められていた運命にまさしく出会った——彼は運命の杯を飲み干してしまっていたのである。彼はこの世でただ一人の男、何事もその身に起こることのない唯一の人間だったのである。稀有なめぐり合わせだが、それこそが彼の宿命だった。……これを彼の見張りの仲間はあるとき理解した、そして彼にその宿命の裏をかく機会を差し出したのだ。しかし人の宿命は決して裏をかかれることはない。宿命が彼に襲いかかったのだと彼女が告げた日、彼女は自分が差し出した逃げ道を、彼が愚かにも無感覚に凝視しているだけだったのを見てしまったのだった。

逃げ道は彼女を愛することだったろう。そうすれば、そうすれば彼は生きることができたのだ。(401)

このように、「空虚」とされるマーチャーの語り得ぬ宿命の意味は、必然的かつ明確に、ヘテロセクシュアルなのである。つまりそれは規範となっているヘテロセクシュアルな欲望が不在であるという、完全に特定化された不在を指しているのである。もし批評家たちが、この結末を道徳化しようというジェイムズの手助けをしたがり、この（不在の）ヘテロセクシュアルな欲望が、あらゆる人間的愛の可能性という抽象概念に自由に、完全に翻訳できると主張し続けるというのなら、それをとどめるのに十分な理由がある。マーチャーの語り得ぬ宿命である「無」が必然的に、彼が持つことのできたはずの、そして持つべきだった「あらゆるもの」の鏡像であるという、この陰険で全体化作用のある対称性の見方は、特に、否定形を使った性愛の主張の非常に異なる意味の歴史に、間接的に関わっているからである。

それではそれを再発見するために、別の戦略を試みてみよう。あの語り得ぬ運命のより率直に「充実した」意味が生じるのは、男同士の性器性欲の可能性を空虚にすると同時に強調してそのスペースを開くような否定形が、何世紀にもわたって名詞的に使われて来た長い歴史の連鎖の結果かもしれない。この文彩《フィギュア》の修辞的名称は、暗示的看過法《プレテリション》〔あることについて言わないと主張することが、実はそれについて言っている結果になっているという修辞法〕である。〈語り得ぬ〉〈口にできぬ〉「名を語るこ

とも犯すこともならぬあの罪[*28]」、その「キリスト教徒の間では名指されてはならぬ、憎むべき忌まわしい罪」、

その特別な悪徳を、もし私が言明したら、
大気を揺るがすにも十分だろう、

「名指すのも恐ろしいこと」、「ふさわしくない言葉の卑猥な響き」、

あまりに忌まわしい罪ゆえに、その評判は
薄暗い奈落の呪われた亡者たちをも怯えさせるだろう[*29]、

「あえてその名を語らぬ愛」[*30]——このような表現が、キリスト教の伝統において男性のホモセクシュアルな可能性を語り得る、非医学的用語であった。これらの用語が実名詞としては意味論的にも、存在論的にも周縁的位置にあるということは、あの「可能性」の貧弱さ（しかし同時に権能の可能性をはらんだ秘密）を、反映し形作ったのである。そして男性のホモセクシュアルの役割を新しく特定化し物象化するような医学的刑罰的な公的言説は、ワイルド裁判前後の時期に、これらの暗示的看過法的な名称を引退させたり古臭くさせたりするどころか、むしろより堅固にはっきりとホモセクシュアルな意味に結びつけたようである。[*31]

ジョン・マーチャーの「秘密」、「彼の特異性」（366）、「年月によって神聖化され、ついに二人の間では彼についての『本当の真実』としてしか言及されなくなった、彼女が知っていたこと」（366）、「この深淵」（375）、「彼の奇妙《クィア》な自意識」（378）、「きわだった曖昧さ」（379）、「神々の秘密」（379）、「どんな恥辱またはどんな奇怪さ」（379）、「とても名指せない……恐ろしいこと」（381）。物語がマーチャーの秘密の運命に言及する仕方には、同じ疑似指名的、疑似抹消的構造がある。

その上、まだ非常に多義的であるとはいえ、一つのホモセクシュアルな意味を指し示す、いくつかの「より充実した」語彙的指標もある。すなわち「世間の他の人々はもちろん彼のことを奇妙だと考えた。しかし彼女は、彼女だけは、どのように、そしてとりわけなぜ奇妙なのか知っていた。それこそまさに、彼女が目かくしのベールに正しくひだをつけて人目をそらすことのできる理由

だった。それは二人にとって快活さとでもみなすしかなかったので、彼女は他のことと同じように彼の快活さ〔ゲイエティ〕にも調子を合わせた……彼女は彼の不運な倒錯をその行路の及ぶところ、彼のほとんどついて行けないところまでもたどったのだった」(367：強調引用者)。しかしそれでも、一つのホモセクシュアルな意味が読み取れる程度にまでなるのは、たとえば「そのような大変動」(360)、「その重要なことがら」(360)、「その破局」(361)、「彼の苦境」(364)、「彼らの本当の真実」(368)、「彼の不可避の話題」(371)、「彼らが終始一貫して考えた全てのこと」(372)、「恐怖」(382)、「これまで私たちが名指したあらゆる奇怪さよりもはるかに奇怪な」(383) 何か、「考え得るあらゆる喪失とあらゆる恥辱」(384) といった、主として迂言法《ペリフラシス》と暗示的看過法との物象化作用のある文法によってである。「私にはそれがよく見えないのです。それは名指せません。私にはただ、危険にさらされているということだけがわかっているのです」(372)。

　しかしこの物語の核心の一部は、この特定の意味に対する、迂言法と暗示的看過法との物象化作用の方が、どちらかと言えば（それから分離できないとはいえ）抹消作用よりもいっそう有害だ、ということであると私は確信している。〈分節化可能性の分節化された否定〉が常に二つのこと、すなわち〈ヘテロセクシュアルな〉「無」か「ホモセクシュアルな意味」かのいずれかを意味する可能性を持つという、何世紀にもわたる古い暗号の解読に成功するということは（それ自体決して当り前のことではないが）また今度は常に、そこには一つのホモセクシュアルな意味しかない、つまりホモセクシュアルな意味とはただ一つのこと意味するにすぎないという言説の中に、身を置くことでもある。暗号を解読し知ったかぶりの上機嫌を楽しむことは、独特の公式〈それが何を意味するかは知っている〉を受け入れることだ。（ジェイムズの個人的な欲望の男性‐性愛的《メイル・エロティック》な経路を考慮に入れている批評家でさえも、それを著作についての批評から除外しても平気なように見えるのは、まさにこのメカニズムのためであろう。*32 あたかも欲望のこの形式は、人生と芸術との間をどう動くか、たやすく計算できて足すも引くも見込むも非常に簡単であるかのように！）しかしもし、この章の最初の節で示唆したように、近代の世紀において、男性がヘテロセクシュアルな権利資格を取得することが常に、ホモ／ヘテロセクシュアルの定義の不可知性と恣意性および自己矛盾とを、教化と強制によって否定することに基づいてなされるとするならば、この恐ろしいまたは勝ち誇った解釈の公式〈それが何を意味するかは知っている〉が、奇妙な中心性を帯びるように見える。第一に、それは嘘だ。しかし第二に、この特定の嘘こそが、ホモフォビックな男性の自己に対する無知、暴力、操られやすさのメカニズムを作動させ、永続させるからである。

したがって『密林の獣』における語り得ぬものの、背後にある複数の意味の可能性について区別してみる価値はあるはずだ。物語自体が示すように、また私たちのこれまでの議論が示して来たように、単に「ホモセクシュアルな意味」の一つの可能性を指し示すだけでは、何も言わないよりなお悪い。なぜならそれは一つのことを言うかのようなふりをすることだからだ。しかし物語の表面においてでさえも、その秘密、「例のこと」、「彼女が知っていたそのこと」は、まず第一に時間的に区別されている。物語には少なくとも二つの秘密がある。すなわちマーチャーは将来、何か非常に特殊で独特な運命に見舞われるよう選ばれていると知っているが、メイ・バートラム以外の誰にもそれを告げてはいない（第一の秘密）。その運命がどのような種類のものであるか（第二の秘密）は彼自身にもわかってはいない。この話の時間軸にわたって、その秘密の複数の意味についての認識的支配力のバランスが、二人のキャラクターの間で変動し、また、第二の秘密の時間的配置が未来と過去との間で変動する。さらにこれらの秘密の本質が時間と間主観性であるとするならば、その複数の秘密の実際の内容も（あったとして）、これらの時間的・認識的変動とともに変化する可能性があるのである。

とするならば、この物語にとって、〈語り得ぬもの〉の「充実した」、すなわちホモセクシュアリティの色合いのついた一連の意味が、時間軸にわたり、またキャラクターによって異なりながら、どのようなものに見えるか、仮説の詳細を率直に述べさせてほしい。

ジョン・マーチャーにとって重大にも、未来の秘密（彼の隠された運命という秘密）は、必ずしもそれだけに限定されるわけではないものの、ホモセクシュアルな何かの可能性を含んでいると仮定しよう。マーチャーにとって、彼の内部の、未来の、秘密にホモセクシュアルな意味の存在または可能性が付随しているということには、まさに〈語り得ぬもの〉の現象に関して既に記述したような、物象化、全体化、および眩惑の効果がある。これらの線にそって何が発見されることになろうとも（何が発見されるとマーチャーが感じようとも）、彼のパニックの見地から言えば、明らかになるのは一つのこと、そして最悪のこと、すなわち「獣についての迷信」（394）である。人生の行路全体をそのための準備（それに対する防御）のまわりに組織化する用意があることによって、彼の人生は一枚岩的に、それの一枚岩のイメージで再構成されることになる。それは彼の見方ではホモセクシュアルな欲望、屈服、発見、醜聞、恥辱、破滅のいっさいが一体となったイメージなのである。ついには彼には「ただ一つの欲望しか残っていない。」すなわちそれが「その存在に脅かされながら彼がずっと保ってきた姿勢に、見苦しくなく釣り合っている」（379）ことだ。

このようにして、マーチャーの人生では、外側の秘密、つまり秘密を持っているという秘密が、まさにクローゼットとして機能するようになる。それは内部にホモセクシュアルの男性がいるクローゼットではない。なぜならマーチャーはホモセクシュアルの男性ではないからだ。むしろそれは、単に〈ホモセクシュアルな秘密〉のクローゼット、つまり一つの〈ホモセクシュアルな秘密〉があると想像することのクローゼットである。しかしマーチャーがクローゼットの内部にいる人間として生きていることは間違えようがない。彼の日常生活と交際についての見方は、クローゼットの中にいる人間のものだ。

彼の形式的行動——政府のささやかな職務、なにがしかの財産や、蔵書、田舎の庭園の管理、彼が招待を受け、返礼に招待したロンドンの人々への心配り——などに見せる姿とそれらの形式を下で支配し、あらゆる行動を、少しでも行動と呼べるようなあらゆるものを、長い偽装の行為としてしまった無関心との間の、差異という秘密。それが何に至ったかと言えば、彼は社交的作り笑いの描かれた仮面を身につけ、そののぞき穴からは他の造作とは似ても似つかぬ表情の眼が覗くようになったのである。これこそ、愚かな世間が、

年月がたった今でも、半分ほども気づいていなかったことである。(367-78)

内側の秘密の内容がなんであろうと、それを守るためには、彼にとっては、体裁作りでしかないと意識したヘテロセクシュアリティの演技が要求される。彼はメイ・バートラムに言っている。「あなたのおかげで」「私は他の男と同じような男として通っているのです」(375)、と。そして彼女は次のように説明している。「ご存じでしょう、うまく切り抜けられるのは、私たちがまったく普通の見かけになっているからですわ。友情がそれほど日常的習慣になった、それともほとんど、欠くことのできないものになってしまった男女の見かけに、ね」(368-69)。奇妙なことに、そのような男女に見えるというだけではなく、彼らはそのような男女なのである。世間を欺く、体裁作りという要素が二人の関係に入り込むのは、ただこの関係に、目に見える制度化された性器性欲の、正当化する証印を授けなければならないという強迫感を彼が感じるからである。すなわち「これほどしっかりした基礎の上で、この関係が取るべき真の形式は、結婚という形式だったろう。しかし扱いにくいところは、まさにこの基礎それ自体が、結婚を問題外にしてしまうということだった。要するに、彼の確信、彼の危惧、彼の強迫観念は、女性を招いて共有してもらえるような特権ではなかった。そしてその結果こそが、まさに彼にとっての問題だった」(365)。

内側また未来の秘密についての幻想で怯え鈍感になっているために、マーチャーは物語のまさに最後の場面まで、これら両方の秘密に対して本質的に不動の関係と感覚を持つことになる。外側の秘密は既に誰か別な人間によって共有されているという発見でさえ、そしてメイ・バートラムをそれが作り出す共同体に迎え入れたこと――「彼らの思慮深さとプライヴァシーによって構成されたほの暗い日」(363)――さえも、彼のクローゼットに家具を備えつける以外、すなわち外部の人間の眼に対してのカムフラージュと、彼自身の安楽のために内部のクッションを柔らかくすること以外には、何もなさない。実際は、メイ・バートラムを中に迎え入れることが、重大なことにジョン・マーチャーのクローゼットを統合し強化しているのである。

しかし私の仮説では、ジョン・マーチャーの秘密についてのメイ・バートラムの見解は、彼のものと異なり、より流動的である。彼女が彼に対する欲望を感じるのは事実としても、彼との関係が始まるのは、もともとは彼がホモセクシュアル・パニックにとらわれていると彼女が理解したからであると提案したい。さらに彼のクローゼットに寄せる彼女自身の関心は、彼がそれを強化することを助けることにはまったくなく、それを消滅させるのを助けることにあったのだと示唆しよう。

この読みでは、マーチャーが（性的にせよ他のどんなあり方にせよ）女性に真に心を注ぐことができるようになるための絶対前提条件は何か、メイ・バートラムは最初から正しく見て取っている。マーチャーはホモセクシュアルな可能性のバシリスク〔アフリカの砂漠で、ひとにらみまたは一息で人間を殺した伝説的爬虫類〕的魅惑と恐怖を追い払わなければならない。マーチャーが女性の配慮を、恐ろしい要求、あるいはあさましい共謀以外のものとして見ることが可能になるためには、一人のホモセクシュアルの男性としてか、あるいはそこまで限定しないまでも、他の男性に対する欲望の可能性を認めるようなセクシュアリティを持つ男性としてか、いずれにしてもクローゼットからカミング・アウトすることを通して以外にはない。このことの真実は、既に物語の始め、何年も前に彼がメイ・バートラムに言ったこと（彼はそれが何だったか思い出せない）を彼女がほのめかしたとき、マーチャーが考えることに明らかである。「すばらしいのは、ここには『甘い』言葉を思い出させるような俗悪な響きがまったく見えなかったということだ。女性の虚栄心には長い記憶力がある。しかし彼女は彼に対して賛辞あるいは誤りを思い起こさせようとしているわけではなかった。他の女性だったら、まったく違う種類の女性だったら、彼はおそらく何か愚鈍な『申し出』でもしたと、思い出させられるのではないかと恐れただろう」（356）。しかしこれに代わるものは、彼の見るところでは、異なる種類の「甘さ」、すなわち進んで幽閉の運命を共有してくれることの「甘さ」である。「彼女が知っているということが、……かなり奇妙なことだが、彼にとって甘く感じられ始めた」（358）。「どういうわけか、この問題全体が彼にとっては新しい満足感をもたらした――つまり彼女がそれを所有するようになった瞬間から。彼女が辛辣な見方をしていなかったとするならば、明らかに同情のこもった見方をしていたのであり、それこそ彼がこのずっと長い間、いっさい誰からも受け取ることのできなかったものだった。彼が感じたのは、今ならとても彼女に告げることはできなかっただろうということ、しかしたまたま昔そうしたために、得たところがおそらく非常に大きいだろうということだった」(358)。このようにして、ジョン・マーチャーのクローゼットにメイ・バートラムは幽閉されることになる。物語が明示するように、この幽閉は、マーチャーが彼女を、彼自身の見る苦境の共謀者として以上の人物と認知、または評価することができなかったことに基づいているのである。

この物語の慣習的な見方にしたがって、メイ・バートラムがマーチャーのヘテロセクシュアルな可能性をそのまま解放することに関心を抱いたと強調すれば、彼女がそれに成功するのは遅すぎた、真の啓示は彼女の死の後にようやく訪れたと見ることができるだろう。しかしもし、第一に解放されなければならなかったものがマーチャーに潜むホモセクシュアルな欲望の可能性だったとしたならば、この物語の軌跡ははるかに寒々としたものに見えるに違いない。私の仮定ではメイ・バートラムがマーチャーのために望んだもの、彼のために彼女が育てたかった物語は、彼のホモセクシュアルな可能性のまわりに逆巻く自己についての無知を超えて、その可能性の自己認識へと向かう進歩の物語であっただろう。それによって彼は自由になり、どのような種類にせよ、現れたセクシュアリティを見出し、楽しむことができただろう。しかしその代わりに彼女がマーチャーに起こるのを見たのは、この文化がいっそう強く強制する「進歩」である。すなわちホモセクシュアルな可能性のまわりに逆巻く自己についての無知から、完成され、合理化され、完全に隠ぺいされ受け入れられた自己についての無知へと向かう進歩である。マーチャーが彼のエロティックな自己についての無知を完全に受け入れた瞬間が、この文化の命令が彼に対する強制をやめ、彼自身が今度はこの文化の強制者となる瞬間である。

この物語の第四節がこの瞬間を刻印する。ここでメイ・バートラムは、マーチャーのクローゼットを消滅させることを助けるどころか、むしろ代わりに、取り返しのつかないほど、彼がそれを補強することを許して来てしまったということを悟るのである。この節とまた次節において明らかになるのは、この物語でのマーチャーの運命とは、つまり彼に起こるはずだった、そして実際起こったことは、〈法〉あるいは審判を（運命を、運命＝最後の審判という言葉のもともとの意味において）堪え忍ぶ客体から、その〈法〉の体現者へと変わるという、彼の中での変化を含んでいたのだということである。

　私が説明している移行が、ある点でありふれたエディプス的移行とするならば、その記述を背後で構造化している隠喩は、独特に栄養作用と関わっている。これらの節でマーチャーを悩ます問題は、彼が未来に起こるはずと考えていた秘密が、結局過去のものだったのではないか、ということだ。通り過ぎることの問題、誰が何を通り抜けるかの、あるいは何が誰を通り抜けるかの、いったいどんな残余物が通り抜けられるべきものとして残るかという問題が、彼が強迫的に謎を提出する形式だ。野獣が彼を食い尽くしているのか、それとも彼が野獣を食い尽くしているのか？　「それはあなたを素通りしたりしませんでしたわ」、とメイ・バートラムは彼に告げている。「それは役目を果たしたのです。あなたを自分のものとしてしまったのです」（389）、と。また彼女はついに次のように告げる。「過去のことですわ。もう過ぎてしまったのです」、と。それに対して彼は答える。「何一つ、私にとっては、過ぎ去ったことではありません。何一つ、私自身が通り過ぎるまで、それができるだけ早かれと運命に祈っていますが、通り過ぎることはないでしょう。しかしたとえば……あなたがおっしゃる通り、私が自分の菓子を最後のくずまで食べてしまったとして——私が感じもしなかったことが、どうして感じるように定められたことであり得るというのです？」（391）。メイ・バートラムが見て取り、マーチャーが見て取らないことは、男性的な自己に対する無知の〈法〉を受け入れる（あるいは体現する）プロセスは、感じることとはまったく何の関わりもない、ということだ。[*33]〈法〉を口を開けて見つめ、そして反抗的に、無理矢理それを飲み込まされること、それは感じることだ。しかしそれをついに自分の身につけること、どんなにつじつまが合わないにせよ、自分自身の有機的組織体の一部にすることは、それに対して新しい無感覚をようやく手に入れること、そしてそれとの同一化を当然のことと仮定すること（あるいは同一化によって包摂されること）の両方を、同時に達成することだ。マーチャーの質問に対して、メイ・バートラムは答える。「あなたはご自分が『感じる』のが当然だと思ってらっしゃるのね。あなたは運命を堪え忍ぶことにはなっておいででした。でも必ずしもそうしていることに気づくとは限らなかったのよ」（391）。マーチャーの運命とは、運命を堪え忍ぶことをやめること、そして代わりに運命そのものになることだった。メイ・バートラムの運命は、マーチャーに対する彼女の訴えのクライマックスとなる「ゆっくりと繊細な身震い」とともに、彼女には深い同一化などまったくできないような、この巨大な、苦い塊を彼女自身飲み込むこと、そしてそれによって（彼女にとっては知識であって、力ではないものによって）死ぬことである。「彼女の唇を借りて法自体が響くかのようだった」（389）。あるいは、〔法自体の〕味がしたかのようであっただろう。

　メイ・バートラムの読みを彼女の死とともに、つまり（マーチャーにとっては）彼の運命を象徴する「彼女の」墓というあの最終的なクローゼットの中での、強いられた永遠の沈黙で終えるのは、彼女の女性的欲望に対して、（既に論じたが）バリーがグリゼルの女性的欲望にしたと同じ許し難いことをすることになるだろう。換言すれば、それはメイ・バートラムを、またより一般的にはヘテロセクシュアリティにおける女性を、男性の自己認識に関わるホモフォビックな／ホモソーシャルな無知の殺人的な強制に対する、英雄的で正確な補遺にしかすぎないかのように表象するという危険を冒すことになるのである。「狐は」「猟犬にふさわしい」、とエミリー・ディキンソンは書いた[*34]。メイ・バートラムがこの特別な猟犬に、これ以上なくふさわしい狐だと描くのはいかにも容易だろう。彼女はホモセクシュアル・パニックの危機にある男性を嗅ぎ分けるもっとも繊細な嗅覚を持つだけではなく、そのような男性に対してもっとも強い魅力を感じるような女性（女など知れたものではないか?）のように見える。……——とはいえそれに関してさらに言えば、たいていの女性はそのような瞬間の男性一般には、他の点では退屈な男性にさえも、どういうわけか刺激的な後光が、激しく逆流する危険なエロティシズムの大渦巻きが、つき添っているように感じないだろうか?

　しかしメイ・バートラムを彼女自身の痕跡もなく、

ジョン・マーチャーの〈獣〉に捧げるいけにえに完全に還元してしまうような用語で記述するという、バリーイズムを避けるためには、彼女自身の欲望の経路という差異について探求してみることが必要かもしれない。二人の関係から、いったい何を彼女は欲するのか、彼のためではなく、彼女自身のために？　いったい何を彼女は実際手に入れるのか？　よりはっきりと私自身のエロスと経験から語れば、男性のホモセクシュアル・パニックのマッピングをすることで、その感情の付近にいる女性に対して与えられる、真実と権威に対する特別な関係が挙げられる。男性のヘテロセクシュアルな権利資格の取得は（少なくとも近代のイギリス系アメリカ人の）文化においては、他の男性に対する欲望の意義について、男性たちが自分では完全に無知であるとともにその無知が常に壊れやすいものだということにかかっている。この事実が意味するのは、誰であってもホモセクシュアルではないと自認しているような男性にとって、知ることがはるかに危険なことを知るのは常に女性の方だということだ。メイ・バートラムとジョン・マーチャーの関係の基礎は、最初から、彼女が彼に対して認識上有利な立場に立っていることに基づいている。彼女は彼が覚えていないことを覚えている。どこで、いつ、そして誰と一緒のとき彼らはかつて出会ったのか、そして何よりも、彼女は十年前に彼が告げ、しかも告げたことさえ忘れてしまっていた彼の「秘密」を覚えている。この知識の上での差が、彼女に「かすかなアイロニー」「利点」（353）を与えるのだが、しかしこれは同時に彼の方でも「彼女の知識という秘宝」「この小さな宝庫」として自らのために利用できるものだ。彼らの関係が続くにしたがって、メイ・バートラムにまつわる力と、かなり自由に浮動する顕著なアイロニーとの感覚はますます強くなる。それはマーチャーが自己についての無知の方へ、そして彼女が行う彼のための感情的労働を盲目的・利己的に収奪する方へと加速度的に進んで行くのと比例してさえいる。彼女が彼に投資する配慮と独創性、また彼女自身を彼がより誠実に知覚できるよう立ち戻るためのルートとして、彼に潜むホモセクシュアルな可能性を育てようとするときの想像力に富む理解力、それはどちらも愛の形式であるだけでなく、彼女の中にあるジェンダーと政治の弾力性の形式である。それらはまた刺激の形式、不十分とはいえ真実の力の、そして快楽の、形式である。

この読みでは、『密林』の最後の場面でジョン・マーチャーはついに、ヘテロセクシュアルな愛が可能な、自己を知る男になるのではない。むしろ救い難く自分を知らない男、ヘテロセクシュアルな強制を体現し、強化する男になるのである。すなわちこの読みでは、メイ・バートラムのマーチャーに対する予言、「今ではもう決しておわかりにはならないでしょう」(390)は真実である。

ホモセクシュアルなプロットにとっても最後の場面は重要だ。この場面は物語全体の中で唯一、マーチャーが他の男性を知覚するときの感情的特性を明らかにする、あるいは試す部分でもあるからだ。「あの顔からの衝撃」(399)——これは最後の場面で、マーチャーが最終的に「これまで彼に起こったこともない特別なこと」(400)と考えるようになる出来事の、始まりである。墓地でのマーチャーとこの男性の形姿との対峙の始めには、男性同士のエロティックな結びつきの可能性が完全に開かれているかのように見える。マーチャーはその男の「無言の攻撃」に「非常に深い衝撃を」受け、「その確かな襲撃にたじろいだ」のだが、その男は「明らかに新しい墓」で深い嘆きに沈んでいる。しかし始めには(おそらくクローゼットによって疑い深く鋭敏になったマーチャーにとってだけか?)ホイットマン風のクルージングの可能性がごくわずか、大気をうっすりと染めるようにも見える。

彼の歩調は緩やかだった——そして彼の表情に一種の飢餓感があったためよけいに——二人の男はわずかの間まっすぐに向かい合うことになった。マーチャーはただちに男が深く打ちのめされている人間だと悟った。……彼が見せていた深い苦悩の形跡以外には、何一つ〔マーチャーの胸には〕残らなかった。彼はそれを見せていた——それが肝心なところだった。彼は通り過ぎながら、なにかの衝動に、動かされた。それは共感を求める合図だったかもしれないが、おそらくそれよりは、対抗する悲しみに対する挑戦の気持ちだっただろう。彼はそれより以前に私たちの友人を意識していたのかもしれない。……マーチャーがいずれにしても最初に意識したのは、彼の前に出現したこの傷痕の残る情熱の姿《イメージ》のような男の方も、この場の空気の神聖を汚すものを意識しているということだった。次に意識したのは、感情をかきたてられ、驚かされ、衝撃を受けながら、次の瞬間には、彼は通り過ぎて行くその男のあとを、羨望を感じながら、見送っていたということだ。(400–401)

この短く、謎めいた非‐遭遇においてマーチャーの欲望が移動する経路は、男性的権利取得の古典的軌跡を再演している。マーチャーは男の公然とした「飢餓感」(「それは」この後も「くすぶるたいまつのように、まだ彼の中で燃えていた」(401))に応えて、この男を欲望する可能性で始まる。しかし彼は冒瀆の恐怖からその欲望をそらし、今度は欲望を羨望に、つまりこの男との同一化に、置き換える。この男が誰か他の、たぶん女性の、亡くなった対象に対して持つ(くじかれた)欲望を、自分のもののように感じるのだ。「この見知らぬ人物は通り過ぎたが、しかし彼の悲嘆の傲然たるむき出しの光は残り、私たちの友人は憐れみを覚えながら、思わずにはいられなかった。いったいどんな不当なことを、どんな痛手を、それは表現していたのか、癒されることのないような、いったいどんな傷を、と。あの男はいったい何を持っていたのか、それを失ってあれほど血を流しながら、なお生きながらえねばならないとは?」(401)。

あの男はいったい何を持っていたのか? 男性がこれほど血を流しながら、なお生きながらえねばならぬ喪失と言えば、母として形象化されるファルスの、去勢による喪失ということになっていないだろうか。必然的なファルスの犠牲によって、息子は父の地位に、そして〈法〉の支配(〈法〉を支配し、〈法〉に支配される)へと導かれるのではなかったか。『密林の獣』の結末が驚くほど公然と表すのは、その過程において、男性の男性に対する欲望がどんなに中心的なものであるか――そしてその欲望の否認がどんなに中心的なものであるか――ということである。この欲望の場を男性の形象が占めるべきだという命令は、これより前のクライマックス的瞬間、女性の「顔からの衝撃」を見ればいっそう明らかである。メイ・バートラムは彼女自身の顔をマーチャーに差し出した。

彼女の動きと態度から、突然彼にとって美しく鮮やかに見えたのは、彼女にはまだなにか与えてくれるものがあるということだった。彼女のやつれた顔はそれで繊細に輝いていた――それは、彼女の表情に銀の白い光沢に似た輝きを与えていた。彼女は疑いなく、正しかった。なぜなら彼が彼女の顔に見たのは真実そのものだったからだ。そして奇妙にも、何の脈絡もなく、彼らが恐ろしいと語ったことがまだ空中に漂っているうちに、彼女はそれをなにか法外に優しいものとして差し出しているようだった。これに彼は当惑し、そのためいっそう感謝して彼女が啓示を与えてくれるのを、口を開けて待ち望むしかなかった。それで少しの間沈黙が続いた。彼女の顔は彼に向けて輝き、彼との接触はそれとわからぬほどに増し、彼の方はひたすら優しく、しかしひたすら期待を込めて、彼女を見つめた。だが、結末に彼の期待したことは起こらなかった。
（386）

メイ・バートラムははるかに明瞭に欲望であったものを意識的に明らかにしたのだが、女性の顔からの衝撃に対しては、マーチャーは恐怖症《フォビック》ではなく、単に無感覚なのである。男性の顔に対する欲望を、男性の喪失との羨望に満ちた同一化に転化することによって始めて、マーチャーはようやく女性とのなんらかの関係に入れるのである。とするならば、それは〔別な男の〕一人の死んだ女を通した、もう一人の、彼自身の死んだ女との関係ということになる。それは換言すれば、強制的ヘテロセクシュアリティの関係である。

〔一九世紀のイギリスの伝記作家〕リットン・ストレイチーが良心的兵役拒否を主張し審理を受けたとき、彼はもしドイツ人が彼の姉妹を暴行しようとしたらどうするかと尋ねられた。それに対して彼は、「私は自分自身の身体を間に差し出そうとすべきだろう」[*35]と答えたと言われている。まさにこの幻想が、ジョークのこもったゲイの自己認識ではなく、ヘテロセクシュアルな、自己についての無知によって行為化されるのが『密林の獣』の結末である。〈獣〉の凝視に直面することが、マーチャーにとっては、〈獣〉を消滅させることだったろう。[*36]悲嘆にくれる男の「表情にある一種の飢餓感」に直面することは、つまりあの出会いが持つ、より鋭利なゆらめきを探ることが、クローゼットを消滅させること、クローゼットの実体化された強迫を、欲望として再創造することだったろう。しかしマーチャーは、最後の最後まで、背を向ける。ホモセクシュアルな強迫とヘテロセクシュアルな強迫の二重のシナリオを再創造しながら。「彼には自分の人生の〈密林〉が見え、そこに潜む〈獣〉が見えた。するとそれは、彼が見つめ、確かめる間にも、空気の動きにでも刺激されたかのように、起き上がり、巨大で忌まわしい姿で、彼を片づける跳躍をしようとした。眼の前が暗くなった——それは身近に迫って来た。幻覚の中でそれを避けようと本能的に身をひるがえし、彼はうつ伏せに墓の上に身を投げ出した」(402)。

〔原註〕

＊1　Lawrence to Jessie Chambers, August 1910, *The Collected Letters of D. H. Lawrence*, ed. Harry T. Moore (London: W. H. Heinemann, 1962), 1: 63.

＊2　Lawrence to Rolf Gardiner, August 9, 1924, in *The Collected Letters*, 2: 801.

＊3　Bray, *Homosexuality*, chapters 1-3. 特に印象的な例が以下のページにある。pp. 68-69, 76-77.

＊4　Bray, *Homosexuality*, p. 25.

＊5　*Between Men*, pp. 83-96.

＊6　Claude Lévi-Strauss, *The Elementary Structures of Kinship* (Boston: Beacon Press, 1969), p. 115.〔『親族の基本構造上・下』花崎皋平他訳、番町書房、一九七七—七八〕

また、以下でも引用・議論されている。Rubin, "The Traffic in Women," pp. 157-210.

＊7　Heidi Hartmann, "The Unhappy Marriage of Marxism and Feminism: Towards a More Progressive Union," in Lydia Sargent, ed. *Women and Revolution: A Discussion of the Unhhapy Marriage of Marxism and Feminism* (Boston: South End Press, 1981), p. 14. (強調引用者)〔『マルクス主義とフェミニズムの不幸な結婚』田中かず子訳、勁草書房、一九九

一〕

＊8　Bray, *Homosexuality*, chapter 4.

＊9　*Between Men*, pp. 88-89.

＊10　「パラノイド・ゴシック」で私が意味するのは、男性のヒーローが、もう一人の男性の登場人物に対して密接な、通常殺人的な関係にあるようなロマン主義の小説群である。もう一人の男はある意味ではヒーローの「分身」であり、その男にとってヒーローは精神的に透明な、見通せる存在であるように見える。パラノイド・ゴシックの例としては『フランケンシュタイン』の他にもAnn Radcliffe, *The Italian*; William Godwin, *Caleb Williams*; James Hogg, *Confessions of a Justified Sinner* などが挙げられる。この伝統に関しては *Between Men*, chapter 5, 6 でより詳しく論じてある。

＊11　Freud, "Psycho-Analytic Notes upon an Autobiographical Account of a Case of Paranoia."

＊12　独身者についてはさらに以下を参照。Fredric Jameson, *Wyndham Lewis: Fables of Aggression*（Berkeley and Los Angeles: University of California Press, 1979）, chapter 2; Jameson, Jean Borie, *Le Célibataire français*（Paris: Le Sagittaire, 1976）; Edward Said, *Beginnings*（New York: Basic Books, 1975）, pp. 137-52.〔『始まりの現象――意図と方法』山形和美・小林昌夫訳、法政大学出版局、一九九二〕

＊13　Henry James, *The Notebooks of Henry James*, ed. F. O. Matthiessen and Kenneth B. Murdock（New York: Oxford University Press, 1947）, p. 28.

＊14　パラノイド・ゴシック（またはより広く言って、超自然的なもの）が再登場する独身者文学には、デュ・モーリエの『トリルビー』の他にも以下が挙げられる。"The Jolly Corner" を含むジェイムズの数多くの短篇、ジョージ・エリオットの "The Lifted Veil"、ロバート・ルイス・スティーヴンソンの *Dr. Jekyll and Mr. Hyde* そして "In the Same Boat" を含むキプリングの短篇など。

＊15　それぞれ以下に登場する。Trollope, *The Claverings*; Thackeray, *Pendennis*, *Vanity Fair*.「お世辞の」スポンジは以下に登場。R. S. Surtees, *Mr. Sponge's Sporting Tour*.

＊16　*Lovel the Widower*, in *Works of Thackeray*, vol. 1（Yew York: National Library, n. d.）, chapter 2. 以後の引用はこの版からであり、本文中括弧内にどの章からの引用であるかを示す。

＊17　これに関しては以下を参照。Barbara Hardy, *The Exposure of Luxury: Radical Themes in Thackeray*（London: Owen, 1972）, pp. 118-60.

*18 Richard Miller, *Bohemia: The Protoculture Then and Now* (Chicago: Nelson-Hall, 1977), p. 58.

*19 これがいつ、どのようにして特に発達上の物語として表象されるようになったかについての考察は、*Between Men*, pp. 176-79 を参照。

*20 James, *Notebooks*, pp. 97-98.

*21 "Ballads," in *Works of Thackeray*, 6: 337.

*22 George Du Maurier, *Trilby* (New York: Harper & Bros., 1922), p. 271.

*23 勇気づけられるとはいっても、そのような効果はある程度疑うべきだろう。思うに、これら特定の人物に男性のホモセクシュアル・パニックの経験を帰すことが間違っているからではない。むしろ「基本的な」性的指向において（そのようなものが存在するとして）ホモセクシュアルであると論じ得る男性たちについて、そのように勇気づけられるのはかえって容易だからだ。しかし一方で、私が論じているのは、このパニックはこれらの男性の、ホモセクシュアルな要素ではなく、ホモセクシュアルではないと自認している要素の方に、比例しているということなのである。したがって、男性ホモセクシュアル・パニックの分析を始めるに当ってはバリーやジェイムズが明白に〔選択し得る〕著者たちだったとしても、ここで私が提示している分析は、それが最終的にはジョイス、フォークナー、ローレンス、イェーツ等の分析に同じくらいうまく——あるいはいっそううまくとさえ言っても良い——役立たない限り、不適切だと言えるだろう。

*24 Leon Edel, *Henry James: The Middle Years: 1882-1895*, vol. 3 of *The Life of Henry James* (New York: J. B. Lippincott, 1962; rpt. ed., New York: Avon Books, 1978) 参照。これによって明らかになるのは、これらの接触——たとえば同時に同じ都市を訪れたり、一緒に他の都市に旅行したり（たとえば同書 3 : 94）、またジュネーヴでの「特別な会合」（3 : 217）や、実際同じ家に同居したりした時期（3 : 215-17）——が一貫して、非常にジェイムズらしからぬ極端な秘密主義のうちに行われたということだ。またジェイムズは、ウールスンとのあらゆる通信の痕跡を破棄するために、非常な努力をしたようである。それにもかかわらず、エデルは二人の関係を「持続する『清らかな』愛着」としてしか想像できなかった。〔彼はこう書いている。〕「この気持ちの良い、細かいことに気を配るオールド・ミスの女性がより親密な結びつきの幻想を育んでいたかもしれないとは、この時点ではジェイムズは思ってもみなかったようである。もしそう思ったとしたら、彼はただちに彼女との間に距離を置いたと考えて良いだろう」

(3：217)。もちろんのこと、エデルの仮説は、これらの、そして他の会合が秘密にされたことを説明するには、何の役にも立たない。

＊25　Edel, *Life of James*, vol. 4, *The Master: 1910–1916* (1972), pp. 132–40.

＊26　"The Beast in the Jungle," in *The Complete Tales of Henry James*, ed. Leon Edel (London: Rupert Hart-Davis, 1964), 11: 401. 以後の引用はこの版から行い、本文中括弧内にページ数を記す。

＊27　興味深いことに、ジェイムズの『創作ノート』のp. 184にある一八九五年の『密林の獣』の萌芽（実質的に『密林の獣』であると見えるもの）では、女性の方が、男性より長生きする。「クライマックスで浮かぶのは、彼の中に［あった］かもしれないものについてのこの女性の意識である。……彼女は彼の〈死んだ自己〉なのである。つまり彼は彼女の中に生き、彼自身の中では死んでいる——それが私が漠然《アントラヴワール》と予見しているちょっとした公式だ。彼自身、つまりこの男の方は、この物語の中で、物質的にも死ななければならない。肉体の上でも、はるか昔に精神の上で正しい自己が死んだように、死ぬ。それで彼の失われた宝が強く甦るのである——彼の物質的存在、彼の虚偽の自己での存在、間違った自己によってもはや妨げられ《コントラリエ》ることがなく。」

＊28　Boswell, *Christianity*, p. 349（五三三年付の法律文書から）, p. 380（教皇ホノリウス三世からの一二二七年の手紙から）に引用されている。

＊29　Bray, *Homosexuality* に引用されている。最初の二つはp. 61 (Edward Coke, *Institutes*; Sir David Lindsay, *Works*)、次の二つはp. 62 (William Bradford, *Plimouth Plantation*; Guillaume Du Bartas, *Divine Weeks*)、そして最後のものはp. 22から、やはりDu Bartasである。

＊30　Douglas, "Two Loves."

＊31　この仕組みの、印象的な逸話風の事例に関しては、以下を参照。Beverley Nichols, *Father Figure* (New York: Simon & Schuster, 1972), pp. 92–99.

＊32　私の知る限り例外は以下の著作である。Georges-Michel Sarotte, *Like a Brother, Like a Lover: Male Homosexuality in the American Novel and Theater from Herman Melville to James Baldwin*, trans. Richard Miller (New York: Doubleday/Anchor, 1978) における、ジェイムズに関する議論。Richard Hall, "Henry James: Interpreting an Obsessive Memory," *Journal of Homosexuality* 8, no. 3/4 (Spring–Summer 1983): 83–97; Robert K. Martin, "The 'High Felicity' of Comradeship: A New Reading of *Roderick Hud-*

son," *American Literary Realism* 11 (Spring 1978): 100-108; Michael Moon, "Sexuality and Visual Terrorism in *The Wings of the Dove*," *Criticism* 28 (Fall 1986): 427-43.

＊33 ジェイムズの『創作ノート』p. 318 にある、一九〇五年カリフォルニアで書かれた〔次に引用する〕魅惑的な一節を見てみよう。ここでジェイムズは、より確かな自己認識、およびホモセクシュアルな欲望の特異性とそのより確かな受容とによって、この半分意識的な肛門愛、無感覚、沈黙の強制的修辞学を、はるかに豊かで可能性に満ちた男性ミューズへの呼びかけに、〈エクリチュールとしてのフィスティング〉の請願に、変容させている。

「私はここに座っている、長い何週間もの後、とにかく遅れた仕事を前に、豊かさが感じられる材料が内部で少しずつ蓄積していくのを感じながら、またそれについてはおなじみの忍耐の精霊を呼び出すしかないのだが、いつでも彼は私が呼べば、やって来るではないか？ 彼は私とともにここにいる。この冷たい緑の太平洋を前に。——彼は私の側に座り、彼の柔らかな息が、冷やし、落ち着かせ、霊感を与える息が、私の頬にかかるのが感じられる。なにもかもがしみ込んでいく。何一つ失われることはない。なにもかもがその黄金の約束を待ち、肥沃にし、再生させる。私は眼を閉じ、深い感謝に満ちたあこがれをもって、考える——ラム・ハウスの夏の盛りに、私の長いほこりまみれの冒険が終わり、手を、腕を、深く、遠く、そして肩まで中へと、〔沈める〕ことができるようになるのを——想起の——暗示の——想像の——芸術の——重い袋の中へと——そして私の目的にかなうあらゆる小さな形象と表現を、あらゆる小さな事実と空想とを探り出すことができるのを。これらはみな今は、見通すことができないほど厚く、測ることができないほど深くにしまい込まれている。そこに差し当りは休ませておこう、それらの聖なる冷たい暗黒の中に、私が親愛なるラム・ハウスの穏やかな静止した光をそれらの上に当てるまで——その光の中でそれらはひらめき、きらめき、宝庫の中の黄金や宝石のような形をとるのである。」

＊34 *Collected Poems of Emily Dickinson*, ed. Thomas H. Johnson (Boston: Little, Brown, 1960), p. 406.

＊35 Lytton Strachey, quoted in Michael Holroyd, *Lytton Strachey: A Critical Biography* (London: W. H. Heinemann, 1968), 2: 179.〔『キャリントン』中井京子訳、新潮文庫、一九九六〕

＊36 マーチャーの自己認識を表象するということになっている〈獣〉から、彼がこの最後の瞬間に背を向けるこ

との奇妙さを、以下の著書が明白にしている。Ruth Bernard Yeazell, *Language and Knowledge in the Late Novels of Henry James* (Chicago: University of Chicago Press, 1976), pp. 37-38.

# 第5章　プルーストとクローゼットの見せ物《スペクタクル》

「あなたはきっと私などよりお上手よ、ね、シャルリュスさま、水夫さんたちを動かすのは。……そうそう、いただいたご本が一冊ございますの、これはおもしろいとおっしゃるわ、あなたなら。……題がふるっているじゃありませんか、『男たちのあいだで』（Parmi les hommes）というのよ。」

プルースト『失われた時を求めて』

〔井上究一郎訳、ちくま文庫

第七巻、三四六ページ〕

近代のホモ／ヘテロセクシュアル定義の土台にある不可能性について、これまで考慮して来たのは、この非一貫した制度を、どのように合理化できるかまたは一貫させられるかではない。またそれが何を意味するか、あるいはどのように意味するかでさえもなく、むしろそれが何を起こすか、そしてどのようにしてか、という問題だった。『失われた時を求めて』は、そのような探求を迫るテクストである。個人のレヴェルではワイルドという人物の形象が、世紀の転換期でのアングロ・ヨーロッパのホモセクシュアルの定義とホモセクシュアル・アイデンティティ（プルーストのものも含む）に対して、もっとも形成的な影響を及ぼしたが、『失われた時を求めて』の方は、今日まで、近代の文学的ハイ・カルチャー一般の多くの表現ばかりではなく、ゲイの文学的ハイ・カルチャーの、もっとも活力あふれるエネルギーの中心であり続けて来た。『失われた時』が提示するのは、近代のゲイの（したがって非ゲイの）性の特定化と、ゲイの（したがって非ゲイの）ジェンダーを支配している非一貫性の、定義的な行為《パフォーマンス》であったように見えるものだ。定義的《ディフィニティヴ》な、とはどういうことかと言えば、すなわち様々な位置と視線とを設定する上でということであって、将来のパフォーマンスを排除する上で決定的《ディフィニティヴ》ということではない。なぜなら決定的どころか、『失われた時』のクローゼット・ドラマは、隠されたり暴かれたりする激情、興奮、抵抗、快楽、必要、投射、および排除を、常に、そして変化させつつ作動させることによって、いまだにパフォーマンス中だからである。

プルーストにおけるホモセクシュアリティをめぐる非一貫性を扱っている最近の二種類のゲイ肯定的批評方法を見ると、トーンと方法論の上で、また多くの点で意図の上でも正反対であるにもかかわらず、プルーストが性をどのように特定化したかを区画分けした上で、一方を否認し、他方と同一化して育むという、同種のジェスチャーを行わずにはいられないようである。J・E・リヴァースの『プルーストと愛の技芸』（一九八〇年）は、プルーストにおいてホモセクシュアルが「テーマ」の中心であったことを扱うものであり、興味深い研究とひどい文体でいっぱいだが、本質的には、最新の実証的研究によって、プルーストとゲイの問題を正面から扱うこと、彼の「否定的ステレオタイプ」と呼ぶものを扱おうとしている著作である。この研究の趣旨は、リヴァースによればホモセクシュアルな指向の完全な正常性を論証する（最終的には発見的関心はないということだが）ということだ。この著作はさらなる研究書が生産されることを否定するような断固たる調子で書かれている。

> 事実は、ホモセクシュアリティが哺乳類のセクシュアリティに永久に随伴するものであり、病理学的状態でもなければ、生物学的倒錯でもないということだ。それは人類の間でも動物の間でも、常に存在して来たのである。[*1]
>
> 二種類の愛［ホモセクシュアルな愛とヘテロセクシュアルな愛］は、同等の優しさの感情、同等の適応の問題、そして相互を尊敬し豊かにすることへの同等の可能性とを伴い得るのだし、また実際しばしば伴っているのである。（4）

リヴァースは、ホモセクシュアルがヘテロセクシュアルより、実際にはより創造的というわけではない、という実験結果を引用し（pp. 181-82）、ゲイ相互の認知と、ホモセクシュアリティとジェンダー自認という主題に関して、次のように考察している。ゲイ相互の認知については、「少しでも考えてみれば誰にとっても明白だろう。……ホモセクシュアルな指向のある人物が、他の種類の人々よりもいっそう頻繁に、あるいはより巧みに組織化したり、相互に連絡を取り合ったりするわけではない、ということが」（172）。[*2] またホモセクシュアリティとジェンダー自認については、彼は両性具有の概念を賞揚する一方で、その概念をホモセクシュアリティから分離し、ホモセクシュアリティとジェンダー自認とを結びつけるような響きのあるどのような文化的備給も、実際一貫して糾弾している。プルーストにおけるホモセクシュアリティの「否定的ステレオタイプ」を正し、それに対抗する、正常化を促すような肯定的《ポジティヴ》（実証主義的《ポジティヴィスト》）な知識を促進しようという熱意から、リバースは『失われた時』の一節、すなわち『ソドムとゴモラ』の第一部である、「ソドムの男―女についての序論」（しばしば「呪われた種族《ラ・ラス・モディット》」と呼ばれる一節）と、そこで顕著な役割を果たすシャルリュス男爵をプルーストが扱うやり方を、繰り返し抜き出している。〔リヴァースによればそれらは〕プルーストの「歪曲、欺瞞的半面の真理、時代遅れの概念、および内面化されたホモフォビアの……不断の噴出」を具現化しているのである。その一方で、もっと後の、性的に両義的なアルベルチーヌの扱い方の方は、見たところそれが必ずしもホモセクシュアリティについてではないからだろう、リヴァースが繰り返して誉め称える対象である。

一方レオ・ベルサーニは、プルーストとメラニー・クラインについての、徹底的に反‐実証主義的な最近の論文で、プルースト流のトーンを、リヴァースの著作が聞き取れなかったのとは反対に、巧みに聞き取っているのだが、それにもかかわらず『失われた時』の後半の数篇を分割し、それらを二重に価値評価するという、リヴァースと同様の行為を行っている。ベルサーニは、リヴァースと同様、「男―女についての序論」を抜き出し、「ホモセクシュアリティの陳腐な主題化……センチメンタルであると同時に還元主義的な主題化」であると非難している。ベルサーニはこの節で、「『性の嗜好』[*3]という二次的な、ある意味では単に逸話的な問題」があからさまに具体化されているという、まさにその事実を非難している。リヴァースと同様に、ベルサーニは『失われた時』のこの部分が、ここでもまた、アルベルチーヌと結びついた、この後に書かれる思索の効果によって、「暗黙のうちに一蹴される」べきであり、され得るのだと結論を下している。〔なぜなら〕その思索は、欲望がどのようにしてそのもともとの自動運動性を、つまり象徴性に反する「本能的欲望の換喩の連鎖」（414）を保つか、についての思索だからだ。

ベルサーニはこのプルーストの読みを、メラニー・クラインの初期の著作が提示したという議論と結びつけている。すなわちクラインによれば、幼児には不安のない欲望の流動性を、すなわち幼児が母親の身体に、切断と修復との幻像的でフェティッシュ化するような象徴的暴力を加える以前の、そのような暴力とは相反する「一次的快感」(407)を経験する可能性があるというのだが、その議論と結びつけているのである。ベルサーニはこの「一次的快感」の可能性が、定義的切断の攻撃に対抗するとして、これに非常に高い価値を与えている。しかしこの議論に照らしてみれば、これら二人のプルーストの読者が、それぞれ『失われた時を求めて』というテクストの身体を切断し、それに続いて修復する、というドラマを演じるよう挑発されているということが、リヴァースよりさらにいっそうベルサーニの場合、印象的である。[*4]すなわち彼らの議論では、「ソドムの男―女」は切除すべき有毒な乳房であり、ゼラニウムの頬の、変貌するアルベルチーヌは逆に、解釈的価値によってふくらませるべき慈しみ深い乳房なのである。

リヴァースは、ほとんどヒロイックと言えるほど断固たる態度で、性的選択の問題を凡庸な問題にしようとし、ベルサーニは、「[対象の] 独特さを高め、それによって象徴化の意図の暴力に対する対象の抵抗を強化するような……興奮の様式」(420)を、プルーストのために構想しようと欲望する。このことはそれぞれが、[固定した] ホモセクシュアル・アイデンティティの解釈に抵抗しようという、別々に作られた動機に動かされているように見える。リヴァースはそういった解釈に抵抗するのに、正常化を目指すゲイ・ライツのマイノリティ政治学を根拠にしている。一方ベルサーニの抵抗は、無限な「世界の現象的多様性」(419)と、潜在的には、欲望の無限の多様性とを、すなわちホモセクシュアル・アイデンティティの「センチメンタルで還元主義的主題化」によってはとうてい正当には取り扱えないほど分散した、多様性のヴィジョンに基づいている。ゲイの定義の問題を枠づける(または拒否する)、リヴァースのマイノリティ化、またベルサーニの普遍化、どちらのやり方にもあるこの解釈的抵抗に対して、異議を唱えるような理由は私にはまったく見当らない。解釈に対するこのような抵抗の形式は、世紀の大半の間、まさに一方向にだけ向いた解釈の毛細管の過度な刺激によって、極端な抑圧が作用したという歴史的事実に対しての、唯一の非攻撃的な応答だと論じ得るからだ。[*5] それと同時に、それぞれの読者がテクストの一つの極を激しく拒絶し、一方でその反対の極を領有しようと取り組むというこのジェスチャー、弾劾と再接近のこの二重の攻撃は、そのテクストの、広範囲にわたるパフォーマンスを一気に作動させる著しく効果的な方法の一つである。途方もなく大きなスケールのコールダー・モビール〔動く彫刻〕を想像してほしい。それを動かすのにどれだけの力が必要か、を。しかしこの強力な動きは、ホモセクシュアルの定義における非一貫性という、世紀の転換期の危機からすでに、遂行的《パフォーマティヴ》な動きを作っているのである。

私たちが、私も含めて大半の読者がそうであるように、プルーストの「呪われた種族」についての章を、直接的にゲイ・アイデンティティを主題化しているという点で、センチメンタルで還元主義的だ、と見ることに同意したとしよう。しかしまた同時に、リヴァースの研究に従い、プルーストが「呪われた種族」の始めを構想したのは、モーリス・バルデッシュの研究も示していることだが、一九〇九年、ドイツでの重大なホモセクシュアル・スキャンダルに応じてのことだった、としてみよう。そのスキャンダルがまったく突然に触媒作用を起こし、それまでは種々雑多な、ジャンル的には不安定な断片や着想の集まりでしかなかったものが、完全に新しい種類の、単一で独自の広大な小説プロジェクトへと変わったと。バルデッシュによれば、一九〇八年までは、プルーストは二種類の主要なプロジェクトを、並行して暖めていた。〔一つは〕実を結ばなかった小説であり、それと〔もう一つは〕サント＝ブーヴを扱うエッセイであった。

ところがカイエ六の途中とカイエ七の途中で……一九〇八年の小説にも、サント＝ブーヴについてのエッセイにも関係のない、二つの展開の系列に、突然出会うのである。すなわちこの多様な断片が結びついて、「呪われた種族」とタイトルのつけられた章を形成し、……またヴェルデュラン家のあの「小さな核」に当てられた最初の数節を形成するのである。ついに決定的に重要なしるしとして、カイエ七の途中で私たちは、ここではド・ゲルシー氏という名で提示されているが、シャルリュス男爵の登場について読む。またそこで同時に、私たちはあの無名の浜辺を再発見するのである。リヴァースの要約によれば〔次のようになる〕。「バルデッシュは、ホモセクシュアリティを文学的テーマにしようというこれらの実験が、プルーストの仕事に『新たな指向』を与えたと、議論している。そしてこの同じ頃、プルーストが『彼の断片から一冊の本を創作することができると悟った』と彼は結論を下している。[*6]」

「呪われた種族」が、一方では還元的でセンチメンタルであり、しかし他方ではこれらの形容辞が通常は当てはめられないような、より大きな著作の、議論の余地はあるとしても、まさに触媒作用を起こす結び目だとするならば、これらの形容辞を使うことで私たちがいったい何を実質的に意味し、行っているのか、考察できる。

「還元的《リダクティヴ》」が示唆するのは部分の全体に対する関係であり、その点では単純な量的凝縮を通して（たとえば濃縮《リデュースト》肉汁のような）、部分が全体を適切に表象すると主張しているかのように見える。しかし一方その上で、その形容詞に与えられた否定的な屈折が、部分と全体の関係を偏向的で、質的に異なると裁定するように見える。『失われた時』全体に対する「男―女についての序論」の関係を記述する形容詞として「還元的」は、これまで述べて来た今世紀でのホモセクシュアルの定義に関する、マイノリティ化の見解と普遍化の見解との間の概念的不適合という、解消できない非一貫性のくびきに強く共鳴するものだ。すなわち、「『性の嗜好』という二次的な、ある意味では単に逸話的な問題」を人物の原理として物象化し具体化しているこの章が、他の章ではより普遍的に、したがって異なって拡散した物語の可能性とされるものを表象したとしても（ここではどんな主題化であっても「陳腐な主題化」である）、当然ながら誤表象することになる。しかしその拡散の刺激、風味、そして実際の生命の原動力は、まさに、その下に潜在する陳腐な主題化を行う可能性の上に、不安定に依存しているのである。また一方で、陳腐な主題化自体（「男―女」の章の形式においても、シャルリュス氏の身体においても）の方は、還元の凝縮作用にある表象の不安を表示し、それを抑えきれずに伝播させてさえいるのである。

「呪われた種族」は、ジェンダー移行的なマイノリティ化する倒錯のパラダイムをもっとも純粋な形で抽出したものだとほぼ普遍的に考えられているにもかかわらず、結局のところその章の内部は、そのパラダイムを囲むのと同じ矛盾の複数のヴァージョンで満ちているのである。たとえばこの章は、目標と対象との差異に敏感である。「[倒錯者]の中には……快楽を男らしい顔に結びつけられる限りは、彼らが受け取る身体的快楽の種類には、それほど関心を持たない者もいる。一方で……身体的快楽を局所化しようという、差し迫った必要を感じる者もいる」[*7] (C 645)。また、倒錯者は、たとえ迫害によってだとしても、「一つの種族としての身体的・精神的特徴を」を与えられていると記述するまさにその文章の中で、語り手はまたホモセクシュアル・アイデンティティを歴史化するような、構築主義的見解の要素も、いくらか提出している。彼によれば、倒錯者は、

> ホモセクシュアリティが正常だったときには異常者はいなかったこと、……また汚辱だけが罪を作ること、を考えてもみずに、ソクラテスが倒錯者の一人だったと想起することに快楽を味わうのである。なぜなら、大多数の人間にとって……よりわかりやすい悪徳よりも……いっそう不快に映るような、非常に特殊な (tellement speciale) 生得の性質のため、あらゆる警告、あらゆる見せしめ、処罰に対しても、改悛の情のない者たちのみが、生き残りを許されたからだ。(C 639)

しかしこの章の終わりまでには、これらの「例外的」人間たちが、非常に特殊《テルマン・スペシアル》であるどころか、「非常に多い」ことがはっきり示される。たとえば、「もしも人が地上のちりの数を数えることができるとしたら、彼らの子孫の数もまた数えられるだろう」(C 654-55) と。さらに語り手は、彼のマイノリティ化を行う記述はある語り手(彼自身?)が「傲慢で」自己防衛的な動機や感情から、性倒錯者をマイノリティ化するような偽りの話をする可能性もあると説明もしていることを発見するよう、読者を挑発さえする。

> 人間の集団中に、神に見放された、しかし重要な一部であり、それが存在するとは思われないところに存在し、まさかと思われるところで、罰せられずに、傲

慢に自身をひけらかして（étalée）いる者がいる。いたるところ、民衆の中に、軍隊に、教会に、刑務所に、王座に、その信奉者を数えながら。一言で言えば、少なくとも大部分は、他の種族の人たちとの、情愛の深い、危険な親睦の中に生き、その悪徳を、あたかも彼らとは異質のなにものかであるかのように語って、その人たちを挑発し、戯れるのだが、その戯れは、他の人々の盲目または不誠実によって、たやすく受け入れられてしまう。（C 640）

このような一節を読むと、この語りかけの対象である読者を除けば、最終的に誰一人として、「他の種族」であるとは思えないことになるだろう。しかしもちろん、この一節の「情愛の深い、危険な」攻撃性がほのめかすのは、最後の言葉（「他の人々の盲目または不誠実」）が示すように、読者自身にさえも、呪われた種族《ラ・ラス・モディット》を定義して隔離することに共謀するような、ここで述べられているのとまったく同じ理由があるかもしれない、ということだ。

またジェンダーに関しても、性倒錯の〈原初の原則〉を示す標準句とされる「男性の身体の中に閉じこめられた女性の魂」（anima muliebris in corpore virili inclusa）が実際示すのは、はるかに複合的で矛盾する一群の隠喩的モデルである。もっともあらわなレヴェルで見ると、シャルリュスが男を愛するのは、奥深くでは彼が女だからだという、この章とまた実際この本全体が繰り返し提供する説明が挙げられる。しかしこの説明は、語り手が最初にシャルリュスは女性を思わせる（C 626）と気づくときと、そう見えたのは「彼が女性だったたからだ！」（C 637）と突然知覚するまでの間の、短いスペースの中においてさえ、土台から深刻に掘り崩されてしまう。なぜなら語り手がこの合間に目撃するのは、女性のジェンダーを与えられたこの個体が、対照的に男性と形象される個体によって征服される場面などではないからだ。この合間のシャルリュスとジュピアンの誘惑の行為は、むしろ他の二つの装いのもとに、提示されている。最初は二つの対照物が、「完全な対称をなして」（C 626）相互に反射し合う、鏡像のダンスだと見られる。それは語り手が、類似性のモデルに根拠があるという理由で「ホモセクシュアリティ」という用語を拒絶しようと決めたことを、暗黙のうちにむしばんでいる。さらに同時に、この取引は、まさに驚くべきことだが、男性として形象されたシャルリュスによる、女性として形象されたジュピアンの求愛として（このアポリアが目立たないからといって、驚きが減るわけではない）表象されているのである。「彼らは雄と雌との、二羽の鳥だと考えられたかもしれない。雄が近づこうとし、雌――ジュピアン――は、これらの申し入れに対してはもはや何の応答のしるしも与えず、しかし彼女の新しい友人を驚くこともなく眺めている」（C 628）。

　ジェンダーの形象は、全体を包含する植物の隠喩によって、またさらに揺らいでいる。植物の隠喩の中で、性／ジェンダーの差異と、種の差異とが、相互にほとんど表象し合うかのように扱われ、またそれゆえに相互に邪魔し合うからである。「呪われた種族」の枠組みとして、ゲルマント家の中庭の窓のところに、珍しいラン（「あれはみなご婦人なの」）が陳列される。そのランは、神の摂理による偶然の仲立ちで、ちょうど適切なマルハナバチによってしか、受精しない。公爵夫人が説明するように、「ご婦人方と紳士方とが一緒に同じ茎には育たないような種類の植物ですの。……結婚を成就させるのが仕事の、決まった昆虫がおりますのよ、国王方と同じように、代理人がいて、花嫁も花婿も互いに見かけることもなく、ね。……でもその確率ときたら、たいへんなものですわ！　考えてもご覧なさい、代理人の彼は、まったく同じ種の、しかも反対の性の人に会って来たばかりでなければならないんですのよ。しかも彼はそれから突然、この家にやって来て、名刺を置いて帰ろうと思いつかなければならないんですわ。これまでのところはお見えになってませんわ」（G 535-36）。そして「呪われた種族」の最後のセンテンスで、語り手は、「ジュピアン―シャルリュスの結合に夢中になっていたために、ことによるとマルハナバチによる花の受精を見る機会を逃したかもしれないと気づき、残念に思った」と述べている。

　シャルリュスの境遇とランの境遇との類比で、一貫して強調される点は、それぞれの必要とすることが、どれほど成就し難いか、またどれほど不合理で不可能なほど特殊で、困難かという、まさにその哀感《ペーソス》である。しかしこの点は、章の終わりでの展開で普遍化されることによって、目に見える形で取り消され（「それほど注意深く選択された結合の、選択的であるという特徴を……当時の私は非常に誇大に考えていた」(C 654))、さらに、『失われた時』の残り全体によって、沈黙のうちに取り消される。その残り部分では、このときに成り立ったシャルリュスとジュピアンとの愛の関係が、そう言明されてはいないものの、欲望、嫉妬、三角関係化、そして根本的な認識論的不安定性の、あらゆるプルースト的法則に対する、唯一の例外であることが立証される。すなわちいっさいの論評も合理化もなく、ジュピアンのシャルリュスに対する愛は十年以上にもわたって不変であり、また彼の正反対でもなければ彼の似姿でもないような一人の同胞についての、完全に安定した知識に基づいていることが、示される。

しかし、ランの交配の珍しさとはかなさのペーソスはいいとして、この章が繰り返し行うように、この処女ランの苦境と、同性間の欲望のモデルを比較しようとするときに、この類比には概念上の深淵の大きな口が開くのである。結局のところ、雌雄異株のランの置かれた境遇と、標準的なヘテロセクシュアルな人間のカップルが置かれた境遇との差異は、ランが不動であるがゆえに、性は特定されないが異なる種の第三者を、仲介者として使用しなければならない、ということにある。ランのカップルは両方同性でもなければ、どちらか、または両方が、間違った性を与えられたり、また間違った性で呼ばれたりしているわけではない。一方のランはただ明白に雄であり、もう一方のランはただ明白に雌である。ジュピアンやシャルリュスを、マルハナバチにするか別のランとするか、いずれかにして類比の関係を描き出そうとしても、性倒錯のモデルを明快にしたり深めたりするのには、なんの役にも立たない。しかも語り手が植物の雌雄同体性現象を持ち込んで(また別な異種間の結合について思索にふけり)、注意をそらすために、このマルハナバチとランの隠喩を解読する可能性は、めまいがするほど少なくなってしまう。実際、「自然」からのイメージをこのように積み重ね、それぞれ最終的に「自然な」ものに対して、一群の矛盾した道徳的―兼―科学的な訴えを行うことには、自然それ自体を説明の手段としては脱‐自然化し、代わってただの空間の名称、または横暴な定義の流動性の原則にさえしてしまう、という効果がありそうだ。一つだけ、典型的な例を挙げよう。

植物界の法則そのものも、しだいに高度になる法則に支配されている。花の受精にふつう昆虫の訪れが、すなわち別な花から子種が運ばれることが必要とされているのは、自家受精、つまり自花による受精が、同じ一族のうちでの近親結婚が繰り返されるときと同じように、退化や生殖不能をもたらし、一方で、昆虫によってもたらされる交配は、同一種の次世代に、先代の知らなかったような活力を与えるからである。しかしこの活性化が行きすぎであると判明するかもしれない。そしてその種がまったく釣り合いを失って成長することもある。そのとき、抗毒薬が疾病に対して私たちを保護し、甲状腺が肥満を調整し、敗北が高慢を罰し、疲労が道楽に続くように、そして睡眠が今度は疲労からの休息をもたらすように、自家受精という例外的行為が、重大なときにやって来て、ねじを締め、くつわを引く。それが標準を過度に踏み越えたその花を、もとに引き戻すのである。(C 624-25)

自然は個体の生存のレベルで作用しているのか、それとも種の生存のレベルでか、それともなんらかの支配的な「標準」や「釣り合い」のレベルでなのか。また一方、道徳的失敗の懲罰、あるいは懲罰の軽減は、自然の究極の目的なのか。「昆虫によってもたらされる交配」とは、個体の境界を越えた交配と理解するのが一番良いのか、それともジェンダーの境界を越えた交配か、それとも生命の形式の境界か。なぜ自然は、甲状腺のホメオスタシスの支配から免れるよう、シャルリュス氏を選び出したのか。これらは、物語が喚起すると同時に覆す、数々の問題の一部にすぎない。

しかし中庭での出会いとの類比で、執拗に前景化されるラン―マルハナバチ―ランの三角関係が示唆していることは、一見二者間で成り立つエロスは、そのエロスの交渉者であると同時に交渉者ではない、移動性のある、差し出がましい、敏感で、同一化しやすい第三の形象が夢中になって動き回っていることに、おそらく依存しているということだ。一言で言えば語り手に、そして/あるいは語り手が表象する、様々な点で不確定な軽業的スパイ少年に依存しているのであり、またおそらくは、語り手の代理的位置づけを吟味し、同時にその位置を占めるよう招かれているという限りで、私たち読者にも依存しているのである。第3章で議論したように、暗黙に代理的なものを含む窃視的読者関係をこのように前景化していることが、この章が私たちの注意を引く理由の一部であり、また、プルーストのこの章についてベルサーニの挙げた、もう一つの断罪的カテゴリー、「センチメンタル」を構成する一部でもある可能性が高い。

猥褻さ、病的さ、知ったかぶりの心得顔、スノビズムといった代理的知識関係のサブカテゴリーに関して既により明確に述べたように、「センチメンタリティ」の現象に関しては、二つのことが言える。第一に、決定的なことだが、〈同類は同類を知る〉ということだ。この認識論的キャッチフレーズには、見たところ対称性がある。〈知る〉側にいる〈同類〉が〈知られる〉側にいる〈同類〉と交換可能であるように見えるのだが、これらの属性を付与するときの投射の効力には、極度に非対称的な修辞的位置づけが、暗に含まれているのである。「センチメンタルなもの」の投射の弾道学が要求するのは、センチメンタリティを体現する一人の目標を、静止映像で見ること、目標を見せ物として、別のさらなるセンチメンタリティに向けて、差し出すことである。この非常に差別的な舞台化の行為によって、見る側のセンチメンタリティは、その特権的な不可視性を保たれ、身体的な具体性をさらすことなく、再度権能を与えられる。したがって第二に挙げられるのは、見せ物としてのセンチメンタリティは、視点としての、あるいは居住地としてのセンチメンタリティとは、非常に異なった構造化をされているということだ。またこの差異は修辞的な差異であり、テクスト上でもっとも強力に作用するのである。〈同類は同類を知る〉。プルーストにおいて、そのような構造を第一に示すのは、クローゼットの認識論だ、とはっきり述べる必要があるだろうか?　プルーストが「男―女についての序論」において告げていることを見てみれば明らかである。

(「創世記」にあるように)住人が、永遠の御座にまで報告が昇っていったような行為を、本当にすべて行ったのか調べるために、主によって選ばれソドムの城門のところにつかわされた二人の天使は、これに関しては喜ぶ他ないのだが、非常に不適切な選択だったと言える。主はこの職務をソドム人に任せるべきだったのだ。ソドム人だったら「私は六人の子の父であり、二人の情婦がいます」などという言い訳に納得して燃え立つ剣を情け深くおろし、懲罰を和らげるなどということは決してしなかっただろう。……これらソドム人の末裔は……全世界に広がって定着した。彼らはあらゆる職業を手に入れることができ、またもっとも厳格に会員を選ぶクラブにも難なく入会を許されたのだ。だからもしソドム人の一人が入会を許されないとすれば、その反対投票はたいてい、偽りを語って呪われた町を逃げ出した先祖たちの虚偽を受け継いだのに、ソドミーを罪として糾弾することを忘れない、他のソドム人によって投じられるのである。(C 655)

この重要な一節は、もちろん、それが記述するようなプロセスそのものを、正確に演じている。プルーストの伝記と、さらに重要なことに、この一節それ自体に明らかなのは、このように大雑把な他者の属性の限定を堂々と行えるのは、権威ずくの世才がある者だけだが、そのような世才は、自分自身「ソドム人たちの末裔」であり、同時にホモフォビックな否認と投射の「虚偽を受け継いだ」観察者にしか、手に入らないということである。当然の帰結としてこれが示唆するのは、世間全般を、つまり「世俗的なもの」を(超越している可能性はあるとしても)含む一つの宇宙を分節化できる能力は、たぶん二つのクローゼットの間に張りわたされた、緊張した相互投射の軸線の周辺から生じるのだということだ。この二つのクローゼットとは、第一には見られるクローゼット、すなわちクローゼットの見せ物であり、第二には、中に隠れてその見せ物を枠にはめ、消費する方のクローゼット、すなわちクローゼットの視点である。

もしこれが真実だとしたら、あるいは最低限、プルーストの「世界」で真実だとしたら、一九〇九年、「呪われた種族」のセンチメンタルな母型の中で、シャルリュス男爵が創作されたことによってまさに始めて、結果的に肉体による具体化から免れた対話者(おそらくマルセルという名ではあるまい)が、この断片でもなく、センチメンタルでもない物語の語り手として、構成され得たのだと言える。「呪われた種族」は『失われた時』の中では、もっとも食欲をそそらない地域かもしれない。しかしその土地の守護神であるシャルリュス氏は、それにもかかわらず、この小説中もっとも魅惑的に消費可能な生産物である。そしてシャルリュス氏が繰り返し、果てしなく、物惜しみもされずに、見せ物として生産されること（正確に言えばクローゼットの見せ物として生産されること）によって小説の世界は形を取って、彼のとは異なる構造化のなされた物語と語り手のクローゼットまでの距離という、鋼鉄のような梁のまわりをめぐって展開するようになるのである。

さて、ここでご安心ください。プルーストの語り手がクローゼットの中のホモセクシュアルだというのは、今では正統的に陳腐な暴露だが、この後の読解を構造化するジェスチャーではない。しかしどうやってこの陳腐さをこのテクストから排除できるのか、あるいは陳腐さがこのテクストにとって、あたかも随意に選択できるかのようにさえできるのか、私にはわからない。なぜならこの小説は読者たちに、語り手を隠す覆いを取り去ってしまうような解釈的暴力、つまり今度は彼のクローゼットを見せ物にしてしまうような暴力を、禁止していると同時に要求しているように見えるからだ。とするならば、もっとも急落法《ベーソス》的に調子を落とさずにすむ質問は、今度は、この関係を通して、どのように読者が構成されるか、ということだろう。すなわちセクシュアリティ、ジェンダー、プライバシー、マイノリティ化の非一貫した解釈の中でも、危険なまでに権能を与えてくれる免除の詩学と政治学が、読者の中で、読者を通して、どのように構成されるのだろうか。

＊＊＊

シャルリュス男爵の圧倒的魅力。彼は、母親の冒瀆という主題と同じくらいに、無尽蔵で、近寄り難い主題だ、とプルーストは述べている。ここでシャルリュスと母親の冒瀆という主題が、決して無関係ではないことは、つけ足しておかなければならない。シャルリュスは、読者の驚嘆と快楽に向けてそれ自体を開き続ける、惜しみない贈り物である。少なくともそれが、この驚くべき贈り物の力学については、注意を注がないよう仕向けられている、読者の体験である。おなじみの汽車に乗っている忠実な〔ヴェルデュラン家の〕信者たちのように、ある程度長く『失われた時』を呼んだ読者は、〔次のように〕感じるかもしれない。

もしシャルリュス氏が現れなかったとすると、彼らは、どこにでもいるような人たちだけと乗り合わせているのに、ほとんど失望するのだった。味わうと考えただけでも胸をむかつかせる（soulèverait le cœur）ような奇妙な果実の臭いを発散する、あたかも異国産の出所の怪しげな箱を思わせる、この顔を塗って太鼓腹をし、きっちりとボタンをかけた偉い人物が彼らと一緒にいないのに、がっかりするのであった。[*8]（C 1074）

（一部フランス語でそのまま引用したのは、スコット・モンクリーフがこの部分を、あまりに魅力的に「心をかき立てる」と訳しているからだ。[*9] 一方キルマーティンはそれを退屈に「胸をむかつかせる」と訂正している。）

ヴェルデュランの〈信者たち〉は、表向きはシャルリュスのホモセクシュアリティにもかかわらず、しかし実は「まったく無意識のうちに」ホモセクシュアリティゆえにこそ、彼に夢中になりながら、彼について、とどまることなくホモフォビックな機知を泡立たせ生み出す。それはシャルリュスには理解されないところで口にされるが、私たちにはわかるよう、手際よく再現されるのである。シャルリュスの「秘密」の入り組んだ外辺部が、用心深くあるいは大胆に、跡をたどられ縁飾りされることによって、彼の存在は、信者たちにとっても、また彼らの読者たちにとっても、絶えることなく活力あふれる脈動の場となるのである。二〇世紀のクローゼットの認識論における、あらゆる不安定性の要素の全磁力が、男爵に属するのだとは言えないにしても、彼に向かって、そして彼から、放たれているのである。

まず始めに、シャルリュスは、彼自身のセクシュアリティについて記述する権威から、疎外されている。これがもっとも症候的に現れるのは、語り手がシャルリュスを表象するのに、絶えず医学の専門家に訴え、専門家と同一化しようとする傾向においてである。

熟練した医師ならば、患者にシャツの胸を開かせる必要も、患者の呼吸を聞く必要さえもない。彼の声の響きだけで十分だ。その後どんなにしばしば、どこかの客間で、誰か男の声の抑揚や笑い声に私の耳はとらえられたことだろう。彼らの不自然な声だけで……私の訓練された耳には「彼はシャルリュスだ」とわかるのに十分だった……！（C 688）

以前は過度に男性的だったシャルリュスが、時の経過につれてより女性的になっていくことを、語り手は〔次のように〕診断している。

彼は今では、互いに「ねえあなた！」と挨拶を呼び交わす倒錯者たちが、意識的に発するのとほとんど同じような小さなキーキー声を、思わず知らず発する〔彼の場合思わず知らずであり、それゆえいっそう深く根ざしている〕のである。シャルリュス氏がそれに長い間断固として反抗していた、〔倒錯者たちの〕この意図的な「キャンピング」〔戦略的な女性らしさの誇張〕は、結局のところ、シャルリュス・タイプの男たちが何を口にするにせよ、疾病のある段階まで達したときに採用せずにはいられぬようなふるまいを、単に見事に、しかも忠実に模倣していただけだったかのようだ。〔このシャルリュスのふるまいは〕ちょうど全身麻痺や歩行性運動失調症に苦しむ人々が、最終的にはある一定の徴候を表すようにならざるを得ないのと、同じことである。実を言うと、これこそこの純粋に無意識的な「キャンピング」が明らかにしたことなのだが、私が知っていたような、髪を短くした《アン・ブロス》、いかめしい黒衣のシャルリュスと、顔を塗り宝石で飾りたてた若い男たちとの間の差異とは、興奮してそわそわとあたりをいじりまわしながら早く喋る人物と、いつも粘液質の冷静さを保ってゆっくり話す神経症患者との間にある、まったく見かけだけの差異以上の差異ではなかったのだ。どちらも同じ欠陥によって損なわれ、同じ不安にむさぼられているのを知っている医師の眼には、どちらも同じ神経衰弱症に冒されているのである。（Cap 209）

語り手は、医学が、シャルリュス氏をもっとも適切に考察することを可能にする言説システムだとは、ほとんど述べていない。医師たちはこれらの一節に隠喩的に入り込むだけなのだが、しかし彼らは繰り返し、過ぎ去った時代に往診に訪れた医師たちのように、まったく規則的にドアの所に現れるのである。[*10] 彼らのここでの機能は、彼ら自身がシャルリュスと彼の同志《コンフレール》に対する裁判権を引き受けることではない。しかし一九世紀後半以来、性的倒錯現象の分類学、病因論、診断法、証明書が、まさに医学によって、信憑性を疑われずに達成されたという事実が意味するのは、医学顧問が玄関に訪れるだけで、取り消しのきかない、驚くべき権利の剝奪が裁可されるということだ。なぜなら、倒錯者と分類された人間が、彼の中のなにが随意でなにが不随意か、なにが本物でなにが模倣か、なにが意識的でなにが無意識的かを言う権威が、彼自身から引き出せるばかりか、厳しい認識論の管財人の手に任せられるようなシステムがあるといったん知られれば、その結果、医学の専門家だけではなく、倒錯者を目撃し彼を倒錯者だと確認する誰でもが、倒錯者以上に彼について知っていると確信できるからである。専門知識が存在するというそのこと自体が、専門知識の対象人物以外の人全てに、「同類は同類を知る」の鋭利な刃から一瞬の間守られ権能を与えてくれ、刺激的で鏡像的な知識の差を保証してくれるように思わせるのだ。

　したがって、もしシャルリュスがクローゼットの中にいるということが、彼が秘密の知識を所有していることを意味するとしたら、それだけ、彼の周囲の人間すべてもまた、秘密の知識を所有している、ということを意味する。すなわち、周囲から秘密を守ろうとするシャルリュスの筋書き《プロット》＝たくらみを絶え間なく読むことによって、それだけ、シャルリュスに対しては秘密にすべき、波乱に富んだ筋書き＝たくらみが、彼らには提供されるのである。[*11] 疑いもなく、このドラマが執拗に求められるのは、ヴェルデュラン家のグループの意識的想像的生活が、どれほど他者の収奪に夢中になった、消耗性のものであるかのしるしである。それにもかかわらず、語り手はこの生活を彼の生活として、そしてゆえに私たちの想像的生活としても、流通させるのである。汽車の中で、彫刻家のスキーは「やれやれ！」とささやいて笑いを誘うほどでもない冗談を口にする。「男爵があの車掌に目くばせし始めたら、絶対目的地には着けませんよ。汽車が後ろ向きに走り始めるでしょうからね」（C 1075）。しかしシャルリュスの「誇り高いまっすぐに立った姿、賞賛されることへの強い望み、会談の活気」を、「ほとんど象徴的な尻」（un derrière presque symbolique（C 890,

Pléiade II:861)）という、シャルリュス自身には見えないために彼以外のすべての人々の解釈的観察にさらされ、形式的に彼に対する従属を脱してしまう物質的基礎に、これほどべったりと貼りつけて私たちに提供するのは、語り手自身の声なのである。

もちろん一般に、キャラクターたちが、彼ら自身の、不随意の／本当のではない／または無意識の動機について混乱していればいるほど、生き生きと活力を帯びるというのは、プルーストの著作では前代未聞でもなく、むしろ実際には法則ですらあると言っても良い。シャルリュスもこの法則の例外ではない。彼はこの法則を体現する燃え立ついけにえであり、燃え尽きることのない柴〔『聖書』「出エジプト記」3：2-4〕、法の肉体そのものである。「ほとんど象徴的な《プレスク・サンボリック》」における「ほとんど《プレスク》」の圧力に見られるのは、シャルリュスが適切で理解可能ななんらかの解釈システムのもとに、最後的に包摂されることに対する抵抗であり、それが示唆するのは、テクストの中の力強い非一貫性の連結関係において、この太った男の汚辱ともなる物質性が、決定的に生産的であるために完全に昇華させてしまうわけにはいかない、ということだ。これらの、力強い非一貫性には、世紀の転換期のホモ／ヘテロセクシュアルの定義の危機によって、消すことのできない刻印を押された抗争の場だと論じた、不安定な二分法が含まれている。それらのうちもっとも明白なものは、秘密／発覚そして私的／公的である。シャルリュスの場合、男性的／女性的も挙げられるが、これはどんな概略も必要としない、または可能ではないほど、一般に広がった定義と説明の問題構制《プロブレマティック》である。*12 分類学的視線によって、自然／人工、健康／頽廃《デカダンス》、そして新／旧（または若年／老年）が何か、指定する権威が譲渡されたことは、既に部分的に引用したセンテンスに明らかである。

さて今、旅行用の軽装で、そのせいでもっと太って見えたのだが、彼が太鼓腹とほとんど象徴的な尻をゆすぶりながらよたよた歩くにつれて、日中の残酷な光は彼の唇の顔料を、鼻の先にコールド・クリームで固定された白粉を、灰色になった髪と対照的な漆黒の色合いの口ひげを染めているマスカラを、人工的な光の中でだったらまだ若い男性の健康的な顔色に見えたは

ずのあらゆるものを、分解した。（C 890）

この風采の頽廃《デカダンス》（スウィフト的に文字通り、彼の風采は別々な断片に分解して行く）は、つまり、それぞれの断片は人工物だ、ということがおのずと発覚することだが、対象とそれを見るときの環境との間の、カイアズム的関係（なぜなら人工的光の中で自然に見えるものが、自然な光の中では人工的に見えるのだから）の中で暴かれるのであり、よって見る方は、この描写の中で表された表象の亀裂からは、知覚の上での免除を受けるのである。

もっともシャルリュスはただ一人で、これらそれぞれについて自己を神秘化しているわけではなく、それぞれを問題化するのが要になっているテクストの中に、書き込まれているということは指摘しておかねばならない。近代西洋文化全般について何を述べたいにせよ、もしたとえば、即座に脱構築するためだけだったにしても、女性的なものに対して男性的なものが特権化されること、マイノリティに対してマジョリティが、経験《イニシエーション》のあることに対して無垢が、技術に対して自然が、デカダンスに対して成長が、病気に対して健康が、妄想症《パラノイア》に対して認識が、あるは不随意に対して意志が特権化されるのが標準的だ、と立証したいとするならば、プルーストはとうてい〈証拠物件第一号〉とはならない。しかしまた、安定を揺るがすまさにその雰囲気があるからこそ、ウィンドウ・ショッピング中の飢えた眼に向けて、シャルリュスのガラスのクローゼットのヴィジョンが提示されるときの、とどまることのない、臆面もない歓喜が、これほど焦点となり、また（読みのプロセスにとっては）これほど貴重になるのである。あらゆる倫理的評価、あらゆる分析的仕事には、不安定な気圧変化の経歴があるが、特にシャルリュスという形象との相互関係がそうだ。しかし、誰かが誰かを見るという関係、すなわち誰かが記述し誰かが誰かを消費するという関係は、シャルリュスの、秘密にしきれない秘密によって保証されているのである。それによって彼は、合理化されない表象の職務という、動かされない、ほとんど不動の高みから、ひたすら人の眼を眩惑することになる。

たとえば「呪われた種族」の有名な瞬間を考えてみてほしい。ここで語り手は隠れ場所から、中庭でシャルリュスとジュピアンの眼が、突然出会い絡み合う、秘密の瞬間を目撃する。

　私は彼に気づかれないようにまた自分の居場所を変えようとしたが、その時間も必要もなかった。私が何を見たか！　彼らがそれまで決して出会わなかったに違いない中庭で、面と向かい……男爵は半ば閉じていた眼を突然大きく見開き、異常な注意をもってこの自分の店の敷居の上に立っている、元の仕立屋を見つめていた。一方仕立屋の方は、突然シャルリュス氏の前のその場所に根が生えてしまい、木のようにそこに立ったまま、驚異の表情で、老いの目立つ男爵の太った体を熟視していた。しかしさらにもっと驚くべきことに、シャルリュス氏の姿勢が変わると、ジュピアンの姿勢の方も、まるである秘術の法則に従っているかのように、ただちにシャルリュス氏の姿勢に調和した。男爵は今度は受けた印象を誤魔化そうとして、無関心を装うにもかかわらず、名残惜しくて立ち去ることもできないように、行ったり来たりし、自分の眼の美しさを引き立たせると彼が思っているような仕方で、ぼんやりと遠方を眺め、いやに気取った無頓着な様子、ばかげた態度を装った。[*13] その間にジュピアンの方は、私がいつも彼と結びつけていたような、つつましく親切な表情を即座に脱ぎ捨て、男爵と完璧な対称をなすように、彼の頭をまっすぐに立て、身体にふさわしい傾きを与え、グロテスクな厚かましさで片方の手を腰にあて、尻を突き出し、マルハナバチが神の摂理によって現れたときにランがとるような媚態のポーズをとった。この男がこれほど不愉快な様子を見せようとは、思ってもいなかった。……

　しかしこの場面は、絶対的に滑稽というわけでもなかった。そこには、ある風変わりなもの、またはこう言った方がよければ、ある自然さの様相があり、その美しさはますます増していった。（*Cities* 626–27）

「さらにもっと驚くべきことに」「ばかげた態度」「ふさわしい」「グロテスクな厚かましさ」「これほど不愉快な」「絶対的に滑稽というわけでもなかった」。この一節にほとんど表皮レベルで感じられる刺激のそよ風は、これらの形容詞を与えるときの自信、すなわちほとんど自己矛盾になりそうな、明白な恣意性に乗って運ばれて来る。それぞれの形容詞は、ある仮定された観客関係をほのめかしているのであり（それぞれは誰か他の人にとっても「驚くべき」「ばかげた」「ふさわしい」「グロテスク」「不愉快」「滑稽」なのだから）、その観客とは、スパイ中の語り手の方が、今度はもったいぶって辛辣に、楽しませ、利用し、あるいは取って代わる用意のできている関係にある。どんな子供でも、この世で生き残る能力は、一連の叙述形容詞を使いこなす能力によって決まる（重要な里程標として「私は疲れているに違いない」、「Xは暴力的だ」、「Yは死にそうだ」、「Zは馬鹿に違いない」、「AとBは喧嘩している」、「Cはきれいだ」、「Dは酔っている」、「Eは妊娠している」と述べる能力が含まれよう）。形容詞を与えることと、形容詞の使用によって作られる信頼できるコミュニティの創造が、世慣れたことの、皆がほしがるしるしとなる限り、プルーストの若いとともに年とった語り手が、このホモセクシュアルの場面を組み立てるやり方は、読者を混乱させると同時に、安心させなければならない。つまり、読者がこの場面を既によく知っている、と感じるのにほぼ比例して、混乱させなければならないのである。なぜならこの場面から、通常読者が理解の筋道を見出すような一貫性を取り去ることが、また語り手の記述の支配力を保証する一種の方法でもあるからだ。*14

しかし読者の方は、語り手が自分は姿を見せないことと、説明もされず予測もできない彼の欲望と軽蔑の突風が、このゲイの相互認知の緊張した場面を、詮索がましく舞台化する方に向かって吹くのを、黙認し共有することによってのみ、彼の恣意的な記述の力をともにすることになる。この形容詞のクローゼットという借りもののシェルターからこそ、〔風変わりなもの、自然さ、美しさ〕という、三つの抽象名詞（empreinte d'une étrangeté, ou si l'on veut d'un naturel, dont la beauté allait croissant（Pléiade II: 605））が、ほとんどオペラ的な絶対性をもって発せられるのである。（〈ラン問題〉の枠組みを与えられているように）プルーストのこのもっとも「ホモセクシュアル」な章の課題が、見たところ自然《アン・ナチュレル》さを裁定することだとしても、これらの名詞を与えるときに目立って強まる、語り手のまるで禅問答のような横暴さによって同時に明らかになるのは、ホモセクシュアルな欲望の問題が、遠回しに提出されるときの術語に対する、愛情と軽蔑である。風変わりなもの《レトランジュテ》を自然なもの《ル・ナチュレル》に等しいとすることは、結局、単に正反対のものを相等しいとして示すことではなく、むしろそれぞれが異なる、歴史的なゲイとの関わりを持った二項の、ドミノの連鎖を（たとえば自然／不自然、自然／人工、習慣／不慣れ、普通／稀有、自国／外国、などの組がそうだが）崩壊させることだ。しかしながら、この章においてホモセクシュアルな欲望を分析し測定するはずだった多様な分類法が、ここで大混乱《ブルヴェルスマン》させられるからといって、その混乱に、あと二ページにわたってまったく同じ調子、同じ高さでほとばしり続けるこのアリアを、中断させるような力はない。[*15] 分析的カテゴリーの一貫性が、そのカテゴリーの言表行為を継続することに従属している、と言っては控え目すぎるだろう。むしろ、言表行為の権威の位置づけそれ自体が、分析的カテゴリーを傲然と覆すそのジェスチャーによって支えられていると言うべきだろう。「その美しさはますます増して行った」(Dont la beauté allait croissant)。結局これらのセンテンスでますます成長し増して行くのは、そして美として消費せざるを得なくなるもの（そして実際消費されるもの）は、シャルリュスやジュピアン、あるいは彼らの出会いに内在する資質などではない。むしろ語り手が彼らを犠牲にして手に入れる、記述の権利資格の、膨張し、持続する、無尽蔵に感情をかきたてるような活力と確信の方である。実際に、『失われた時』全体を通して、シャルリュス氏のホモセクシュアリティに適用されている、あらゆる分析的または倫理的カテゴリーが、「その適用部分とは」別なところで覆され、あるいは直接否定されているということは、容易に示すことができる。しかしこれらの増殖するカテゴリーと特にそれらの解消できない矛盾が実際たゆまずに支えているのは、修辞的コミュニティを支配して保障するとともに、表向きのホモセクシュアルの問題をはるかに超えて広がる、世界を構成する言説の領域に対する権威（つまり誰か別の人の権威）を、支配し保障するものとしての、ホモセクシュアル・クローゼットの見せ物という制度なのである。

＊＊＊

この小説全体に対するシャルリュス氏の効力は、クローゼットの見せ物をホモセクシュアルの真実としてプルーストが提示することにかかっており、またそれは一見見事に達成されている。したがってこのシャルリュス志向の世界において、この本の中にある他のホモセクシュアルな欲望が少しでも見えるようなスペースを見つけるのは、プルーストの読みにおいて、もっとも困難な問題の一つとなっている。特に、この小説のシャルリュスの表象と一緒に、語り手とアルベルチーヌとを取り巻くエロスに双眼鏡的に焦点を合わせようとすることは、非常に困難な仕事である。この困難については簡単に説明できる。すなわちこの二つのエロティックな場は、まさにそれぞれが持つ可視性に対する関係のために、これほど極端にも、同じ基準では測れない場となっているのである。表面上は、アルベルチーヌのまわりのエロティックス（それはつまり語り手のまわりの、ということだが）が可視化に抵抗し続けられるように、シャルリュスのクローゼットは見せ物化されている。すなわち語り手がシャルリュスの表象を舞台化するのは、アルベルチーヌを含むこの形をとらないスペースからであり、視覚からの特権的免除を保障するためである。またさらに、見られているクローゼットと居住されているクローゼットとの間の知覚の軸をめぐって、この世界の言説は形作られているためでもある。

　これはこの困難を公式化するまさに簡単なやり方であり、しかも決定的に重要なものだと思う。しかし、もしこれがそれほど簡単なのだったら、この困難を分析的に克服するのは容易だろう。〔困難なのは〕それよりも、可視性におけるこの差異が、世紀の転換期における性の言説の危機において確立した、ホモ／ヘテロセクシュアルの定義とジェンダーの定義における、手に負えない重大な非一貫性の全経路を通して完成されている、ということである。

　まず第一に。シャルリュス氏の見せ物は、一人のホモセクシュアルが、一つのクローゼットの内部に、わくわくするほど下手くそに隠れているのを、これみよがしに見せつける見せ物である。一方周知のように、アルベルチーヌを囲んでいる、揺れるプライヴァシーの中のどこにせよ、一人のホモセクシュアルでも、見つけ出すのは非常に困難である。複数の解釈が可能であるにもかかわらず、アルベルチーヌの出て来る巻は、そのどこかに同性間の欲望を見出さずに読むことはできない。しかしそれにもかかわらず、周知のように、アルベルチーヌのプロットにおいては、その欲望の特異性がただ一人のキャラクター・タイプに固定されたり、このテクストの存在論的なレヴェルのどこか一つにさえも、固定されることはない。一人の男性の語り手が、この場合、数多くの他の女性と性的関係を持っている／または持って来たか／持って来たかもしれない女性であるアルベルチーヌを解釈することに固着しているということを考えれば、彼が彼女を「説明」し「理解」するために、「呪われた種族」で熱心に集めているような、一般には倒錯、特にゴモラのエキゾチックな主題に関するあらゆる一般通念《イデ・ルスュー》を動員するだろうと予期されるのだが、それはほとんどまったく起こらない。アルベルチーヌに対する解釈の圧力はおそろしく膨脹するが、それは「倒錯者」というカテゴリーの下に分類された彼女ではなく、「最愛の対象」というカテゴリー、あるいは単にそれがまるで同意語であるかのように、「女性」というカテゴリーの下に分類された彼女に向かって、圧倒的に集中するのである。[*16]

また言うまでもないことだが、プルーストにおいて「倒錯者」とは、本人を除く世間のあらゆる人々が、彼に対して潜在的に絶対的な認識論上の特権を持つような人物である、と定義される。しかし一方、「最愛の対象」そして「女性」はこれに反して、この対象を知ることをもっとも必要としている一人の人物、すなわち愛人が、彼女たちを〔あるいは彼らを〕知る力を完全に失ってしまうことによって、定義されるのである。「倒錯者」代表のシャルリュスはこのプルースト的意味においては、ほとんど愛の対象としては提示されていない。たとえ既に言及したように、彼がジュピアンに愛されているにしても、変則的にもこの元仕立屋が彼の最愛の人を完全に理解しているということは、実際には、まさに〈倒錯者代表シャルリュス〉が過度に読み取りやすいためかもしれないのである。プルースト的意味でのシャルリュスの〔愛の〕対象であるモレルは、倒錯者としては提示されていない（したがって純粋に不可解であり得る）。ゲルマント大公夫人にとってのみ、シャルリュスは典型的な対象であり得る。すなわち、彼女がなにか重要な点に関して盲目になり得るような、対象である。しかし彼女は、彼のホモセクシュアリティに対して盲目なのではない。

それにもかかわらず例外的なことに、彼女はシャルリュスのホモセクシュアリティをあさましい見せ物としては扱わず、その結果、彼女は彼に対して致命的に無防備になるのである。（しかし注意してほしい、プルーストでは「致命的に無防備」というのは単に「愛している」ということを意味する。彼女の無防備さは、対象選択の点以外では、例外的なところはない。）

このように、男を愛するシャルリュスが、種族としての「倒錯者」の典型として記述されている一方、女を愛するアルベルチーヌの方は、愛の対象であるために、特定の分類学上の項目の下にはほとんど入って来ない。これはまるで、ホモセクシュアル定義の二つの連続する段階が、すなわち一つは医学化以前の同性間の行為に基づく定義、そしてもう一つは医学化以降のホモセクシュアル・タイプに基づく定義が、相互に盲目のまま、アルベルチーヌとシャルリュスの中に、時代錯誤的に共存しているかのようだ。別な言い方をすれば、アルベルチーヌがある読者にとって、ホモ／ヘテロセクシュアルの定義を普遍化する見解の、理想郷《ユートピア》的な実現を体現しているように見えるとしたら、比較はできないが、シャルリュス（つまりアルベルチーヌとは比較にならない）は、ホモ／ヘテロセクシュアルの定義をマイノリティ化する見解を、暗黒郷《ディストピア》的に体現しているのである。

しかしおそらく、アルベルチーヌを囲む関係の巣の中で、ホモセクシュアルの形象を第一に探すべき場所は、アルベルチーヌ「彼女」自身の中でもなければ、彼女のガールフレンドたちの中でもないだろう。J・E・リヴァースが指摘するように、アルベルチーヌが「実際は」男だったという、つまりプルーストがジッドやその他の人々にほのめかしたように、彼の運転手アルフレッド・アゴスチネリの肖像に、あるいは別な男に基づいている、という推定に基づいて、一九四九年以降様々な再読のあわただしい試みが表面化している。このような読みがどんなに低俗で、混乱しており、しかもホモフォビックだとしても、また文学批評としてはどんなに違法で、あるいは書くことと愛することについての仮定条件がどんなに承認し難いものであったとしても、このテクストにおける紛れもない多様な挑発に対して、この読みが非常に強力に応答するのは事実である。そのためにアルベルチーヌを（ある根本的に〈協議を必要とするべき〉意味においてだが）男「として」読むという可能性が、今では少なくとも放棄できないくらいに、テクストの可能性の範囲《アフォーダンス》の中に接ぎ木されているのは、リヴァースの指摘通りだ。[*17] アルベルチーヌが男性であるとするならば、答えの与えられていない質問は、なぜ彼が「倒錯者」という分類項目に入れられていないのかではなく、なぜ彼を欲する男性の語り手が、「倒錯者」の分類項目に入れられないのか、になる。実際、入れられていないのだから。しかしこの「置き換え」の可能性とともに、他の多くの矛盾もまた浮上して来る。たとえば、もしアルベルチーヌと語り手が同性だというのなら、語り手が想像もつかない、と強迫的に想像しているアルベルチーヌの他所での愛情関係とされるものは、その愛の対象を女性のジェンダーのままとすれば、今度は指向性の上で、ヘテロセクシュアルな欲望に置き換えられるということだろうか？　それとも、境界侵犯的な同性という指向性をそのままにするならば、愛の対象のジェンダーが変化し、その関係は今度は男性のホモセクシュアルな欲望に置き換えられるのだろうか？　それとも、ホモセクシュアルな枠組みの中では、ヘテロセクシュアルな指向性の方が、結局はより境界侵犯的ということだろうか？　それとも――？

このように、アルベルチーヌのプロットにおいては（それがシャルリュスの表象とは同じ基準で比較できないという点においても）、一連のホモ／ヘテロセクシュアルの定義をめぐる矛盾と、さらにそれと交差する一連のジェンダーの定義をめぐる矛盾とが、両方とも（疑問も呈されないほどに）作動させられているのである。さらに加えて、ジェンダーの問題それ自体が、ここでは矛盾に縛られている。言うまでもなくシャルリュスの描写では、彼の男性に対する欲望が、必然的に性倒錯の結果であるということ、また彼の人を迷わすような、自己防衛的でさえある男性的な外観の中に、真実の女性的自己が囚われて隠れているということが、非常に強く主張されている。既に論じたように、このモデルによれば一人ひとりの人物に、「真実の」内的ジェンダーを割り当てること、また人々を、これらの「真実の」ジェンダーに応じた異なるジェンダー《ヘテロジェンダー》の一組に組み合わせることが必要になる。ホモセクシュアルな欲望を「倒錯」と読むという物語の主張が、現象としてのホモセクシュアリティの決定的表象と言わんばかりのシャルリュスの周辺を描いた部分で、めまいがするような混乱を引き起こし、明らかに筋の通らない事例でさえも覆してしまうことは、既に見た通りだ。とするならば、アルベルチーヌの巻で、この女性が他の女性に対して何を感じたのか、また他の女性と一緒に何を行ったのかについて（あるいは置き換えの読みでは、この男性が男性の語り手、または他の男性について、何を感じたのか、また何を一緒に行ったのかについて）の妄想が膨れ上がっている中で、あの一連の推論、あるいは一連の潜在的可能性の手がかりが、実質上捨てられているのは、いっそう奇妙である。存在論的には多少異なる意味で、「アルベルチーヌ」が「奥底では」「本当は」男「である」という理由から、彼女のセクシュアリティを説明するのに、アルベルチーヌは奥底では本当は男なのだと仮定する言葉が、ほとんど提示されていないのだろうか？　しかしそのような性を転換《トランス・セク》する《シュアル》説明は、語り手についても、またアルベルチーヌが関係を持っているか、持っていると考えられている、アンドレ、エステル、レア、洗濯女や女店員についてもやはり、それほど持ち出されてはいない。アルベルチーヌのまわりの関係の中で、同性同士のセクシュアリティをどこに探すとしても、「真実の」「内なる」異なるジェンダー《ヘテロジェンダー》を割り当てるのは、その知覚のプロセスにおいて重要な部分ではない。あるいはおそらく、もっと良い言い方をするとすれば、これらの関係を知覚の対象としては徹底的にぼかし、または消去するためには、注意深くまたかなり骨を折って維持された枠組みである「倒錯」の比喩《トロープ》が消えなければならなかったということだろう。その代わり、それとは両立し難い、女性たちとのアルベルチーヌの女性的な関係が、ジェンダー分離主義的に強調されるようになっている。すなわち彼女たちの関係は、ジェンダーを超える移行的なものでもジェンダーの間の境界的なものでもなく、さらに男性化するものでもない、まさにそのレズビアニズムにおいて、女性性を決定しその中心に位置づけられるような、女性的なるものの本質となるのである。実際、ホモセクシュアルな欲望のこの二つのヴァージョンに共通していると言えるのは、女性的なものに対する一種の非対称的な傾きだけだ。すなわちシャルリュスは彼のホモセクシュアルな欲望によって、女性的とされる。しかしアルベルチーヌの方もまた、ジェンダーが彼女のセクシュアリティで有効な項目であるという限りにおいてだが、彼女のホモセクシュアルな欲望によって、非常にしばしば女性的とされるのである。[*18]

たとえシャルリュスの形象に結びついているホモセクシュアリティと、アルベルチーヌの付近に分散しているホモセクシュアリティとが、性的指向の点でもジェンダーの点でも一貫した読みによって相互に焦点を合わせることができないとしても、同性間の性的行為の実践という点によって、この二つに相互になんらかの一致を見るような記述をする方法の可能性は残っている。結局のところ、前近代のヨーロッパで、そして今でも前近代のジョージア州で、「ソドミー」というカテゴリーが定義されたのは、行為を通してであり、その行為は性格構造によって定義されるわけでもなければ、また必然的に、行為を行う人物のジェンダーによって定義されるわけでもない。おそらく性的行為というこの項目の下でのみ、理解できるような変化の物語が読み取れるようになるかもしれないのだが、しかしその項目の下でさえも、シャルリュスとアルベルチーヌは、相互に同じ基準では比較できないままであるようだ。シャルリュスの、これ見よがしの「ほとんど象徴的な尻」（derrière presque symbolique）については、既に述べた。スキーはシャルリュスが車掌に気を取られると汽車が後ろ向きに走る、と空想をめぐらせ、ジュピアンは彼を口説き始めるのに（首尾良く行くのだが）「洗練されていない様々な言葉、たとえば『あなたのお穴《けつ》はでっかいなあ！』」（井上究一郎訳［Vous avez un gros pétard, C 632; Pléiade II: 610］）といったことを言っている。これらは語り手が、シャルリュスに受容的なアナル・セクシュアリティを、確信を持って付与することに対応し、また彼の奥底での女性性の「真実」ともうまく韻を踏むだけではなく、さらに、彼のセクシュアリティが後にマゾヒズムに堕落して行くという展開にも（この解釈に立てばそれは最初から彼のセクシュアリティの隠れた本質であったわけだから）、うまく当てはまることになる。（少々立ち止まりお友達の英語を話すみなさんに最新情報をお伝えしましょう。もしあなたが、フランス語はギリシア語《グリーク》〔さっぱりわからない、ちんぷんかんぷんの意〕だという方々のお一人なら、そしてあなたのプルーストを読むのに何十年もスコット・モンクリーフに頼っていらしたとするならば、

“Vous avez un gros pétard” にはお気づきにならないでしょう。モンクリーフでは奇妙なことに「悪い人ですね！」と訳されています（*Cities*, 9)。もっとたくさん似たようなびっくりがありますよ。）

一方アルベルチーヌの地図を準備するには、いつものことだが、同じ概念格子では十分ではない。もし彼女のエロティシズムを局所に特定化するとすれば、それは口唇帯であろう。「シャーベットと言えば、」と彼女は語っている。

「食べるたびに、ラズベリーやヴァニラの記念塔がのどで冷たさに変わる前に、最初に神殿や教会、オベリスクや岩石、そういった絵のような地形が目に浮かぶのです。……ラズベリーのオベリスクもできますわ、私の焼けた砂漠のような渇きのそこここに、そして私はそのピンクの花崗岩をのどの奥底で崩し溶かすのです。どんなオアシスよりもさわやかにしてくれます。」（ここで深い笑いがこぼれた、それはこんなにうまく話せたという満足のためか、それともこれほど注意深く工夫されたイメージを使ったことを自嘲しているのか、それともああ、彼女自身の内側になにか非常に良いもの、非常に冷たいもの、つまり性の快楽と同じ価値を持つものを感じるという、身体的快楽のためなのか。）（Cap 125-26)

彼女はまた語り手が消費する食物とも、結びつけられている。

一年のうちのあの炎熱の季節、肉感が、蒸発して、なによりも冷たさを求めて、味覚の器官を訪れたがる時。少女の接吻よりもはるかに、肉感はオレンジエードを、水浴を、あるいは空の渇きをいやしているむきたての、果汁の多いあの月を眺めることさえをも、欲するのである。（C 669)

しかしこれらの短い引用に示唆されているのは、たとえアルベルチーヌのセクシュアリティを粒子も粗く引き伸ばすのに扁桃の細い小道から始めたとしても、そのエロティックな局所化はせいぜいその居所化の可能性をまさに無効にするという効果（つまり局所化の限度をはるかに超えてしまうことによって無効になる）という効果しかない、ということだ。間違いなく、シャルリュスのアナル・セクシュアリティに表面上結びついている「能動的」と「受動的」（それぞれが持つ「男性的」と「女性的」という結びつきは気にしないとしても）という整然とした二分法は、吸うこと、食べること、声を発すること、くすくす笑うことが一緒になって、あまりに自由に脈打つこの筋肉の洞窟の中では、消去されてしまう。しかしたとえば「冷たさ」のこの強調、これによってさらに、身体を包む皮膚という包み全体が、裏も表も、このセクシュアリティの器官となるのである。それは視覚それ自体の、弾力性のある外皮によってさらに引き伸ばされ、拡張して、ついにその口蓋で、「むきたての、果汁の多いあの月」を、見事に押しつぶすのである。

　私には今、アルベルチーヌが見えた。ピアノラのところに座り、黒い髪の下で顔はピンクだった。私の唇を彼女が開こうとし、舌が、彼女の母性的な、食べられない、栄養のある、神聖な、舌が、感じられた。その舌のしっとりした不思議な暖かさは、彼女がそれをただ私の首や腹部を這わせるだけでも、表面の愛撫のはずだが、どうしてか彼女の肉体の内部が、まるで裏地を見せるために裏返された生地のように、外面化されて行われるように、いわば神秘的な挿入の甘美さに満ちるのだった。（F 507-8）

　アルベルチーヌと語り手が、彼らが「言葉の完全な意味において」（Cap 91）愛人同士だと考えるべきかどうか、多少の混乱を表すのも無理はない。少なくとも、語り手にはオーガズムを与えるようなものであるとはいっても、フレンチ〔フランス語＝オーラル・セックス〕が喚喩語にすぎないこのセクシュアリティは、シャルリュスの凝縮された、「太鼓腹で息切れする」[*19]グリーク〔ギリシア語＝アナル・セックス〕と同じ声域の中ではセクシュアリティとして意味をなさないほど拡散したものだ。

　しかしそれにもかかわらず、（大まかに言って）性的行為のこの領域の中こそは、シャルリュスをアルベルチーヌと比較することによって、価値を充填した、ユートピア的物語がもっとも容易に構成できる場なのである。アルベルチーヌのセクシュアリティが、それと比べれば限定的で、仕事のように見えてしまうシャルリュスのセクシュアリティとは対照的に、無限、不確定性、偶発性、戯れ、エトセトラ、エトセトラ、エトセトラ、を表しているように見られる、というだけではない。性的行為の領域にはこれら二人の属性が結びつけられるような、進化の物語さえあるのだ。つまり、どうやら一九世紀後半のある時期に、オーラル・セックスが世界史的に普及したというようなことを、セクシュアリティの歴史研究者たちは考えなければならなくなりつつある。[20] これが示唆するのはなにかと言えば、男性同士の性交と言えば一般にアナル・セックスという行為を主に意味するというのが比較的固定した等式だったわけだが、世紀の転換期の頃に、ますます目立って来た男性同士のオーラル・セックスが、それに追加されたということである。(ワイルド裁判では、アナル・セックスの行為が公然とほのめかされたにもかかわらず、結局それがまったく、ワイルドのセクシュアリティの特性を表すものではなかったということが、この変換における便利な里程標となるだろう。[21])アナル・セックスとは対照的に、オーラル・セックスを能動的/受動的、あるいは類推から、男性的/女性的という二極の項に図式化するのは相対的に困難であり、それはまたジェンダー倒錯の比喩が、ジェンダー同一性の、同一《ホモ》の比喩に道を譲りつつあったそのプロセスとも、一致するように見えるだろう。そしてまさにこの見地から、シャルリュス男爵の後ろ向きのセクシュアリティは、彼の品性を落とした女性性とあからさまに関係があるだけではなく、彼の反動的政見とも、同じくらい象徴的で不面目な関係を持っている、と見ることができる。それに対応してアルベルチーヌの方は、まさにより権能を与えられた、「新しい女性《ニュー・ウーマン》」を彼女(または彼)が表象しているだけではなく、近代的な、より人を傷つけることの少ない、より階層的ではないセクシュアリティを体現していると見ることができるのである。[22]

　このユートピア的なアルベルチーヌの読みは、魅力的だ。単にこれが〔現実を変えて行く〕ヴィジョンを持った政治に向けて、一定の、比較的一貫した足場を与えてくれるから、というだけではない。これはまた、表面上は同じ基準で比較できないようなシャルリュスとアルベルチーヌの波長が、同じラジオで傍受可能な概念的周波数帯（「収縮した」と「拡張的な」、「後ろ向き」と「近代的」の間にわたるヘルツ域）を、示唆してくれるように見えるからだ。しかしこの見解においては、ラジオが不調になるときがあるということ、周波数が知らぬ間にずれ、混信することがあることを認めておかなければならない。たとえばアルベルチーヌだ。母国語＝持って生まれた舌《ネイティヴ・タング》の使い方については明らかに才能に恵まれているとはいえ、彼女にとっても心底ではフレンチはグリークだ、ということを示唆するような、破壊的事例がある。彼女と語り手の間の緊張状態と虚偽とが頂点に達した瞬間、彼は彼女のために大晩餐会を催すことを申し出る。それに対して彼女は「うんざりしたように」「何もいらないわ！」と答える。

「一度だけでもあなたが私を自由にして下さって、好きなように自分で（me faire casser）……」

たちまち彼女の顔色はさっと真紅に変わった。彼女はぎょっとした様子で、今口に出し、私がほとんど聞き取れなかった言葉を押し戻せるとでもいうのか、自分の手を口に当てた。（Cap 343）

この後の強迫感に取りつかれたような段落で、語り手はアルベルチーヌのセンテンスから何が省略されたのかを考えつく。その言葉は“me faire casser le pot”、キルマーティンが「肛門性交を行う（受動的）ことを意味する卑わいな俗語表現」（Cap 1110）と説明的に訳している言葉だった。ここでのポイントは、アルベルチーヌのセクシュアリティが肛門帯を含んでいる、ということではない。なぜならラズベリーのオベリスクの変幻自在な多形性の記号のもとに、そのような部分が現れてはいけないという明確な理由はまったくないからだ。表皮の感じやすさが、裏返しの手袋のように拡張して密集する、まさにもう一つの神経中枢としてこれはまだ口唇的なセクシュアリティの象徴と見ても良いだろう。（たとえばスコット・モンクリーフは身もふたもない翻訳（“break my pot”「私の深鍋を割る＝肛門性交をする」）をすることで、この瞬間の口唇的側面を取り戻している。[*23] またアルベルチーヌ自身もこのあと、彼女が本当に頼んでいたのは、自分で晩餐会を催したいということだった、と主張している（Cap 343））。しかしアルベルチーヌも語り手も、付随的、換喩的なものの下に肛門帯が包摂されることがもっともらしいとは、あるいは安定した包摂だとは、見ていない。アルベルチーヌが「恥ずかしさで真っ赤になり」自分の言葉を飲み込もうと必死になること、語り手が繰り返すように「絶望的に恥じて、もう少しで言うところだったことを口の中に押し戻そうとする」(Cap 346)こと、これは食べられるものを気の向くままにかじり取る快楽ではなく、むしろ別な種類の不慮の出来事の証拠を取り消そうとする必要を示している。ここでは口唇が肛門に奉仕するため徴兵されており、そして肛門は単に欲望のもう一つの場にすぎないのではなく、むしろ欲望の連続性の中に限界を画定する、破損箇所なのである。その興奮と要求の下では、どのような変幻自在の、あるいは拡散した官能性も、もはや冷たいヴァニラの建造物に戻ったりはしない。

「要求」。語り手がアルベルチーヌの言葉について考え込むときに、一つだけ(はっきりとは)考えない解釈は、その言葉が、ある特定の性的行為、彼らが実際二人でできる行為の請求である、という解釈だ。しかしその代わりに彼の中に引き起こされるのは、「恐怖!」「絶望」「憤怒」「涙」(Cap 345-46)である。アルベルチーヌの曖昧からはほど遠い突然の叫びによって、彼のパラノイア的言い訳と先走った拒絶のレヴェルは、危機的な、まさに限界的な高さにまで上がる。これはかなり説明し難い。彼は驚くべきことに、彼女が表現した肛門性交されたいという欲望を、彼女の本質的なレズビアニズムの標識であり、したがって彼女は彼には理解できない、近づけないのだ、という解釈を成し遂げている。

> 二重の恐怖だ! そのようなことに同意し、または欲望さえするような、娼婦のうちでももっとも下劣な娼婦でさえ、その行為にふける男に向かって、あんな忌まわしい表現は使うことはない。そんな表現が自分の名誉をあまりに傷つけると感じるだろう。女性に対してのみ、もし彼女が女性を愛するのなら、口に出すかもしれない、彼女自身を他の男に与える言い訳としてだ。アルベルチーヌは、半分夢を見ていたと私に言ったとき、嘘をついていたのではなかった。彼女の心がここにあらず、私と一緒にいるということを忘れて、衝動的に彼女は肩をすくめ、あの女性たちの一人

に話すように、たぶん私のうら若い娘たちの一人に話しかけるように、話し始めたのだ。(Cap 345-46)

これらのまわりくどい落胆が示唆しているのは、語り手はアルベルチーヌの欲望を、本当に恐ろしいものとして聞いているかもしれないということ、しかしそれは欲望が彼に向けられていないからではなく、むしろ彼に向けられているから、すなわち彼女の欲望が、彼には与えられないと恐れているある行為《パフォーマンス》〔行為能力〕の要求だと彼には見えるからだ、ということだ。[24] しかし『失われた時』のアルベルチーヌと結びついたプロットにおいてしばしば見られることだが、性的欲望の軸とジェンダーの定義の軸とが交差するところでは、それによって概念のスペースに分節化された非一貫性のために、意味、意図、関心を隠ぺいする隠れた抜け穴が保障され、際限もなく利用可能になる。ユートピア主義的読者とともに、アルベルチーヌの内部や周囲に、見せ物化されたシャルリュスのプロットとは異なる再生の可能性を秘めたエロティックな可能性があるとは述べられない。しかしだからといってあまりにたくさん欲望すること、あまりに少し欲望すること、常に間違ったことを常に間違った人物に欲望することが作り出している、この恐ろしい影のような不鮮明さの中に、シャルリュスとの理解可能な類似性が見えて来るわけでもない。セクシュアリティの黒板の上をすべるチョークのついたジェンダーのぼろきれ、ジェンダーの黒板の上をすべるチョークのついたセクシュアリティのぼろきれ。これらがせいぜい作り上げるのは曇ったスペースであり、そこからは姿を見せない声の主張が聞こえて来る。その声は、〔『失われた時』と〕同時代の男性のホモセクシュアル・パニックの宣言となる言葉、[25]「それは全然僕が意味したことじゃない。まったくそれじゃないんだ」と主張している。

＊＊＊

プルーストについて書くという仕事には、たしかに他の仕事よりも強い魅力がある。しかし困難の度合いが他の仕事より高いというわけでもないのに、プルーストとなるとほとんど不可能というほど独特な種類の仕事だと感じずにはいられない。同じ仕事をしている他の批評家たちも、同じように感じているのだろうか。問題は、

『失われた時を求めて』が非常に難しく非常に優れている、ということではない。むしろ「それは皆本当だ」〔と感じられる〕ということである。ここで私は自分の読書生活について報告するしかできないのだが、しかしプルーストとワード・プロセッサーを前に私が一番感じるのは、タルムード研究者の欲望、すなわちこのテクストを再現しまたは説明して、くすくす笑いたい、という欲望なのである。『失われた時』が未翻訳であったらと夢見ない者がいるだろうか。そうだったら（少なくともフランス語を知っていたら、ということだが）、自分で翻訳の仕事に取りかかり、自分の生産的生活において、あの〈真実を語る〉喜びに満ち陽気に浮かれた雰囲気の中に漂って過ごすことを、正当化できるからだ。

さらに言えば、プルーストの〈真実効果〉はプライヴァシーの精神的スペースに限られているわけではない。その逆だ。処世訓的文学というジャンルにおいて、インテリアから「サクセス」男性服飾品、または「パワー」接待についてまでのアドヴァイスを提供し、近代の同類書と比べてまったく遜色のない、この『六〇年マネージャー』は、その社会学的鋭敏さを、私たち読者の、もっとも不名誉でもっとも慣例的には自認されないプロジェクトに奉仕するために、控え目に差し出すのである。私が初めてプルーストを読んだわずか数年の間に、私の心には、必ずしも永遠の相の下にだけ限定されるわけではない野心が浮かんだ。すなわち出版して注目されたい、人々を知りたい、成功したい、骨を折っただけの満足を得たい、という野心が。[*26] もちろん奇妙なことだが、私がこのような冒険を欲し、それが可能だと思ったのは、プルーストを読むことによってだった。人間の願望の空虚さについて果てしなく瞑想を繰り広げるこの小説は、少なくとも一人の読者を願望で満たし、にわかにかりたててしまったという点で失敗だった。それどころか、〔この小説にある〕世俗的野心が、わかりやすく予測可能だという感覚そのものが、私自身に世俗的野心を持つという度胸と技能を与えてくれたのである。たいていの若い女性と同じように（と思うのだが）、私はジュリアン・ソレルや一九世紀フランスの首都を征服する男性のプロットには、ほんの少しの同一化も感じたことはない――プルーストを読むまでは。読んだ後で、ヒーローの空高くそびえる野心と同時に彼が〔ブルジョワの立身出世という」一つのマスター・テクストを無批判に採用することが始めて、理解できる魅力のある特性と思えるようになったのである。私は今、エロティックなあるいは職業上の危機にある友人に、あるいはさらに言えば、個人的な悲嘆にくれている友人に、しゃっくりで困っている人にティースプーン一杯の砂糖（素早く飲み込まなければならない）を勧めるのと同じ、落ち着いた自信を持って「プルースト」を処方することができる。

　しかし、プルーストのこの〈真実効果〉が何にあるのかを述べるのは、より難しい。より伝統的に理解された真実らしさ《ヴレサンブランス》のあらゆる逆説が、ここでは特に活発に働いている。つまり分子レベルでは、真実というレベルで考えられるような個々の陳述は、この本には比較的わずかしか存在しないし、発生しても来ない。モル・レベルでさえも、プルーストから抽出できるような主張、あるいは「価値観」あるいは「態度」（たとえばエロティックな、または政治的な悲観論）は、必ずしも真実とは私には見えない。それにもかかわらず、「プルースト」は、私には非常に「真実」に見える。はっきり言えば、古典的な意味でこの著作の一貫性と信頼性、つまり通常の意味でのその真実らしさは、題材とコードの内的組織構造に依存している。その内的組織構造は、関係として、構造としてのみ、それを囲み、重なり、ゆえにそれと相互に構成し合う「リアリティ」の関係的構造に絡み合わせられるのであり、また「リアリティ」の関係的構造に対照して、真実らしさを判断することができるのだ、と言える。しかし私が記述している〈真実効果〉は、この著作の一貫性と信頼性の問題を超えている。それは文学作品の使用の問題に関わっており、（非難しているように言えば）読者が作品を自分のものとして押収可能か、（また異なった語彙で、賞揚しているように言えば）読者が作品によって権能を与えられる可能性があるか、という問題に関わっているのである。

　なぜなら間違えようもなく、私が「プルーストを読んだ数年間」として要約したばかりの自伝的寓話は、長い間にわたるテクストの濫用の事例であるとともに、権能《エン》を与え《パワーメント》られることの物語でもあるからだ。[*27] この例に戻れば、恋愛事件の処理に関するこの本の実際的な知恵の価値は、この本の揺るがぬエロティックな悲観論に、何らかの同意をする、ということにかかっているはずだと思われる。この分別のある「はずだ」に隠されて、私には、自分についてのもっとも単純な事実が何年も見えなかった。すなわち、もっとも快活な気質的、認識的、そして理論的とはほど遠いエロティックな楽天主義という事実である。しかし、この楽天主義をついに認めるようになった前にも後にも、楽天主義は、そうする「はずだ」ったにもかかわらず、プルースト的態度を借用しようとする傾向を捨てることはなかったのである。その代わり目につくようになったのは、様々な「背信」のテクニック、あるいは創造的に誤ったレッテル貼りのテクニックである。悲観的な欲望の発見的教授法が、私の快活で巧みに対象を操作するプロジェクトに役立つよう、暗黙のうちにつなぎ合わされ、またプルーストの希望を失わせるようなエロティックな公式は、わずかな修正をつけただけで、強力な公式として再生産される。修正はただ一つ、第一人称――〈私〉――の密かな免除ということだ。（ところでこれらのテクニックに生まれつき恵まれていない読者諸氏は、『失われた時を求めて』の際限なく信用のおけない主要キャラクターに、レッスンを受けることができる。）もしこのようなテクストの濫用と倫理的両義性にもかかわらず、このプルーストとの関係がエンパワーメントの真正な事例でもあると言えるならば、「エンパワーメント」の一般に認められた二重の意味も、この関係が真正であることを妨げないと言える。〔二重の意味というのはつまり〕社会システムにおける個人の「エンパワーメント」は必然的に、循環する権力の象徴的エコノミーに、その個人を従属させるということだ。〔しかし〕いくらか余分なエネルギーの分け前（「プルースト」）を借用し、その力と、運動し続ける気質をもってこの循環の中に投げ込まれることは常に、十分長い間、支配力のような感覚を味わう機会を提供してくれる。しかもこの幻想の効果が、あるいはその風化が、たとえ予測できないにせよ、実際に流れと分配の道程を変えるほどに持続的また侵食的ではない、という保証はない。

プルーストは私に、純粋に清浄《コーシャー》な根拠によっては説明しきれないような、ほとんど粗野なほどの活性化効果をもたらすのだが、そのような読者は私だけではないだろう。誰かの〈視点として隠ぺいされたクローゼット〉のプライヴァシーを守るために、〈見せ物として形象化されたクローゼット〉が舞台化されることの周囲に、世界が構造化されているという（この小説的世界によって識別されるようになった）説明を、私たちがプルーストの読者として、自分たちで利用しようと組み立てるとき、いったい何が起こっているのか考えないではいられない。語り手による隠れた、他者のクローゼットを告発するような枠組みに乗せられた《リーダリー》同一化をすることが、どれほど大きな創造力と支配力の感覚を伴っているかについては既に見た。しかし自分たちの分析の対象として二つのクローゼットを対称させ、相互に再度直面させようという私たち自身のエンパワーメントを目指した努力には、告発的暴力がそれほど含まれていないなどということがあり得るだろうか？　そのような説明を採用することで、私たちは解釈的エネルギーの剰余価値をどこまでホモフォビックな決まりごとから（すなわちヘテロセクシストの規範を強制するのは、まさにクローゼットの中のホモセクシュアル自身だと二重に断罪することから）引き出しているのだろうか？

　結局のところ、権力の座にあるホモフォビックな人物が実はクローゼットの中のゲイだったという可能性がどちらかと言えば非常に高いというのは、ゲイの人々の経験からも言えることである。この事実（事実とすれば）は、あるいはこのような見かけは、簡潔な議論をするにはあまりに重要であり、またあまりに誤用されやすい。この見かけが強力であることと、それが複合的な誤用にさらされやすいということは、ロイ・コーンの最近の死についての、毒のある報道に明らかである。[*28] コーンの死によって、一九五〇年代マッカーシー派によるアカ狩りの、ホモフォビックな破壊行為の背後にいた主要人物の多くが（コーン、マッカーシー、G・デイヴィッド・シャイン、J・エドガー・フーバー）、現役のホモセクシュアルだったかもしれない、というすでに何度も繰り返された考察が、再浮上することになった。『ニューヨーク・タイムズ』は長いコーンの死亡記事の中で、〔次のように〕述べている。

　コミュニストとその支持者たちを容赦なく嗅ぎ出すべく国務省とヴォイス・オブ・アメリカの調査を進めていたコーン氏、シャイン氏、マッカーシー上院議員は、当時全員独身者であったが、彼ら自身が「逆マッカーシズム」と呼ばれたものの標的であった。この三人の男性がホモセクシュアルだということが、くすくす笑うようにほのめかされ、また彼らを「ボニーとボニーとクライド」と呼ぶリリアン・ヘルマンのような攻撃もあった[*29]。

このくすくす笑いが死亡記事のどこに位置づけられるのか、というのは良い質問だ。この死亡記事の第一面の見出しは「燃える弁護士《ファイアリー》」であり、中の記事の見出しは「燃えるように華麗な弁護士《フランボイアント》」である。どうして「燃え立つ《フレイミング》」〔ゲイを暗示する〕と書いてそれで済ませないのか？　この記事は中で、「彼の両親、特に母親は一人息子を溺愛した」、また「彼のオフィスには大量のぬいぐるみのコレクションがあった」、と説明している。記事はコーンがエイズであることを繰り返し否定したこと、そしてそれと合わせて、彼がエイズで死んだということを悠長に考察している。しかしコーンが生きている間に、そのような報告が半公式的にリークされたことによって政府の機密保持という、幾万ものゲイの人々や他の人々にとって極めて重大な問題が提出されているにもかかわらず、そのことにはいっさい触れようとはしない。そしていったい誰のホモフォビックな文句がここでは伝えられているだろう。その文句を再現することを選んだ『タイムズ』の声ではない、左翼でマッカーシズムの犠牲者だった女性、リリアン・ヘルマンの声でだ。そのことによって、権威ある『タイムズ』はコーンを、あたかも対称的な〔「逆マッカーシズム」〕雌犬同士が、髪の引っ張り合いの喧嘩をしているかのように、提示することができるのである。ちょうど黒人の反ユダヤ主義とユダヤ人の人種差別主義が、メディアがハイライトして書き立てるのを好む対象であるのと同じだ。なぜならそれらは、白人でプロテスタントである人の特権が、通常通りに作用し続けられるための不明瞭な暗がりを作るのに貢献するからであり、それと同じように、ホモフォビックな強制がクローゼットの中のゲイによって行われていたと暴露することは、ストレートということになっている公衆にとっては、驚くほど甘美な味がするというわけだ。

しかしこのような暴露行為が活気づけるのは、ストレートだと自分で思っている人々や、確実にホモフォビックだと認定できる人々だけではない。一九〇三年にマグヌス・ヒルシュフェルトの科学人道委員会が、「屍体を越えて行く道」と呼んだもの（「地位の高いホモセクシュアルを弾劾すること」とジェイムズ・スティークリーは説明している）は、その潜在的力、そして時にはその実行そのものが、ゲイ運動を始めから魅惑して来た一つの戦法であった。[30] プルーストをあれほどかりたてた一九〇七年から一九〇九年にかけてのオイレンブルク事件で、ヒルシュフェルトやアドルフ・ブラントが、公爵と首相は「ホモセクシュアルの指向」を持つ人物だ、と進んで証言したこと[31]から始まって、一九二四年、警察の情報屋で大量殺人者、フリッツ・ハーマンの裁判に、ヒルシュフェルトが専門家証人として出廷したこと、[32] また警官を「アリス・ブルー・ガウン」と呼ぶ伝統的ゲイの形容辞、さらに最近新右翼の鬼才テリー・ドーランの死の原因についての情報が楽しまれていること、またゲイのジャーナリスト、ボイド・マクドナルドが、ウィリアム・F・バックリー・ジュニアのような攻撃的人物のセクシュアリティを狙って仕事をするときの、元気が出るような悪意[33]に至るまで、様々な例が挙げられる。様々な時、様々な理由によって、権力の座にいるホモフォビックな男性の、ホモセクシュアルの秘密とされることをはっきり言明することに、何らかの解放の可能性があるように、ゲイの人々には考えられて来たのである。公然の秘密は、暗黙の了解であることで、階層性の強制を構造化しているのだが、それをこのように選択的に発言することは、オイレンブルク事件やハーマン裁判への介入においてそうであったように、ゲイの政治学にとっては悲劇的に誤った動きとなり得る。これは常に強度に爆発の危機を孕んだ手段である。なぜなら実際そうであるように、この手段が特別な論争的力を得るのは、文化が（発言者はそうでないにしても）根底で、ホモセクシュアルの選択を恐怖症的《フォビック》に値踏みしていること（およびヘテロセクシュアルが免除されることを黙認していること）にかかっているからだ。しかしそれにもかかわらず、周囲を取り巻くホモフォビアが、この文化のもっとも重要な連結関係における、まさに意味それ自体の基礎であると見えるとき（実際そう見るのが正しいのだが）、どんなものにせよその力をホモフォビアに依存しないで済むような介入のあり方を組織するのは、不可能な、または不可能なほど孤立させるような仕事だろう。その一方で、これらのホモフォビアに洗われた糸を自分の言説の織物の中に編み込むことによって手に入るエネルギーとコミュニティを（たとえそれを使うかどうかは選択に任せられているとしても）なしで済ませるのを選ぶのはほとんど不可能だ。

シャルリュスが名指しの発言をすることに耽溺していることにも〔このような名指しの政治学の両義的側面が見てとれる〕。

「……ギリシア国王のコンスタンティノスは、彼が皇太子だったころからたいへんよく知っていますが、まったくすばらしい方ですよ。ニコライ皇帝は、あの方にたいそうな愛情をお持ちだったといつも思っていました。もちろんなにも不名誉なことをほのめかしているのではありません。クリスチアン公妃は公然とそのことについて話していたものですが、あの方はそれは悪口を言いふらす方ですからね。ブルガリアの皇帝と言えば、あの方はまったく公然たるホモで、途方もない嘘つきですが、たいへん聡明で、非凡な方でいらっしゃいますよ。私のことをそれは好いていいて下さっているのです。」

感じの良い魅力をふりまくこともできるシャルリュス氏が、これらの話題に触れるときは本当にいやな感じになった。彼はこの話題に、自分の健康に注意を引き続ける病弱者にあるのと同じ種類の、かんに障る自己満足を持ち込んだ。しばしば思ったものだが、バルベックの「トルティヤール」〔曲がりくねったローカル線〕の中で彼が秘密主義のためしようとはしなかった告白を、あれほど聞きたがった信者たちも、どんなふうにせよ、実際に彼の狂熱を見せつけられては耐えられなかっただろう。病人の部屋にいるときや、公衆の面前で注射器を取り出すモルヒネ中毒患者を目の前にしたときのように、落ち着かず、呼吸もままならずに、彼らは、自分たちが聞きたいと思い込んでいた打ち明け話を終わらせるだろう。……このように、この威厳のある高貴な人物は、もっとも愚鈍な微笑みを浮かべて、次のちょっとした談話を終えた。「ヴィルヘルム皇帝の場合、コーブルクのフェルディナントに同じ種類のことが強く推定されているというわけで、これがおそらくフェルディナント皇帝が『侵略帝国』の側に加わった理由でしょう。結局のところ、非常に理解できることですが、人は姉妹には寛大なもので、何一つ彼女に与えないものはないのです。」(T 813-14)

しかし名指しの発言をするのは、シャルリュスだけではない。強迫感にとらわれたように、彼の中のこの中毒と他の中毒を診断しながら、語り手が、他の数多くの人々と一緒にシャルリュスを名指して貶めることで、無尽蔵の、まさに増え続ける充実したエネルギーと芸術的原動力を手に入れている、ということ以上に明白なことはない。最後に、ゲイであることを公にしていない読者たちも、何十年にもわたって公然と、ストレートな読者や公然とホモフォビックな読者とともにこの小説におけるいくつかのレヴェルでの〈ホモフォビックな恐喝―兼―ホモセクシュアルの自認〉と、またさらにいっそう強力な、この小説自体の〈ホモフォビックな恐喝―兼―ホモセクシュアルの自認〉とに参加して、緩やかで矛盾のある、著しく楽天的なコミュニティを作って来たのである。男性の性の定義をマイノリティ化する比喩と普遍化する比喩との破壊的連結のただ中で、近代のクローゼットの制度を構成し、制度に構成されるようなクローゼットの一つひとつの中に一人のホモセクシュアルな男性が隠れていると仮定すべきではないことを、私たちはもう知っていてもいいはずだ。それにもかかわらず、ホモフォビックな衝動の抜け落ちたことはないホモセクシュアルの問題〔という設定の仕方〕こそが、クローゼットを構成しまたそれを食い物にするエネルギーを画定し続けるものなのである。

＊＊＊

もし、ホモセクシュアルをホモフォビックに認知することによって構成される、結局、本質的にはシャルリュスの世界理解と言えるものを同心円を成すさざ波で外側に拡張することが『失われた時』の行う唯一の行為だったとするならば、この著作は、力強い本だったとしても現にあるような本ではなかったであろう。あの異彩を放つ性の主題のまわりには、ある意味ではさらにパワーアップした非常に多くの、意味のフィラメントが他にもある。特に、除外と免除のパターン、つまり視覚の対象として不安定に枠組みの中に入れられたものの高度に変動しやすい分類化を通して、見る側の支配力が構成されるような投射的詩学がこの著作の階級と芸術的仕事のパフォーマンスを構造化している（それが、ユダヤ人の定義を明らかに構造化するのと同じように）。このように遅くまで小説の主題の多元化について持ち出さなかったのはなぜか、しかもかろうじて言及している今でも、疑念のただし書きをつけるのはなぜか、説明させてほしい。この小説や関連の題材について、人々と意見を交換したいくらかの経験から知ったのは、現在の批評の実践では、また特にヘテロセクシュアルな読者による批評の実践においては、ゲイ関連の問題とホモフォビアをめぐる特定の言説固有の特異性が、一次的に問題を特定の方向に多元化するという経路を経て、今度は安堵のため息とともに、概念的な「決定不可能性」または「差異」の「無限の複数性」という、磁力を帯びた、ほとんど宗教的に神秘的な主張の目的地に一気に滑り込むという片道運動がきわめてたやすく行われるということだ。その目的地の広大で影の多いスペースの中には、ヘテロセクシストの仮定とホモフォビックな投射の機械装置がすでに、気づかれずに入り込んでいる隙間がたっぷりあったはずだ。

名目上多元的な読みはしばしば、プルーストのために、ママがブランチに来る前に『ゲイ・コミュニティ・ニュース』を隠し、恋人を図書室に追い払うという儀式を静かに行う一つのやり方となるであろう。それが小説を脱‐ゲイ化し得るのである。たとえば『失われた時』においては、作家という仕事の一つのヴァージョンが極度に特権化されており、たしかにそれこそがこの小説のスリリングな免除の詩学が、男性のホモセクシュアル・パニックがどんな意味においても自己構築の予定表の中に入って来ない、若い女性の書き手の意識システムの中に深く作用した理由の一つである。しかしそのヴァージョンでさえも（不安定な近代の、秘密／発覚、私的／公的、男性的／女性的、多数者／少数者、無垢／集団へ《イニシ》の加入《エーション》、自然／人工、成長／頽廃《デカダンス》、都会的／田舎風、健康／病気、同一／差異、認識／妄想症《パラノイア》、誠実性／感傷性《センチメンタリティ》、自由意志／中毒という揺れる二項対立に満ちている）、その用語と構造は、世紀の転換期の性の危機の特異性によって深い刻印を押されているのであり、それゆえに、これらの用語の自由な浮遊や、あるいはホモセックスの印のない代替用語の無限性を想像することは、既に恐怖症的《フォビックな》理解の一形式なのだ、ということを強調しなければならない。

しかしおそらく、代替的ではないにせよ、この小説の読みに持ち込める一つの異なる角度の概略を示せるかもしれない。[*34] それはこの本に生命を吹き込んでいる男性のホモ／ヘテロセクシュアルの危機の特異性を、より直接的に、読者の特異性に関わらせることだろう。疑似恐怖症的自己構築を、直接的に模倣する連鎖を通してこの本を消費するかもしれないような男性の読者や男性と同一化した読者にではない。この本の消費者としての他位が特別な差異によって特徴づけられているような女性読者あるいは女性と同一化した読者にだ。ある意味では、『失われた時』の消費者として意図されたのはまさに女性読者だと、それも特に母親の位置にいる女性、つまり語り手の、または著者の母親の位置にいる女性だ、と議論したい。もし『失われた時』がカム・アウトしないカミング・アウトの物語という、あのあらゆるジャンルのうち、もっとも興味をそそるジャンルの特権的テクストだとするならば、その頑固な透明性、あるいは見え透いた頑固さによって維持されるのは、結局二つの効果である。第一の効果は、既に見たように、男性のクローゼットを男性がパラノイア的に演劇化することから、高度に伝染性のエネルギーが尽きることなく生じるということ。そして第二の効果は、母親の形象に対する未完成の語りかけを通して、聞き手に、極度の、または究極的な権力が与えられるということだ。それにもかかわらず、聞き手は〔語られていることを〕知ることができない人物であると定義される。

カミング・アウトの信念表明《テスタメント》と、それが公になること《カムアウト》を拒否し続けることは、どちらも、母親に向けられてはいないだろうか？　またこの小説の比喩、「母親の冒瀆」の一貫した力の背後には、そのような場面がないだろうか？　語り手と物語とを、情愛を込めて、恐ろしいように吟味するあの女性が、知ることができないということは、分析的推論である（彼女は知っているような様子をしたことがない、それにどのみちどうやって知ることができるというんだ？）と同時に、まったくの命令である。すなわち彼女は知ってはならないからだ。想像できるように、プルーストの初期の二作品が示唆するのは、ホモセクシュアルの告白は、告白する人物を殺すか（「夕暮れのひととき」）、あるいは隠されたセクシュアリティの発見が、母親自身を殺すか（「若い娘の告白」）、どちらかである。[*35] 矛盾した分析または命令の徴候、すなわち「彼女は知っているに違いない／彼女は知らなければならない」（She *must* know）が、表面上、『失われた時』の知ってはならないという命題に物語の運動力を与えている。絶対的な無知が、一貫して母親に帰せられ（あるいは処方され）るが、それに対抗するもっとも目立った力（抵抗力であるとしてだが）は、不可解ということになっている息子の属性を決定してしまうような、絶対的力が彼女にはあるということである。結果として、母親は、自分が認識上の支配力を持たない力を使用することになる。

この全能で、知ることのない母親のトポスは、パゾリーニからデイヴィッド・レヴィットまでの、たとえばジェイムズ・メリルを経由した連続体全体にわたる、二〇世紀ゲイ男性のハイ・カルチャーに深く根を下ろしている。メリルの『神曲』では、母親はウィージャ・ボード〔こっくり板。心霊術で用いる、文字記号を記した板〕のアルファベットの中の、あの圧倒的に強力な空白の場、「僕の生成と詩行の生成に本質的な／一行ごとの呼吸」[*36]として形象される。E・M・フォースターの短篇『別なボート』では、同様に、母親のヴィジョンによって主要キャラクターのホモセクシュアル・パニックが燃え立たせられ、文字通りの狂気へと至る。「彼の母親――盲目で、自分が紡ぎ出した巨大なクモの巣のただ中にいる――細く引き伸ばされた糸はあたり一面に吹き流され、より糸は絡まる。彼女には理性はなく、彼女についての推論もなかった。彼女は何一つ理解せず、全てを支配した。」[*37] このトポスは文学生産の一つの豊かな特色であったにもかかわらず、ゲイの男性の批評と理論においてはそうではなかったが、それには非常に説得力のある理由がある。すなわちそれが（ホモ）セクシュアリティと（女性的）ジェンダーとの、考えなしの結合を補強するかもしれないように見えること、またそれが息子たちのホモセクシュアリティは、常に知らず知らずにそれを引き起こす母親に「責任がある」という、五〇年代と六〇年代、フロイト派の仕事を拠り所にアーヴィング・ビーバーなどによって普及されたホモフォビックな主張と、一致する度合いが一見すると高いように見えること、が理由である。

知ることのできない女という形象が男性のセクシュアリティの表象の究極の消費者として、男性によってホモフォビックに構築される事例は数多いが、その中から華々しい一例をもう一つだけ挙げよう。一九八七年四月三日付の『タイムズ』に、はなはだしく扇動的な第一面記事、「女性を脅かすエイズの亡霊――バイセクシュアルの男性」がある。エイズ関係の言説において、それ以前は明確な「リスク・グループ」に、限定的で無関心な（マイノリティ化する）焦点が合わせられていたが、それが「一般市民」に対する危険という、より広い、より確信のない（普遍化する）焦点に合わせられる方向に驚くべき速さで転換しているときに、この記事は書かれた。『タイムズ』のジャーナリスト、ジョン・ノードハイマーは、その転換に潜在していた定義上の危機に対して、バイセクシュアルの男性という、かなり不定形の新しいマイノリティ・リスク・グループのカテゴリーを挿入しようとすることによって反応した。しかしリスク・グループとはいえ、このグループには、マイノリティを襲うエイズが、いわゆる一般市民を襲うようになる、致命的な「架橋」を提供する可能性が潜在するとされたのである。

この男性によって書かれた記事は、女性たちの実際の声を領有することによって、不安と不確実性を起動し、かきたてている。これによれば女性たちは男性のセクシュアリティの秘密の全てを知っていなければならないのであり、だから彼女たちは、バイセクシュアルの男性とのどんな性行為も避けることができ、ヘテロセクシュアルだと保証できる男性とは、無防備の性行為を避けることができるということになっている。この知っていなければならないは、より明白な、認識論的には楽にするような選択、つまりこの女性たちがこの時点で、全ての性的接触に配慮とコンドームを使用するという選択があるにもかかわらず、それを削除するように、注意深く記事が組み立てられることによって、人為的に構築されている。しかし知らなければならない、というわざとらしい命令形は、ただの引き立て役、または口実にすぎない。知らなければならないは必然的に知ることができないを発生させる。そして知ることができないは、同じくらい間違いなく、この記事の主要な遂行的（パフォーマティヴ）行為において、その意図された対象、すなわち〈影の中のバイセクシュアル〉その人を発生させるのである。この記事は、「専門家によれば」と前置きして、想像されているミドル・クラスの女性たちにとって、〔バイセクシュアルの男性がどういうものか〕述べている。

神話的通念と彼自身の秘密主義の仮面の下で、バイセクシュアルの男性という形象は、一九八〇年代後半、過去の性的出会いと将来の出会いとに寒気を投げかける悪鬼となった。

バイセクシュアルの男性は、しばしば秘密主義で複雑な人間であり、専門家によれば、おそらく質問されたとしてもホモセクシュアルの行動を認めようとはしないということを聞けば、女性はまた悩むかもしれない。実のところ、中にはホモセクシュアルの行動をとっていることを、自分自身でさえ認められないバイセクシュアルもいるのである。

知ることのできない女の、知ることも同意も与えていない名において、そして彼女にもわからないと言う女性専門家の肖像のもとで、新しい性のアイデンティティを構築する言説装置全体が、私たちの教化のために、フィールドに転がり出されて来る。私たちはバイセクシュアルの男性に何と言うべきかを学ぶ（「あなたは男じゃないわ！」と夫の「真実」を発見した女性は告げる、あるいは告げた、と「一人のセラピスト」によって私たちは知らされる）。私たちは彼らの、求愛を含むかのような配慮が、女性たちに対して「深い屈辱の感覚」を与えることを学ぶ。また私たちはバイセクシュアルの人々には、彼らについての専門家とは違って（たとえば「アルフレッド・C・キンゼイ博士」「ブルース・ヴォーラー博士」「テレサ・クレンショー博士」のように）、姓がない、と学ぶ（たとえば「スチュアート」のように）。また私たちは、彼らについての研究の歴史があることを学ぶ。またもっとも重大なことに、私たちは、バイセクシュアルには五つのカテゴリーがあることを学ぶ。すなわち〔第一に〕「結婚している男性たちで……人目を忍んでホモセクシュアルの生活を送り、妻以外の女性とは、性関係を持ったとしても稀にしか持たない人々」、〔第二に〕「公然とバイセクシュアルの男性であり、ホモセクシュアルな指向においてのみ、無差別な関係を持つが、女性とは散発的に持続した関係を持ち、一人の女性との関係が終わると男性との交友に戻る人々」、〔第三に〕「アイデンティティが混乱しているために落ち着きがなく、一人の専門家の言葉によれば『あちこち飛び回り、また戻る』ような男たち」、〔また〕「第四のグループ、つまり大学または他のより寛容な、あるいは隠れやすい環境で、ホモセクシュアリティの実験をする若い男性」、そして最後に、「『両性愛《アンビセクシュアル》』、男性とも女性とも非常に頻繁に性的接触を持つ、少数だが『危険な』男性のグループ」が挙げられている。これらのカテゴリーは非常に区別が難しいように見えるにもかかわらず、それぞれが、その前に挙げられているものよりさらに病的に聞こえる。とはいえ、そんなことは重要ではない。重要なのは、単に複数のカテゴリーが存在するということであり、それが分類化のプロセスの正当性を保証するのである。この認定のプロセスによって、私たち女性は、男性のセクシュアリティという支配し難い地図を最終的に支配できない限り弱者だという、またもう一つ、弱者であるあり方を学ぶのである。

さらに、私たち歴史に注意怠りない読者は、「新しい」専門知識がこのように確信を持って提供されているとしても、それが今世紀分と同じくらい古い二つの分析的封鎖、すなわちジェンダー・アイデンティティに関する移行的／分離主義的問題と、性的定義に関するマイノリティ化／普遍化の問題について、なんらかの動きの前兆を示すものではないということに気づくのである。これらの男性は「彼らの少し女性的な態度」が特徴なのか、それとも反対に、「非常に男性的」なのか？　さらに、彼らはコーネル・メディカル・センターのリチャード・A・アイセイ博士が示唆するように、少数の自己充足したマイノリティなのか？　それともむしろ、「カリフォルニアにおけるバイセクシュアリティの権威」であるフリッツ・クライン博士が主張するように、彼らは「周辺にいる」「多くの男性たち」が「男性とも女性とも非常に〔性的に〕活動的」になり得るという、巨大な潜在的可能性を表しているのか？

この記事で二度引用されているジューン・レイニスク博士は「バイセクシュアルの数を計算すること」は「常に扱いにくい問題でした」と言ったとされている。「バイセクシュアルの数を計算すること」の問題は「バイセクシュアルの数」の問題とほとんど変わらない。この記事は、レイニスク博士が認めている概念的な行き詰まりを、一つの最終的解決の理論的根拠へと転化している。その中で、男性の虚偽と脅威の全体を、彼ら自身が非常な危険にさらされている男性のグループに新しく罪を着せて投射し、それと同じジェスチャーで、記事自体の手に負えない、知らない、ということを、女性に投射しているのである。

要するに述べたいのは、男性のジェンダー・アイデンティティと秘密についてのゲイの解釈とホモフォビックな解釈の両方を、女性の形象が無言=愚鈍《ダムリー》にまたは疑似無言=愚鈍に主宰しているように見えるあり方は、『失われた時』の物語内部とその周辺とで劇化される宿命的な関係の一つだ、ということである。女性が既に、受動的、幻像的に、しかしにもかかわらず（あらゆる面で）抑圧的に占めているこの道標的なスペースを、私たち自身の認識と欲望をより活発にして手に入れ占拠しようとすることが、女性の読者にとって、またプルーストのテクストにとって、これまで論じて来た危険なほど活気を与えてくれる男性指向の読みの関係よりも、害が少ないプロセスだなどと仮定してはいない（そして私はこのことを強調したい）。しかし否応なしに、私はもちろん、始めからずっと、その占拠の仕事も演じて来たのである。とはいえこの推進力のあるテクストの世界をそちらの方向に動かすこと、それは私の行ってきたプロジェクトの一部ではあるにしても、おそらく今現在のテクストにおける、私の主題とはなり得ないであろう。

〔原註〕

＊1　J. E. Rivers, *Proust and the Art of Love: The Aesthetics of Sexuality in the Life, Times, & Art of Marcel Proust*（New York: Columbia University Press, 1980), p. 14. これ以降の引用は本文中に引用ページを記す。

＊2　少なからず考えてみたが、これがなぜ明白でなければならないのか、私にはまだわからないと言わなければならない。

＊3　Leo Bersani, "'The Culture of Redemption': Marcel Proust and Melanie Klein," *Critical Inquiry* 12, no. 2（Winter 1986): 399–421, p. 416 からの引用。これ以降の引用は本文中に引用ページを記す。

＊4　この、テクストを切断しまたもとに戻す、というベルサーニのジェスチャーと似た方法は、ドゥルーズとガタリが「呪われた種族」を二分化し、二重の価値を与える扱い方の中にも見られる。「プルーストは……二種類のホモセクシュアリティを、あるいはむしろ二つの領域、すなわちそのうち一方のみがエディプス的、排他的、抑鬱症的であり、もう一方がアンチ・エディプス的分裂病的で、包含され、包括的である領域を、対照させているのである」（*Anti-Oedipus*, p. 70)。

＊5　たとえば「ホモセクシュアリティの原因」に関して、公的不可知論が突然また実質上反対者もなく広められたことが、公民権を志向するゲイの政治学の発達に権能を与えるような役割を果たした、ということが教訓的だ。この確固たる不可知論の修辞的矛先は典型的に二方向に向けられている。一方はゲイ個人による自己説明の権利が、歴史的に、特定の説明的学問分野とその専門家たちによって流用されたのを取り消すこと、もう一方は原因の問題を、それに伴って起動させられる分析の対象としての可視性と攻撃されやすさも一緒に、ヘテロセクシュアルの対象選択の方向に押し戻すことである。

＊6　Maurice Bardèche, *Marcel Proust, romancier*, 2 vols.（Paris: Sept Couleurs, 1971), pp. 216–17 からの引用（最初の部分）、およびパラフレーズ（第二の部分）。Rivers, *Proust* pp. 150–51 から。

＊7　プルーストの引用は特に言及しない限りは、以下のテクストを使用する。*Remembrance of Things Past*, trans. C. K. Scott Moncrieff and Terence Kilmartin, 3 vols（New York: Random House/Vintage, 1982). 引用は本文中において、各篇のタイトルのイニシアルと、その篇が含まれる巻のページ数を記す。第一巻は「スワン家の方へ」（S）と「花咲く乙女たちのかげに」（W）を、第二巻は「ゲルマントの方」（G）と「ソドムとゴモラ」（C）、第三巻は「囚われの女」（Cap)、

「逃げ去る女」(F)、そして「見出された時」(T)を含む。

*8 フランス語の引用は以下から。The Pléiade edition, 3 vols. (Paris: Gallimard, 1954), II: 1043. これ以降の引用は本文中にページ数を記す。

*9 Marcel Proust, *Cities of the Plain*〔『ソドムとゴモラ』〕, trans. C. K. Scott Moncrieff (New York: Random House/ Vintage, 1970), p. 314. このテクストからの引用は以後 *Cities* として引用ページとともに記す。

*10 たとえば、シャルリュスが何人かの他の客たちと、パーティでゲイのうわさばなしをしているところだ。「社交的会合というものは、断面を取り出し十分に深く切ってみれば、医者が患者を招待するパーティに似ているものだ。患者たちはたいへん知的に話し、礼儀作法も完全で、もし通り過ぎる老紳士を指さして、耳元で『あの方はジャンヌ・ダルクですよ』と囁かなければ、狂人だとは決してわからない、そのようなパーティに」(Cap 245)。さらに例としては以下を参照。C 1083, T 868-69.

*11 この効果の例が数多く見られるのが、以下の部分である。C 1075-88.

*12 しかしもし一節を選ばなければならないとしたら、以下であろう。

「ヴェルデュラン夫人が『オレンジエードを召し上がってみましたか?』と尋ねた。するとシャルリュス氏は滅多に使わない透明な声音で、きりもなく作り笑いを浮かべ、腰をくねらせながら答えた。『いいえ、私はそのお隣を選んだものですから。ストロベリー・ジュースだと思うのですが。たいへんおいしいですね。』ある種の秘密の衝動が、話し方やジェスチャーといった外面的結果を通して現れる、というのは奇異なことだ。もしある男が、無原罪懐胎やドレフュスの無罪、あるいは世界の多元性を信じたり信じなかったりし、その意見を自分だけの秘密にすることを望んでいたとして、彼の声や歩きぶりの中に、彼の思考を表してしまうようなことはないだろう。しかしシャルリュス氏があの甲高い声、あの笑い、あのジェスチャーで『いいえ、私はそのお隣のストロベリー・ジュースを選んだものですから』と言うのを聞けば、判事が自白していない犯罪者に宣告を下すのを可能にするのと同じ確かさで、あるいは医者が、自分では病気におそらく気づいていない全身麻痺の患者の、発音がいくらかおかしいことから、三年以内に死ぬだろうと推測できるような確かさで、『ああ、彼は男が好きなのだ』と言うことができるだろう。おそらく、ある男が『いいえ、私はそのお隣のストロベリー・ジュースを選んだものですから』と言う言い方に、不自然だと呼ばれるような愛を推測する人間には、そのような科学的知識はまったく必要ないだろう。その場合には秘密とそれを現す標識との間に、もっと直接的な関係があるからだ。多くの言葉を費やしてそう考えるまでもなく、答えているのが礼儀正しい、微笑みを浮かべた婦人であり、男性のふりをしているから気取っているように見えるのだ、と人は感じるのだし、また男性が、そのような態度を取るのを見るのには慣れていない。またおそらくは、ある一定の数の天使のような女性たちが、間違いから長いこと男性という性に含まれて来たのだと、そしてそこで彼女たちは追放されたように感じ、男性たちに生理的嫌悪感を引き起こすにもかかわらず、彼らに向かって、翼をむなしくはばたかせながら、客間をきれいに整えたり、『インテリア』の作り方を工夫したりするのだ、と考える方がより親切というものだろう。」(C 999)

＊13　キルマーティンは"ridicule"〔滑稽な〕を"fatuous"〔まぬけな〕と訳している。それは"fat"〔うぬぼれの強い〕＝"smug"〔いやに気取った〕のインパクトを補足するのだが、フランス語にある、私が指摘したいような特定の形容詞的効果を再現しない。

＊14　叙述形容詞の力の、プルースト風主張と実例には、"mad"〔気の狂ったような〕(G 394)や"pregnant"〔含みのある〕(C 636)がある。

＊15　同じ調子、同じ高さ、というのが、どういう意味か説明しよう。たとえば、この長い段落で二人の男が語り合っていると私たちは告げられるのだが、彼らが交わす言葉は一つも与えられない。代わりに私たちが受け取るのは、彼らが言っているであろうようなことについての語り手の言葉であり、それがますます、実際に彼らが何を言っているかを想像するのを不可能にする。その真の効果は、隠れた語り手の声で場面全体がいっぱいになっているのに、二人の男がまったく無言であると（魅力、美、神秘的な無時間性の感覚を増大させるとともに、この場面にまつわる演劇的パントマイムの感覚をも増大させながら）読者が確信することだ。さらに、表向きは二人の男について語っている言葉が、むしろ不気味に広がる沈黙それ自体を舞台化してしまう描写の力わざを、より良く語っているように見える。たとえば「あらゆる種類の愛の情景を非常に感動的にする……全ての物事がたちまち過ぎてしまう、というあの感情」といった一節のように。

「そのようにして、一分おきに同じ質問が投げかけられているようだった……まるで規則正しい間隔でいつまでも繰り返され、過度なまでに華美な準備とともに、新しいテーマ、調子の変化、『テーマの反復』を導き出そうと意図された、ベートーヴェンのあの問いかけに満ちた楽節のように。一方で、シャルリュス氏とジュピアンとの間で互いに交わされる視線の美しさは、少なくとも当座は、まさにそれ以上の何事も導き出そうとは意図されていないようだ、という事実から生まれているのだった。男爵とジュピアンとの間に、この美が現れるのを見るのは始めてだった。」

「美」という同じ琴線に繰り返し触れることには、まさにここで述べられているような効果、すなわち、視覚的消費の権利の周囲に組織化されている、静止状態と始動との間の宙吊り状態という効果がある。

*16　例としては以下を参照。Cap 74, F 512。

*17　Rivers, *Proust*, pp. 2-9, 247-54.（ここで彼は、アルベルチーヌを完全に両性具有的とする読みを主張している。）

*18　この定式化は、スティーヴン・シャヴィロの示唆による。もちろん「女性性《フェミニニティ》」とここで言っても、型にはまったジェンダー役割（弱さ、受動性、愛らしさ、等）を、忠実に信奉することを意味するのではない。むしろ女であること《フィーメイルネス》が力の形式として形象化されていること、しかし特に、（男性として形象化された）主体自体とは別なものの力として、形象化されていることを意味している。このような限定は、（女性を定義上、愛の対象と、したがって非知識として定義する、異性愛主義の迂回路を通って）女性を知ることのできぬものとする、プルーストの、明確に認識論的で明確に男性的な定義に起因する。「女性性」や「女であること」が、プルーストにおいて、どの程度まで統語的位置づけ（特に主格に対立するものとしての対格）として見られるのか、またそれがどの程度まで意味論的なものに、特定の場所と意味とに固定される方向に向かうのか、ということは、おそらくバルトとの関係だけではなく、ベルサーニのエッセイの中にある、魅惑的な段落との関係において、議論する余地が残っている。この段落で、彼は「全ての人間という主体が自分自身の欲望に対して持つ、一種普遍的なヘテロセクシュアルの関係において、〔異性における〕ホモセクシュアリティが存在論的に必然であるということ」(416) について述べている。

*19　"pursy"——スコット・モンクリーフによる形容詞"bedonnant"〔太鼓腹の。これはまたマルハナバチとのかけことばでもある〕の訳語。非常に頻繁にシャルリュスに適用される。例として *Cities*, 4 を参照。

*20　これはセクシュアリティの歴史家、ヘンリー・エイブラヴとケント・ジェラードの示唆による。

*21　Richard Ellmann, *Oscar Wilde* (New York: Random House/Vintage, 1988), pp. 460-61.

＊22　ヴェルデュラン夫人はついにシャルリュスを破滅的カテゴリーである「戦前派」に分類する（T 787）。

＊23　Marcel Proust, *The Captive*, trans. C. K. Scott Moncrieff (New York: Random House/ Vintage, 1970), pp. 238-39.

＊24　しかし同時に、彼らがそれまで行って来た、拡散したセクシュアリティに対してアルベルチーヌが感じている極度のもどかしさを知らせるこの信号は、語り手の要求が、そして彼女自身の囚われの状態が、どのように完全にあの彼女のゆらめく口唇性の表現を形成したかということを、振り返って聞き取れるようにしてくれる。その表現に関して、彼は実際、こう言っている。

「私は〔アルベルチーヌのした〕あらゆることにもかかわらず、深く動かされた。なぜならこう思ったからだ。確かに、私自身はあのようには話さないだろう、しかしそれでも、私なしには、彼女があのように話すことはなかっただろう。彼女は私に深い影響を受けているのであり、したがって私を愛さずにはいられないはずだ、なぜなら彼女は私の創造物なのだから。」(Cap 125)

＊25　T. S. Eliot, "The Love Song of J. Alfred Prufrock," in *The Complete Poems and Plays 1909-1950* (New York: Harcourt, Brace & World, 1952), p. 6. 私は「男性のホモセクシュアル・パニック」という言葉を第4章で説明したような意味で使っている。すなわちホモ／ヘテロセクシュアルの定義に関わる脅迫可能性に対する、パニックに満ちた反応である。それは、自分をホモセクシュアルだと自認している男性を除く、全ての男性に作用する。

＊26　傾いた船《キャリーン》を連想することしかできない、経歴《キャリア》という言葉自体に無頓着な、人を喜ばせる曲馬師として、私の経歴を、例の一八世紀小説に出て来る車軸の長い不安定な馬車のようなものだと想像しよう。悪路でその速度は確実に増し、ついには木っ端みじんの転覆、というクライマックスに達するのだが、その残骸からはロマンティックな主役だけが、魅惑的な荒廃の状態で取り出されるのである。

＊27　もちろんこの場合は明確に、女性に対しての権能《エンパ》を与えること《ワーメント》、すなわち二十代で、一つのキャリアに生命力を投資するか否か選ぶことのできる人物の、エンパワーメントである。しかもより明確に、専門職階級の女性の、すなわち選ばれるべきものとしてある備給の対象が、商売や勤め口ではなく、キャリアであるような人物のエンパワーメントである。

＊28　たとえばアンディ・ルーニーは、全国的に配給される彼の一九八六年八月九日付コラムで、コーンが否定していたにもかかわらず犯していた「憎むべき」行為のリ

ストを挙げている。すなわちコーンは「幾百人もの［!］良きアメリカ人のキャリアを不当にも傷つけた［あの］魔女狩りに関係したことを否定した」、また彼は「何百万ドルもの税金が未納であることを否定した」、また彼は「老大富豪を死の床でペテンにかけたことを否定した」、そしてもちろんクライマックス風に、彼は「エイズに苦しむホモセクシュアルであるということを否定した。死はこの最後の否定に対する効果的な反証であった。」

＊29　Albin Krebs, "Roy Cohn, Aide to McCarthy and Fiery Lawyer, Dies at 59," *New York Times*, August 3, 1986, pp. 1, 33.

＊30　Steakley, *The Homosexual Emancipation Movement in Germany*, pp. 32-40 で議論されている。引用は p. 33 から。

＊31　この事件の言説的な複雑化に関しては、James Steakley, "Iconography of a Scandal: Political Cartoons and the Eulenburg Affair," *Studies in Visual Communication* 9, no. 2（Spring 1983）: 20-49 を参照。ヒルシュフェルトが関与したことの動機と結果に関しては、特に pp. 30, 32, 42-44 を参照。ブラント対ビューロー裁判に関しては、pp. 30-32 を参照。シャルリュスはこの事件をしっかりと追っているが、オイレンブルクや他の〔ホモセクシュアルであると〕非難されていた貴族たちが慎重にも皇帝を巻き添えにしないことを賞賛しながらも（C 979）、事件を再現することには関心がないのは明らかだ。

＊32　これに関しては、以下を参照。Richard Plant, *The Pink Triangle: The Nazi War against Homosexuals*（New York: Henry Holt, 1986）, pp. 45-49.

＊33　映画関係の著書や爽快なセックス逸話の選集ばかりでなく、『クリストファー・ストリート』や『ネイティヴ』に定期的にコラムを書いてきた、マクドナルド独特の一節は次のようなものだ。

「あの唇、あのお尻

　八月一一日のバーガー判事の訪問に反対するホモセクシュアルたちのデモは、五チャンネルのニュースで見たところでは、なかなかいかしていた。そのニュースの中の唯一の許し難いゲイ・ステレオタイプは、時々あることだが、うわさでは〈ヘテロセクシュアルということになっていて、おまけにアンチ・ホモセクシュアルの人物、すなわちバーガー判事その人だった。彼はデモ参加者たちの側には近づかなかったが、彼が廊下を女々しく腰をくねらせて、よちよち気取った小股で歩くのが映ったが、尊大な年寄りのクィーン〔女性役のホモセクシュアル〕のように見えた。彼は四人のボディガードに囲まれていたが、いつもボディガードを連れていることをお薦めしたい。彼が何者であるか知らないファグ・バッシャー〔ホモセクシュアルたちを攻撃する人々〕たちから、身を守るためにも。」(*New York Native*, no. 175 [August 25, 1986]: 17)
マクドナルド好みの、形容辞の当てはめ方について説明している、これより前のコラムに次のようなものがある。「『ビッチ』〔雌犬〕という言葉は非常に放射性と伝染性があるので、ブーメランのようにはね返って、それを使う人全てを汚染してしまう。……極端な場合、僕は誰かを、異性と結びついた名で呼ぶこともある。たとえばエディ・マーフィー、オコナー枢機卿、ウィリアム・F・バックリー・ジュニアといった、男性らしさのかけらもないホモいじめたち《ファグ・ベイター》は、実際のところプリック〔ペニス、くだらないやつ〕と呼ばれるのを喜ぶかもしれない。しかしビッチと呼ばれたいかどうかは疑問だ。したがって、僕は彼らをビッチと呼ぶのだ。

もし本物のファグ・ベイターなるものがあるとしたら、たぶんこれほど気にならないのだろうと思う。しかし僕があちこちで読むファグ・ベイターたちは全て、個人的な理由があって〔ホモセクシュアルを〕攻撃しているように見える。秘密で、品性のない、しかも彼らが論争をしかけたくなるような理由、彼らの男性に対する実際の態度や、そして場合によっては男性との経験と関わっているような理由が、だ。

女性に対して女性向けの悪称は使わないという、僕の高い理想に恥じない行動をいつもとれているわけではない。僕はバブス・ブッシュ〔バーバラ・ブッシュ〕をオールド・バッグ〔口うるさいブスばばあ〕と呼んだことがある。この呼び名はボブ・ホープにもっとふさわしいだろうというのに、だ。それからナンシー・レーガンをオールド・ハッグ〔鬼ばば〕と呼んだこともある。それがディック・キャヴェットにもっとふさわしいというときに、だ。」(*New York Native*, no. 163 [June 2, 1986]: 18)

驚くには当らないが、マクドナルドはロイ・コーンに関する医療上の秘密漏洩に関しても、早いうちに大喜びで取り上げている。(「ファグ・ベイターがエイズ持ち」というタイトルが彼の『ネイティヴ』の記事にはつけられていた(*New York Native*, no. 173 [August 11, 1986]: 16))。ゲイ読者向けのゲイ肯定的新聞に掲載された点が違うとはいえ、エイズ関連記録の機密性に関する『タイムズ』の無関心を、ここでマクドナルドも繰り返している。

＊34　この一連の思考の過程においては、ジャック・キャメロンとの貴重な議論に負うところが大きい。

＊35 「夕暮れのひととき」は以下に付録として訳出されている。Rivers, *Proust*, pp. 267-71.「若い娘の告白」は、以下に訳出されている。"A Young Girl's Confession," *Pleasures and Regrets*, trans. Louise Varèse (New York: Ecco Press), 1984, pp. 31-47. 後者は、若い女性が男性と持つ関係に関しての小説であるにもかかわらず、プルーストが、自分の若いうちのホモセクシュアルな情事を母親に見つけられるのではないか、と恐れたことを描いたものであると、非常にしばしば、また非常にまことしやかに読まれている。

＊36 James Merrill, "The Book of Ephraim," *Divine Comedies* (New York: Atheneum, 1976), p. 128.

＊37 E. M. Forster, *The Life to Come and Other Short Stories* (New York: Avon/ Bard, 1976), p. 206.

# 謝辞

執筆のあいだ友情、問いかけ、思考、そして物語の贈り物を下さった人々に感謝したい。中でもヘンリー・エイブラヴ、マデリン・ケイシー、シンシア・チェイス、ロバート・ドウィドフ、モード・エルマン、ジョーゼフ・ゴードン、ティモシー・グールド、ニール・ハーツ、マーシャ・ヒル、ジョナサン・キャンホルツ、サリー・キャンホルツ、デイヴィッド・コゾフスキー、リーオン・コゾフスキー、リタ・コゾフスキー、ドリス・ソマー、デボラ・スウェドバーグ、ナンシー・ウェアリング、バリー・ウェラー、キャロリン・ウィリアムズ、ジョシュア・ウィルナー、パトリシア・イェーガーに。アンドルー・パーカーはこのプロジェクトに貴重な支持、挑発、学識を惜しみなく与えてくれた。メァリー・ルッソとパーカーのディキンソン的魔法のおかげで、コネチカット・リヴァー・ヴァリーが宇宙の中心ではないかと思われた。本書の執筆の契機は、一九八四年、D・A・ミラーの「秘密の主体、公然の秘密」を読んだことである。本書はまずミラーに向けて書かれたのであり、また大半の章の第一読者は彼であった。シンディ・パットンの会話と仕事は、言説、制度、ジェンダー、セクシュアリティ、そしてアクティヴィズムと理論との間を横断し、この著作にとっての暗黙の理想である移行性を体現していた。リサーチ、批評、思考、目的意識を共有してくれたのは、ミシェル・アイナ・バラル、ポーラ・ベネット、ジョーゼフ・アレン・ブーン、フィリップ・ブレット、ジャック・キャメロン、ジョナサン・ドリモア、リー・エーデルマン、ケント・ジェラード、ジョナサン・ゴールドバーグ、ジョージ・ハガーティ、ジャネット・ハリー、ウェイン・コーステンボーム、ジョーゼフ・リトヴァック、ドナルド・メイジャー、ジェフリー・ヌノカワ、エリザベス・ポッター、ブルース・ラッセル、ロバート・シュワルツウォルドである。ハル・セジウィックは幸福を与えてくれた。ラファエル・キャンポ、ネルソン・ファーナンデズ、ゲァリー・フィッシャー、ハリ・ハマー、ショーン・ホランド、レズリー・カッツ、エリック・ピーターソンは思いやり、批判、物語、思考、才能に満ちあふれた学生たちだ。マイケル・ムーンは執筆の後半になって登場したが、本書の内容を本質的に変えてしまった。

中でももっとも大きな贈り物は励ましだった。ナルシシスティックな意味だけではない、もちろんそれに変わるものがあるわけではないけれど。しかし彼らはもっと深い意味で、勇気を与えてくれた。今日研究者が（運が良ければ）知的な仕事を続けて行くだけの特権に恵まれた大学は、比較的保護された環境とはいえ（札つきの左寄りにもかかわらず）、概してそれほどの勇気を与えてくれる場所ではない。私は繰り返し、力強くわき出る勇気の泉へと向かったのだった。すなわちこの空恐ろしい日々、尊厳と、快楽と、思考のためだけではなく、しばしばまさに生き残りの戦いのただ中で特定のセクシュアリティについてオープンであることを選択した、ゲイの女性や男性の研究者たちの勇気へと向かったのである。マイケル・リンチから学んだのは、もっともめざましい勇気でさえも、固定した視線でとらえられる劇場のスペクタクルではなく、むしろ貸し、借り、法外な恩義、そして交換が絶えず行われる、一種透過性の浮遊する市場なのだということだ。

＊＊＊

経済的援助——すなわち『クローゼットの認識論』の大半を書くための貴重な時間——を与えてくれたのはグッゲンハイム記念財団である。カリフォルニア大学バークレー校のミセス・ウィリアム・ベックマン基金によって二章を仕上げるための時間が得られた。実際本書の各章は、数多くの講義と観客から得られた豊かな刺激を反映している。MLAは「クローゼットの野獣」にゲイ／レズビアン批評のクロンプトン＝ノール賞を与えてくれた。またアマースト大学とデューク大学はともに、重要な実質的援助を与えてくれたのである。

# 訳者あとがき

イヴ・コゾフスキー・セジウィックは、ジュディス・バトラーとならんでレズビアン／ゲイ・スタディーズをリードし、きわめて大きな影響を及ぼして来た理論家である。『クローゼットの認識論』で展開されているセジウィックの仮説は、文学のみならず、哲学、歴史学、社会学など多岐にわたる分野でしばしば公理としてとらえられている。『クローゼットの認識論』でセジウィックは、ゲイ／レズビアン・アイデンティティを解体することなく、ホモ／ヘテロセクシュアリティの二項対立を脱構築するという力業を成し遂げている。その焦点を形作るのはセクシュアル・アイデンティティの定義と認識の問題であり、キー・ワードはパラノイア的認識の形式、すなわち投射の形式である。

まずセクシュアル・アイデンティティの問題だが、その定義の根拠がソドミー「行為」から「人物特性」に転換した、という歴史的物語をセジウィックは解体する。西洋において性行為の逸脱の問題ととらえられていた同性同士の性関係が、一九世紀後半、人物の指向の問題としてアイデンティティの一部ととらえられるようになったとき、ホモセクシュアルが誕生したというのはフーコー以降多くの研究者によって指摘されている点である。そこにはしばしば発展的展開の物語が内在し、あたかも二〇世紀において「行為」で定義されるホモセクシュアリティは、消え行く運命にある歴史の残余物にすぎないかのように語られる。しかしセジウィックが明らかにするのは、「行為」による定義と「人物特性」による定義は常に共存して来たのであり、その定義の相反するベクトルでゲイ／レズビアンの人々の存在の基盤を貫いて来たということだ。「行為」の逸脱は誰でも犯し得る、その点ではホモセクシュアリティを「普遍化」する見解と言える。一方「人物特性」はマイノリティとしてのホモセクシュアル・アイデンティティを立ち上げる見解であり、その点でホモセクシュアルを「マイノリティ化」する見解と言える。セジウィックによればこれらの矛盾した定義は、ホモ／ヘテロセクシュアリティのみならず、私的／公的、秘密／発覚、知識／無知、自然／不自然といった、西洋近代の社会組織全体を構造化する様々な二項対立に浸透しているのである。

すなわちホモセクシュアリティはヘテロセクシストな社会／文化構造を表示する関係にある。セジウィックの功績は、この関係に着目することによって二つの点を明らかにしたことである。第一は男性同士の堅い絆によって構造化された西洋社会に潜むホモフォビアであり、そして第二には「クローゼット」の比喩が照らし出す認識の形式である。第一の点に関しては、一九八五年の著作である『男たちの間』で主に明らかにされた。家父長制社会に有機的構造を与えるあらゆる交換体系が男同士の関係であるとして、その体系にホモセクシュアリティ（男同〔士〕性愛）の名を与えたのはリュース・イリガライであった。一方セジウィックは、男同士のホモソーシャルな関係を単純にホモセクシュアルに結びつけても、ホモフォビアを説明できないことを指摘した。ヘテロセクシュアル・アイデンティティと近代の男権主義的文化とは、それ自体を維持するために、男性一般に内在する同性同士の欲望を、スケープゴートを作り出すような形で顕在化させることが必要なのであり、それこそがホモフォビアのメカニズムなのである。

一方このメカニズムがパラノイア的投射の形式をとっているのは明らかであろう。パラノイアはフロイトには、ホモセクシュアリティに対する防衛として定義されている。また投射は精神分析では、自己のうちにある資質、感情、欲望を自己から排出して他の人や物に位置づける作用である。セジウィックによればこの形式こそが、「クローゼット」の比喩が照らし出す認識の形式である。「クローゼット」と「カミング・アウト」は秘密とそれを明らかにするという越境行為の隠喩であり、たしかに解放の政治の文脈で語られることが多い。しかしセジウィックがここで注目しているのは、「クローゼット」の秘密がたいていの場合すでに何らかの形で人に知られているという「公然の秘密」であるという点だ。「公然の秘密」の周囲には、セジウィックの言葉を借りれば「沈黙の軽蔑、沈黙の恐喝、沈黙の魅惑、沈黙の共犯」などの「権力の回路」がすでに作られている。この秘密を支配するのはクローゼットの「中にいる」人物であるよりは、「外」にいる人物だ。クローゼットの「中」にいる人物が秘密にしているつもりのことを、その人も知らないうちに知っているというのは、たしかに特権的な位置であろう。ここで重要なのは、クローゼットの「中」の人物が対象化され見せ物化される一方で、「外」の人物は視線の対象とはならないという点だ。見る主体が免責される構造は、まさに投射の構造でもある。「同類は同類を知る」というのはゲイの相互認識の形式とされているが、この対称的で反射的な認識の形式は、パラノイアの形式である。とするならばここに見られるのは、ゲイの認識の形式が「クローゼット」をめぐるヘテロセクシストな認識の形式を表示しているという関係である。換言すればそれは、ヘテロセクシストな認識の形式がゲイに投射されているということでもある。セジウィックによればこの投射の連鎖こそが「クローゼット」をめぐる権力の関係を作り上げるのであり、またセンチメンタリティからデカダンス、自由意志と中毒、健康と病気、ナショナリズムと帝国主義までの諸カテゴリーを作動させるメカニズムでもある。しかもこの連鎖にはホモセクシュアルの形象が、「普通化」されたり「マイノリティ化」されたりしながら、修辞的に織り込まれているのである。

　とするならばホモセクシュアリティは、まさにヘテロセクシュアリティを表示する関係にあることになる。しかしこのように論じられたからといって、ゲイ/レズビアンの政治的アイデンティティが軽視されているわけではない。それはホモセクシュアル・アイデンティティを定義するときの「普遍化」の見解と「マイノリティ化」の見解という、セジウィックの用語にも明らかである。「普遍化」は社会構築主義に、「マイノリティ化」は本質主義にほぼ対応しているが、セジウィックがこれらの用語をあえて使っているのは、ホモ/ヘテロセクシュアルの定義が「誰の人生において」重要なのかという視点を強調するためである。

『クローゼットの認識論』で議論されていることはセジウィックも述べるように、仮説である。しかし力強い仮説であり、西洋文化全体を組織化する言説の制度を異化する効果があるのはたしかである。太った女性、子供を産んでいない女性、ある面ではクィアな女性と自認するセジウィックは、*Tendencies* の中で次のように述べている。個人的にも仕事の上でもゲイの男性とともに過ごした長い時間を考えれば、またレズビアン/ゲイ・スタディーズの先頭で行って来た仕事を考えれば、「それが私の同一化だと呼んでもいいだろうか?……私のアイデンティティだと?・つまりゲイの男性としてのアイデンティティだと?・」(256)。セジウィックのこの、アイデンティティと言説の制度を斜めからとらえるキャンプの視線が、ヘテロセクシュアリティの制度の中に生きる私たちの視線を再配置するのである。

『クローゼットの認識論』翻訳に当っては、数多くの方々のご指導をいただきました。中でも小野俊太郎氏、夏目博明氏、土橋正氏、また特に序論、第1章に関して数多くのご教示をくださった巽孝之氏、そして第5章についてご教示をくださった山崎俊明氏に、心から感謝申し上げます。また編集者の石井真理氏の読者としての鋭い問いかけと激励とがなければ、この仕事はとうてい完成しなかっただろうと思います。深く感謝申し上げます。

訳文中の誤りはすべて訳者の責任です。読者の方々からさらにご教示をいただければ幸いです。なお、文中[ ]はセジウィックの、〔 〕は訳者の補ったものであることを示します。

「そのヒエログリフの跡をたどれない書物のみが、真に私たちに属する書物である」と、プルーストにならってセジウィックは書いています。この著作は私にとってそのように属する書物となったと感じています。読者の方々にとっても、この著作がそのように属してくれればよいと、願わずにいられません。

一九九九年　五月三十一日

外岡尚美

# 新装版への訳者あとがき——情動研究の先駆的な知

イヴ・コゾフスキー・セジウィックが、その思考のオリジナリティと強度において、文学理論、カルチュラル・スタディーズ、クィア・スタディーズなど様々な学問領域に、そしてセクシュアリティの政治学に関わる人々に与えた影響は計り知れない。*The Coherence of Gothic Conventions*（1980）、『男同士の絆』（一九八五）、『クローゼットの認識論』（一九九〇）、*Tendencies*（1993）などの著作は、欲望とアイデンティティ、身体、禁止と権力について私たちがどう考えるかを根底から変えた。一七五〇年から一八五〇年までのイギリス文化における男性同士の絆を論じた『男同士の絆』から、二〇世紀西洋における男性のホモセクシュアリティの政治学および概念化の問題を論じた『クローゼットの認識論』、そして「クィア」な自己形成とパフォーマンスを理論化した *Tendencies* を通して、セジウィックは、近代西洋の文化構造に組み込まれたホモ／ヘテロセクシュアルの定義の非一貫性が権力の複数の回路を活性化させることを照らし出し、そして同時に、クィアなアイデンティティとコミュニティをパフォーマティブに形成したのである。

セジウィックが女性を媒介として（＝排除して）成り立つ男性同士の固い絆をホモソーシャルな欲望と名付け、そこにホモフォビアと女性嫌悪（ミソジニー）の構成原理を見出したことはすでによく知られている。男同士の絆は、家父長制社会における権能授受のメカニズムだ。時にライバル意識、時に敵意も含みこんで男性同士の関係を解きがたく結びつけるような固い絆（欲望）は、友情ともホモセクシュアルな欲望とも区別し難い。しかし男性間の権能授受のシステムを維持するためには、欲望の種類が峻別され、ホモセクシュアルな欲望は排斥されなければならない。社会関係に構造的に組み込まれたホモフォビアと女性嫌悪を明らかにするこの分析は、男性社会一般の構造を極めて明快に（ときに図式的に）説明し得る。上野千鶴子の刺激的な著作『女ぎらい』（二〇一〇）をはじめ、日本においても社会学、映画研究、文学、カルチュラル・スタディーズ、国際政治学など多様な領域で「ホモソーシャル」な社会関係に着目した分析がなされてきた。

歴史・文化横断的に広く、対象を簡潔かつエレガントに説明し得るという点で、この概念はセジウィック自身が社会心理学者シルヴァン・トムキンスの言葉を借りて「強い理論」と呼んだものになったと言えよう。そして強い理論の特徴は、トートロジーである。たとえば *Touching Feeling*（2003）のなかでセジウィックは、D・A・ミラーの古典的著作『小説と警察』について、ミラーに対して深い敬意を払いつつも、こう述べている。「『小説と警察』の主要な議論、あるいは強い理論は、完全に循環論的である。すなわち全てのものが牢獄的なものの一局面であると理解できる、したがって牢獄的なものはあらゆる場所にある、ということだ」という指摘をしても誰も（著者でさえも）驚かないだろう、と。マルクス、ニーチェ、フロイトなどの、自明と思えるものの背後にある見えない真実や構造を暴く方法をポール・リクールは「懐疑の解釈学」と名付けた。それは一九六〇年代以降の批評理論の方法でもあったが、セジウィックによれば、定式化された形式によって習慣的に実践される解釈からは、発見と暴露にあったはずの力はなくなってしまう。また特に、所与の知と知を求める者、知る者、または語る者との間のローカルで偶発的な関係性を解きほぐさずに済んでしまうことがその副作用だ。

*Shame and Its Sisters: A Silvan Tomkins Reader*（1995）や *Touching Feeling* でセジウィックが欲望ではなく、「情動」を明確な対象にしたのはそのためである。情動は関係性のなかで生じるが、定められた目標に向かうものではない。エディプスや抑圧とは異なる場所から、懐疑の解釈学が組織化するパラノイア的知とは異なり、特殊で偶発的な関係性に寄り添う、修復的な知のあり方を構成しようとする試みであった。奇しくもセジウィックとアダム・フランクの共編著 *Shame and Its Sisters* と同じ一九九五年、ブライアン・マッスミの "The Autonomy of Affect" も出版され、この両著作はその後本格化する情動研究の方向性に大きな影響を与えた。

主体／客体、自己／他者、欲望／同一化、抑圧／解放、本質主義／構築主義などの二項対立的思考を乗り越えようとしてきた批評理論が、批判的営為のなかでその思考形式を再生産してきたのに対して、セジウィックは対立の間の空間を開こうとする。『クローゼットの認識論』も例外ではない。認識に焦点を合わせ、クローゼットのスペクタクルを出来させる投射と反射の関係性のなかに、権力の回路を見出すとともに、マイノリティ化と普遍化の間にセクシュアリティの定義を宙づりにする。その試みはホモソーシャリティという強い理論に比べると、読者との間で必ずしも共有されなかったかもしれない。しかし間の空間にエージェンシーを見出そうとするセジウィックの先駆的営為は、『クローゼットの認識論』ですでに始まっていた。

日本語訳の初版からおよそ二〇年、今回『クローゼットの認識論』の新装版を出版していただけることになり、大変嬉しく思っています。長い間本書を読み継いできてくださった読者の方々に感謝いたします。そして新装版の装幀から原稿のチェックまで、様々な貴重な御助言を下さった青土社編集部の足立朋也さんに、心から感謝申し上げます。

「そのヒエログリフの跡をたどれない書物のみが、真に私たちに属する書物である」というセジウィックの言葉を再び実感しています。新装版を手に取ってくださる新しい読者の方々にとっても、本書がそのように属してくれればよいと願っています。

二〇一八年　四月九日

外岡尚美

# 索　引

## さ行

## た行

## な行

## は行

## ま行

**イヴ・コゾフスキー・セジウィック**（Eve Kosofsky Sedgwick : 1950-2009）
専門はジェンダー研究／クィア理論。ボストン大学、アマースト大学、デューク大学、ニューヨーク市立大学大学院センターなどで教鞭をとった。代表作に*Between Men: English Literature and Male Homosocial Desire*（『男同士の絆――イギリス文学とホモソーシャルな欲望』上原早苗、亀澤美由紀訳、名古屋大学出版会、2001年）がある。

---

**外岡尚美**（とのおか・なおみ : 1960-）
専門はアメリカ文学／アメリカ演劇。現在、青山学院大学文学部教授。著書に『ギリシア劇と能の再生』（共著、水声社、2009年）、『＜都市＞のアメリカ文化学』（共著、ミネルヴァ書房、2011年）、『戦争・詩的想像力・倫理』（共著、水声社、2016年）などがある。

クローゼットの認識論《にんしきろん》　セクシュアリティの20世紀《せいき》　新装版《しんそうばん》

---

2018年6月11日　第1刷発行
2022年4月28日　第2刷発行

著　者　イヴ・コゾフスキー・セジウィック
訳　者　外岡尚美

発行者　清水一人
発行所　青土社
〒101-0051　東京都千代田区神田神保町1-29　市瀬ビル
電話　03-3291-9831（編集部）　03-3294-7829（営業部）
振替　00190-7-192955

印　刷　ディグ
製　本　ディグ

装　幀　高麗隆彦

---


ISBN978-4-7917-7070-0
Printed in Japan